外国经济学说与中国研究报告（2019）

中华外国经济学说研究会◎编

程恩富　郑文红◎主编

·北京·

图书在版编目（CIP）数据

外国经济学说与中国研究报告.2019 / 程恩富，郑文红主编.
—北京：中国经济出版社，2019.6
ISBN 978-7-5136-5758-7

Ⅰ.①外⋯ Ⅱ.①程⋯ ②郑⋯ Ⅲ.①经济学—文集 Ⅳ.①F0-53

中国版本图书馆 CIP 数据核字（2019）第 133893 号

责任编辑	严　莉
责任印制	巢新强
封面设计	任燕飞

出版发行	中国经济出版社
印 刷 者	北京九州迅驰传媒文化有限公司
经 销 者	各地新华书店
开　　本	787mm×1092mm　1/16
印　　张	22.25
字　　数	445 千字
版　　次	2019 年 6 月第 1 版
印　　次	2019 年 6 月第 1 次
定　　价	98.00 元

广告经营许可证　京西工商广字第 8179 号

中国经济出版社 网址 www.economyph.com 社址 北京市西城区百万庄北街 3 号 邮编 100037
本版图书如存在印装质量问题，请与本社发行中心联系调换（联系电话：010-68330607）

版权所有　盗版必究（举报电话：010-68355416　010-68319282）
国家版权局反盗版举报中心（举报电话：12390）　　服务热线：010-88386794

编委会名单

名誉主编 吴易风　丁　冰

主　　编 程恩富　郑文红

副 主 编 胡乐明　徐则荣　杨　静　侯为民
　　　　　　郭　毅

目　录

/第一部分　马克思主义经济理论研究/

改革开放以来新马克思经济学综合学派的若干理论创新 ················ 程恩富（3）
多重危机理论与马克思主义危机理论体系的构建 ······················ 王中保（11）
马克思的社会再生产平衡增长的图解法 ································ 陶为群（16）
马克思博士论文对哲学基本问题的探索 ································ 丁涛（23）
马克思主义经济学：经济权力的来源与结构的理论——兼论深层破解新时代主要矛盾之道
　　··· 杨俊（29）
两种不同"市场决定性作用"的理论辨析——兼评新自由主义"市场决定论"的谬误 ···
　　··· 侯为民（35）
民国学者对庞巴维克是否驳倒马克思的态度 ···························· 郭广迪（41）
重新认识恩格斯的《反杜林论》——基于马克思恩格斯学术思想关系的视角 ·······
　　··· 王志林　刘金鹏（46）
试论经济学的阶级性 ··· 陈江滢（52）
程恩富"双重调节论"的控制论特征 ···································· 朱殊洋（56）
从自动化到智能化：美国资本有机构成变动的历史及趋势——一个演化经济学与政治经济
　　学的综合解释 ································· 杨虎涛　冯鹏程（63）
《资本论》的意识形态功能视域下习近平以人民为中心发展思想促进经济建设的三重维度
　　研究 ··· 王守义　罗丹（70）

第二部分 西方经济理论研究

经济学是自然演进的吗？——对经济学发展史的社会学考察 …………… 张林（79）
技术创新、气候变化与经济增长理论的扩展及其应用——2018年度诺贝尔经济学奖得主主要经济理论贡献述评 …………… 李宝良 郭其友（85）
浅谈诺贝尔经济学奖颁发的倾向问题 …………… 方兴（92）
20世纪以来经济停滞理论研究的三次高潮 …………… 蒋雅文 杨苹苹（96）
后金融危机时代西方经济理论的第三次危机 …………… 刘儒 孟书敏（103）
实证经济学与规范经济学二分法的终结 …………… 王今朝 金志达（105）
评析科斯的《社会成本问题》一文 …………… 郭志琦（111）
政府在创新驱动中角色的国外经验 …………… 徐则荣 常洪旺（117）
浅析熊彼特的资本主义理论 …………… 申米玲（123）
纳尔逊的女性主义经济学评介 …………… 黄蕾 岳淑芳（130）
凡勃伦的隐秘遗产：一个三分法 …………… 徐士彦（136）
分工学说的历史演进及其影响再探讨 …………… 赵茂林 潘越（142）
"脱实向虚"的经济思想史根源与流变——主流《经济思想史》的趋势及其批判 …………… 邓久根（148）
新李斯特学派：重商主义经济学在当代的复兴 …………… 张志（153）

第三部分 中国经济问题研究

建设现代化经济体系实现高质量发展——为纪念改革开放40周年而作 …………… 高建昆 程恩富（167）
改革开放以来我国经济发展成就与未来发展展望 …………… 吴庆军 王振中（173）
更高质量、更高水平地全面深化改革扩大开放——习近平全面深化改革扩大开放重要论述的研习要论 …………… 傅尔基（181）
我国经济实现高质量发展的突破口与着力点——以马克思再生产理论为指导 …………… 张波 韩英（186）
FDI质量对中国经济高质量发展的影响研究——基于30个省市的面板数据的实证研究 …………… 胡雪萍 许佩（191）
国有企业改革40年：成就、经验与展望 …………… 洪功翔（198）

新时代我国金融业对外开放与风险防范研究——基于习近平金融服务实体经济思想 …… 张嘉昕　王庆琦（205）

新时代中国新型工业化发展研究 …………………………… 韩玉玲　李积龙（213）

基于生产社会化理论的乡村振兴路径与现代农业经济体系的构建 ………………………………………………………………………… 汪洪涛　王朝科（219）

非农就业与规模农业协同研究——基于分工学说 ………… 周志太　翟文华（224）

超大城市对我国经济的影响有多大？——基于劳动投入、TFP 和工资差异的分析 …………………………………………………………………… 邹薇　杨胜寒（231）

融资结构与中国的经济周期性波动——基于明斯基"投资—融资—利润"分析模型 ………………………………………………………………………………… 郑健雄（240）

企业家、企业家精神及完善激励企业家精神的制度环境 ………… 梁洪学（247）

中国利率市场化深化的制约因素和未来发展路径 ………… 何英　刘义圣（252）

金融发展质量：动力、过程和结果 ………………………… 成春林　刘海瑞（259）

农业内卷化的突破与我国现代农业的发展：一个框架分析 … 赵红梅　赵红杰（265）

第四部分　国际经济问题研究

警惕洋教条借贸易摩擦掀起的新自由主义恶流 …………………… 贾根良（273）

从危机后美国产业兴衰看贸易摩擦终极目标及我国对策 ………… 程伟力（277）

中美经济健康发展路径刍议 …………………………………………… 王勇（287）

论全球化与反全球化趋势并存的根源——兼论英国脱欧的原因与后果 …… 白瑞雪（293）

新自由主义的民生困局——以奥巴马医改为例 …………… 杨静　金轲（299）

金融自由化是怎样掠夺财富的？——2008 金融危机十年祭 …… 方建国（308）

全球价值链的深度嵌入带来技术进步了吗？ ……………… 宋宪萍　贾芸菲（314）

中西古代城市体系的历史演变与路径选择研究 ……………………… 柴毅（320）

国际视角的教育收益率研究 ………………………………… 刘文　张璇（326）

外国经济学说与新时代中国特色社会主义经济思想——中华外国经济学说研究会第26届年会学术观点综述 ………………………… 徐则荣　牛晓燕　熊文（335）

/第一部分/
马克思主义经济理论研究

改革开放以来新马克思经济学综合学派的若干理论创新

程恩富[①]

(中国社会科学院)

一、社会主义三阶段论

一般认为,改革开放以来有两个基石性理论最为重要,一是社会主义初级阶段理论,二是社会主义市场经济理论。而新马克思经济学综合学派在这两个基石性理论方面均有前瞻性创新。

从1988年开始,笔者发表的《关于划分社会经济形态和社会发展阶段的基本标志——兼论我国社会主义社会初级阶段的经济特征》等一些论著中,[②] 强调对划分社会主义社会发展阶段的标志或标准要做整体考察,既要看到生产力的终极作用和间接或终极标志,又要看到生产关系的直接作用、直接标志,并认为由生产力引起的生产关系或经济制度的部分质变形成社会主义三个阶段(这与主要直接从GDP和生活水平来划分社会主义发展阶段的观点可以并存),即初级阶段经济制度=多种公有制主体(私有制辅体)+市场型按劳分配主体(按资分配辅体)+国家(计划)主导型市场经济;中级阶段=多种公有制+多种商品型按劳分配+国家主体型计划经济(市场调节辅体);高级阶段=单一全民公有制+产品型按劳分配+完全计划经济;共产主义=单一全民公有制+产品型按需分配主体(个别供不应求的新消费品按劳分配)+完全计划经济;现代资本主义经济制度=私有制为主体+按资分配主体+国家指导型市场经济。这一新理论客观界定了不同社会及其发展阶段,有益于理论自洽地揭示社会主义初级阶段与共产主义远大制度目标的本质联系,说明初级社会主义是科学社会主义的初级形态。

---

① 程恩富,中国社会科学院中国特色社会主义理论体系研究中心特约研究员。
② 程恩富.关于划分社会经济形态和社会发展阶段的基本标志——兼论我国社会主义社会初级阶段的经济特征[J].复旦大学学报,1988(1);程恩富.社会主义三阶段论[M].广州:广东高等教育出版社,1991;程恩富.社会主义发展三阶段论[J].江西社会科学,1992(3).

二、社会主义市场经济论

党中央决定建立和发展社会主义市场经济体制，是完全正确的，也是有学理基础和支撑的。可以说，改革开放 40 余年来我国社会主义市场经济理论的建立和健康发展，都与"新马派"代表性学者所给予的前瞻性理论分析和政策建言有内在联系。① 1988 年 1 月，笔者发表论文提出："当市场体系和市场机制真正发育成熟和完善的时候，这种经济体制实质上是一种新型的计划调控下的市场经济体制。"② 1989 年下半年，社会各界关于计划与市场的关系又进入新一轮的争论高潮，中央文件此时的新提法是建立计划经济与市场调节相结合的商品经济体制，而笔者认为这一表述不准确，因为虽然计划与市场可以并存，但整个经济体制不可能既是计划经济，又是商品经济，所以 1990 年发表的文章依然主张"市场经济"的提法。之后，笔者于 1992 年 9 月发表的一文中，针对认为市场经济与马克思主义相矛盾的错误观点，明确指出："我向来认为，以马克思没有使用过'商品经济'和'市场经济'为理由，否定商品的生产、分配、交换和消费的总和等于商品经济，否定社会化商品经济等于市场经济，这种观点不符合《资本论》的全部分析逻辑，与科学地研究当代资本主义和社会主义的经济运行并无益处。"由此深一步提出："我们在理论上既可以使用'商品经济'一词表达'市场经济'的含义，也可以批判地使用西方经济学曾加以规定过的'市场经济'一词。但考虑到经济学术语的国际通用性，今后必须更多地采用'市场经济'的概念。"③"新马派"著名学者于祖尧、刘国光比笔者更早地提出"缩小""社会主义市场经济""社会主义市场取向改革"的思想。④

三、新的活劳动创造价值一元论

从 1995 年开始，笔者发表一些论著，逐步形成"新的活劳动创造价值一元论"，⑤ 认为依据已有商品经济、市场经济的实践和马克思关于活劳动创造为市场交换而生产的商品价值，以及纯粹为商品价值形态转换服务的流通活动不创造价值的科学精神，可以推断，凡是直接为市场交换而生产物质商品和精神商品以及直接为劳动力商品的生产和再生产服

---

① 张杨. 论"新马派"著名学者对构建社会主义市场经济理论的重要贡献[J]. 当代经济研究,2018(11).
② 程恩富. 关于划分社会经济形态和社会发展阶段的基本标志——兼论我国社会主义社会初级阶段的经济特征[J]. 复旦大学学报,1988(1).
③ 程恩富. 借鉴西方经验建立有计划主导的市场经济体制[J]. 财经研究,1992(9).
④ 于祖尧. 试论社会主义市场经济[J]. 经济研究参考资料,1979(3);陈江,胡浩. 刘国光谈海南经济发展战略[J]. 瞭望周刊,1988(13).
⑤ 程恩富. 生产性管理活动都是创造价值的生产劳动[J]. 社会科学,1995(7);程恩富,顾钰民. 新的活劳动价值一元论——劳动价值理论的当代拓展[J]. 当代经济研究,2001(11).

务的劳动，其中包括自然人和法人实体的内部管理劳动和科技劳动，都属于创造价值的劳动或生产劳动。这一"新的活劳动创造价值论"与西方经济学"按生产要素贡献分配论"有本质区别，不仅没有否定马克思关于"活劳动创造价值假设"的核心思想和方法，而且恰恰是遵循了马克思研究物质生产领域价值创造的思路，并把它扩展到一切社会经济部门后所得出的必然结论。具体说来，一是生产物质商品的劳动、从事有形和无形商品场所变更的劳动、生产有形和无形精神商品的劳动、从事劳动力商品生产的服务劳动，都是创造价值的生产性劳动。二是劳动生产力变化，可能引起劳动复杂程度和社会必要劳动量的变化，从而引起商品价值量的变化。三是与上述"新的活劳动创造价值论"密切相关的是"全要素财富说"和"按要素贡献分配形质说"，共同构成了关于创造商品和财富的完整理论。四是"多产权分配说"，即多种产权关系决定了按资和按劳等多种分配方式。公有制范围内的工资，既是劳动力价值或价格的转化形式，也是市场型按劳分配的实现形式。

四、利己利他双性经济人论

西方经济学自英国近代亚当·斯密、西尼尔和约翰·穆勒以来，一直到当代美国的哈耶克、弗里德曼和布坎南，只把"自私人"即"经济人"作为探究人类经济行为和市场经济的始点、基点和定点，并由此推演出整个经济学体系和经济进化史。这种"完全自私经济人论"包含三个基本命题：①经济活动中的人是自私的，即追求自身利益是驱策人的经济行为的根本动机；②经济活动中的人在行为上是理性的，具有完备或较完备的知识和计算能力，能视市场和自身状况而使所追求的个人利益最大化；③只要有良好的制度保证，个人追求自身利益最大化的自由行动会无意而有效地增进社会公共利益。

从20世纪90年代中期开始，笔者与张五常教授等商榷，并提出"利己利他双性经济人论"。这一"新经济人论"是依据人类实践和问题导向，并受马克思的思想启迪，其方法论是整体主义、唯物主义和现实主义的。它对应"完全自私经济人论"，也包含三个基本命题：①经济活动中的人有利己和利他两种倾向或性质；②经济活动中的人具有理性与非理性两种状态；③良好的制度会使经济活动中的人在增进集体利益或社会利益最大化过程中实现合理的个人利益最大化。可以说，这一新理论可以很好地诠释人类一切经济活动和经济行为。①

五、资源需要双约束论

现代西方主流经济学的重要理论之一是资源有限与需要（欲望）无限。从辩证思维和

---

① 程恩富. 公平、效率与经济人分析——与张五常先生商榷之二[J]. 学术月刊,1996(1).

假定的一致性或对称性来分析,尽管西方经济学对资源与需要相互关系的描述有一定的道理,但仍然存在明显的逻辑缺陷,因为这实际上是用"稀缺"来定义"资源"的,不稀缺的就不算资源,"资源"一词已内含着稀缺性,因而再说资源是稀缺的,无异于同义反复。况且,需要在一定条件下也是有限的,而且在市场经济中能实现的需要,还是专指有货币支付能力的需要即需求,并非指人们脱离现实生产力水平和货币状况的空想性需要。

笔者批判地改造西方主流学者上述理论的必然结果,是创新现代马克思主义政治经济学的"资源和需要双约束论",即假设在一定时期内资源和需要都是有约束的,因而多种资源与多种需要可以形成各种选择或替代组合,进而在一定的双约束条件下实现资源的高效配置和需要的极大满足。这样的理论假设反映现实全面,论证逻辑严密,可以清晰地将需要分为三类:一是脱离现有经济条件的无约束欲望或需要;二是符合现有经济条件的合理欲望或需要;三是具有货币支付能力的需要即需求。研究后两类需要是经济学科的主要任务之一。其缘由是在一定时期内,可利用的资源不能完全满足人们不断增长的合理需要,供给与需求的总量和各类结构也会经常失衡,这就要善于做出各种资源与各种需要在某种条件下不同的选择性组合,使资源相对得到最佳配置,需要相对得到最大满足。"资源和需要双约束论"的内在要求,是通过科技和管理的改进等途径来实现各种资源的高效利用和最佳配置,是通过有效需求和合理需要的总量和结构的科学调节等途径来实现各种需求的最大满足,是通过资源的高效利用和最佳配置来不断满足日益增长的社会有效需求和合理需要。①

六、公平效率互促同向变动论

从1996年开始,针对库兹涅茨所描述的"倒U型假说""效率优先假设""公平与效率高低反向变动假设"等西方理论,笔者撰文认为,经济学意义上的公平,是指有关经济活动的制度、权利、机会和结果等方面的平等和合理。② 经济公平具有客观性、历史性和相对性。公平或平等不等于收入均等或收入平均。经济公平的内涵大大超过收入平均的概念。检视包括阿瑟·奥肯和勒纳在内的国际学术界流行思潮,把经济公平和结果平等视为收入均等化或收入平均化,是明显含有严重逻辑错误的。

"公平与效率互促同向变动假设"表述的是,经济公平与经济效率具有正反同向变动的交促互补关系,即经济活动的制度、权利、机会和结果等方面越是公平,效率就越高;相反,越不公平,效率就越低。当代公平与效率最优结合的载体之一是市场型按劳分配。

---

① 程恩富.现代马克思主义政治经济学的四大理论假设[J].中国社会科学,2007(1).
② 程恩富.公平、效率与经济人分析——与张五常先生商榷之二[J].学术月刊,1996(1);程恩富.公平与效率交互同向论[J].经济纵横,2005(12).

按劳分配显示的经济公平，具体表现为含有差别性的劳动的平等和产品分配的平等。这种在起点、机会、过程和结果方面既有差别，又是平等的分配制度，相对于按资分配，客观上是最公平的，也不存在公平与效率哪个优先的问题。尽管我国法律允许按资分配这种不公平因素及其制度的局部存在，但并不意味着其经济性质就是不存在无偿占有他人劳动的公平分配。可见，按劳分配式的经济公平具有客观性、阶级性和相对性。同时，只要不把这种公平曲解为收入和财富上的"平均"或"均等"，通过有效的市场竞争和国家政策调节，按劳分配无论从微观还是宏观角度来看，都必然直接和间接地促进效率达到极大化。这是因为，市场竞争所形成的按劳取酬的合理收入差距，已经能最大限度地发挥人的潜力，使劳动资源在社会规模上得到优化配置。国内外日趋增多的正反实例也表明，公平与效率具有正相关联系，二者呈此长彼长、此消彼消的正反同向变动的交促关系和互补性。在初级社会主义分配制度上，以按劳分配为主体，按资分配为补充或辅体；在高度重视效率的同时更加注重社会公平，建立和完善公平与效率的和谐互动机制；当前特别要强调收入和财富分配上的"提低、扩中、控高、打非"。这些基于"公平与效率互促同向变动假设"的论断和政策具有一般意义和科学性。

七、公有制高绩效论

与西方理论宣扬的"私有制高效率论""公地悲剧论"等错误观点不同，笔者基于研究中外马克思主义和现实而形成的学术定力始终认为，无论从全社会的宏观视域，还是从企业的微观视域分析，总体上公有制肯定比私有制效率要高，因而在不少论著中提出，从马克思经济学中概括出来的"公有制高绩效论"，是指在计划经济条件下生产资料归全社会成员共同所有的公有制体系能达到社会绩效最大化；而从中国特色社会主义经济理论中概括出来的"公有制高绩效论"，是指在市场经济条件下生产资料全民所有制和集体所有制能达到社会绩效最大化。但其中均存在多种复杂的前提条件，如不存在严重的社会腐败，委托代理双方权责是合理的，国企承担额外社会义务需另行核算，政府的管理、政策和操作没出现大失误，选聘的经营者有较高素质，等等。① 只有大体同时具备这些前提条件，社会主义公有制与计划经济或市场经济的结合才能呈现高绩效。倘若过去或现实生活中搞好社会主义公有制的前提条件缺失而导致某些低绩效现象，并不能证明计划经济或市场经济的条件下公有制经济不可行。基于这一理论，社会主义社会初级阶段的所有制结构必须坚持公有制为主体、国有制为主导、多种所有制经济共同发展，而绝不能搞私有化或

---

① 程恩富. 西方产权理论评析[M]. 北京:当代中国出版社,1997;程恩富,方兴起,郑志国. 马克思主义经济学的五大理论假设[M]. 北京:人民出版社,2012.

民营化。否则，一旦私有经济的比重在国民经济中超过必要的限度，在私有资本积累规律的作用下，必然会引起失业率增加、财富和收入两极分化、经济增长和发展缓慢等一连串不良经济现象和由此派生的社会不和谐。须知当今世界经济的基本矛盾是经济不断社会化和全球化，与生产要素的私人所有、集体所有和国家所有的矛盾，与国民经济和全球经济的弱政府状态或低秩序状态的矛盾。这个基本经济矛盾通过各种具体矛盾和中间环节，导致资本主义国家的次贷危机、金融危机、财政危机和经济危机。可见，初级社会主义基本经济制度和市场经济能有机结合的理论基础是"公有制高绩效论"。

八、市场国家功能性双重调节论

在从1990年开始发表的一系列论著中，① 笔者分析"以市场调节为基础"的五大功能优势，主要是直接调节企业和个人的市场机制的短期配置功能、微观均衡功能、信号传递功能、技术创新功能和利益驱动功能，其功能劣势在于市场调节目标偏差、程度有限、速度缓慢、成本高昂；"以国家调节为主导"的五大功能优势，主要是调节宏观经济的国家机制的宏观制衡功能、结构协调功能、竞争保护功能、效益优化功能和收入重分功能，其功能劣势在于国家调节偏好主观、转换迟钝、政策内耗、动力匮乏。两者的各自功能优势决定了各自的基础性和主导性作用，而各自的功能劣势决定了需要利用两者所存在的对立统一的辩证关系，充分认识两者的功能互补性、效应协同性、机制背反性。市场调节是整个社会经济活动的普遍联系形式，从微观引向宏观，而国家调节（特指政府和人大两大主体，党的意志也应通过政府和人大来落实）是规范整个社会经济活动的目标导向和政策体系，从宏观引向微观，两者可以建立起高效和灵活的调控机制。

笔者认为，市场在一般经济资源配置中可以起决定性作用，并应更好地发挥国家在微观、中观、宏观经济中的调节作用；应加强事前、事中、事后的全过程监管，建立强市场和强政府的"双强"格局；质疑市场与政府的作用完全是此消彼长的"对立关系论"，也不赞成第一次市场调节和第二次政府调节的时间上的"两次调节论"，而是坚持市场与国家"功能性双重调节论"的观点。

九、大文化经济论

传统西方经济学和政治经济学都是以物质生产和流通为研究出发点和范围的，但随着经济发展与文化发展的日益融合，20世纪70年代，一些发达国家开始研究文化与经济的各种联系，并开始探讨文化产业发展的经济学问题。在我国，由于社会主义市场经济理论

---

① 程恩富. 构建"以市场调节为基础、以国家调节为主导"的新型调节机制[J]. 财经研究,1990(12).

的确立和市场经济体制的运行，文化活动具有了日益显著的经济性质和产业特点，因而笔者从20世纪80年代末开始构建大文化经济学体系，研究文化领域的经济现实问题，1993年开始刊发一些论著，①目的在于拓展传统政治经济学的研究范围，同时创立一门"大文化经济学"的交叉新兴学科。与"文艺经济学""服务经济学"不尽相同，"大文化经济学"的研究范围涵盖文艺、教育、新闻出版、收藏等非物质经济领域。

笔者认为，文化经济学以文化经济活动中的微观和宏观经济行为为研究对象，揭示文化的生产、交换、分配和消费领域中的运行机制及发展规律。文化活动属于非物质生产领域。文化经济学的研究内容所要揭示的关系主要有以下几方面：一是通过对文化与经济、文化资源、文化劳动、文化供求、文化投资、文化消费、文化市场、文化商品价格、文化产业与事业等问题的研究，揭示文化生产与市场经济共生互动的关系；二是通过对文化生产及其满足人们对文化需求的研究，揭示文化发展与实现人的全面发展之间的内在关系；三是通过对文化生产与产业结构变化之间联系的研究，揭示文化发展与现代化发展之间的关系；四是通过对文化生产力所表现出的自身软实力的研究，揭示文化软实力与增强综合国力之间的关系。通过研究，较早地提出了"文化与市场经济的共生互动效应观""文化生产力与文化生产关系矛盾运动观""文化商品二因素特性观""文化劳动特性观""文化商品价值与使用价值特性观"等新见解。

十、知识产权优势论

笔者从2003年开始撰文，②在有扬有弃地分析西方经济学关于比较优势和综合竞争优势两种优势的基础上，提出并论证中国必须重点地突出培育和发挥第三种经济优势——"知识产权优势"或"知识产权型竞争优势"。所谓知识产权优势，是指培育和发挥拥有自主知识产权的经济优势，是相对于比较优势、竞争优势而言的第三种优势。它避免了笼统的竞争优势的理论缺陷，而突出了以技术和品牌为核心的经济优势或竞争优势。这不仅应体现在我国的高新技术产业部门及具有战略意义的产业部门，必须掌握自主研究、自主开发、具有自主知识产权的核心技术，建立以自主知识产权为基础的标准体系，而且应体现在我国传统的民族产业或低端产品部门，包括劳动密集型产业部门，也必须塑造在国际上具有一定影响力的民族品牌和名牌。

要实现我国出口产品的结构升级，就必须以国际经济综合竞争为导向，将现有的比较优势转化为竞争优势，而其中的关键就在于创造和培育我国的知识产权优势或知识产权型

---

① 程恩富. 文化经济学[M]. 北京：中国经济出版社，1993.
② 程恩富，丁晓钦. 构建知识产权优势理论与战略——兼论比较优势和竞争优势理论[J]. 当代经济研究，2003：(9).

竞争优势。在这个既充满机遇又充满挑战的时代，我国要最大限度地获取贸易发展的动态利益，更好地通过对外贸易促进产业结构的良性调整，就必须以知识产权优势理论作为应对经济全球化和发展对外贸易的战略思想，在结合比较优势与竞争优势的基础上，大力发展控股、控技（尤其是核心技术和技术标准）和控牌（尤其是名牌）的"三控型"民族企业集团，突出培育和发挥知识产权优势，转变对外经济发展方式，早日真正打造出中国的"世界工厂"而非"世界加工厂"，并完成从科技大国向科技强国、贸易大国向贸易强国、经济大国向经济强国的转变，并在扩大对等开放和经济安全的基础上实现和合作共赢。

十一、新帝国主义论

从20世纪90年代中期开始，笔者陆续发表了关于经济全球化的两重性定义、当代基本经济矛盾和金融经济危机若干具体矛盾、当代资本主义经济金融化等若干新观点，[①] 其中感觉最有新意的是在列宁《帝国主义是资本主义最高阶段》的基础上，概括出21世纪新帝国主义的五大特征：①生产和流通的国际化和资本集中的强化，形成富可敌国的巨型垄断跨国公司；②金融垄断资本在全球经济生活中起决定性作用，形成畸形发展的经济金融化；③美元霸权和知识产权垄断，形成不平等的国际分工和两极分化的全球经济和财富分配；④"一霸数强"结成的国际资本主义寡头垄断同盟，形成内外剥削和压迫的金钱政治、军事同盟和庸俗文化的经济基础；⑤全球化资本主义矛盾和各种危机时常激化，形成当代资本主义垄断性和掠夺性、腐朽性和寄生性、过渡性和垂危性的新态势。

笔者认为，新帝国主义是资本主义从自由竞争、一般私人垄断、国家垄断发展到国际垄断的新阶段。从现阶段国际正义力量和国际阶级斗争的曲折发展来判断，21世纪是新帝国主义占主导地位的时代，是世界劳动阶级进行新的"伟大革命"和建设的时代，是资本主义和新帝国主义向社会主义过渡的时代。

---

① 程恩富,高建昆. 当代西方国家金融与经济危机中的四大矛盾分析[J]. 河北经贸大学学报,2016(3).

多重危机理论与马克思主义危机理论体系的构建

王中保[①]

(中国社会科学院)

一、经济危机和周期的多重阐释

第一,社会生产的无计划论。既然经济危机一直被认为是"生产过剩"的危机,那么资本主义整个社会生产的无计划性和盲目性就成为经济危机最基本的解释。特别是随着资本主义生产和市场规模的扩大,整个社会生产的无计划性和盲目性就更加突出。

恩格斯也多次指出社会生产的无计划性会导致经济危机,"只要你们继续以以前这种无意识的、全凭偶然性摆布的方式来进行生产,那么商业危机就会继续存在"。[②]列宁在论述1901年的剧烈危机的时候,同样阐述到社会生产的盲目性会最终导致经济危机。

第二,社会再生产的比例失调论。社会再生产的比例失调论是马克思主义者最初解释经济危机发生原因的主流理论。杜冈用马克思主义的再生产图式来说明生产资料生产和消费资料生产两大部类之间的关系,认为只要两大部类保持恰当比例关系,供求就会保持平衡。杜冈以此否认消费不足是危机的原因,而强调比例失调是资本主义经济危机的原因。希法亭延续杜冈的比例失调论对经济危机的解释,但是,希法亭并不像杜冈一样完全排除消费对危机的影响,承认"狭小的消费基础仅仅是危机的一个一般条件"。因此,希法亭对危机的分析像杜冈一样,引入资本主义的再生产过程中,认为不同部门之间、部门内部比例关系的破坏可以导致危机,并把技术构成变化、信用关系、价格变化、利润率变化和垄断等因素引入到了比例失调论的分析之中。[③]

考茨基从批判杜冈比例失调论到后来也认同比例失调论。考茨基在1914年9月发表

[①] 王中保,中国社会科学院马克思主义研究院副研究员。
[②] 恩格斯. 国民经济学批判大纲(1843年9月底或10月初—1844年1月中)[A]. 马克思恩格斯全集(第3卷)[C]. 北京:人民出版社,2002:461.
[③] 希法亭. 金融资本[M]. 北京:商务印书馆,1997:290 – 341.

的《帝国主义》的小册子，强调保持两大部类适当比例对于整个社会生产的必要性，进而把资本主义生产体系划分为工业生产和农业生产两大部门。工业部门在资本主义追求利润的生产规律的支配下迅速扩张，而农业发展却滞后。这样危机就呈现出工业生产过剩和农产品生产不足同时出现的情况。当然，有些学者认为，社会生产的比例失调论并不排斥消费不足论，消费不足本身就是生产和消费比例的失调。

第三，有支付能力的消费不足论。消费不足论是马克思主义学者解释经济危机的主流理论之一。卢森堡同样利用马克思的再生产图式来分析资本主义的再生产过程，但是卢森堡不同于杜冈认为的比例关系协调了资本主义就可以顺利地扩大再生产，"为了保证积累事实上前进和生产事实上能够扩大，需要另外一个条件，即对商品的有支付能力的需求必须也在增长"。①

斯威齐认为，即使消费品产量增长率与生产资料增长率的比值保持不变，但是，由于资本家为了追求更大的剩余价值，总是在利润中拿出尽可能多的部分作为不变资本和可变资本进行积累，这样积累在剩余价值中的比重提高。同时，技术进步还导致相同可变资本所推动的不变资本的增加，不变资本在积累中的比重也是不断提高的。虽然资本家消费和工人消费的总量在增加，但是消费在剩余价值中的比例却是递减的。这样，消费的增长率总是赶不上消费品生产的增长，必然导致资本主义再生产的停滞。斯威齐的消费不足论没有超越前人的理论框架。但是，斯威齐成功开创了讨论危机问题的另一种范式，即把早期危机理论讨论资本主义崩溃问题转向了讨论资本主义的长期萧条问题。②因为生产过剩表现为两种形式，当生产能力得到充分利用时，经济表现为生产过剩、价格下降和经济危机；当生产能力长期得不到充分利用时，则表现为长期停滞。

第四，利润率下降趋势论。消费不足理论虽然在二战后成为经济危机理论的主流解释，成功解释了资本主义发展的停滞现象，但是却无法解释1970年后经济危机中物价没有下降反而上涨的事实。因为按照消费不足理论，生产过剩引起商品滞销和危机，危机中物价暴跌应该是普遍的现象。因此，消费不足理论与凯恩斯主义理论都无法解释"滞胀"问题。于是，利润率下降趋势理论又成为马克思主义危机理论讨论的热点问题。

利润率下降趋势导致危机，但是对于利润率为什么会下降，又归结为资本有机构成提高和工资对利润的挤压两个方面来解释。虽然格罗斯曼的资本主义崩溃论被认为是"机械崩溃论"，但是，通过保罗·麦蒂克的宣传，并为大卫·耶菲和马里奥·科高所继承，为通过利润率下降来解释经济危机又提供了一个重要的理论视角。正如安瓦尔·谢克指出

---

① 卢森堡. 资本积累论[M]. 北京：生活·读书·新知三联书店，1959：87.
② 杨健生. 经济危机理论的演变[M]. 北京：中国经济出版社，2008：130.

的,格罗斯曼是最早打破消费不足论和比例失调论来讨论危机的主要的马克思主义者,强调利润率下降规律在危机理论中的中心地位。①可是对于资本有机构成提高导致利润率下降,斯威齐却提出了批评,"不能笼统地推测,说资本有机构成的变化相对地大于剩余价值率的变化,以致前者将支配利润率的动向。相反,似乎我们应该把这两个变数看作是大体上同等重要的东西。因为这个缘故,所以,马克思对利润率下降趋势规律的系统表述方式是没有很大的说服力的。同时,我们还可以说,曾经有人想证明资本有机构成的提高必然要伴以利润率的提高,这种打算同样也是难以置信的"②。

第五,固定资本的更新论。作为机器设备的固定资本投资和更新是资本主义再生产的物质要素和条件,但固定资本的投入是一次性的,而回收或者价值补偿是多次性的,即它的价值通过不断的再生产循环逐渐地消耗并转移到新产品中去,并通过产品的销售得以实现回收和补偿。以危机为起点,资本家为了尽快摆脱困境,获得更多的利润,除了加强对工人的剥削,还必须采用先进的技术设备,提高劳动生产率,以降低成本。这样固定资本的投资,推动了生产资料生产部门的发展,进而影响并扩大消费资料的市场,带动消费资料部门的生产的发展。这样,资本主义经济就由萧条转入了复苏和高涨阶段。在进入高涨阶段后,"一方面固定资本的物质要素生产得越来越多,而固定资本的更新却是少量的、零星的,这就发生了生产和需要的矛盾;另一方面,整个社会生产的迅速扩大,又重新超过了有支付能力的需求,造成生产与消费的严重脱节,社会再生产比例失调"③。最终导致再一次危机的爆发。马克思指出,"固定资本的再生产时间成为经济周期的计量单位"。④

第六,资本的过度积累论。随着人们对经济危机发生原因的研究,一个趋向是综合成因论,资本的过度积累论便是一个尝试。⑤资本家为了追求更多利润和剩余价值,就要不断地进行资本积累和投资,改进生产技术,提高劳动生产率,从而能够生产出更多的产品,就会出现资本积累的过剩和产品生产的过剩。"资本的生产过剩,——不是个别商品的生产过剩,虽然资本的生产过剩总是包含着商品的生产过剩,——仅仅是资本的积累过剩。"⑥同时,生产率的提高,导致资本的有机构成不断提高,资本对劳动力的不断替代导致劳动力使用量的相对减少,进而劳动者的收入和消费能力的减少,又出现有支付能力的

---

① 陈恕祥.论一般利润率下降规律[M].武汉:武汉大学出版社,1995:203.
② [美]保罗·斯威齐.资本主义发展论[M].北京:商务印书馆,1997:122.
③ 魏埙.政治经济学(资本主义部分)[M].西安:陕西人民出版社,2005:277.
④ 马克思.资本章计划草稿(1859年春或1861年夏)[A].马克思恩格斯全集(第31卷)[C].北京:人民出版社,1998:591.
⑤ 杨健生.经济危机理论的演变[M].北京:中国经济出版社,2008:12.
⑥ 马克思.资本论(第3卷)[M].北京:人民出版社,1975:280.

消费不足。这样，资本积累的规模增加所产生的生产能力的增加，与资本积累所导致的人们收入份额相对缩小而消费能力缩减所产生的矛盾，必然导致经济危机。

赖特认为资本主义积累是一个历史过程：①在资本主义发展的不同阶段，资本积累也面临不同的起支配作用的障碍因素；②资本主义生产为了继续进行，必须突破这些障碍因素；③突破这些障碍因素，资本主义发展到一个新的阶段，又产生了新的起支配作用的障碍因素；④上一阶段破除障碍因素、促使资本主义积累进行下去的解决方案在本阶段不再有效，还会成为本阶段资本积累的障碍因素。赖特把资本主义发展阶段分成六个转轨阶段：从简单商品再生产到扩大商品再生产的转轨阶段（早期的原始积累阶段）、从原始积累到工厂生产的转轨阶段、从工厂生产到机器大工业转轨的阶段、垄断资本兴起的阶段、高级垄断资本阶段和国家导向的垄断资本主义阶段。从工厂生产到机器大工业生产转轨的阶段，资本有机构成迅速提高，虽然剩余价值率增加，但是，利润率仍然趋于下降。而垄断资本兴起的阶段是从19世纪过渡到20世纪后，资本越来越趋于积聚和集中，资本有机构成提高趋于缓慢，到20世纪最初的25年资本有机构成趋于稳定，但是剥削率继续上升，这样就导致了剩余价值的实现问题和消费不足的问题出现。在高级垄断资本阶段，垄断资本开始国家化和国际化，国家应对剩余价值实现和消费不足问题的凯恩斯主义的政策干预失效，非生产领域的支出和成本的增长导致了长期的"滞胀"。国家需要从对有效需求的凯恩斯主义干预转向对生产过程本身的管理。

二、马克思主义经济危机理论体系的提出

克拉克认为，阐明马克思的危机理论面临三个困难：第一，马克思并没有给我们提出一个完整的危机理论；第二，如何确定马克思理论中不同成分的重要性；第三，马克思几乎所有关于危机的讨论都深深根植于他对政治经济学的批判之中。①杨健生通过考察马克思主义经济危机理论的演化史认为，"没有一个由马克思本人做出的关于经济危机理论的完整表述；现有的文献中马克思本人关于经济危机理论的各种表述，理论上具有向不同方向阐发的可能性；现有的关于马克思本人经济危机理论的各种表述存在争议。寻求马克思经济危机理论的最正宗的表述，理论上绝不是一件容易的事"②。

不管是社会生产的无计划论、比例失调论，还是生产过剩论、消费不足论，或者利润率趋于下降论、固定资本更新论和资本的过度积累论，都是从不同侧面揭示了资本主义发展的内在矛盾。而这些被揭示的矛盾又都是资本主义本身内生的生产资料私有制与社会化

---

① [英]西蒙·克拉克. 经济危机理论：马克思的视角[M]. 杨健生，译. 北京：北京师范大学出版社，2011：11-12.
② 杨健生. 经济危机理论的演变[M]. 北京：中国经济出版社，2008：12.

大生产之间的这一基本矛盾的显现而已。我们从危机理论的综合趋势也能看出，资本主义的社会生产无序和比例失调、生产过剩和消费不足、利润率趋于下降和资本过度积累等问题，相互之间并不是"你存我亡"的关系，而是共生的关系，只不过在资本主义的特定历史时期，有些矛盾和问题表现得更突出而已。马克思主义经济危机理论本身就是一个分析资本主义经济危机的理论体系。

从一个理论体系的视角来看，资本主义内生的社会生产资料私有制或者经济的私有产权制度是经济危机（包含金融危机）最深层、最本质的根源，处于马克思主义经济危机理论体系内核的位置。由于社会生产资料私有制，个体企业生产虽然有计划和组织性，但从整个社会生产或者市场来看，国民经济整体和宏观经济却是处于无计划和无秩序的盲目状态，产业结构、部门结构、供需结构、虚实结构（虚拟经济与实体经济）等处于失衡状态就成为常态。

同样根源于资本主义生产资料私有制，社会资本生产的最终目的并不是满足需求，而是实现资本的最大增殖，但是，资本增殖总是受到市场上竞争对手的限制、上下游产业结构不协同的限制、劳动者生存工资的限制、劳动者有效需求的限制等。国民经济无计划性和比例失调论、有支付能力的消费不足论、资本利润率下降趋势论、资本过度积累论和固定资本的更新论，是处于马克思主义经济危机理论体系包裹着内核的外围理论，且它们不仅与内核理论之间紧密联系，而且它们之间相互交织、相互联系，与经济危机的资本主义生产资料私有制根源论的内核一起，构成了马克思主义经济危机理论体系的主体架构。至于说，资本家的贪婪、政府的监管不力、虚拟金融的过度发展、信贷消费的过度、经济金融风险的低估、市场信息的不对称等经济危机的诱因，是马克思主义经济危机理论体系的枝节或节点，与马克思主义经济危机理论的内核和外围一起，构成了丰富的马克思主义经济危机理论体系。

马克思的社会再生产平衡增长的图解法

陶为群①

(中国人民银行南京分行)

一、马克思的社会再生产形成平衡增长的资本积累的必要条件

按照马克思社会再生产理论,社会生产部门划分成生产生产资料、消费资料的两个部类,分别记为第Ⅰ、Ⅱ部类。第 j 部类（$j=$ Ⅰ,Ⅱ。下同）在 t 年初时点的总资本分解成用于购买生产资料的不变资本、购买劳动力的可变资本两个部分,分别记为 $C_j^{(t)}$,$V_j^{(t)}$,$C_j^{(t)}$ 和 $V_j^{(t)}$ 都是每年周转一次；$V_j^{(t)}$ 带来剩余价值 $M_j^{(t)}$。第 j 部类产品当中消耗的不变资本对于可变资本的固定不变倍数 h_j 表示该部类的资本有机构成。剩余价值 $M_j^{(t)}$ 与可变资本 $V_j^{(t)}$ 之间保持固定不变的比率,以 e_j 表示,是第 j 部类的剩余价值率。以 $Y_j^{(t)}$,$X_j^{(t)}$ 分别表示第 j 部类新创造价值、总产值,那么按照经典的马克思再生产公式,在每个部类内部,不变资本、可变资本、剩余产品、新创造价值（产品）、总产值（产品）之间的关系被下面的定义方程所确定。

$$\begin{cases} V_j^{(t)} = C_j^{(t)}/h_j \\ M_j^{(t)} = e_j V_j^{(t)} \\ Y_j^{(t)} = V_j^{(t)} + M_j^{(t)} \quad j = \text{Ⅰ},\text{Ⅱ} \\ X_j^{(t)} = C_j^{(t)} + Y_j^{(t)} \end{cases} \tag{1}$$

对确定了含义的字母前面加符号 Δ 表示在当年再生产过程中所形成的增量,以 $M_{xj}^{(t)}$ 表示第 j 部类投资者把本部类的剩余价值中用于个人消费的部分。由于剩余价值 $M_j^{(t)}$ 是形成本部类的新增资本和企业所有者的剩余价值消费的唯一来源,所以有剩余价值使用的行为方程：

---

① 陶为群,中国人民银行南京分行研究员,主要从事马克思主义经济学研究。

$$\Delta C_j^{(t)} + \Delta V_j^{(t)} + M_{xj}^{(t)} = M_j^{(t)} \qquad j = \text{I}, \text{II} \tag{2}$$

根据定义方程式（1）也形成另一个剩余价值使用的行为方程：

$$\Delta V_j^{(t)} = \frac{1}{h_j} \Delta C_j^{(t)} \qquad J = \text{I}, \text{II} \tag{3}$$

实现社会再生产需要两大部类之间完成产品交换，所以存在众所周知的产品交换方程：

$$V_{\text{I}}^{(t)} + \Delta V_{\text{I}}^{(t)} + M_{x\text{I}}^{(t)} = C_{\text{II}}^{(t)} + \Delta V_{\text{II}}^{(t)} \tag{4}$$

将剩余价值使用的行为方程式（2）和式（3）代入产品交换方程式（4），得到下面的社会再生产的不变资本积累平衡方程。

$$\Delta C_{\text{I}}^{(t)} + \Delta C_{\text{II}}^{(t)} = Y_{\text{I}}^{(t)} - C_{\text{II}}^{(t)} \tag{5}$$

第 j 部类对于生产资料的需求由不变资本和资本积累两个方面产生，其中由不变资本产生的生产资料需求是既定的 $C_j^{(t)}$，由资本积累产生的是 $\Delta C_j^{(t)}$。在第 j 部类或者分部类把剩余价值 $M_j^{(t)}$ 全部用作资本积累的情形下，该部类或者分部类由资本积累产生的生产资料需求最大，是占剩余价值的比重 $h_j / (1 + h_j)$；而在把剩余价值全部用作投资者个人消费 $M_{xi}^{(t)}$ 也就是没有资本积累的情形下，由资本积累产生的生产资料需求最小，为零。所以第 j 部类或者分部类由资本积累产生的生产资料需求介于最大、最小需求之间。是

$$0 \leqslant \Delta C_j^{(t)} \leqslant M_j^{(t)} \frac{h_j}{1 + h_j} \qquad j = \text{I}, \text{II} \tag{6}$$

扩大再生产是在至少每个部类的不变资本都不减少的前提下，社会总不变资本扩大，也就是 $\Delta C_{\text{I}}^{(t)}$，$\Delta C_{\text{II}}^{(t)}$ 至少有一个大于零。根据这一点，并将式（6）取 $j = \text{I}$、II 相加，代入不变资本积累平衡方程式（5），得到社会扩大再生产的必要条件：

$$0 < Y_{\text{I}}^{(t)} - C_{\text{II}}^{(t)} \leqslant \sum_{j=\text{I}}^{\text{II}} M_j^{(t)} \frac{h_j}{1 + h_j} \tag{7}$$

由于根据定义方程式（1），每个部类内部各构成部分之间保持固定不变关系，所以当社会再生产平衡增长，则两大部类不变资本也平衡增长。有：

$$\frac{\Delta C_{\text{I}}^{(t)}}{C_{\text{I}}^{(t)}} = \frac{\Delta C_{\text{II}}^{(t)}}{C_{\text{II}}^{(t)}} \tag{8}$$

从式（8）并根据每个部类内部各构成部分之间保持固定不变关系，解得使社会再生产平衡增长的第 II 部类不变资本积累，是第 I 部类不变资本积累的函数：

$$\Delta C_{\text{II}}^{(t)} = \frac{1}{\mu_{\text{I}}^*} \left[\frac{h_{\text{II}} \ (1 + h_{\text{I}}) \ M_{\text{II}}^{(t)}}{h_{\text{I}} \ (1 + h_{\text{II}}) \ M_{\text{I}}^{(t)}} \right] \Delta C_{\text{I}}^{(t)} \tag{9}$$

根据定义方程式（1），第 j 部类资本利润率是 $\dfrac{e_j}{1 + h_j}$，式（9）中：

$$\mu_I^* = \frac{e_{II}(1+h_I)}{e_I(1+h_{II})} \tag{10}$$

经济含义是第Ⅱ部类利润率与第Ⅰ部类利润率之间的比值。将式（6）取 $j=\text{Ⅱ}$ 代入式（9），得到：

$$0 \leqslant \Delta C_I^{(t)} \leqslant \mu_I^* \frac{h_I}{1+h_I} M_I^{(t)} \tag{11}$$

式（6）取 $j=\text{Ⅰ}$ 代入式（9），得到：

$$0 \leqslant \Delta C_{II}^{(t)} \leqslant \frac{M_{II}^{(t)}}{\mu_I^*(1+h_{II})} M_{II}^{(t)} \tag{12}$$

将式（6）与式（11）、式（12）结合起来，得到社会再生产平衡增长的两大部类不变资本积：

$$\begin{cases} 0 \leqslant \Delta C_I^{(t)} \leqslant \dfrac{h_I M_I^{(t)}}{1+h_I}\min(1,\mu_I^*); \\ 0 \leqslant \Delta C_{II}^{(t)} \leqslant \dfrac{h_{II} M_{II}^{(t)}}{1+h_{II}}\min\left(1,\dfrac{1}{\mu_I^*}\right) \end{cases} \tag{13}$$

将式（13）中的两个不等式相加代入不变资本积累平衡方程式（5），并且与式（7）中的前一个小于号连接，得到社会再生产形成平衡增长的资本积累需要具备的必要条件是：

$$0 < Y_I^{(t)} - Y_{II}^{(t)} \leqslant \frac{h_I M_I^{(t)}}{1+h_I}\min(1,\mu_I^*) + \frac{h_{II} M_{II}^{(t)}}{1+h_{II}}\min\left(1,\frac{1}{\mu_I^*}\right) \tag{14}$$

根据资本积累平衡方程式（5）和式（13），共同确定两个部类不变资本积累的限定区间是：

$$\max\left\{0, (Y_I^{(t)} - C_{II}^{(t)}) - \frac{h_{II} M_{II}^{(t)}}{1+h_{II}}\min\left(1,\frac{1}{\mu_I^*}\right)\right\} \leqslant \Delta C_I^{(t)} \leqslant$$

$$\min\left\{(Y_I^{(t)} - C_{II}^{(t)}), \frac{h_I M_I^{(t)}}{1+h_I}\min(1,\mu_I^*)\right\} \tag{15}$$

$$\max\left\{(Y_I^{(t)} - C_{II}^{(t)}), \frac{h_I M_I^{(t)}}{1+h_I}\min(1,\mu_I^*)\right\} \leqslant \Delta C_{II}^{(t)} \leqslant$$

$$\min\left\{0, (Y_I^{(t)} - C_{II}^{(t)}) - \frac{h_{II} M_{II}^{(t)}}{1+h_{II}}\min\left(1,\frac{1}{\mu_I^*}\right)\right\} \tag{16}$$

二、在第Ⅰ部类资本利润率不高于第Ⅱ部类条件下社会再生产平衡增长的图解法

社会再生产平衡增长需要确定两个部类的不变资本积累 $\Delta C_I^{(t)}$ 和 $\Delta C_{II}^{(t)}$，可以分别以决

策变量 $\Delta C_{\mathrm{I}}^{(t)}$，$\Delta C_{\mathrm{II}}^{(t)}$ 作为横、纵坐标，建立平面直角坐标系，运用平面解析几何方法获得扩大再生产公式的解。

在第Ⅰ部类资本利润率不高于第Ⅱ部类即 $\frac{e_{\mathrm{I}}}{1+h_{\mathrm{I}}} \leqslant \frac{e_{\mathrm{II}}}{1+h_{\mathrm{II}}}$ 的条件下，$\mu_{\mathrm{I}}^* \geqslant 1$。根据对于两个部类的不变资本积累的约束条件式（12），$\Delta C_{\mathrm{I}}^{(t)}$，$\Delta C_{\mathrm{II}}^{(t)}$ 的取值范围具体是局限在由两条直线 $\Delta C_{\mathrm{I}}^{(t)} = M_{\mathrm{I}}^{(t)} h_{\mathrm{I}} / (1+h_{\mathrm{I}})$ 和 $\Delta C_{\mathrm{II}}^{(t)} = \frac{1}{\mu_{\mathrm{I}}^*} M_{\mathrm{II}}^{(t)} h_{\mathrm{II}} / (1+h_{\mathrm{II}})$ 与两个坐标轴围成的矩形区域内；根据资本积累平衡方程式（5）还要剔除坐标系的原点（对应着社会简单再生产）。一方面，资本积累平衡方程式（5）表示与两个坐标轴围成一个 45°等腰三角形的底边的直线，社会扩大再生产的解都是这条直线上的点。对于社会再生产中的状态变量 $(Y_{\mathrm{I}}^{(t)} - C_{\mathrm{II}}^{(t)})$ 取不同值的情形，可以看作是这条直线随着参数取不同的值，可以在上述矩形区域内上、下平行移动；社会再生产平衡增长的解只能是这条直线 $(Y_{\mathrm{I}}^{(t)} - C_{\mathrm{II}}^{(t)})$ 取值越大上移的位置就越高，社会再生产平衡增长的解只能是这条直线处于这个矩形区域内的那一部分线段；根据社会再生产平衡增长的必要条件式（13），这条直线在上述矩形区域内平行移动的最高位置不能够超过这个矩形的右上顶点。另一方面，社会再生产平衡增长的两大部类不变资本积累方程式（9）代表连接坐标系的原点和这个矩形的右上顶点的一条直线。这条直线与资本积累平衡方程式（5）表示的那条直线的相交点是 $(\Delta \bar{C}_{\mathrm{I}}^{(t)},\Delta \bar{C}_{\mathrm{II}}^{(t)})$，这个交点把资本积累平衡方程式（5）表示的直线处于上述矩形区域内的那一部分线段分割成两段；交点横坐标、纵坐标分别代表社会再生产平衡增长的第Ⅰ部类、第Ⅱ部类不变资本积累。

在第Ⅰ部类资本利润率不高于第Ⅱ部类条件下社会再生产平衡增长由图1给出。根据图解法，很容易确定交点的横坐标、纵坐标是：

$$\begin{cases} \Delta \bar{C}_{\mathrm{I}}^{(t)} = \dfrac{\mu_{\mathrm{I}}^* h_{\mathrm{I}} (1+h_{\mathrm{II}}) M_{\mathrm{I}}^{(t)}}{\mu_{\mathrm{I}}^* h_{\mathrm{I}} (1+h_{\mathrm{II}}) M_{\mathrm{I}}^{(t)} + h_{\mathrm{II}} (1+h_{\mathrm{I}}) M_{\mathrm{II}}^{(t)}} (Y_{\mathrm{I}}^{(t)} - C_{\mathrm{II}}^{(t)}) \\ \Delta \bar{C}_{\mathrm{II}}^{(t)} = \dfrac{h_{\mathrm{II}} (1+h_{\mathrm{I}}) M_{\mathrm{II}}^{(t)}}{\mu_{\mathrm{I}}^* h_{\mathrm{I}} (1+h_{\mathrm{II}}) M_{\mathrm{I}}^{(t)} + h_{\mathrm{II}} (1+h_{\mathrm{I}}) M_{\mathrm{II}}^{(t)}} (Y_{\mathrm{I}}^{(t)} - C_{\mathrm{II}}^{(t)}) \end{cases} \quad (17)$$

将式（17）代入剩余价值使用的行为方程式（3），就得到社会再生产平衡增长的两个部类可变资本积累；再将这些结果代入剩余价值使用的行为方程式（2），就得到两个部类的投资者剩余价值中个人消费。于是就获得社会再生产平衡增长的完整的解。因为只要具备社会再生产平衡增长的必要条件式（14）就获得了交点 $(\Delta \bar{C}_{\mathrm{I}}^{(t)}, \Delta \bar{C}_{\mathrm{II}}^{(t)})$，于是证明了在第Ⅰ部类资本利润率不高于第Ⅱ部类的条件下，社会再生产平衡增长的必要条件式（13）是平衡增长的充分条件，所以是充分必要条件。

在第Ⅰ部类资本利润率低于第Ⅱ部类即 $\frac{e_{\mathrm{I}}}{1+h_{\mathrm{I}}} < \frac{e_{\mathrm{II}}}{1+h_{\mathrm{II}}}$ 的条件下,图1中的矩形区域加上用虚线添加的矩形区域,是式(6)所表示的区域,也就是实现社会扩大再生产的两个部类不变资本积累的可能区域。这个区域大于由式(13)表示的形成社会再生产平衡增长的两个部类不变资本积累的可能区域,直观明确地表示出形成社会再生产平衡增长的两个部类不变资本积累的条件比实现社会扩大再生产的条件严格。原因在于,形成社会再生产平衡增长的两个部类不变资本积累是以实现社会扩大再生产为前提,所以条件会严格一些。

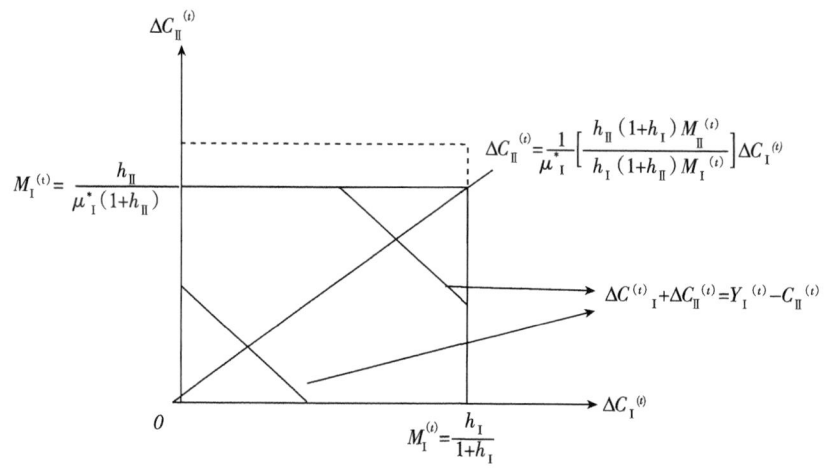

图1　$\frac{e_{\mathrm{I}}}{1+h_{\mathrm{I}}} < \frac{e_{\mathrm{II}}}{1+h_{\mathrm{II}}}$ 条件下社会再生产平衡增长的图解法

三、在第Ⅰ部类资本利润率高于第Ⅱ部类条件下社会再生产平衡增长的图解法

在第Ⅰ部类资本利润率高于第Ⅱ部类的条件下,$\mu^* < 1$。根据对于两个部类的不变资本积累的约束条件式(13),$\Delta C_{\mathrm{I}}^{(t)}$,$\Delta C_{\mathrm{II}}^{(t)}$ 的取值范围具体是局限在由两条直线 $\Delta C_{\mathrm{I}}^{(t)} = \mu_{\mathrm{I}}^* M_{\mathrm{I}}^{(t)} h_{\mathrm{I}/(1+h_{\mathrm{I}})}$ 和 $\Delta C_{\mathrm{II}}^{(t)} = M_{\mathrm{II}}^{(t)} h_{\mathrm{II}/(1+h_{\mathrm{II}})}$ 与两个坐标轴围成的矩形区域内。社会再生产平衡增长的两大部类不变资本积累方程式(9)代表连接坐标系的原点和这个矩形右上顶点的一条直线。而资本积累平衡方程式(5)表示的直线与在第Ⅰ部类资本利润率不高于第Ⅱ部类条件下完全相同。这两条直线的相交点是 $(\Delta C_{\mathrm{I}}^{(t)}, \Delta C_{\mathrm{II}}^{(t)})$,交点横坐标、纵坐标分别代表社会再生产平衡增长的第Ⅰ部类、第Ⅱ部类不变资本积累。如图2所示,根据图解法,很容易确定交点的横坐标、纵坐标同样是式(17),但是这个交点的位置与在第Ⅰ部类资本利润率不高于第Ⅱ部类条件下不同。

运用图解法求解也证明了在第Ⅰ部类资本利润率高于第Ⅱ部类的条件下,式(14)是社会再生产平衡增长的充分条件,所以是充分必要条件。

在第Ⅰ部类资本利润率高于第Ⅱ部类即$\frac{e_{\mathrm{I}}}{1+h_{\mathrm{I}}} > \frac{e_{\mathrm{II}}}{1+h_{\mathrm{II}}}$的条件下,图2中的矩形区域加上用虚线添加的矩形区域,是式(6)所表示的区域,也就是实现社会扩大再生产的两个部类不变资本积累的可能区域。这个区域大于由式(12)表示的形成社会再生产平衡增长的两个部类不变资本积累的可能区域,同样直观明确地表示出形成社会再生产平衡增长的两个部类不变资本积累的条件比实现社会扩大再生产的条件严格。同样的缘由在于,形成社会再生产平衡增长的两个部类不变资本积累是以实现社会扩大再生产为前提。

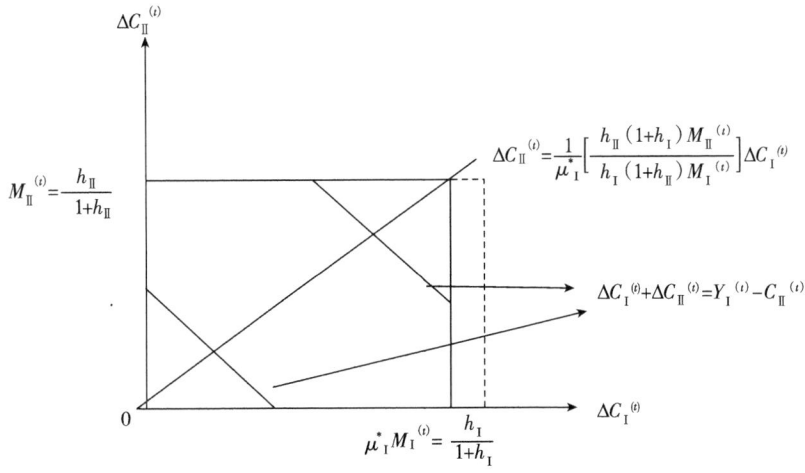

图2 在$\frac{e_{\mathrm{I}}}{1+h_{\mathrm{I}}} > \frac{e_{\mathrm{II}}}{1+h_{\mathrm{II}}}$条件下社会再生产平衡增长的图解法

在第Ⅰ部类资本利润率不高于、高于第Ⅱ部类的条件下,运用图解法得到的社会再生产平衡增长的解以及证明的形成社会再生产平衡增长的两个部类不变资本积累的充分必要条件,都和已经有研究给出的社会再生产平衡增长的解以及相应的充分必要条件完全一致。

四、社会再生产平衡增长的增长率经济含义

全社会的不变资本增长率是$(\Delta C_{\mathrm{I}}^{(t)} + \Delta C_{\mathrm{II}}^{(t)})/(C_{\mathrm{I}}^{(t)} + C_{\mathrm{II}}^{(t)})$,所以根据资本积累平衡方程式(5),可以确定社会再生产平衡增长的全社会的不变资本增长率是:

$$\frac{\Delta C_{\mathrm{I}}^{(t)} + \Delta C_{\mathrm{II}}^{(t)}}{C_{\mathrm{I}}^{(t)} + C_{\mathrm{II}}^{(t)}} = \frac{Y_{\mathrm{I}}^{(t)} + Y_{\mathrm{II}}^{(t)}}{C_{\mathrm{I}}^{(t)} + C_{\mathrm{II}}^{(t)}} \tag{18}$$

我们知道,在物质形态上$(\Delta C_{\mathrm{I}}^{(t)} + \Delta C_{\mathrm{II}}^{(t)})$是生产资料。有研究指出,在物质形态上

$Y_I^{(t)} - C_{II}^{(t)}$ 根是扩大再生产的生产资料总供给，是可用于两个部类不变资本积累的全部生产资料①。所以从物质形态上看，全社会的不变资本增长率当然就是当年可用于两个部类不变资本积累的全部生产资料对于年初全社会的生产资料的比率。从价值形态上看，根据式（16）全社会的不变资本增长率的经济含义是：生产资料部类的可变资本加剩余价值与消费资料部类的不变资本之差对于全社会的不变资本的比率。

当社会再生产平衡增长时，两个部类不变资本增长率相同；而全社会的不变资本增长率是两个部类不变资本增长率的加权平均数，因此与每个部类的不变资本增长率相同。所以当社会再生产平衡增长时，全社会的不变资本增长率也就是每个部类的不变资本增长率。可以对此加以验证。将定义方程式（1）表示的每个部类内部总产值各构成部分之间的固定不变关系以及 μ_1^* 的表达式式（10）代入平衡增长的每个部类不变资本积累式（17），得到当社会再生产平衡增长时，各部类的不变资本积累与不变资本之间的关系式：

$$\Delta \bar{C}_j^{(t)} = \frac{Y_I^{(t)} - C_{II}^{(t)}}{C_I^{(t)} + C_{II}^{(t)}} C_j^{(t)} \qquad j = I, II \qquad (19)$$

式（19）验证了当社会再生产平衡增长时，全社会的不变资本增长率也就是每个部类的不变资本增长率，两个部类不变资本增长率相同。

由于每个部类内部总产值各构成部分之间的关系固定不变，所以当社会再生产平衡增长时，式（18）也表示每个部类以及全社会的可变资本、剩余价值、新创造价值、总产值增长率。

---

① 陶为群,陶川. 马克思经济增长模型中的特征值及其理论蕴含[J]. 经济评论,2011(3).

马克思博士论文对哲学基本问题的探索

丁涛

（东北财经大学）

一、马克思博士论文对哲学基本问题的探索

马克思的博士论文《德谟克利特的自然哲学与伊壁鸠鲁的自然哲学的差别》主要包括两大部分内容，分别考察德谟克利特和伊壁鸠鲁二者自然哲学的一般差别和在细节上的差别。本文将基于"哲学基本问题"的视角对这两部分内容做出新的解释。在一般差别的考察中，马克思的认识已经上升到哲学基本问题的高度；在原子论哲学的细节考察中，马克思尝试在伊壁鸠鲁的原子论哲学中求解哲学基本问题，并对之进行反思。

（一）从一般差别的考察中提炼哲学基本问题

在一般差别的考察中，马克思发现，德谟克利特在处理原子和可感知现象世界之间的关系时陷入了自相矛盾。一方面，德谟克利特认为只有原子和虚空是真实的原则，而"感性现象不是原子本身所固有的……是主观的假象"[3]。另一方面，他又认为"原则是不进入现象界的……感性知觉的世界是真实的和富于内容的世界。这个世界虽然是主观的假象，但正因为如此，它才脱离原则而处于独立现实性的地位；同时，作为唯一的真实的客体，它本身具有价值和意义"[4]。

与德谟克利特带有怀疑论的自相矛盾不同，伊壁鸠鲁则以独断的态度将感性世界视为客观现象。同时，伊壁鸠鲁也不像德谟克利特那样重视实证知识，只是一心追求哲学知识，并为此感到满足和幸福。在伊壁鸠鲁身上体现了"自我满足的思维的平静和从内在原

---

[1] 基金项目：基于马克思主义政治经济学视角的全球价值链理论研究（18BKS005）。
[2] 丁涛，管理学博士，理论经济学博士后，东北财经大学马克思主义学院讲师。
[3] 马克思恩格斯全集（第40卷）[M]. 北京：人民出版社，1982：199.
[4] 马克思恩格斯全集（第40卷）[M]. 北京：人民出版社，1982：201.

则汲取自己的知识的独立性"。①

在比较了德谟克利特和伊壁鸠鲁的哲学思想后,马克思对二者的差异做了一般性的概括。马克思认为,二者的一般差异取决于反思的形式,"这形式表现着思想对存在的关系,两者的相互关系"。② 具体而言,二者在世界与思想之间所建立的一般关系中,把各自的特殊意识同现象世界的关系客观化了。在马克思看来,德谟克利特是把感性世界看作主观假象的怀疑论者和经验论者,而伊壁鸠鲁是视感性世界为客观现象的独断论者。前者从必然性的观点来考察自然,并力求解释和理解事物的真实存在,相反,后者只看到偶然,倾向于否定自然的一切客观实在性。③

通过比较,马克思意识到"似乎存在着某种颠倒的情况"④。就思想和存在的关系而言,德谟克利特将自然现象视为必然性,是一种机械论的认知模式,认为思想和意识没有发挥作用。伊壁鸠鲁则将自然现象视为偶然,一切都取决于自我意识。可见,马克思所谓的"反思的形式"直接触及对哲学基本问题的回答。可以认为,马克思已经将德谟克利特和伊壁鸠鲁二者在哲学观上的一般差异归结为哲学基本问题。

(二) 从原子论的细节考察中求解哲学基本问题

由上可知,德谟克利特在思想和精神中有一个原子化的世界,同时面对着一个现象世界,但无法在这二者之间建立联系。因此,原子化世界无法解释现象世界,因而不能使人们克服对现象世界的恐惧,进而不能摆脱神学和上帝的思维束缚。马克思在对伊壁鸠鲁原子论的细节考察中发现了一种解决问题的途径。

首先,马克思从伊壁鸠鲁提出的原子偏斜中找到了问题的突破口。偏斜"表述了原子的真实的灵魂、抽象个体性的概念"⑤。没有偏斜运动的原子是没有独立性和个体性的。马克思以物体的直线下坠运动对此做出了解释。"每一个物体,就它在下坠运动中来看,不外是一个资深运动的点,亦即一个没有独立性的点,这个在某种一定的存在中——即它所描画的实践中失掉了它自己的个体性。"⑥ 因此,如果没有偏斜运动,原子就只是一个没有独立性的点,且消失在直线运动中,进而无法与现象世界建立联系。这正是德谟克利特无法在原子与现象世界之间建立联系的问题所在。

马克思由此发现,原子实际上是一个矛盾统一体,直线运动和偏斜运动都不可或缺。

---

① 马克思恩格斯全集(第40卷)[M]. 北京:人民出版社,198:207.
② 马克思恩格斯全集(第40卷)[M]. 北京:人民出版社,1982:203.
③ 马克思恩格斯全集(第40卷)[M]. 北京:人民出版社,1982:207.
④ 马克思恩格斯全集(第40卷)[M]. 北京:人民出版社,1982:207.
⑤ 马克思恩格斯全集(第40卷)[M]. 北京:人民出版社,1982:214.
⑥ 马克思博士论文[M]. 北京:人民出版社,1961:18.

直线运动是原子的物质性表现，只进行直线运动的原子，还只是"纯粹物质性的存在"，①并不是真正的原子。或者说，"在原子中未出现偏斜的规定之前，原子根本还没有完成"②。偏斜运动"是它（原子）胸中能进行斗争和对抗的某种东西"③。一定程度上受青年黑格尔派的影响，马克思将"某种东西"阐释为原子的自我意识。④

在揭示出偏斜作为原子的独立性和自我意识的特征以后，马克思进一步揭示了排斥运动发生的原因。马克思援引卢克莱修的观点说："众多原子的排斥就是卢克莱修称之为偏斜的那个'原子规律'的必然的实现。……如果原子不偏斜，就不会有原子的反击，也不会有原子的遇合，并且将永远不会有世界创造出来。"⑤ 至此，偏斜—排斥—现象世界的逻辑体系已经呈现出来。

在用偏斜揭示了排斥的本质后，马克思又进一步考察了原子的质，"因为那互相排斥的众多原子……必定具有质的差别"⑥。具体而言，马克思考察了原子的体积、形状和重量这三种质。质的差别体现了原子的独立性特征，因而对质的考察也是对偏斜的进一步阐释。所以，马克思通过对质的考察进一步揭示了原子的内在矛盾，并进一步建立了原子与现象世界之间的联系。马克思说："原子的概念中所包含的……矛盾，表现在单个的原子本身内，因为单个的原子具有了质……。于是从具有了质的原子的排斥以及与排斥相联系的凝聚里，就产生出现象世界。"⑦

与此同时，马克思还认为，伊壁鸠鲁正确区分了作为"元素"的原子和作为"始原"的原子，前者是构成现象世界的基础，而"始原"则只存在于虚空之中。原子要与现象世界建立联系，首先必须成为元素，而"只有那具有质的原子才成为'元素'"⑧。德谟克利特的原子概念只是存在于虚空中的始原，因而无法与现象世界建立联系。至此，不难发现，马克思在剖析伊壁鸠鲁原子论的过程中建立一套"思想对存在的关系"的逻辑体系：原子—偏斜—质—元素—排斥—现象世界。

---

① 马克思恩格斯全集(第40卷)[M]. 北京:人民出版社,1982:212.
② 马克思恩格斯全集(第40卷)[M]. 北京:人民出版社,1982:213.
③ 马克思恩格斯全集(第40卷)[M]. 北京:人民出版社,1982:212–213.
④ 马克思对自我意识的强调受到了青年黑格尔派哲学的影响。马克思参加的"博士俱乐部"就是"以鲍威尔为代表的自我意识哲学团体"。孙伯鍨:《探索者道路的探索》,合肥:安徽人民出版社,1985年,第28页。在关于伊壁鸠鲁哲学笔记中，马克思指出："'偏斜直线'就是'自由意志'，是特殊的实体,原子真正的质。"马克思恩格斯全集(第40卷)[M].北京:人民出版社,1982:121.
⑤ 马克思恩格斯全集(第40卷)[M]. 北京:人民出版社,1982:216.
⑥ 马克思恩格斯全集(第40卷)[M]. 北京:人民出版社,1982:218.
⑦ 马克思恩格斯全集(第40卷)[M]. 北京:人民出版社,1982:228.
⑧ 马克思恩格斯全集(第40卷)[M]. 北京:人民出版社,1982:229.

二、对马克思进一步开展哲学探索的意义

(一) 熟练运用辩证法并发现主观能动性的重要性

不难发现,马克思在剖析伊壁鸠鲁的原子论哲学时,一贯采用了矛盾分析法,在直线与偏斜、物质与形式、思想与存在等各种对立统一关系中把握原子的本质,并运用肯定、否定和否定之否定的发展规律建立了原子与现象时世界之间的逻辑关系。① 这足以表明,马克思已经掌握了辩证法的精髓,这受益于黑格尔哲学及青年黑格尔派的影响。正是基于辩证法的熟练运用,马克思能够洞察伊壁鸠鲁与德谟克利特在原子论上的本质区别,进而打破了传统的认知,②"解决了一个在希腊哲学史上至今尚未解决的问题"。③

从辩证法的角度看,德谟克利特的原子学说是机械论的,用盲目的必然性解释原子运动。伊壁鸠鲁则着眼于原子自身的内在矛盾,从而为辩证法的运用开启了一扇窗。然而,伊壁鸠鲁原子论中的矛盾分析和辩证法因素,依然处于自发的阶段,并没有上升到理性认识。④ 掌握了辩证法的马克思发现了这一问题,充分挖掘了伊壁鸠鲁原子论的价值,将其中自发的、分散的辩证法因素进行了系统的整理,使之上升为一套完整的理论体系。总之,通过对伊壁鸠鲁原子论的剖析,马克思第一次熟练运用了辩证法,为以后开展更深入的哲学探索奠定了坚实基础。辩证法最终成为马克思在创立新的哲学世界观和理论体系过程中所采用的根本方法。

基于辩证法的运用和原子自我意识的启发,马克思认识到人也是精神与物质的对立统一体,并强调了人的主观能动性。他说:"要使人作为人的人成为他自己的唯一真实的客体,他就必须在他自身中打破他自己的相对的定在,欲望的力量和纯粹自然的力量。"可见,在与物质欲望和自然力量的对立中,人本身所具有的主观能动性凸显出来。

彻底打破上帝的神话是马克思创立唯物史观的重要前提。德国古典哲学从康德到黑格尔发展历程中,辩证法得到了充分发展,但假想上帝的存在限制了他们对主观能动性的认识,因而未能完成哲学的革命。马克思则在批判继承辩证法的同时,也驱逐了上帝,从而

---

① "马克思认为,原子的冲击是偏斜运动的必然结果,原子在其生命过程中具有三个环节:直线运动表现原子的直接性即肯定性,偏斜运动是它的否定,原子的冲击便是否定的否定。经过这三个环节,原子便按照它的概念实现了,就是说,它从本质世界过渡到了现象世界。于是,一个感性的世界就被创造出来了。"孙伯鍨.探索者道路的探索[M].合肥:安徽人民出版社,1985:75.

② 博士论文的突出贡献是打破了一种根深蒂固的偏见,"即把德谟克利特的物理学和伊壁鸠鲁的物理学等同起来,并把伊壁鸠鲁所作的改变看作只是一些随心所欲的臆造",甚至认为后者剽窃了前者。克思恩格斯全集(第40卷)[M].北京:人民出版社,1982:198.

③ 马克思恩格斯全集(第40卷)[M].北京:人民出版社,1982:188.

④ 孙伯鍨.探索者道路的探索[M].合肥:安徽人民出版社,1985:83.

使人的主观能动性得以施展，为创立新的哲学世界观开辟了道路。

（二）为抛弃唯心主义并走向现实世界做了必要的准备

一般认为，马克思在写作博士论文时是具有唯心主义倾向的，正如列宁所言："马克思就当时的观点来说，还是一个黑格尔唯心主义者。"国内有学者甚至认为，此时的青年马克思"是一位地道唯心主义哲学家"。① 马克思在剖析原子论的过程中的确采用了唯心主义的方法，但并非是一个地道的唯心主义者。

德谟克利特和伊壁鸠鲁的原子论都是唯心主义的产物，原子的概念本身只是思维的产物，并非源于真实的存在。从思维对存在的关系看，德谟克利特与伊壁鸠鲁都遵循了唯心主义的方法，即都是以各自原子论哲学作为出发点和基本原则，只是二者的原子论不同而已。马克思在解读伊壁鸠鲁的原子论时也是按照唯心主义的推理方式建立起原子与现象世界之间的逻辑关系。但马克思同时发现了原子论的重要缺陷。现实世界最终是不能用原子论来解释的，即不能还原为伊壁鸠鲁所构想的原子。② 从根本上讲，由于没有掌握辩证法，伊壁鸠鲁强调矛盾的一方时没有看到其对立面，将原子的自我意识绝对化，从而滑向了偶然性的极端，忽视了必然性，甚至"否定自然的一切客观实在性"。③ 精通辩证法的马克思显然对此有深刻认识，并批评伊壁鸠鲁"轻视实证科学"。④

可见，马克思在尝试运用原子论的唯心主义方法来破解哲学基本问题时，并没有得到满意的答案。在此后更深刻的反思过程中，马克思逐渐抛弃了唯心主义的方法，不再纠缠于原子论，因而没有继续开展他原有的哲学研究计划，而是将视角转向现实社会。因此，博士毕业后，马克思不再像鲍威尔等青年黑格尔派那样纠缠于哲学的空谈，而是更加注重社会实际，并积极参与到社会实践中。1842 年成为《莱茵报》编辑后，马克思积极投身到群众的斗争实践中，并开展了大量的社会调查，从而更加深入地思考哲学基本问题。此时马克思撰写的文章不再是纯理论的考究，而是直面现实问题。更重要的是，马克思在亲身实践中发现了经济问题的重要性，正如恩格斯回忆说："我曾不止一次地听到马克思说，正是他对林木盗窃法和摩塞尔河地区农民处境的研究，推动他由纯政治转向研究经济关系，并从而走向社会主义。"⑤ 因此，正是得益于社会实践，马克思走上了开创唯物史观的光明大道。

---

① 张一兵. 青年马克思的第一次思想转变与《克罗茨纳赫笔记》[J]. 求是学刊,1993(3).
② 其实马克思在运用辩证法剖析原子的质的过程中也否定了原子还原论。有了质的差别，原子间不可能是简单的数量关系。从原子之间的排斥和融合是一个从量变到质变的过程，是不可逆的,不可还原为原子的状态。
③ 马克思恩格斯全集(第40卷)[M]. 北京:人民出版社,1982:207.
④ 马克思恩格斯全集(第40卷)[M]. 北京:人民出版社,1982:202.
⑤ 马克思恩格斯全集(第39卷)[M]. 北京:人民出版社,1982:446.

三、小结与启示

马克思在比较德谟克利特和伊壁鸠鲁二者的哲学思想时，也在思考哲学的基本问题，即思维对存在的关系。德谟克利特和伊壁鸠鲁都是以作为思维产物的原子为基本原则和出发点，只是二者思维所构想的原子论不同而已。德谟克利特的原子论与现象世界是隔离的，因而无法在原子与现象世界之间建立联系。马克思重点剖析了伊壁鸠鲁原子论，从原子自身的内在矛盾出发，在原子与现象世界之间建立了一套逻辑体系。这一逻辑体系也成为马克思用唯心主义的方法求解哲学基本问题的一次尝试。

在建立这一逻辑体系的过程中，马克思熟练运用了辩证法并充分意识到主观能动性的重要性。这为他否定宗教神学坚定了信心，并为批判形而上学的唯物主义和机械论奠定了基础。同时，马克思也发现了这一逻辑体系的缺陷。按照这一逻辑体系，现实世界应该起源于思维的产物，即原子。然而，由原子论所构想的世界与现实世界并不一致，或者说，现实世界并不能由原子论来解释。进一步而言，原子论不能决定现实世界，思维不能决定存在。这使马克思加深了对唯心主义缺陷的认识，即"现实的东西和应有的东西之间的对立"。可以认为，马克思在博士论文中已经意识到唯心主义的方法并不能为他所沉思的哲学基本问题提供满意的答案。因此，马克思不得不抛弃唯心主义，他选择的出发点不再是原子论，而是现实世界。这是促使马克思与青年黑格尔派分道扬镳的重要原因之一。后者沉迷于哲学和思想世界，乃至于空谈，马克思则放弃原来的古希腊哲学研究计划，并很快走向了社会实践。

实际上，原子还原论依然是西方经济学提出一系列假设的根基。或者说，在上帝存在的西方经济学体系里，只有一个原子论的世界，而不是我们面对的现实世界。当经济学沿着原子论越走越远的时候，距离现实世界却越来越远了。原子论的施展使得数理模型的构建更为可行。当前西方经济学的模型可谓越来越完美，但解释现象世界的功能却在不断削弱。具有讽刺意味的是，在这种思维的长期固化中，很多经济学家甚至认同了学术研究与现象世界是两回事，把回避现实认为理所当然。因此，他们只管埋头搞经济模型，并不在乎现象世界是怎么回事。对此，马克思的博士论文给予了重要启示，即回到社会实践中。

强调回到社会实践中，并不意味着我们支持当前比较流行的现实主义，尤其是物质或金钱利益最大化的价值观，因为这违背了辩证法和人的主观能动性。对此，马克思的博士论文也给予了重要启迪。人作为物质和精神的对立统一体，要成为真正的自己，不屈从于机械论哲学的宿命论和物质刺激，而是要充分发挥主观主动性以改造世界并克服物质欲望。

马克思主义经济学：经济权力的来源与结构的理论[①]
——兼论深层破解新时代主要矛盾之道

杨俊[②]

（中共浙江省委党校马克思主义研究院）

一、经济权力生成的来源

第一，生成经济权力的劳动实践必须是社会劳动。社会之所以能够成为社会，就在于必须有一种实践活动把每个人内在地联系起来并形成统一的有机整体，这种实践活动只能是劳动。而每个人的本质"不是单个人所固有的抽象物，在其现实性上，它是一切社会关系的总和"[③]。因此，人作为社会人，只有通过将他的私人劳动作为社会劳动才能使自己与社会发生联系。"什么是'社会劳动'？即为全社会的他人生产产品和服务的劳动，它区别于那种每个人自给自足的'自我劳动'"[④]。自给自足的自我劳动者所生产的物品只是为自己直接使用和消费，那么他与社会没有关系。在社会分工条件下，单个人的劳动必然具有社会性，这是因为人首先必须解决吃、喝、住、穿然后才能从事政治、科学、艺术、宗教等等，但是单个人不能依靠自己的全部力量来完成这一系列活动，他必须用自己的劳动拿到社会上去交换，即通过为他人而劳动的过程来获得自己的各种需要，这种支配自己的劳动为他人而服务的社会劳动为经济权力生成创造了第一个条件。

第二，生成经济权力的劳动实践必须是剩余劳动。任何社会劳动作为一个统一体总是能够分解为两种不同的层次：必要劳动与剩余劳动。所谓必要劳动就是人类为了能够生存

[①] 基金项目：本文是国家社会科学基金项目"经济权力生成思想的唯物史观解读及其当代意义"（16CKS054）、浙江省委党校系统青年教师学术促进会课题"唯物史观视域下资本空间扩张的内在逻辑：动力、悖论与再生产"（QCH201606）的阶段性成果，并受到中共浙江省委党校马克思主义研究院"浙江省一流学科A类马克思主义理论专业（浙江省委党校马克思主义研究工程项目）"专项经费的资助。

[②] 杨俊，中共浙江省委党校马克思主义研究院讲师，哲学博士，浙江省哲学社会科学重点研究基地"文化发展创新与文化浙江建设研究中心"研究人员，中国社会科学院马克思主义学院访问学者，研究方向为经济哲学、政治经济学、马列主义及其中国化理论。

[③] 马克思恩格斯文集（第1卷）[M]. 北京：人民出版社，2009：505.

[④] 鲁品越. 鲜活的资本论（第二版）[M]. 上海：上海人民出版社，2016：156.

下去而必须进行的最为基本、最为根本的社会劳动,其目的是维系人类作为生物物种的存在,没有体现人类自然属性的必要劳动作为前提,就没有人类社会的存在。而所谓剩余劳动就是人类为了能够进一步发展而在必要劳动基础上所进行的社会劳动,没有反映人类社会属性的剩余劳动作为前提,就没有人类社会的发展。其中,只有在剩余劳动出现的情况下,经济权力才成为可能,因为人只有在"超越这种'直接的肉体需要的支配'"① 下才有条件去支配他人的劳动。当一个人的剩余劳动成为另一个人所依赖的生存条件时,就意味着经济关系中存在着支配与被支配的可能性。

第三,生成经济权力的劳动实践必须是物化劳动。马克思认为一切人与人之间的社会关系都必须通过以人与物、物与物的自然关系为载体并表现出来才能转化为实实在在的支配性力量。这种不以人的意志为转移的客观社会力量,就是社会剩余劳动的物质化——物化劳动。马克思指出:"人们自己创造自己的历史","是在直接碰到的、既定的、从过去承继下来的条件下创造",② 也就是说,物化劳动是人们自己的实践活动所创造的,但是从事任何物化劳动都必须以一定的条件作为前提,这个前提就是先前世世代代物化劳动过程的时间积累而形成的空间性物化世界。以此物化世界为媒介,在人们之间结成不以人的意志为转移的经济关系,它支配着人们的物化劳动过程,而这个物化世界支配下的物化劳动过程的最终结果又会形成新的物化世界,从而作为新的客观前提支配下一轮的新的物化劳动过程。总之,"人在一定物质条件下的劳动的物化,以及物化劳动反过来为人类劳动创造物质条件并决定人的行为方式"③。这样一个否定之否定的辩证路径形成了不以人的意志为转移的经济关系力量。

二、由劳动价值生成的经济权力结构

(一)权力结构的生成元:"劳动—劳动"的关系

如果说劳动实践过程是经济权力生成的最基本单元,那么劳动与劳动之间的支配性关系就是最基础的经济权力结构。这是在社会分工条件下,劳动者之间既相互依赖又相互支配,因为每个人都必须依赖他人的劳动成果才能生存,同时每个人又通过自己的劳动成果要求他人进行服务于自己的劳动,由此形成了人们之间用劳动价值构成的相互依赖与相互支配的关系。由于这种支配关系是相互的,所以彼此支配对方的权力相互抵消了,因而无法显现为支配性权力。但是,一旦劳动价值转化为货币与资本,便会形成不对称的货币权

---

① 鲁品越. 鲜活的资本论(第二版)[M]. 上海:上海人民出版社,2016:91.
② 鲁品越. 鲜活的资本论(第二版)[M]. 上海:上海人民出版社,2016:470-471.
③ 鲁品越. 鲜活的资本论(第二版)[M]. 上海:上海人民出版社,2016:84.

力、资本权力，进而转化为金融权力等经济权力，并且构成一切上层建筑权力（如政治权力、精神权力、军事权力等）的基础。一切权力都是这个底层的隐性权力的显在形式，由它构筑和转化而来。例如，资本对社会的支配权，来自资本所占有的劳动产品对社会的权力，而这种产品对全社会的权力，正是其他劳动者对该产品的依赖性，也即源于"劳动—劳动"之间的相互支配的权力，也即劳动价值。资本通过出售产品，使劳动价值中含有的这种权力以货币形式存在。

因此，"劳动—劳动"的相互依赖的价值联系的生成过程，是经济权力最基本的生成元。无论是纵向的垂直型劳动关系还是横向的平行型劳动关系，二者都存在着"劳动—劳动"的相互依赖关系。在前者中，由于"一切规模较大的直接社会劳动或共同劳动，都或多或少地需要指挥，以协调个人的活动"[1]，所以构成领导、管理等复杂劳动对简单劳动的支配与被支配关系。而后者也存着经济权力关系，在社会分工条件下，只要人与人之间的劳动存在依赖关系，就存在着互相依赖的力量结构，每个人的劳动都要被对方乃至社会的总劳动所支配。因此，如果说纵向的垂直型劳动关系是一种"显性经济权力"，那么，横向的平行型劳动关系则是一种"隐性经济权力"，二者不仅可以相互转化，并且在私有制为主导的前提下，还会发生异化，从而生成经济权力的基本权力单元——"资本—劳动"的关系。

（二）基本权力单元："资本—劳动"关系

马克思指出，形成"资本—劳动"的权力结构，就必须使"作为劳动条件的所有者同只是作为劳动力的占有者的工人相对立"[2]，即劳动过程的客体条件与主体条件相分离是形成资本支配劳动的根本原因。在生产力越来越社会化的情况下，一方面劳动过程越来越需要集体共用的生产资料系统的客观条件，另一方面越来越多的劳动者不具备这个客观条件，而资本家则掌握着这些生产资料。于是，劳动者的活劳动要进行下去，就必须依赖于物化死劳动所形成的集体共用的生产资料系统。一旦劳动者将劳动力转化为商品，商品交换意义上的平等局面就被资本对劳动的支配性关系打破了："一个笑容满面，雄心勃勃；一个战战兢兢，畏缩不前"[3]。而"资本—劳动"的关系就表现为"资本是对劳动及其产品的支配权力"[4]，资本权力通过对劳动过程的支配进而最大限度地占有劳动力所创造的剩余价值，这些剩余价值又最大程度转化为新的资本权力，以此作为基本权力单位实现资

---

[1] 马克思恩格斯文集:第5卷[M].北京:人民出版社,2009:384.
[2] 马克思恩格斯文集:第7卷[M].北京:人民出版社,2009:49.
[3] 马克思恩格斯文集:第5卷[M].北京:人民出版社,2009:205.
[4] 马克思恩格斯文集:第1卷[M].北京:人民出版社,2009:130.

本权力正反馈的不断积累,从而实现资本权力的层层放大。恩格斯指出,"资本和劳动的关系,是我们全部现代社会体系所围绕旋转的轴心"①,这一论断揭示了资本对劳动的支配性关系是现代社会中最核心的社会关系。那么,这种支配不仅支配劳动者,还支配着资本家本身。

在《资本论》中,我们先看到"资本家怎么利用资本来行使他对劳动的支配权力,然后将看到资本的支配权力怎样支配着资本家本身"②,这就是在"资本—劳动"结构基础上所发展而生成的横向经济权力结构——"资本—资本"的关系。

(三)横向经济权力结构:"资本—资本"关系

马克思指出:"竞争使资本主义生产方式的内在规律作为外在的强制规律支配着每一个资本家。"③为了能够在竞争中生存与发展,每个资本权力除了不断地正反馈积累,还不断进行积聚以实现集中化,产业垄断程度不断提高,由此造成产业资本中大资本对小资本的支配权力。那么,资本集中不仅利用企业的自有资本,更主要将社会闲置的资本集中起来进行扩大再生产,这就是借贷资本。借贷资本又开拓了产业资本的融资渠道,于是"资本便采取自己最高和最抽象的表现形式,即金融资本形式"④,这种金融资本"是有权取得未来剩余价值的所有权证书"⑤,它是在实体资本基础上相对独立出来却反过来支配实体资本:参与剩余价值的分配,从而使其获得的收益远远超过实体资本所获得的收益。这种金融资本权力作为市场权力的最高级形态,是支配一切产业资本的经济权力。因为,"金融资本权力就是'资本权力'的放大器,因为它通过各种杠杆效应将产业资本中的权力进一步放大"⑥。如果说"资本—资本"的关系是一种横向经济权力结构,那么资本的市场权力作为经济基础与作为上层建筑的政府权力、精神权力构成纵向经济权力结构。

(四)纵向经济权力结构:"市场—政府—社会"的关系

人类社会发展至今,主要发明了三种权力力量来支配劳动,这就是以行政命令为强迫手段的政府权力、以精神激励为感召手段的精神权力与以利益机制为利诱手段的市场权力。在等级制社会里,三种权力形态都水乳交融于国家权力这一共同体中。比如,在中国古代封建社会中,最高统治者皇帝集政治权力、经济权力、精神权力等各种社会权力于一

---

① 马克思恩格斯文集(第3卷)[M]. 北京:人民出版社,2009:79.
② 马克思恩格斯文集(第1卷)[M]. 北京:人民出版社,2009:130.
③ 马克思恩格斯文集(第5卷)[M]. 北京:人民出版社,2009:683.
④ [德]鲁道夫·希法亭. 金融资本[M]. 福民,等,译. 北京:商务印书馆,1994:1.
⑤ 马克思恩格斯文集(第7卷)[M]. 北京:人民出版社,2009:519.
⑥ [德]鲁道夫·希法亭. 金融资本[M]. 福民,等,译. 北京:商务印书馆,1994:224.

身,因为"普天之下莫非王土",皇帝就是最大的地主,掌握着全国的经济权力。在这一混沌的国家共同体中,由于商品经济还不发达,作为经济权力的市场相对于社会等级制度而言,只具有潜在的优势,它必须和等级地位相结合才能叩开政治权力的大门。随着生产力的发展,在传统等级制社会的夹缝地带,商品经济不断发展推动着市场权力的主体性发育和成长,这才导致了市场权力在政治权力的博弈中凸显其过于"脱域",从而单独从"权力共同体"中分离出来作为经济基础真正支配整个国家权力,包括支配政府的行政权力以及社会的精神权力,这种"市场—政府—社会"的关系就是纵向经济权力结构,也正是在这个意义上,马克思第一次把经济权力和政治权力这二者相区别,他说"对于资产者来说,他们占绝对统治,或他们的政治权力和经济权力为其他阶级所限制,都'没有'区别"[1]。那么,在一国范围内,"市场—政府—社会"所构成的经济权力结构作为整体的国家权力又不断突破地理的空间界限从而生成出经济权力的国际经济权力结构——"一国—全球"的关系。

(五) 国际经济权力结构:"一国—全球"的关系

马克思恩格斯指出"工人没有祖国"[2],这是因为资本也没有祖国,"创造世界市场的趋势已经直接包含在资本的概念本身中。任何界限都表现为必须克服的限制"[3]。作为经济权力的资本权力,其精神特质是"世界主义",它追求经济利益最大化的原动力推动着它力图突破一切空间界限以缓解本国经济权力的内部矛盾。于是,作为最主要的市场权力形式借助国家这个"外壳",在走向全球化的过程中将"劳动—劳动""资本—劳动""资本—资本""市场—政府—社会"的经济权力结构从封闭的、单独的、片面的"地域历史"走向开放的、共同的、全面的"全球历史"。由此,我们可以看到,各国经济权力之间一方面相互依赖,为和平与发展的世界秩序奠定了共同的经济基础,另一方面又相互支配,在资本生产方式占主导的情况下,谁具有分割全球剩余价值的能力,谁就能获得世界经济霸主的地位,由此造成当今世界错综复杂的国际矛盾与冲突乃至战争威胁。

三、经济权力生成的治理

新时代我国社会主要矛盾转化之前,生产力落后的原因是发展的空间充盈而动力不足。

在社会主要矛盾转化之后,发展不平衡不充分的原因是发展的动力过剩而空间受阻。

---

[1] 马克思恩格斯文集(第1卷)[M].北京:人民出版社,2009:218.
[2] 马克思恩格斯文集(第2卷)[M].北京:人民出版社,2009:50.
[3] 马克思恩格斯文集(第8卷)[M].北京:人民出版社,2009:88.

如何解决这个主要矛盾？党的十九大报告指出，虽然新时代我国社会的主要矛盾发生了变化，但是我国仍处于并将长期处于社会主义初级阶段的基本国情没有变，我国是世界最大发展中国家的国际地位没有变，所以一方面要靠发展来解决前进中的问题，即仍然需要充分发挥资本动力的积极作用以发展经济权力，另一方面要治理经济权力，怎么治理经济权力，就需要在推进中国经济治理现代化的过程中通过构建科学而合理的经济制度来优化经济权力结构进行空间再生产。

马克思指出："在一切社会形式中都有一种一定的生产决定其他一切生产的地位和影响，因而它的关系也决定其他一切关系的地位和影响。这是一种普照的光，它掩盖了一切其他色彩，改变着它们的特点。这是一种特殊的以太，它决定着它里面显露出来的一切存在的比重。"① 因此，当代中国在处理好社会主义市场经济体系中政府的经济权力，以及国有资本与各种民营资本之间、境内外资本之间的市场权力关系时，必须建立公有制为主体的资本网络型结构对多种多样的经济权力进行引导、驾驭与监管，由此作为经济基础就能保证资本的市场权力能够代表全社会总体利益进行空间再生产：一方面在经济系统内部，通过国内与国际消费空间的再生产来消除资本与劳动的两极分化，进而消除地区差距、群体差距、行业差距，解决发展的不平衡问题；另一方面以经济系统的生产作为物质基础进行政治空间、文化空间、社会空间与生态空间的再生产，从而在满足人民群众对物质文化需求的基础上满足对民主、法治、公平、正义、安全、环境等方面的要求。总之，经济权力结构的优劣是破解我国社会主要矛盾成败的关键，在此基础上，协调推进五大空间的再生产，就能实现当代中国发展得更平衡、更充分。

---

① 马克思恩格斯文集(第8卷)[M]. 北京:人民出版社,2009:31.

两种不同"市场决定性作用"的理论辨析①
——兼评新自由主义"市场决定论"的谬误

侯为民②

（中国社会科学院马克思主义研究院）

进一步完善社会主义市场经济体制，是实现新时代中国特色社会主义强国目标的重要基础。新时代中国特色社会主义经济思想产生于中国特色社会主义改革开放的伟大实践之中，对社会主义市场经济条件下正确处理市场和政府关系做出了科学的阐释，为不断提高我国整体经济效率和保持经济健康稳定可持续发展提供了正确指引。习近平同志指出："使市场在资源配置中起决定性作用和更好发挥政府作用，二者是有机统一的，不是相互否定，不能把二者割裂开来、对立起来。"③新时代条件下强调发挥市场配置资源的决定性作用，与新自由主义主张的市场决定论有着本质上的不同。在全面深化改革中，我国要主动划清与新自由主义"市场决定论"的界限。

一、新时代条件下我国发挥市场配置资源决定性作用的内涵和特点

历史的实践永无止境，理论创新同样如此。从不断变化的现实生活材料中寻找突破口，进一步推动社会主义市场经济体制的健全和完善，是我国经济社会发展的内在要求。党的十九大报告指出："深化经济体制改革必须以完善产权制度和要素市场化配置为重点。"④这一科学论断是建立在对我国社会主义市场经济的历史发展基础之上的。从中国的现实国情看，当前制约中国经济社会发展的传统体制障碍已经消失。一方面，公有制经济在国民经济中所占比例过大、不适合生产力发展的问题已经得到解决；另一方面，政府对企业和市场管得过多、过死的弊端也在很大程度上得到了克服。"经过三十五年改革建立

---

① 基金项目：本文是北京高校中国特色社会主义理论研究协同创新中心（中国政法大学）阶段性成果。
② 侯为民，中国社会科学院马克思主义研究院思想政治教育研究室主任，研究员。兼任中国社会科学院经济社会发展研究中心副主任、中国社会主义经济规律研究会秘书长、中华外国经济学说研究会副秘书长。主要研究方向：马克思主义政治经济学、中国社会主义经济理论与实践。
③ 中共中央文献研究室．习近平关于社会主义经济建设论述摘编[M]．北京：中央文献出版社，2017：59.
④ 习近平．决胜全面建成小康社会，夺取新时代中国特色社会主义伟大胜利[M]．北京：人民出版社，2017：20.

起来的社会主义市场经济体制,已经能够在相当程度上发挥经济稳定器作用。"①应当说,这是当前我国深化经济体制改革的现实经济基础。

强调发挥市场在资源配置中的决定性作用,是由我国经济社会发展的问题导向决定的,也是马克思主义"坚持一切从实际出发"观点的体现。当前中国特色社会主义的最大实际,是由我国的最大国情决定的。从历史的坐标看,当前我国仍处于社会主义初级阶段,而且在未来较长时期内还将处于社会主义初级阶段,这个最大的国情并没有发生变化。因此,我国仍然需要根据生产力发展水平不平衡、不充分的现实,从实际出发采取适合生产力发展要求的生产关系及其实现形式。

在资源配置中市场机制发挥着决定性作用,是由商品生产和交换的一般经济规律所决定的。公有制经济和非公有制经济作为市场的微观主体,都服从于上述客观规律,都需要自主经营和自负盈亏,都需要在市场竞争中提高效率和效益。市场化是其以微观经济主体身份参与社会生产所必经的途径。但是,不能将市场化等同于私有化。公有制经济与非公有制经济在功能定位上的差别,并不意味着其性质上的趋同。实际上,公有制与私有制是两种完全不同性质的所有制。应当说,确立和巩固公有制经济是我国社会主义事业的历史前提,也决定着社会主义现代化强国目标最终能否实现。发挥市场决定性作用,需要对公有制经济进行改革,探索和完善公有制经济的具体实现形式。

发挥市场在资源配置中的决定性作用,要坚持"两点论"。不能一提市场化配置资源,就只能主张推行自由化和非调控化。马克思主义认为,政治和经济的关系密切相关,相互作用并相互制约。从社会结构层面看,现代社会已经完全脱离了自由资本主义阶段的无组织化阶段。国家作为巨大的经济力量,已经深度融入现代经济生活。为此,习近平同志指出:"中国特色社会主义最本质的特征是中国共产党领导,中国特色社会主义制度的最大优势是中国共产党领导。"②这一论断显然更科学地反映了政治对经济的反作用,也更深刻地体现了共产党作为无产阶级政党组织的先进性质,是对新时代中国特色社会主义条件下政治和经济之间相互作用关系的科学说明,是对现代经济生活中政府和市场关系的深刻总结和阐释。

市场机制配置资源是价格机制(包括要素价格机制)、供求机制、信用机制、竞争机制、利率机制等诸多因素共同发生作用的结果。在这一过程中,要素价格机制、信用机制、利率机制等因素的作用是从属于商品价格机制的。从这个意义上说,对市场机制在资源配置方面的决定性作用,需要坚持从商品经济本源出发来理解,而不是孤立地去认识。

---

① 中共中央文献研究室. 习近平关于社会主义经济建设论述摘编[M]. 北京:中央文献出版社,2017:57.
② 习近平. 决胜全面建成小康社会,夺取新时代中国特色社会主义伟大胜利[M]. 北京:人民出版社,2017:20.

这就要求在实践中正确对待金融化过程,重视实体经济的发展。可见,确立科学的市场化改革观,需要正确看待金融化过程。不能借市场化配置资源和市场决定作用来为金融的"脱实向虚"的借口。

二、新自由主义"市场决定论"的落后性与反科学性

在中国特色社会主义的语境下,社会生产资源配置的"市场决定论"是以社会主义市场经济的历史条件为基础的。这决定了它有着自身独特的逻辑前提,从而区别于新自由主义的"市场决定论",后者是以完全的私有制经济作为资源配置的逻辑前提的。

新自由主义的"市场决定论"是建立在"自发—扩展"秩序理论的基础之上的。该理论最初是出于与本能等概念的比较而产生的,被表述为"自发性"。只有到《自由秩序原理》一书中,新自由主义的鼻祖哈耶克才正式称之为"自发秩序",到后期又进一步发展为"扩展秩序"。[①] 可见,新自由主义的市场秩序并没有明确的定义和系统的阐释,不仅表述模糊,而且前后不一。尽管如此,哈耶克仍然坚称,唯一有效的制度安排只能来源于自然演化这个黑箱,结果只能是将亚当·斯密的"看不见的手"推向神秘化和完美化。

新自由主义的自发秩序表面看来具有演化的性质,但它又是非理性的,实质上是排除了人类理性建构的合理性。在新自由主义看来,"首先需要的是,人们在市场上应当能够自由地按照能找到交易对手的价格进行买卖,任何人都应该能够自由生产、出售和买进任何有可能生产和出售的东西。重要的是,从事各种行业的机会应当在平等的条件下向一切人开放,任何个人或集团企图通过公开或隐蔽的力量对此加以限制,均为法律所不允可"[②]。显然,在资本主义国家的现实经济生活中,市场机制所赖以运转的相关制度体系在很大程度上仍然要受垄断寡头和政治家的人为控制,哈耶克显然忽略了这一历史事实。不过,"自发—扩展秩序"原理作为一种经济哲学,却是适应了"滞胀"时期资本主义生存和发展的需要,为极端的市场原教旨主义者提供了理论基础。

新自由主义所主张的市场化和自由化,是个人主义方法论的产物。但是,现代经济中的人一方面总是依托于团队的,是分工的、合作的个人,并非作为单独个体而独立存在。另一方面,在现代市场经济中不仅公共部门成为一种广泛的存在,而且国家干预也已经成为资源配置的一种必不可少的方式。新自由主义无视这一现实,其经济主张和社会治理方案在现实世界中不可避免地会最终走向破产。其根源在于,新自由主义没有从社会化大生产的历史发展出发,而是囿于资产者的私人所有权最初在社会生产中取得主导地位的成

---

① [英]弗里德里希·奥古斯特·冯·哈耶克. 致命的自负[M]. 冯克利,等,译. 北京:中国社会科学出版社,2013:6-8.
② [奥]哈耶克. 通向奴役的道路[M]. 滕维藻,朱宗风,译. 北京:商务印书馆,1962:39.

见，将现代经济生活的运行机制单纯和片面地归于独立的、联系松散的经济个体。尽管新自由主义经济学试图以一些高度技术化和复杂化的工具和数学建模为自身理论贴金，但其核心思想和观念却是落后的、倒退的。

新自由主义"市场决定论"的理论前提是所谓的"经济人"和"理性人"假设，但这些假设在科学上是站不住脚的。只要是用科学的态度出发就可以发现，脱离社会关系的"人"在人类社会中根本不可能生存和发展，更遑论在现代社会中现身了。因此，新自由主义所谓的"经济理性"一旦涉入集体行为或整体视域下的个人行为，往往就会失去解释力。换言之，新自由主义的自由市场只能服务于掌握生产资料的生产者，只能局限于最大限度地获取利润这一狭窄的视野，而不是为了满足国家需要和社会福利需要。

新自由主义的"市场决定论"将具有高度组织化能力的政府和公有制经济摒除于市场化之外，显然是一种理论上的倒退。从中国特色社会主义经济的内在规定性看，公有制经济组织和国家作为人民利益的代表，是社会主义经济建设集中力量办大事的保证。这一点，显然与新自由主义的市场决定论不可同日而语。

三、完善社会主义市场经济体制要摒弃新自由主义影响

新自由主义的市场决定论与社会主义市场经济条件下发挥市场配置资源的决定性作用有本质的不同。进一步完善社会主义市场经济体制，需要坚持中国特色社会主义的"市场决定论"，更需要警惕新自由主义的市场决定论以改头换面的形式搞乱理论是非，对我国深化改革产生负面影响。

新自由主义的市场决定论对中国完善社会主义市场经济体制有着干扰作用。这既有观念上的因素在起作用，也与市场经济在我国发展时间不长、人们对其负面作用认识不深的历史根源有关。过去一些人否定新自由主义观点在我国的存在。当前我国强调发挥市场在资源配置中起决定性作用，让一些主张私有化、自由化的人找到了错误解读的机会。他们认为，市场经济只能是以私有制为基础的一种形态，市场配置资源的决定性作用也只能是非调控化的一种模式。因此，完善社会主义市场经济体制的未来方向，不需要坚持"市场"和"政府"相结合的两点论。市场的决定性作用与政府管控之间是对立的，要使市场对配置资源起决定作用，政府就应当去做好"守夜人"的角色，做强做优做大国有经济也不再迫切了，只能进一步对公有制经济进行"民营化"。这些观点显然是相当有害的。

首先，在所有制结构上，要划清我国坚持多种所有制共同发展的市场经济体制改革方向与新自由主义主张的全面私有化改革的界限。同样，推进公有制经济和非公有制经济共同发展，通过公平竞争激发非公有制经济活力，市场配置资源的决定性作用才能服务于社会主义现代化强国目标，才能从根本上防止偏离社会主义改革方向。正如习近平总书记指

出的:"我们是在中国共产党领导和社会主义制度的大前提下发展市场经济,什么时候都不能忘了'社会主义'这个定语。"①

其次,在市场配置资源的微观运作主体上,我国深化国有企业改革与新自由主义的取消国有企业有着本质的不同。在新时代中国特色社会主义经济发展中,既要推进国有资产管理体制改革,推动国有资本在结构调整和战略重组中做强做优做大;也要推进国有企业通过自身管理机制的改革和发展,逐步做强做优做大,在市场资源配置中起主导作用。"要从经济基础决定上层建筑的马克思主义观点出发,看待国有企业的地位和作用。国有企业是中国特色社会主义的重要物质基础和政治基础,是我们党执政兴国的重要支柱和依靠力量。"② 实际上,国有企业只是单纯地"做强"和"做优"还是远远不够的,只有在混合所有制改革中坚持自己的控股地位,才能扩大自己的影响力和控制力。这是做大国有企业的出路,也是使我国市场资源配置达到整体效率最优化的基础。

再次,在政府的职能和作用上,要划清我国更好地发挥政府作用与新自由主义的非调控化的界限。推进转变政府职能,是新时代条件下激发市场活力、形成全社会发展合力的重要前提。显然,要增强我国经济发展动力,一方面要靠科技创新,另一方面也不能单纯依靠市场,而是应注重发挥社会主义集中力量办大事的体制优势。在整体上推动我国经济发展向高质量发展阶段转变,单纯依靠分散化的市场力量是不能实现的。从激发经济发展的活力来看,我国也不能单纯依靠市场。活力既来自竞争,更来自公平。只有形成公平竞争的市场环境,才能形成合力和凝聚发展共识,有效化解内部无效竞争和过度竞争,从根本上激发全社会的积极性,为增强经济发展的活力创造条件。

最后,要划清我国深化金融体制改革与新自由主义全面金融化主张的界限。金融化过程是经济社会发展的必然现象,但虚拟经济过度发展,会扭曲投资和消费行为,使银行风险不合理增加,从而动摇实体经济正常运营的信用基础。这会从根本上降低整个社会的资源配置效率。新自由主义的全面金融化恰恰是主张放松金融管制,以金融创新名义过度发展虚拟经济,这与其全面自由化和私有化主张是相一致的,也是由其为垄断资本集团服务的本质所决定的。新自由主义的金融化改革方案,实质是通过金融化改革进一步剥夺劳动人民和转嫁金融投机风险。在我国社会主义市场经济条件下,金融创新只能以实体经济的发展为前提,而非盲目创新。因此,虚拟经济处于为实体经济服务的部门这一地位不能改变,一旦超越这一界限,经济的虚拟化就会使大量资源被错配,进而使社会总劳动在各个部门间的分配趋于扭曲,从而在根本上侵蚀经济发展的现实基础。党的十九大报告提出:

---

① 中共中央文献研究室. 习近平关于社会主义经济建设论述摘编[M]. 北京:中央文献出版社,2017:64.
② 习近平在全国国有企业党的建设工作会议上强调:坚持党对国企的领导不动摇[EB/OL]. 新华网,2016-10-11.

"建设现代化经济体系,必须把发展经济的着力点放在实体经济上,把提高供给体系质量作为主攻方向,显著增强我国经济质量优势。"[①]这是对实体经济和虚拟经济之间关系的认识的科学论断,为我国金融化改革如何为促进资源优化配置服务指明了方向。当前,我国将"去杠杆"作为供给侧结构性改革的重要内容,强调要防范金融系统性风险,也是出于这一考虑。习近平同志指出:"我们讲的供给侧结构性改革,同西方经济学的供给学派不是一回事,不能把供给侧结构性改革看成是西方供给学派的翻版,更要防止有些人用他们的解释来宣扬'新自由主义',借机制造负面舆论。"[②] 这可以作为我国划清与新自由主义理论的一个重要注脚。

---

① 习近平. 决胜全面建成小康社会,夺取新时代中国特色社会主义伟大胜利[M]. 北京:人民出版社,2017:30.
② 习近平. 在省部级主要领导干部学习贯彻党的十八届五中全会精神专题研讨班上的讲话[N]. 人民日报,2016-05-10.

民国学者对庞巴维克是否驳倒马克思的态度

郭广迪①

（中南民族大学经济学院）

一、郑学稼论述庞巴维克未曾击败马克思的原因

《庞巴卫克的经济学说》的作者郑学稼认为，庞巴维克对马克思的所谓批判实际上是"风马牛不相及"。他驳斥庞巴维克对马克思价值论的批判有以下三个"重要之点"：其一，庞巴维克对马克思的劳动二重性——具体劳动与抽象劳动不理解，因而不能区分商品的使用价值和价值及其"表现的形式"交换价值"这三个名词"，而是"常常用使用价值，去攻击马克思的价值和交换价值"，这实际上是一种"盲目和无识"的攻击；其二，庞巴维克歪曲了马克思关于复杂劳动转化为简单劳动的论述，马克思所说的这一"转化，是指劳动之社会平等的精义"，却被他"曲解为劳动之生理上的平等"；其三，庞巴维克混淆了马克思的利润率和剩余价值率这两个不同的概念，剩余价值率是由可变资本决定的，利润率才是由总资本即可变资本与不变资本之和决定的，庞巴维克则认定"剩余价值率决定于总资本"，所以，除非他"承认自己混淆的利润率与剩余价值率"，否则马克思对于他的这种非难根本"无需答复"。②

这里有必要强调的是，《驳倒》一文称"从学术上讲，庞巴维克的时差利息论一出，马克思的剩余价值论就垮了"③，郑学稼在80多年前就明确表示，没有必要再去分析庞巴维克的利息论了，因为他的这一理论也没有"历史观和社会观"④。他认为，庞巴维克对马克思的批判之所以是"风马牛不相及"，关键就在于他完全不理解马克思价值论中的唯

---

① 郭广迪，中南民族大学经济学院教授。
② 郑学稼. 庞巴卫克的经济学说——正资本论及资本与利息[M]. 上海：黎明书局，1932：404-408.
③ 胡平. 庞巴维克早就驳倒了马克思——纪念庞巴维克逝世100周年[EB/OL]. 新浪博客. http://blog.sina.com.cn/s/blog_aa4ed97c0102wdzu.html，2014-11-02.
④ 郑学稼. 庞巴卫克的经济学说——正资本论及资本与利息[M]. 上海：黎明书局，1932：408.

物史观基础,以及马克思对反映人与人之间关系的商品社会属性的重视。

二、伍纯武对马克思和庞巴维克价值论的比较研究

《马克思与朋巴维克价值论之比较研究》的作者伍纯武强调:"价值论在经济学中占着中心地位,是经济学的一个基本问题。"而在马克思和庞巴维克的经济学体系中,价值论的"立论相反",且"都有许多的信徒,形成了经济学中两大派别",因而有必要对二者进行"比较研究"。

在对边际效用价值论进行批评时,他指出,边际效用论者以物品的效用来说明价值,认为"物品的效用大,其价值亦大",如果"他们所说的价值是指使用价值","那当然是不错的","但他们所要努力说明的,却为物品之交换价值,这就错了!"之所以会出这种错,就是因为他们"混同了使用价值与交换价值"。然后,他又指出,边际效用论者出这种错误的根本原因则在于理论基础是错误的,并具体分析了理论基础的三大错误:其一,其出发点"不是社会中有社会联系的个人,而为孤立的'原子'",即以鲁滨逊式的孤立的个人为出发点;其二,"朋巴维克之价值学说,只阐明人对物的普遍形式,而将历史成分抽出","是没有历史性质的";其三,"将生产置于末位,而将消费之分析拉在前头",是一种"超生产的价值论"。①

伍纯武又是怎样批评劳动价值论的呢?他指出,"马克思以前之劳动价值学说,缺陷甚多",但马克思的劳动价值论将这些问题都解决了,因而"比他以前任何劳动价值学者式学说都来得完全和正确",然后,在此前提下表示,对马克思"劳动价值说之批评"最有力的就是"奥地利学派",所以有必要介绍这"两方面的辩论"。②

他首先指出了庞巴维克等对马克思劳动价值论的一个非难,即可交换之物并非都是劳动的产物,这些非劳动产物的物品的交换价值怎么可能由劳动时间决定呢?进而介绍马克思主义者对于这种非难的回复:马克思所研究的是资本主义的生产关系,所以,"他所解剖的最适当的标准物"是"资本主义社会中之特殊物——商品——而不为一切的货物",而且价值是"一种社会现象",在分析价值时本来就应当"抓住各社会的特性而入手",并表示在此前提下,"对于庞巴维克等人所提出的问题,就可以不费力的回答了"③。不过他认为,马克思的价值论中也有一个缺陷,即"对于复杂劳动与简单劳动之关系的研究""不是很充分",因而在这个问题受到别人的非难。④ 最后他认为,从其比较研究可以得出

---

① 伍纯武.马克思与朋巴维克价值论之比较研究[J].经济学月刊,1934,1(4).
② 伍纯武.马克思与朋巴维克价值论之比较研究[J].经济学月刊,1934,1(4).
③ 伍纯武.马克思与朋巴维克价值论之比较研究[J].经济学月刊,1934,1(4).
④ 伍纯武.马克思与朋巴维克价值论之比较研究[J].经济学月刊,1934,1(4).

一个"暂时的结论"：商品的价值、交换价值、使用价值和价格的含义"是不可以混同的"，具体来说，价值量的大小由生产商品的社会必要劳动时间决定，商品的交换价值则是由其价值决定的；使用价值就是人们"对于商品之效用而估定的价值"，所以，以效用或边际效用出发研究价值实际上是"对使用价值之探讨"；价值是决定价格的基础。

由此可见，伍纯武虽然没有明说，但其比较研究的结果实际上是站在马克思的劳动价值论一边，即并不认同"驳倒"之说。

三、涂西畴对庞巴维克经济学说体系的解析与批判

《庞巴卫克经济学说体系的解析与批判》的作者涂西畴在文中选择了其三大代表人物之一庞巴维克的理论体系"予以解析"。[①]

该文在分析庞巴维克的方法论时指出其"三大特征"为："极端孤立的个人主义""非历史的观点"和"以消费为出发点"，并在逐一加以较为详细的解析后表示，庞巴维克的"全部理论体系之所以会支离破碎，也就是他自己这种方法论应有的产物"。[②] 他的这一看法与伍纯武基本上是一致的。

在分析庞巴维克理论体系的"基石"——"主观的价值学说"时，涂西畴在依次对其"边际效用法则""价格论"和"利息论"进行了非常详细的解析之后认定：在其"主观价值论的一连串"所谓"法则"中，除了"矛盾、混乱、循环的说明以外"，完全"找不到一些科学性的成分在哪里"，"以超现实社会的孤立经济主体的纯心理的欲望效用观建立的边际效用法则"根本"无法说明现实社会的经济事像"；其价格理论的内容也是"何等混乱"，既然他主张市场价格"由主观评价所决定"，在其所谓"供求法则"中"市场供求又如何能左右价格决定呢"；从在其理论中"站重要地位"的时差利息论的"三大根据理由"看，他的这一所谓"新利息论"也是"无法确立"的，所以，涂西畴的结论是：在对庞巴维克全部理论的解析中，所能看到的只是"层层矛盾，处处破碎"，难以用"体系"这一概念来表示其理论。[③]

四、余长河对庞巴维克学说的"再批评"

在《庞巴威克的利息学说》一文的最后是余长河本人"对庞氏学说的再批评"。在"再批评"中，他指出，庞巴维克的"利息理论是他的资本学说、价值论、价格论的延长和结论"，他的这些理论又是"以他的研究方法为基础的"，因而有必要"从他的研究方

[①] 涂先求. 庞巴卫克经济学说体系的解析与批判[J]. 经济科学,1942(2).
[②] 涂先求. 庞巴卫克经济学说体系的解析与批判[J]. 经济科学,1942(2).
[③] 涂先求. 庞巴卫克经济学说体系的解析与批判[J]. 经济科学,1942(2).

法去着手，再一步一步去推论他的利息理论的正确性"，所谓"再批评"是相对于站在奥地利学派立场的批评而言。可见，他实际上要批评的并非仅仅是庞巴维克的利息学说，而是其理论体系。

关于庞巴维克的方法论，余长河与伍纯武、涂西畴的看法一致，认为其三大支柱"非社会观、非历史观和消费观"，是导致其"资本论、价值论和价格论"及其"所派生出来的利息论"错误的根源，并强调，经济学是研究"人和人的关系，而不是人和自然的科学"，在此前提下，他先依次分析了庞巴维克资本学说、价值论和价格论的错误之处，然后再重点探讨其"建立在错误基础上"的关于利息存在的"三大理由的错误和矛盾"，最后得出了这样一个看似有点奇怪的结论："庞氏的价值理论和资本学说有负于他的利息学说，他的利息学说无负于他的价值论和资本学说。奥地利学派有负于庞巴威克，庞巴威克无负于奥地利学派。"①

笔者认为，余长河的这一结论是非常到位的，因为，从产生错误的根源看，是庞巴维克的价值理论和资本学说导致了其利息学说的错误，其利息学说相对于作为其理论基础的价值理论和资本学说来说并无逻辑错误；是奥地利学派的基本理论导致了庞巴维克学说的错误，庞巴维克的学说相对于奥地利学派的基本理论也没有逻辑错误。

余长河在对庞巴维克的经济学说进行"再批评"时也没有提及马克思，然而，从其批评的方法、内容和结论来看，他也绝不会赞同"驳倒"之说。

五、其他民国学者的相关看法

当然，当年民国学者对于庞巴维克和马克思经济学说的看法并非都与上述四位学者一致。庞巴维克的《剥削论批判》中译本出版后不久，南禅认为，在马克思学说"正盛行于中国的今日"，该书"是很有值得我们研读的必要"，虽然其"提出的例证""不见得完全正确"，"但至少是一种有力的批判"。②苏锡生甚至宣称，庞巴维克的《剥削论批判》"能在学理上"给予马克思的学说以"致命打击"，因而是"值得我们阅读的一部佳作"。③

李家骥在《庞巴卫克利息学说之研究》一文中认定，马克思的劳动价值论和剩余价值理论的"立论之基础，及其结论，皆属错误"，并明确表示，庞巴维克的利息理论是"利息论中最健全者"，"欲推翻之"是不容易的。④叶元龙的《庞巴维克对于利息论之贡献》一文介绍了庞巴维克对其之前的几种利息理论所进行的批判，包括对马克思关于利息来源

---

① 余长河. 庞巴威克的利息学说[J]. 金融知识,1944,3(2).
② 南禅. 书报介绍与批评:《剥削论批判》的介绍[J]. 时代精神,1941,4(1).
③ 苏锡生. 书报评介:《剥削论批判》[J]. 国力,1941,1(6).
④ 李家骥. 庞巴卫克利息学说之研究[J]. 经济季刊,1941,1(1).

于剩余价值的理论的批判，重点在于对马克思劳动价值论的批判，由此可见，这两位作者虽未明说，但实际上是认同"驳倒"之说的。

当年还有不少人是将庞巴维克作为攻击或批判马克思的代表人物而盲目崇拜。涂西畴认为，由于庞巴维克曾对马克思的学说进行了"似是而非的所谓'理论矛盾'的攻击，因此预存门户之见的人，都不约而同奉庞氏为姜太公"，并随之而"摇旗呐喊"。① 郑学稼也表示，庞巴维克是"近代批评马克思者所崇奉的姜太公"。② 被郑学稼称为庞巴维克"所代表阶级的今日之不肖子孙"有毛一波和郭任远等人。③

另外，还有人批判马克思经济学说的目的就是："吾人既担当了剿共的重任，文人武士就应该枪击笔伐来全体动员，同共产党徒作殊死战。"④ 关于这个问题，张澜先生对以亚当·斯密"为始祖"的"资本主义经济学"和以马克思"为始祖"的"社会主义经济学"进行比较之后表示，前者"只能给我们一些经济常识，零碎的经济说明，并不能给我们以整个的生产法则生产组织的系统知识"，后者则"恰恰与这个相反"；鉴于有人担心"研究社会主义的经济学，不会变成共产党吗"他明确表示，"我们是研究学问，不是去加入政治团体"，我们只关心"是真理不是真理，合科学不合科学"，因而"不能拿反共来作为一种遮蔽真理的成见"。⑤

这里还有必要提及的是，在很多民国学者编著的西方经济思想史著作中都有关于马克思经济学说的章节，他们对马克思经济学说的介绍比较客观，且一般都没有提及庞巴维克及其《终结》。可见这些经济思想史著作的作者实际上并不认同"驳倒"之说。

特别值得一提的是，黎明书局也并不是因为赞成"驳倒"之说才出版《终结》的中译本，在该书局1934年版《马克思主义体系之崩溃》中译本的广告页中，也有其1932年版郑学稼的《庞巴卫克的经济学说》的广告，该广告的最后一句话是："要知道奥地利学派能否战胜马克思主义，及其本身的正确性，不可不读本书。"⑥

---

① 涂先求. 庞巴卫克经济学说体系的解析与批判[J]. 经济科学,1942(2).
② 郑学稼. 庞巴卫克的经济学说——正资本论及资本与利息[M]. 上海:黎明书局,1932,"自序".
③ 郑学稼. 庞巴卫克的经济学说——正资本论及资本与利息[M]. 上海:黎明书局,1932:404.
④ 君潭. 马克思经济学说批判[J]. 东亚经济月刊,1943,1(12).
⑤ 怎样研究经济学?——本会成立纪念日——张校长表方先生演讲[J]. 经济科学,1929,创刊号.
⑥ 庞巴卫克. 马克思主义体系之崩溃[M]. 汪馥泉,译. 上海:黎明书局,1934,扉页(广告)第3页.

重新认识恩格斯的《反杜林论》①
——基于马克思恩格斯学术思想关系的视角

王志林　刘金鹏②

（中南民族大学马克思主义学院）

一、批判杜林：马克思与恩格斯共同的意愿（愿望）

欧根·杜林③是德国哲学家、庸俗经济学家和小资产阶级社会主义的代表人物。杜林第一次引起马克思、恩格斯关注是在1867年马克思的《资本论》发表的时候。当时，资产阶级及其理论家们企图以沉默的方式来回应马克思的《资本论》的问世。正是在这一背景之下，杜林于1867年在希尔德堡豪森出版的《现代知识补充材料》杂志第3卷第3期上，发表了题为《马克思〈资本论·政治经济学批判〉1867年汉堡版第一卷》的书评，对马克思的《资本论》第一卷进行歪曲性的评论。19世纪60年代，面对杜林这样一个无知、傲慢的人，马克思、恩格斯虽然指出了杜林的无知和对于马克思理论的歪曲，但是，由于这个时候的杜林作为柏林大学的一位讲师还很年轻，加上杜林是第一个对于马克思《资本论》发表看法和评论的资产阶级作家，所以，马克思还是选择了理解和原谅的态度。

那么，到了19世纪70年代，马克思、恩格斯为什么要对杜林及其思想体系进行深刻、猛烈的批判呢？主要原因如下：

---

① 本文为2016年国家社科课题《恩格斯经济思想再研究》（课题编号：16BJL004）的阶段性研究成果之一。
② 王志林，中南民族大学马克思主义学院教授，研究方向：马克思主义基本理论、马克思主义发展史。刘金鹏，中南民族大学马克思主义学院副教授，研究方向：马克思主义基本理论、马克思主义发展史。
③ 1833年1月12日生于柏林，1921年9月21日逝于德国的佴瓦维斯。出身于一个普鲁士的官吏家庭。1853—1856年在柏林大学学法律，毕业后在柏林法院担任律师和见习法官。后因患眼疾退出司法界。1861年获柏林大学哲学博士学位。1863—1877年任柏林大学历史、哲学和国民经济学私人讲师。杜林原先是一个社会改良主义者。从19世纪70年代开始，宣布改信社会主义，并以社会主义的行家和改革家自居。1867年在报刊上撰文对K. 马克思的《资本论》进行抨击。其后，出版《国民经济学和社会主义批判史》（1871）、《国民经济学和社会经济学教程》（1873）和《哲学教程——严格的科学世界观和人生观》（1875）等主要著作，系统地阐述了他的折衷主义的哲学、庸俗的经济学和反动的社会主义理论体系，并向马克思主义全面挑战，声称自己在哲学、政治经济学和社会主义等领域都做出了全面的变革。为此，恩格斯写了《反杜林论》，系统批判了杜林的错误观点。

第一,19世纪60年代,面对杜林对于马克思《资本论》的曲解和歪曲,马克思虽然对杜林表示了理解和原谅,但是,不能由此否认马克思、恩格斯对于杜林的不满和批判。事实上,马克思恩格斯一开始就对杜林的无知和对《资本论》的曲解和歪曲进行了批判。

第二,19世纪70年代,杜林对于马克思的理解和原谅并没有表现出丝毫的善意和改正,相反,杜林不仅继续坚持他的折衷主义的哲学、庸俗的经济学和反动的社会主义理论,而且,将他的这种折衷主义的哲学、庸俗的经济学和反动的社会主义理论进行了系统化。

第三,杜林在其著作中不仅对马克思理论进行了恶毒的攻击和歪曲,而且,杜林还打着"社会主义的行家兼改革家"的旗号,在德国工人运动中贩卖其折中主义的哲学、庸俗的经济学和反动的社会主义理论。

第四,批判杜林也是为了清算德国理论界的乱像。19世纪七八十年代,随着资本主义及其工业化在德国的普遍展开,德国理论界在所谓"科学自由"的旗号之下,充斥着各种胡言乱语的"创造体系",并企图以此来诋毁马克思主义传播和工人运动的发展。杜林及其思想体系也正是在这一背景之下产生的。因此,为了彻底清算德国的这种理论乱像,批判杜林是马克思和恩格斯的必然选择。

总之,正是基于上述几个方面的原因,为了维护德国工人运动和无产阶级解放事业的健康发展,为了坚持和捍卫马克思主义理论的真理性和科学性,揭露杜林及其思想体系的实质,马克思和恩格斯深刻地认识到对杜林及其思想体系进行批判和揭露的必要性和紧迫性。

二、为了工人运动的健康发展:恩格斯对杜林批判的创作使命

由上可见,对于杜林的批判不仅是马克思和恩格斯的共同意愿,而且是为了工人运动的健康发展。恩格斯批判杜林及其思想体系是受命而为。

第一,恩格斯批判杜林,是受马克思之命而进行的。早在19世纪60年代,马克思和恩格斯就开始关注了杜林。虽然对于杜林的无知和其对马克思主义理论的歪曲表现出极大的容忍和谅解,但是,到了70年代,由于杜林对于马克思主义理论进行了丧心病狂的全面歪曲和恶毒攻击,马克思认为有必要对杜林进行批评。

第二,恩格斯批判杜林,是受友人——李卜克内西——之托而进行的。面对杜林及其思想体系在德国社会民主当中的巨大影响以及对于德国工人运动的严重破坏性影响,李卜克内西先后于1875年2月1日和4月21日两次写信给恩格斯,直接建议恩格斯在《人民国家报》上,对杜林及其思想体系对于马克思主义理论的恶毒攻击进行有力反击,并借此

清除杜林及其思想体系对于德国社会民主党和德国工人运动的严重的破坏性影响①。不仅如此,李卜克内西还于1875年10月和1876年5月两次拒绝阿·恩斯特和约·莫斯特在《人民国家报》上发表吹捧杜林的文章,并将阿·恩斯特及约·莫斯特吹捧杜林的文章寄给了恩格斯,以供恩格斯批判之用。

第三,恩格斯批判杜林,是受当时杜林及其思想体系对德国社会民主党和德国工人运动的破坏性影响这一情势之危而进行的。19世纪60年代,杜林正是借助于对于马克思《资本论》的书评,以及卑劣的手段和投机,加之马克思恩格斯宽容的态度,打着所谓的"社会主义改革家"的旗号,迅速地扩大了影响。到19世纪70年代中期,杜林在德国社会民主党人中间产生了颇大影响。爱·伯恩施坦、约·莫斯特、弗·威·弗利切成为杜林及其思想体系的最积极的拥护者,即成为"杜林分子"。对于杜林的这一危害,1876年7月20日约·莫斯特《致威·李卜克内西》的信从另一方面给我们提供了证明,说明杜林及其思想体系对于工人运动特别是对德国工人运动的影响和危害②。

三、一部大写的"百科全书":恩格斯和马克思的共同之作

毋庸置疑的是《反杜林论》是恩格斯的力作,是恩格斯独立完成的一部伟大的马克思主义经典著作,在马克思主义发展的历史进程中占有崇高的历史地位,深深地影响着无产阶级解放。同样,也有一个毋庸置疑的事实,就是马克思虽然没有具体直接地参与与杜林的论战,但是,自始至终参与了恩格斯写作《反杜林论》的整个过程。因此从这一个角度来看,我们无疑可以将《反杜林论》看作是恩格斯与马克思的共同之作。具体理由如下:

第一,在恩格斯写作《反杜林论》的过程中,马克思始终如一地注视着杜林的新情况、新变化,并及时地将所知道的关于杜林的情况迅速地告诉恩格斯。例如,当马克思知道杜林与瓦盖纳之间的丑闻后,就立刻致信给恩格斯。1877年3月5日,马克思在《致恩格斯》的信中,又将他所得知的关于拉甫罗夫对于恩格斯反对杜林的看法告诉恩格斯,同时又在信中用一种充满无赖的幽默说:"不要把这看作杜林式的手法——总是慷慨许愿,

---

① 李卜克内西在1875年2月1日《致恩格斯》的信中说:"你是否愿意写篇文章(严厉地)清算杜林?他在他的国民经济学批判史第二版中重复了他对马克思充满嫉妒的全部愚蠢谰言。我在圣诞节前曾听了此人的一次讲课:狂妄自大,咬牙切齿地忌妒马克思,无非是这类货色。他在我们许多人当中(特别是在柏林)影响很深,必须彻底收拾他。"1875年4月21日在《致恩格斯》的信中说:"你必须下决心收拾杜林。"(参见:马克思主义研究资料(第26卷)[M].北京:中央编译出版社,2015:390.)

② 约·莫斯特在1876年7月20日《致威·李卜克内西》的信中,完全从杜林的立场出发,为杜林对马克思的攻击进行了辩护。

但是从不兑现。"①②

第二,在恩格斯写作《反杜林论》的过程中,马克思始终如一保持着密切的与恩格斯交换对于杜林及其著作中的思想的看法和评价,并将自己对于杜林及其哲学的看法写信告诉恩格斯。例如,1868 年 1 月 8 日马克思在《致恩格斯》的信中说:"杜林(他是柏林大学讲师)的文章颇为大方……。有些东西杜林显然不懂。最可笑的是,他把我跟施泰因相提并论,因为我是搞辩证法的,而施泰因则是通过以某些黑格尔范畴为外壳的死板的三分法,把各色各样的渣滓毫无意义地堆积起来。"③ 不仅如此,马克思还曾以各种方式支持恩格斯的写作。

第三,在恩格斯写作《反杜林论》的过程中,恩格斯也保持着与马克思的密切联系,并与马克思交换意见。例如,当恩格斯看到杜林对马克思《资本论》的歪曲时,就立刻写信给马克思,并将自己的看法告诉马克思。1876 年 5 月 24 日在《致马克思》的书信中,恩格斯不仅将他收到威·李卜克内西的信④告诉马克思,而且,将他自己对杜林及其思想在德国工人党中危害的看法告诉了马克思,并表示要对杜林及其思想进行批判,马克思立刻给恩格斯回信,表示支持。不仅如此,恩格斯还将对杜林的《哲学教程》一书的看法告诉了马克思。

第四,在恩格斯写作《反杜林论》的过程中,马克思亲自承担了《反杜林论》的第二编《政治经济学》第十节《(经济史)论述》的写作任务。在恩格斯批判杜林及其思想体系的时候,马克思不仅给予恩格斯极大的支持和关心,同时,马克思还亲自承担了对杜林在经济史上错误的批判。在《(经济史)论述》这一节中,马克思从经济史的角度,对于杜林在经济思想史上的无知进行了批判。

第五,在恩格斯写作《反杜林论》的过程中,恩格斯的思想和意见不仅得到了马克思的首肯和同意,而且,在恩格斯最后将批判杜林及其思想体系的系列论文,以《反杜林论 欧根杜林先生在科学中实行的变革》为书名集册出版时,将整部《反杜林论》手稿都读给马克思听过。

总之,笔者认为,我们不仅完全可以,而且必须将《反杜林论》看成是马克思恩格斯的共同之作。也就是说,从《反杜林论》创作的历史来看,"《反杜林论》是恩格斯和马

---

① 马克思恩格斯全集(第 34 卷)[M].北京:人民出版社,1972:37.
② 在这里,笔者之所以说马克思是无赖的幽默,是因为,这时的马克思时常被疾病困扰,以至于马克思无法长时间地正常工作。这一点一方面我们可以通过马克思与恩格斯以及其他人的通信中看到这一点,另一方面也可以通过有关马克思的传记作家的记叙和研究中来证实这一点。故此,笔者如此表述。
③ 马克思恩格斯全集(第 32 卷)[M].北京:人民出版社,1974:9 – 10.
④ 威·李卜克内西于 1875 年 2 月 1 日和 4 月 21 日在给恩格斯的信中,直接建议恩格斯在《人民国家报》上反击杜林对马克思主义的恶毒攻击,维护马克思主义理论的真理性,保证工人运动的健康发展。

克思一起长期进行理论研究的产物,是在马克思的直接参与下完成的。它的诞生史有力地表明,任何制造两个人观点对立的企图都是徒劳的"①。

四、马克思主义科学理论的第一次完整呈现

如上所述,我们不仅可以将恩格斯撰写的《反杜林论》看成是恩格斯与马克思的共同之作。而且,从《反杜林论》中反映出的思想内容来看,我们也完全可将《反杜林论》看成是恩格斯与马克思的共同之作。

第一,在《反杜林论》中,恩格斯完成了马克思和恩格斯的共同任务——对杜林及其思想的全面批判。马克思和恩格斯虽然早在19世纪60年代因为杜林对于马克思《资本论》的评论而注意到了他,并对杜林对于马克思主义理论,特别是对《资本论》中的思想的歪曲表现出了极大的宽容、理解和原谅。但是,当马克思和恩格斯认识到杜林及其思想体系对于工人运动的巨大影响和危害时,马克思、恩格斯决定对杜林及其思想体系进行清算。恩格斯勇敢地承担了这一任务,对杜林及其思想体系进行了摧毁性的打击,而且完成了恩格斯与马克思共同的心愿,即对杜林及其思想体系的批判②。

第二,在《反杜林论》中,恩格斯在批判杜林思想体系的同时,还详细地阐述了马克思主义的哲学、政治经济学和科学社会主义理论。《反杜林论》作为一部对于杜林及其思想体系进行有针对性的批判的力作,为了清除杜林及其思想体系对于工人运动的恶劣影响,恩格斯沿着杜林理论体系的逻辑思路对杜林及其思想体系进行了全面的批判,也正是在这一批判的过程中,恩格斯全面阐述了马克思主义的哲学、政治经济学和科学社会主义理论。

在哲学篇中,针对杜林的世界模式论,恩格斯全面地阐述了唯物史观的世界物质统一性原理,同时指出"当我们深思熟虑地考察自然界或人类历史或我们自己的精神活动的时候,首先呈现在我们眼前的,是一幅由种种联系和相互作用无穷无尽地交织起来的画面,其中没有任何东西是不动的和不变的,而是一切都在运动、变化、生成和消逝"③。在这里,恩格斯不仅批判了杜林的本体论,也系统地阐发了唯物史观关于世界本体论的思想。

在政治经济学中,恩格斯指出:"政治经济学作为一门研究人类各种社会进行生产和

---

① 马克思恩格斯研究资料(第13卷)[M].北京:中央编译出版社,2015:149.
② 在此,笔者认为有必要提出一种认识,供学界的同仁们批判。我们在学界有一种观点,将《反杜林论》中的体系理解为马克思主义的理论体系,并将马克思主义理论体系归结为三个组成部分,即马克思主义的哲学、马克思主义的政治经济学和科学社会主义。再加上受到恩格斯的《费尔巴哈论》的影响,特别是列宁的《马克思主义的三个来源和三个组成部分》的影响,将马克思主义理论体系归结为此,这是不对的。因为这不仅与我们对马克思主义理论的理解和宣传相背离,而且与恩格斯在《反杜林论》中的论述相背离。恩格斯在《反杜林论》中明确地说,是沿着批判者的思路对批判者进行的批判。
③ 恩格斯.反杜林论[M]//马克思恩格斯选集(第3卷).北京:人民出版社,1995:359.

交换并相应地进行产品分配的条件和形式的科学，——这样广义的政治经济学尚待创造。……这一批判证明：资本主义的生产形式和交换形式日益成为生产本身所无法忍受的桎梏；这些形式所必然产生的分配方式造成了日益无法忍受的阶级状况，造成了人数越来越少但是越来越富的资本家和人数越来越多而总的说来处境越来越恶劣的一无所有的雇佣工人之间的日益尖锐的对立；最后，在资本主义生产方式内部所造成的、它自己不再能驾驭的大量的生产力，正在等待着为有计划地合作而组织起来的社会去占有，以便保证，并且在越来越大的程度上保证社会全体成员享有生存和自由发展其才能的资料。"① 也正是在此理论基础上，恩格斯进而不仅对杜林的暴力理论进行了批判，而且阐述了马克思主义经济学的相关原理和思想。

在社会主义篇，恩格斯首先论述了唯物史观研究社会历史的基本原理，从这一原理出发，恩格斯指出："一旦社会占有了生产资料，商品生产就将被消除，而产品对生产者的统治也将随之消除。社会生产内部的无政府状态将为有计划的自觉的组织所代替。……这是人类从必然王国进入自由王国的飞跃。"② 由此可见，在恩格斯看来，资本主义由于其内在的矛盾，不可避免地要为社会主义所代替。

第三，在《反杜林论》中，恩格斯实现了对马克思主义理论的宣传，扩大了马克思主义理论的影响力。在《反杜林论》中，恩格斯沿着杜林及其思想体系和逻辑发展对杜林及其思想体系进行了严肃认真的批判的同时，还全面地阐述了马克思主义关于哲学、政治经济学和科学社会主义的基本理论。正是伴随着恩格斯对于杜林及其思想体系的批判系列论文在《前进报》上的发表，一方面迅速地肃清了杜林及其思想体系对于德国工人党的恶劣影响，纠正和澄清了诸如一些工人运动家及其领袖的错误思想；另一方面不仅加速了马克思主义理论与工人运动的进一步结合，而且使得马克思主义理论在工人运动中迅速传播，有力地扩大了马克思主义在工人运动中的影响，真正地开创了马克思主义理论宣传和传播的新局面。

总之，《反杜林论》不仅完成了马克思、恩格斯共同批判杜林及其思想体系的任务，而且在批判杜林及其思想体系的同时，第一次以"批判的方式"全面地阐述了马克思主义哲学、政治经济学和科学社会主义理论中的基础原理和思想，有力推动了马克思主义理论与工人运动的结合，将马克思主义的宣传和传播影响推向了一个新的阶段和高度，开辟了马克思主义理论宣传和传播的新境界。

---

① 恩格斯. 反杜林论[M]//马克思恩格斯选集(第3卷). 北京：人民出版社，1995：492-493.
② 恩格斯. 反杜林论[M]//马克思恩格斯选集(第3卷). 北京：人民出版社，1995：633.

试论经济学的阶级性

陈江滢

（南开大学）

经济学的阶级性问题是我国经济学术界十分关注而又颇具意见分歧的问题。目前，在我国学术界，大多数学者认为经济学具有阶级性；而有的学者则认为"经济学的基础理论本身具有普遍的、一般的科学意义，是'无国界'的、无'阶级性'的、无'阶段性'的"。那么，经济学果真没有"阶级性"吗？

经济学是一门社会科学，对于同一个经济问题，不同的经学家往往有相反的解释，往往会得出不同的结论和政策主张。这除了认识方面的原因，主要是因为经济学的研究对象涉及不同社会群体、阶级、阶层、民族和国家的利益。经济学家在分析、研究和解决经济问题时，往往自觉或不自觉地站在一定集团利益的立场上，维护一定集团的利益，采取符合一定集团利益的价值判断。这就决定了经济学在性质上必然不同于自然科学，也不同于社会学中的语言学和逻辑学，必然不存在能够维护各利益集团的经济学，经济学具有阶级性。马克思在为《资本论》第一版所写的《序》中指出："在政治经济学领域内，自由的科学研究遇到的敌人，不只是它在一切其他领域内遇到的敌人。政治经济学所研究的材料的特殊性，把人们心中最激烈、最卑鄙、最恶劣的感情，把代表私人利益的复仇女神召唤到战场上来反对自由的科学研究。"[①] 在这里，马克思明确指出了理论经济学反映社会生产的社会形式因与人们的阶级利益有关而不可避免地具有阶级性。甚至诺贝尔经济学奖得主、美国经济学家索洛也承认经济学的阶级性是客观存在的。他说："社会科学家和其他人一样，也具有阶级利益、意识形态的倾向以及一切种类的价值判断。但是，所有的社会科学的研究，和材料力学或化学分子结构的研究不同，都与上述的（阶级）利益、意识形态和价值判断有关。不论社会科学家的意愿如何，不论他是否觉察到这一切，甚至他力图避免它们，他对研究主题的选择，他提出的问题，他没有提出的问题，他的分析框架，他

---

① 马克思恩格斯全集（第23卷）[M]. 北京：人民出版社，1972：12.

使用的语言,很可能在某种程度上反映了他的(阶级)利益、意识形态和价值判断。"①

从经济学的产生和发展过程我们也可以清晰地看到经济学具有明显的阶级性。在资本主义发展的早期阶段,资产阶级为了自身的阶级利益,要求把社会生产力从封建关系的束缚下解放出来,要求认识自然和社会发展的规律。在这种情况下,一些资产阶级经济学家开始探究资本主义生产方式的内在联系,试图从理论上说明资本主义制度下财富的生产与分配,说明如何使财富增长,并且论证资本主义生产较封建主义生产具有很大的优越性,由此产生了资产阶级古典政治经济学。资产阶级古典政治经济学是资产阶级和无产阶级之间的矛盾处于潜伏时期的产物,古典经济学的代表人物亚当·斯密较为正确地描述了资本主义阶级结构,李嘉图分析了工资和利润、利润和地租的对立。马克思称古典经济学是"科学的资产阶级经济学"②,特别是"它的最后的伟大代表李嘉图,终于有意识地把阶级利益的对立、工资和利润的对立、利润和地租的对立,当作他的研究的出发点"③。在古典经济学之后,随着资产阶级和无产阶级矛盾的激化,古典经济学对资本主义生产关系的科学研究越来越同资产阶级的阶级利益不相容。在这种情况下,资产阶级经济学完全抛弃了科学的研究,转而为资产阶级进行辩护,庸俗政治经济学因此取代了古典政治经济学而居于统治地位。正如马克思所指出的:"1830年,最终决定一切的危机发生了。法国和英国的资产阶级夺得了政权。从那时起,阶级斗争在实践方面和理论方面采取了日益鲜明的和带有威胁性的形式。它敲响了科学的资产阶级经济学的丧钟。现在的问题不再是这个或那个原理是否正确,而是它对资本是有利还是有害,方便还是不方便,违背警章还是不违背警章。不偏不倚的研究让位于豢养的文丐的争斗,公正无私的科学探讨让位于辩护士的坏心恶意。"④ 而与此同时,无产阶级也需要理论武装自己,以《资本论》为标志的马克思主义政治经济学的产生则弥补了这一空白。马克思主义政治经济学产生以后,政治经济学的这两种分化愈演愈烈,逐渐演化成两种对立的体系。经济学的阶级性得到了极大的体现。

从经济学的假设,我们也可以看出经济学具有明显的阶级性。马克思主义政治经济学从"人的阶级性和社会性"的假设前提出发,认为经济理论研究的人不是超阶级的和超社会的个人,而是处在一定社会背景中带有一定阶级属性的人。"人的本质并不是单个人所固有的抽象物。在其现实性上,它是一切社会关系的总和"⑤。恩格斯在为马克思《政治

---

① 吴易风. 关于考察西方经济理论和世界经济动向的方法论问题[J]. 哲学研究,1999(5).
② 马克思恩格斯全集[M](第23卷). 北京:人民出版社,1972(17).
③ 马克思恩格斯全集[M](第23卷). 北京:人民出版社,1972(16).
④ 马克思恩格斯全集[M](第23卷). 北京:人民出版社,1972(17).
⑤ 马克思恩格斯全集[M](第23卷). 北京:人民出版社,1972(18).

经济学批判》一书所做的评论中也曾指出:"经济学研究的不是物,而是人与人之间的关系,归根结底是阶级与阶级的关系。"① 这种"人的阶级性和社会性"的前提性假设也可以称之为"社会人"假设。与此相适应,马克思主义的分析方法必然以阶级分析方法为其根本方法。由"社会人"假设和阶级分析法所决定的资本家阶级的本性必然表现为对剩余价值的贪得无厌的追求;而工人阶级必然以追求自身解放为其阶级本性,从而与资本家阶级对立。在两大阶级的对抗中,资本家阶级无意中造就了自身的掘墓人。马克思主义的经济理论的最终结果就是要揭示资本主义制度必然灭亡的历史趋势。

资产阶级经济学则以"人的行为是理性的"为假设前提。这种理性行为假设是指经济活动中的人存在着尽可能增加自身利益的动机和行为。这些人在面临若干个可选择的方案时,必然会选择使其利润最大化或效用最大化的方案。所以,这种"人的行为是理性的"假设前提,又被叫做"经济人"假设。"经济人"假设从亚当·斯密以来已被广泛用于经济分析之中。冯·米塞斯把这种假设当作"人类行为的基本逻辑"来看待,认为这一逻辑是不言自明的经济理论的前提;琼·罗宾逊则把假设看作是对普遍经验的概括;赫伯特·西蒙对上述完全理性的假设表示怀疑,而提出了有限理性的假设。有限理性认为,由于环境的不确定性和复杂性,以及人自身生理上的限制,行为人要了解所有备选方案及其实施后果实际上是办不到的。因此,在决策过程中人们寻求的并非是"最大""最优"标准,而只能是"满意的标准"。② 有限理性假设比完全理性假设更符合人类行为现实的复杂性,但我们可以看到,有限理性假设只是修正了完全理性的约束条件,但它没有修正理性假设本身。与这种假设相适应,资产阶级经济学家多采用经济功利主义和心理分析的方法,认为无论是资本家还是工人,作为理性的消费者,他们同样受效用最大化的支配;作为理性的要素所有者,他们同样受利润最大化的支配。因此,这里就没有对抗,财富在各阶级的通力合作之下生产出来并被分配和消费。资本主义的生产方式也必将和谐永存。

从资产阶级经济学的要素分配理论和效用价值理论的发展我们也可以看到经济学的阶级性。资产阶级经济学的要素分配理论是以萨伊的"三位一体公式"(劳动—工资、资本—利润、土地—地租)为基础的,它宣扬各阶级都以他所拥有的生产要素参与社会生产,协同进行生产,共同创造产品的效用即价值,共同创造自己的收入,从而资本主义的分配是合理的,不存在资本家对工人的剥削。尽管这种理论早在100多年前就受到马克思的批判,但它由于代表资本主义的利益,总是在以不同的形式传播着,甚至赤裸裸地用于为资本主义制度辩护。如现代西方经济学美国学派的创始人克拉克在其所著的《财富的分

---

① 马克思恩格斯选集(第2卷)[M]. 北京:人民出版社,1972:123.
② 赫伯特·西蒙. 企业组织的理性决策[M]//现代决策理论的基石. 北京:北京经济学院出版社,1989.

配》一书中明确地讲：资本主义"社会有没有权利维持现状，以及它能不能照样地继续存在，都要看这个论点（指三位一体公式——引者）能否成立"。"工人阶级的福利情况，取决于他们收入的多寡。……如果他们创造的财富很少，但全部归他们所有，他们也许就不会想到革命。假使他们觉得他们生产了巨额财富，而所得的仅仅是一部分，那么他们之中的许多人，就一定会变成革命者，全体工人也将都有革命的权利。许多人指责现在的社会制度，说它'剥削劳动'。……如果这种说法被证实，那末，每一个正直的人都应当变成社会主义者。""如果实际工资等于劳动的全部产物，利息等于资本的产物，利润等于调合工作的产物，那么财产就在它产生的时候得到保障了。"可见，西方经济学家的阶级立场是多么鲜明，其意识形态是多么强烈！

资产阶级经济学中效用的观点最早是由17世纪的英国经济学家古拉·巴贲提出的，1854年德国的赫尔曼·戈森提出了边际效用递减规律和边际效用相等规律。他对自己的发现评价非常高，把它和哥白尼预测天体运行的规律相提并论。但他的这一"大发现"并未受到重视。这是因为19世纪中期在德国经济学界历史学派的学说占据统治地位，他们否认普遍规律和理论概括，戈森的抽象理论显然不适合人们的胃口。在英、法等国，资产阶级庸俗经济学者如约翰·穆勒、萨伊、巴师夏的理论仍有巨大影响，资产阶级还不需要戈森的学说。但到19世纪末，上述庸俗经济学说逐渐走向没落，资产阶级为了寻求新的保护工具，戈森的学说才被重新发现，并成为边际效用论的理论基础。为了能更好地为资产阶级辩护，门格尔提出了边际效用价值理论，杰文斯用数学的方法表述了效用价值理论，庞巴维克则发展了效用理论并使之系统化。自此，边际效用价值理论成为资产阶级歪曲价值源泉和占有剩余价值的强有力工具。

上述种种事实表明，经济学是有阶级性的。但为什么现在还有人否定经济学的阶级性，这其中的根源又是什么呢？这是一个值得我们深入思考的问题。

程恩富"双重调节论"的控制论特征

朱殊洋[①]

(广州行政学院)

一、纯市场调节

程恩富教授在文献中给出了纯市场调节的过程[②],他认为,在自由竞争资本主义阶段,市场在资源配置中的作用主要表现为,私营企业根据市场提供的供求、价格等反馈信号进行调节,在价值规律的自发作用下商品价格的波动对各种生产资源和消费资源进行自发配置。在这一模式中,商品交换主体处于自由竞争的地位。除税收以外,政府对交换主体的影响微乎其微。这种市场调节属于纯粹的市场调节。这种调节的控制论原理如图1所示。

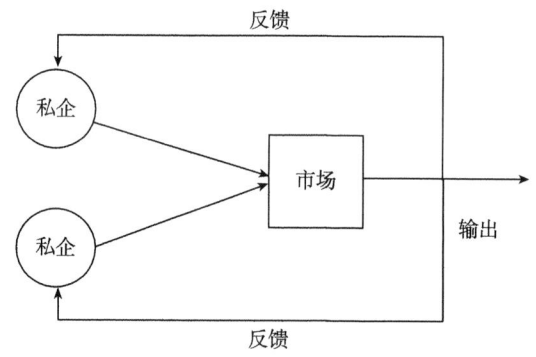

图1 纯市场调节原理

这种模式的特征是无控制器且负反馈性。无控制器是指没有政府给予控制行为。负反馈性是指该系统的输出端向系统的输入端反馈方向相反的信号,系统的耦合链形成一个负

[①] 朱殊洋,广州行政学院教授。
[②] 程恩富,高建昆. 论市场在资源配置中的决定性作用[J]. 中国特色社会主义研究,2014(1):51-56;
程恩富,孙秋鹏. 论资源配置中的市场调节作用与国家调节作用[J]. 学术研究,2014(4):63-72;
程恩富,谭劲松. 社会主义比资本主义能更好地运用市场经济[J]. 当代经济研究,2015,(3):5-14.

反馈闭环，系统的输出反馈到输入端，同输入共同控制被控对象。

就优点而言，一是可以实现微观经济的李雅普诺夫稳定均衡，由于这种系统具有负反馈特征，因此这种系统的极限状态是稳定的，但这一稳定是在某一邻域内的稳定，不是大范围收敛性稳定。通过价格、竞争和供求等机制的共同作用，调节商品的供求，实现供求平衡领域内的稳定。二是资源短期配置功能。价格、供求信号反馈到企业，企业主迅速引导经济资源向效益高的领域流动，从而引起资源配置的变化。三是刺激科学技术创新。为了获得超额剩余价值，在价格信号的作用下生产经营者会尽力降低成本或者提高商品质量，以便获得超额剩余价值。

就局限性而论，现代微观经济学证明，要保证纯市场调节是有效率的，需要以下几个前提：不存在规模经济，不存在外部效应，决策者具有市场的完全信息，生产要素完全自由流动。然而这几个条件通常是难以同时满足的，因此纯市场调节会出现如下问题：一是没有宏观经济目标，因而出现"加总悖论"。由于市场行为主体都是出于自身利益考虑，因而难以避免外部性的存在，以至于无法保证全社会的宏观经济整体目标和长远利益的实现。二是调节领域的局限。在某些因规模经济导致自然垄断的领域，如交通运输等基础设施，供水、供电等领域，完全采用市场调节的效果并不理想。在公益性和非营利性领域，如教育、卫生、环境保护、文化保护、基础研究、国防经济等，试图以市场调节起主导作用更会引起不良后果。三是易导致贫富分化。如果任由市场竞争，则竞争机制必然会导致资本的集中，因而出现垄断，导致财富集聚在少数人手中。四是经济短期波动大。虽然市场调节是李雅普诺夫稳定的，但这一稳定是在某一邻域内稳定，意味着经济是在均衡值附近上下波动。此外，就过程解而论，由于决策者信息的不完全性，收敛于李雅普诺夫稳定解的过程不仅漫长而且波动不断。

二、政策+市场平衡偏差调节

程恩富教授也给出了经济政策+市场平衡偏差调节模式，在他看来，新自由主义主张采用这种控制模式。这种调节模式的控制论原理如图2所示。

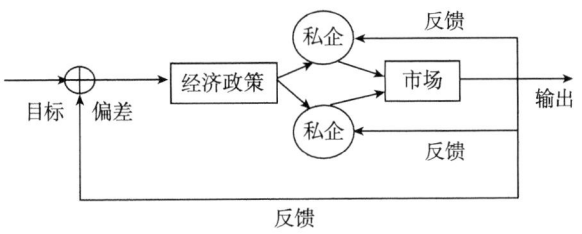

图2　平衡偏差调节原理

图 2 中 ⊕ 为比较环节，它的作用是比较市场反馈信号和目标信号，从而得到偏差信号，并将这一偏差信号输送给宏观政策控制器。比较图 1 和图 2 可知，这种模式比纯市场模式多了几个要素，包括宏观经济目标、输出反馈与目标形成偏差以及经济政策调节器。

与纯市场调节比较，这种模式的特征是双重反馈调节，即在市场反馈调节基础上实行经济政策平衡偏差反馈调节。在这种模式下，国家制定基本宏观经济目标，包括经济增长率等。在国民经济系统处于正常状态，或即使存在某些偏差，但只要没有超出某一既定的临界值，经济政策对国民经济系统就不进行干预。只有当国民经济系统的运行已经偏离了既定的目标并超过某一临界值时，经济政策控制器才对国民经济的运行轨迹进行矫正，使其恢复到正常状态。正是由于经济政策调节器具有平衡市场偏差的作用，所以这种模式成为平衡偏差控制模式。

平衡偏差模式和纯市场模式相比，有抗干扰能力强的优点。采用双重输出反馈可以有效地抑制各种干扰对系统输出的影响。假设输入量为一个给定值，而外加干扰量使输出量减小，这时反馈也相应减小；但由于输入量未变，因此偏差增大，控制器的控制作用也相应增大，从而提高输出量，这就对因干扰而引起的输出量的减小的状态起到自动调节作用。

虽然这种调节模式使短周期波动减少，但是却使长周期波动增加。反馈虽然能够产生校正偏差的控制作用，但由于系统存在惯性，系统偏差常常得不到及时的校正。系统的惯性既包括控制器的惯性，也包括控制对象的惯性，在这种情况下，当某个控制动作本来已经使输出量达到给定值，这时应该没有偏差信号了，然而由于控制对象的惯性，输出量不能及时改变到给定值，于是在一定时间内，还会继续出现偏差信号；而当输出量已经达到给定值，执行机构本应停止工作了，但由于控制器的惯性，在一定时间内，控制动作继续向原来方向进行，并使输出量超过给定值，从而产生与符号相反的偏差，致使执行机构朝相反的方向操作。因此一般说来，输出量往往在给定值两旁摆动，这是一个振荡过程。当波动超过临界时，就会出现经济危机。

三、政府+市场的补偿—平衡偏差调节

程恩富教授还给出了补偿—平衡输出偏差调节模式。凯恩斯主义的调控过程就属于这种模式，即在市场的自发调节无法实现充分就业时，存在需求不足的干扰，这时仅仅采用经济政策反馈调节是无法抵消干扰的。在这种情况下，需要政府采用前馈器即补偿器直接进行需求管理，即政府直接进行购买，来补偿需求不足的干扰，以便实现充分就业的宏观经济目标。这种调节模式的控制论原理如图 3 所示。

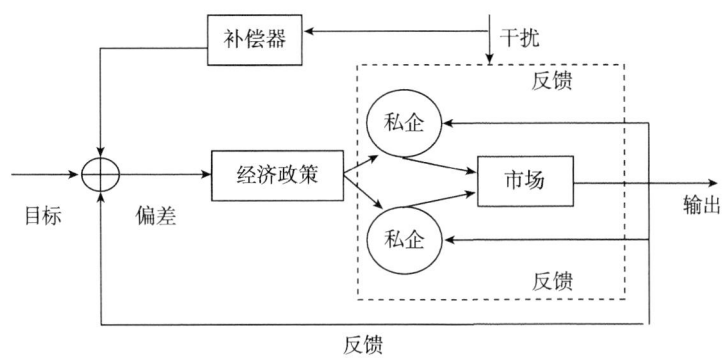

图 3　补偿—平衡偏差调节原理

图 3 中虚线内表示国民经济系统,即被控系统。比较图 3 和图 2 可知,这种模式比经济政策+市场模式多了两个要素:首先是前馈补偿器,其次是干扰信号。此模式的运行过程是,首先由计划总署根据预测部门的预测信息,制订发展计划,计划通过后,递交给政府部门,由它们来组织计划的实施,在实施过程中政府根据市场的反馈信息,及时微调计划或在计划不变的条件下调控经济系统,保证计划的实施。

由前面的分析可知,平衡偏差模式的特征是反馈性,即以市场机制自动调节为依据,通过市场上的信息反馈了解经济运行情况,以决定是否做出调节。由此可见,平衡偏差模式的调节具有事后性和微观性。事后性意味着调节的代价大,而微观性则意味着对国民经济运行缺乏长远预见,对于可能发生的问题无法预料,因而难免出现周期性经济波动。而补偿—平衡模式则不同,由图 3 不难看出,它除了具有事后性和微观性之外,它鲜明的特征是事前性和宏观性。所谓事前性,用控制论术语表示就是补偿性或曰前馈性,即计划性、超前性、预测性,即政府决策部门对未来可能发生的情况进行提前预报和控制,消除因干扰引起的波动。所谓宏观性就是政府从宏观经济整体上进行优化调节。资源配置划分为宏观和微观两个不同层次①。在资源配置的微观层次,价值规律可以通过价格机制、供求机制和竞争机制促进资源优化,因而从微观层面看市场具有决定性作用。但是在资源配置的宏观层次,如供需总量的综合平衡、部门和地区的比例结构、自然资源和环境的保护、社会分配公平等方面,以及涉及国家社会安全、民生福利等领域的资源配置,就不能完全依靠市场决定,这时就需要政府进行宏观调节。

由事前性和宏观性特征可知,该模式具有如下优点。一是调节无死角。因为该模式是一种混合控制,即政府调节与市场调节相结合,而政府只进行总量和宏观调节,如调节国内生产总值、投资、消费、进出口等,微观则依据价值规律进行调节,这样既保证了微观

---

① 刘国光,程恩富.全面准确理解市场与政府的关系[J].毛泽东邓小平理论研究,2014(2):11-17.

的活力又保证了宏观经济整体的优化。二是可以抵消经济干扰，预防经济危机。该模式既有微观的经济手段，又有政府的经济和行政手段。行政手段不仅用来预警，而且可以在经济危机到来前夕实施提前制动，避免危机的发生。

这一模式也是存在局限性的。虽然前馈补偿器具有优点，但是这一优点的发挥是有条件的，如政府调节的偏好不当，则会使政府调节的目标偏离全社会的要求。人们所熟知的"GDP 至上"的偏好就导致了盲目投资、过度招商引资和忽视民生及生态建设等。如果政府调节的程序不妥，则会使决策走向程序非民主化、措施延迟化和代价增大化，难以及时和灵活地应对市场变动状况。

四、"双重调节"控制论原理

前面指出，因为补偿—平衡偏差是前馈模式和反馈模式的叠加，所以一般说来，它兼具两种模式的优点。但这是有条件的，即要保证前馈器和输出反馈器的协调性。协调性是指前馈器和输出反馈器互不干扰。经典控制理论告诉我们，设计这些装置，保持其协调性是不容易的。前馈补偿作用过强，系统的自动调节功能就会减弱，有时会影响系统的正常运行。政府干预中"看得见的手"与市场机制的"看不见的手"是一对矛盾，处理不当不但各自的优点不能发挥，还会使两者相互干扰。

为了避免上述现象的发生，程恩富教授系统地提出了"双重调节"模式。该模式的控制论原理如图 4 所示。

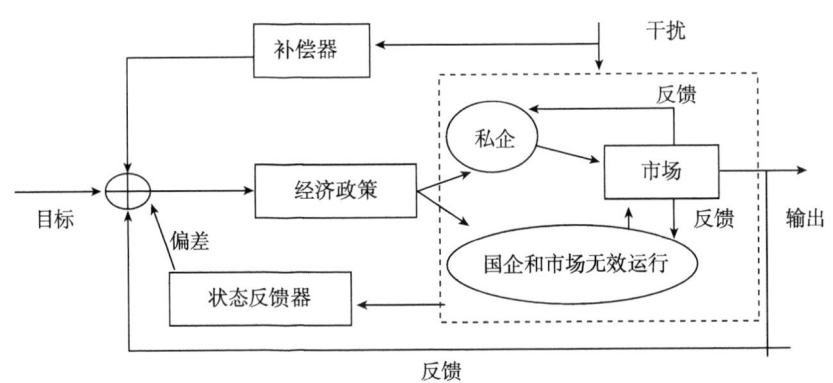

图 4　双重调节原理

比较图 4 和图 3 可知，这种模式多了两个要素：状态反馈器以及国民经济系统中独立出来的国有企业和市场失灵部门。此模式的运行过程是，首先由计划总署根据预测部门的预测信息，制订发展计划，计划通过后，递交给政府部门，由它们来组织计划的实施，同时实施市场调节。政府不仅要接受市场的反馈，而且要和市场主体进行协商以便进行利益调整。

"双重调节模式"的第一个重要特征是状态反馈器设立。控制理论所说的状态是指能完整描述系统行为并反映系统动态性质的一组变量。在程教授看来,各个不同所有制企业集合的利益是最好的状态变量,因为系统的动态特性起因于动力,而经济学意义上的动力正是利益。这样,状态就被定义为国民经济系统中各个不同所有制企业集合的利益,状态反馈器的作用就是向政府反馈各种利益集团的利益信息和利益代表者对利益的诉求,然后政府作为宏观整体利益的代表与不同利益的代表者进行信息交流和利益协调,最终实现利益均衡。

"双重调节"模式的第二个重要特征是政府宏观调控的人民性。前面提到,补偿—平衡偏差模式可能存在政府偏好的影响。而"双重调节"模式采用市场失灵部门进行状态反馈的方法来解决这一问题。市场失灵部门都是公共事业部门,这些部门与人民的利益密切相关,将这些部门的发展信息反馈到政府,并使利益的代表者与政府进行对话,实现政府偏好与人民的偏好相一致。

"双重调节"模式的第三个重要特征是事前、事中、事后同时进行调节。与厉以宁教授的"二次调节"论不同,厉以宁教授主张市场调节是第一次调节,出了问题政府进行第二次调节,因此他的"二次调节"其实就是经济政策+市场的平衡偏差模式或者是政府+市场的补偿—平衡偏差模式。程教授的"双重调节论"的一个重大创新是加入了状态反馈器,而状态反馈器输入给政府的是实时信息,所以程教授的"双重调节论"不仅可以进行前馈预报和计划、反馈纠错控制,还可以根据在线状态信息进行实时控制即事中调节。

"双重调节"模式的第四个重要特征是将国有企业的基础性作用作为状态变量的基本内容。也就是说,把国企的发展状态当做反映国民经济发展和国家基本性质的基本状态变量。前面的三种调节模式都是以私有制为制度基础的。而"双重调节"模式必须以公有制为主体、多种所有制为制度基础,否则政府就会偏重于私营资本、偏向于少数人的利益,从而加剧贫富分化,甚至导致政治危机[①]。程教授认为,这一经济制度要比以私有制为主体的当代资本主义经济制度更适合市场经济的内在要求,具有更高的绩效和公平。据此,对国有企业特别是中央企业,应该继续加大支持力度,因为国有企业关乎国家经济命脉,关键时刻还得靠它们。从政治角度看,美国等西方国家忌惮中国共产党的强大,那是因为中国共产党的领导是中国特色社会主义的最本质的特征[②],而中国共产党要强大就必须依靠国有企业提供的财力、物力、人力的支持。从经济角度看,公有制为主体、国有制为主导为政府的人民性提供了必要条件,也为政府与人民的协商提供了必要条件,两个必要条

---

① 程恩富. 完善双重调节体系:市场决定性作用与政府作用[J]. 中国高校社会科学,2014(6):43-52.
② 习近平. 习近平谈治国理政(第二卷)[M]. 北京:外文出版社,2017.

件二而为一建立"双重调节"模式的状态观测器的充分必要条件。资本主义制度因为是建立在私有制基础上的,所以只能采用前面三种模式之一,而由前面的分析比较可知,"双重调节"模式是更为优越的,而优越的根本原因在于所有制结构。

五、结语

程恩富教授提出的"双重调节"模式是一个对纯市场调节模式、政策+市场平衡偏差模式、政府+市场补偿-平衡偏差模式的扬弃和发展,因而从控制理论的角度看具有更大的优越性。"双重调节"模式从我国国情出发,建立了一个极为重要的状态反馈器,从而实现了前馈与反馈的结合、输出反馈与状态反馈结合。这两个结合意味着在"双重调节"模式下,政府和市场具有一致性,微观和宏观具有一致性,前馈和反馈具有一致性,不同利益主体具有一致性。

从自动化到智能化：美国资本有机构成变动的历史及趋势
——一个演化经济学与政治经济学的综合解释

杨虎涛[①]　冯鹏程[②]

（中南财经政法大学）

一、价值构成与技术构成的背离：有机构成理论的复杂所在

在马克思的理论体系中，资本有机构成的提高是一种必然的趋势。就有机构成的表述而言，马克思时而使用 c∶v，时而又多处用 c∶(c+v) 进行表达。除表述上的不一致之外，更为关键的问题在于，技术构成和价值构成并不是必然保持变动的一致性，甚至在一定的情形下，两者会存在背离。

价值构成与技术构成这种不同步的根源，一方面在于价值构成的变动存在着独立于技术构成变动的影响因素，另一方面技术构成本身要表达的是人—物关系，而价值构成要表达的则是人—人关系。

哈维认为马克思在有机构成理论的表达上之所以晦涩与混乱，在于马克思试图强调技术构成的变动取决于单个资本家的意志，但有机构成的变动却不以单个资本家的意志为转移。本文认为，另一个更深层次的原因，则在于通过"由资本技术构成决定并且反映技术构成变化的资本价值构成"体现其历史唯物主义的立场，从而在生产力—生产关系直接建立有效的观察连接，即只有在技术构成发生变动的前提下，价值构成的变化才是稳定和不可逆的，这也是马克思区分出"形式上的差别"[③] 的原因。

二、资本有机构成的系统性变动：技术—经济范式与企业形态的影响

马克思所称的"形式上的变化"一定意味着另一个部门的技术构成的变动。马克思明确地表达了不同部门技术改进的局限性差异，其阐述中包含了如下观点：第一，一种生产

[①] 杨虎涛，中南财经政法大学经济学院教授。
[②] 冯鹏程，中南财经政法大学经济学院政治经济学专业博士生。
[③] 马克思恩格斯全集(第26卷Ⅱ)[M].北京：人民出版社,1973:19-20.

资料的单位价值降低的程度受限于生产这一生产资料的部门的技术状况;第二,这种传递最终要受到能源和材料的技术边界和存量约束。

马克思的表达与新熊彼特学派的技术经济范式观点有异曲同工之妙。一种新的通用技术的兴起可以分为导入期和拓展期。在导入期,由于生产关键要素的动力部门、支柱部门和引致部门的正反馈循环还没有形成,新兴部门并未进入爆发性增长阶段,只有当生产关键要素的动力部门取得突破性进展时,支柱部门和引致部门才会得以爆发性增长,从而进入拓展期,当所有的传统部门和新兴部门都共享一种技术惯例和通用模式时,就意味着技术经济范式的彻底切换。

对于处于导入期的新兴部门而言,与其起始点的技术构成所对应的价值构成会是一个比较高的水平,而随着关键要素生产的突破性进展,支柱部门和动力部门与引致部门之间进入互为市场的自增强时期,新兴部门就会呈现出"随着劳动生产率的增长,不仅劳动所消费的生产资料的量增大了,而且生产资料的价值比生产资料的量也相对地减小了"[①] 的状态。

对社会资本有机构成的另一个重要影响因素则是资本周转的时间。在既定时间内,可变资本和不变资本的单个周转速度及其相对周转速度,都会对价值构成的变动产生影响,而无论是因为机器技术变动导致的周转速度变化还是组织创新所导致的周转速度变化,都是技术构成的变化。

哈维认为,企业有机构成对企业形态的变化非常敏感,在垂直整合中,预付成本较小,但如果将垂直整合的环节分拆为两个以及更多的生产部门,那么每一个后续的生产部门都要付出更多的预付资本。按照哈维的理解,可变资本与不变资本在公司内部的相对周转时间,对于生产中使用的资本的价值构成会有直接影响,而这是与垂直整合的程度相独立的,垂直整合会降低资本有机构成,但分包和多元化所带来的周转速度的提高又可以提高资本有机构成。两者的矛盾集中体现在企业形态和企业间分工关系的变化上,垂直整合会让资本家获得规模收益的好处,但会延长资本的周转时间,企业分工会让资本家获得专业化的好处,可以节约单个资本家的资本周转时间,但会让整个资本家集体付出更多的预付资本,从而抵消掉资本周转时间带来的好处,同时也会提高资本有机构成。

三、"二战"以来美国有机构成的变动及其解释

对于有机构成的计算,国内外学者先后提出了不同的方法,大致有如下几种:①预付

[①] 马克思. 资本论(第一卷)[M]. 中共中央马克思恩格斯列宁斯大林著作编译局,译. 北京:人民出版社,2004:719.

不变资本与雇佣人数的比值①；②预付不变资本与预付可变资本的比值②；③预付不变资本与年工资总额的比值；④固定资本预付与不变流动资本年周转额之和与可变资本年周转额的比值③；⑤吉尔曼的计算方法是用不变资本的流量和可变资本的流量进行对比（Gilman's，1957）；⑥梅基的计算方法则是考虑到新增价值，用不变资本存量和新增价值除以可变资本；⑦韦斯科普夫（Weisskopf，1979）则试图用剩余价值率进行替代等等。④

琼斯则提出了另一种方法，他是用不变资本的当年存量和可变资本的流量进行对比。按照琼斯对有机构成和价值构成的理解及其计算方法，其所计算出的美国1947—2011年的有机构成见图1⑤，统计结果可以说明：1947—2011年，美国的技术进步的确提高了资本的有机构成和价值构成。

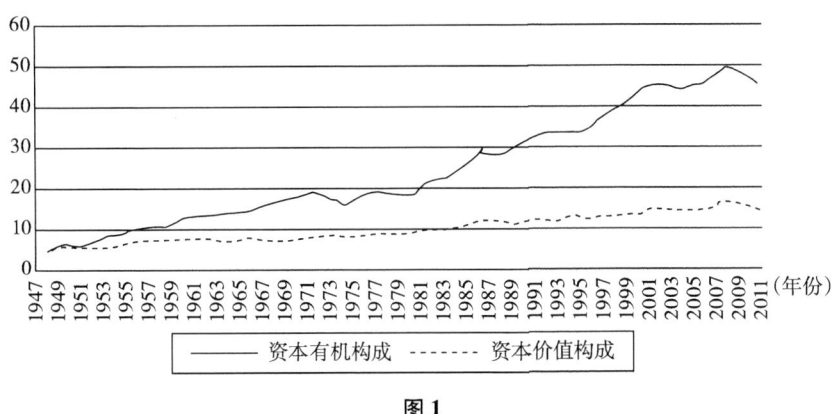

图1

由于历年实际消耗的原材料的数据缺失，我们仍用固定资本代替不变资本，依据美国国家统计局的统计数据，通过1944—2016年固定资本与工资和薪金总额之比来近似地表达了美国这一期间的资本有机构成变化，并据此绘制了对数趋势线见图2⑥。结果表明，资本有机构成并没有停止提高的趋势，但在73年的时间里，提高的幅度相对有限，我们进一步描绘了资本有机构成的变化率$(N_{t+1}-N_t)/N_t$曲线（见图2），考察资本有机构成的变化率，结果也表明资本有机构成提高的速度变慢了。

---

① 阿·维特洛夫,弗·丘尼辛.认识马克思研究资本有机构成的方法论的三个阶段[J].经济学译丛,1983(2).
② 伏·普·洛佐沃依.恩格斯论资本有机构成的实际计算[J].经济学译丛,1980(10).
③ 高峰.马克思的资本有机构成理论与现实[J].中国社会科学,1983(2).
④ Peter Jones, Turnover time and the organic composition of capital, *Cambridge Journal of Economics*, 41(1), 2017: 81-103.
⑤ Peter Jones, Turnover time and the organic composition of capital, *Cambridge Journal of Economics*, 41(1), 2017: 81-103.
⑥ 如果数据一开始的增加或减小的速度很快，但又迅速趋于平稳，那么对数趋势线则是最佳的拟合曲线,增长或降低幅度一开始比较快,逐渐趋于平稳。

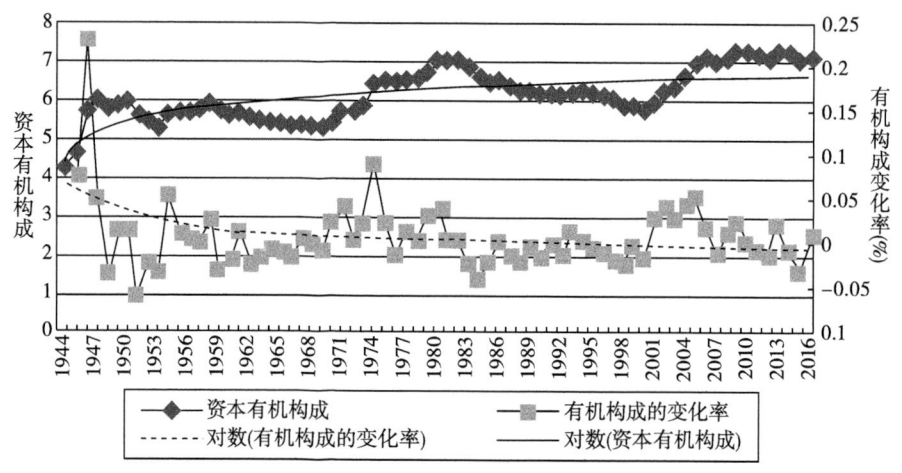

图 2

统计结果同样表明，第一，在 73 年时间内，美国的技术进步的确提高了资本的有机构成，从而使资本对劳动的相对需求趋于下降，生产出相对过剩人口，但并未呈现出对劳动力的绝对排斥；第二，尽管资本有机构成提高的趋势不改，但资本有机构成提高速度放缓，减缓了资本对劳动需求相对下降的速度；第三，资本有机构成出现的高点年份里，分别对应着美国经济利润率的下降和危机的发生，第二次世界大战后到 20 世纪 80 年代初，美国在 1948—1949 年、1953—1954 年、1957—1958 年、1960—1961 年、1969—1970 年、1974—1975 年、1979 年共计发生了六次经济危机。① 1982—2002 年这一资本有机构成趋于下降的阶段，正是美国剩余价值率和利润率增幅最为明显的时期，而在 1974—1982 年这一资本有机构成快速提高的时期，则对应着剩余价值率的下降和利润率的下降。②

以 20 世纪 70 年代初期为分界点，对两种技术经济范式下有机构成提高的反制性的力量进行说明：

第一是关键投入的价值下降所构成的反制性力量，第四次技术浪潮对应着石油、天然气和合成材料等关键投入，而这一时期的突出特征就是这些产品的价格，尤其是石油的价格保持了相对的低廉和稳定，1945—1972 年的这段时间里，市场对原油的需求量增长了逾 6 倍，但是 1949—1972 年，原油产品的名义价格几乎一直保持扁平发展的趋势，而真实价格（CPI 调整后）则下降了 1/3。③ 与此同时，受合成材料等技术的影响，与全球市场重

---

① 葛亮. 当代资本有机构成的实际计算及其提高趋势的分析[J]. 世界经济，1985(10).
② 相关研究包括谢富胜、多梅尼尔和列维等，参见：高峰. 论长波[J]. 政治经济学评论，2018(1).
③ 涨"姿势"了：从历史角度分析二战后的原油价格[EB/OL]. https://finance.ifeng.com/a/20170428/15328114_0.shtml.

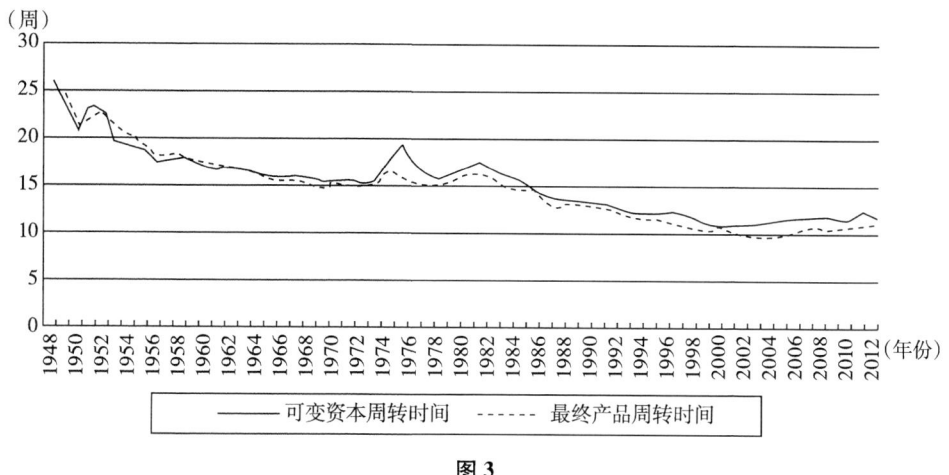

图 3

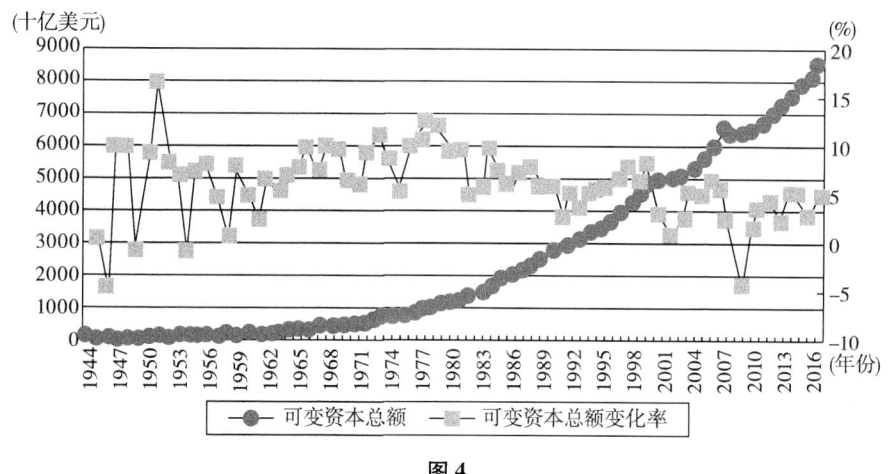

图 4

要商品的出口价格比较后发现,美国原材料价格与成品价格的比率 1952—1970 年下降了 29%[1],1947—1970 年,消费品价格上涨了 37%,原材料价格仅上涨了 11%[2]。而在进入信息技术革命浪潮之后,整个 20 世纪 70 年代,有机构成一直保持着上涨趋势,这符合技术经济范式对导入期特征的判断,也即是由于大规模设备投资和相对昂贵的原材料价格,推动了不变资本的上升,进入 20 世纪 80 年代之后,有机构成则在保持了近 20 余年的相对稳定甚至下降,这同样符合拓展期关键投入价格下降的判断,信息技术设备投资主要受芯片、存储器价格的影响,而由于摩尔定律的作用,信息技术设备在性能急速提升的同时成本与价格的下降速度极快。信息技术相关不变资本迅速贬值,抵销了信息技术设备物质

---

[1] E. N. 布宁. 科学技术革命与世界价格[M]. 赵盛武,王冰,译. 北京:中国社会科学出版社,1982:139.
[2] 美国联邦政府印制局. 美国总统经济报告[M]. 1986:321-322.

数量的扩大，使资本的价值构成提高缓慢，甚至下降。

第二是企业形态的变迁所导致的反制性力量。"二战"后一直到20世纪80年代初期，是普遍的垂直一体化趋势拉低了资本有机构成，这一时期正是美国的钱德勒式的企业——在第一次市场革命时期随着铁路和电报扩张，而出现的大型的、垂直一体化的公司发展的巅峰阶段。① 这一时期直到20世纪的最后25年，企业才从大型企业集团和垂直一体化中撤退出来，取而代之的是垂直一体化屈从于专业化的力量，而企业形态趋向于专业化会提高预付资本和加速资本流通速度，构成提高资本有机构成的力量，20世纪70年代以来的第五次技术浪潮下的资本有机构成之所以高过之前，这种组织形态变化所导致的预付资本总量增加和流通速度的提高，无疑起到了一种加速的作用。

结合琼斯对预付可变资本的流通速度和最终产品的销售时间两个周转时间的研究（见图3）②，以及我们根据美国国家统计局数据所得出的可变资本总额变化的研究（见图4）可以看出：第一，在绝大部分时间里，不变资本和可变资本的周转时间基本吻合；第二，在垂直一体化进入专业化时期之后，资本周转时间明显加快。

四、人工智能时代的有机构成会快速提高吗？趋势及其反制力量

从人工智能必然对应大规模的设备更新和投资来看，机器也会在标准化工作岗位上实现对人的工作岗位的取代，这构成了资本有机构成提高的关键推动力。但有机构成的提高也会受到各种反制性力量的影响。按照技术经济范式的发展轨迹，人工智能这一通用技术对应的资本有机构成也会出现先高后低的走势，其原因在于：在导入期的很长一段时间内，受关键投入的制约，不变资本的价值将保持较高的水平。

不仅因为生产资料本身的价值下降构成反制性力量，而且如人工智能时代的技术特征也会强化不变资本的节约，从而进一步构成制约有机构成上升的反制性力量。

可变资本的下降也会受到两个方面的反制：第一，由于弱人工智能时代的特征是有"多少人工就有多少智能"，这就意味着这一时期的企业需要更多的研发人员和研发投入；第二，人工智能所对应创造出的新的工作类别和岗位。

由于生产过程的智能化控制和精准针对需求的定制化生产，以及产品构件的模块化，产品的生产时间和销售时间都会极大地缩短，从而加速资本周转，节约资本预付。在企业内部，因大数据、人工智能、传感器等技术的融合，降低了企业获取和处理信息的成本，

---

① [美]阿尔弗雷德·D. 钱德勒,詹姆斯·W. 科塔达. 信息改变了美国[M]. 邱艳娟,万岩,译. 上海:上海远东出版社,2012,序言.
② Peter Jones,Turnover time and the organic composition of capital[J]. *Cambridge Journal of Economics*,41(1),2017: 81 – 103.

使得企业组织由过去的等级制日渐趋于扁平化；在企业之间，伴随大数据技术、自动化和智能化水平的提高，通过对企业生产链所有生产特征数据的采集、分析、处理，进而做到对投入品的边际生产率的测定和估计，实时调整原材料、机器、劳动等生产要素之间的比例，提高企业在相互依赖的活动中控制信息和实现计划一致性的能力。

结语

无论在哪种技术经济范式下，资本有机构成、技术构成和价值构成的变动和表达，都会受到各种复杂的推动力量和反制力量的综合影响，在即将到来的人工智能时代，把握人工智能对资本有机构成的影响，不单单要考虑提高资本有机构成的作用力，还要考虑抑制资本有机构成提高的反向作用力，更要把握住其有别于过去影响资本有机构成的典型特征。同时，作为相对过剩人口理论的基础理论，资本有机构成理论还揭示了资本构成与活劳动的直接关系[①]，这种直接关系，就反映在因技术创新导致的相对剩余人口的变动和人口结构的发展变化。因此，在人工智能时代，资本有机构成的提高对劳动就业的影响亦成为我们进一步研究和考察的内容。

---

① 高峰. 资本积累理论与现代资本主义:理论的和实证的分析(第二版)[M]. 北京:社会科学文献出版社,2014:40.

《资本论》的意识形态功能视域下习近平以人民为中心发展思想促进经济建设的三重维度研究[①]

王守义[②] 罗丹[③]

（云南大学）

一、《资本论》文本逻辑中的意识形态功能及发展：一个拓展的框架

《资本论》是马克思、恩格斯所创立的辩证唯物主义和历史唯物主义在物质资料生产上运用的产物，它把人类社会发展看作是生产力与生产关系、经济基础与上层建筑这两个基本矛盾不断发展的过程，而《资本论》的意识形态功能始终是隐含在对资本主义经济运行规律的分析之中的，其作为无产阶级思想体系、代表全体劳动者根本利益、为全人类求解放的意识形态功能是《资本论》自身革命逻辑的具体体现，其中革命逻辑和斗争的意识形态功能是主要内容，阶级性与人民性是斗争的意识形态功能的主要特征。

在公有制经济中，意识形态作为一种上层建筑不仅从外部对经济活动产生间接影响，而且作为公有经济的所有者和经济基础的组成部分，从内部对经济活动产生直接影响。中国历代领导人在创新与发展马克思主义过程中，都充分重视《资本论》关于经济建设与意识形态功能的阐述。改革开放40余年来，"和平与发展"已经成为世界发展的主题，经济建设也成为我国一切工作的中心，《资本论》自身斗争逻辑的意识形态功能应该也已经在向建设逻辑的意识形态功能转变[④]，这种认知逻辑转换必然引起意识形态功能转变，由斗争功能转向发展功能，《资本论》的意识形态的发展功能随之凸显。同时，这种意识形态所具备的发展功能可以凝心聚力，坚定全体人民走社会主义道路和市场经济改革方向，也

[①] 本文得到云南大学"东陆中青年骨干教师"培养计划资助，系国家社科基金青年项目"积累的社会结构视角下西方马克思主义经济学新发展研究"（15CJL002）的阶段性成果。

[②] 王守义，云南大学经济学院讲师、经济学博士，广西社科联马克思主义理论研究和建设工程基地特约研究员。

[③] 罗丹，云南师范大学经济与管理学院、云南大学发展研究院博士研究生。

[④] 洪银兴．由批判转向建设——论《资本论》研究思路转变[J]．南京大学学报，1999-04．

可以更好地规范市场参与主体的行为。

二、习近平以人民为中心发展思想促进党的领导与时代发展相融合：经济建设的历史维度

尽管社会意识具有相对的独立性，但是每个时期的物质生活的生产方式制约着该时期整个社会生活、政治生活和精神生活的过程，意识形态的建设与发展过程也不例外，在历史上出现的一切社会关系和国家关系，一切宗教制度和法律制度，一切意识形态和理论观点，只有理解了每一个与之相对应的时代的物质生活条件，并且从这些物质条件中被引申出来的时候才能被理解。

纵观近代中国历史，我们党之所以能够历经97个寒暑，从小到大、从弱到强，团结引领全国各族人民从一个胜利走向另一个胜利，就是因为中国共产党和共产党人遵循历史唯物主义原理，随着时代物质生活条件变化及人们需要的变化，不断继承与发展党的治国理政理念，但却始终坚持"以人民为中心"这一党的基本政治立场不变，正是这种不变的初心，使得我们党的各个时期政策真正做了权为民所用、情为民所系、利为民所谋，也顺应了每个时代的物质生活条件及人民的需要。不忘初心，方得始终，正是在"以人民为中心"这一根本立场的指引下，我们党团结带领各族人民，历经28年的艰苦斗争，成功地走出了一条"农村包围城市，武装夺取政权"的正确的革命道路，完成了从旧民主主义革命向新民主主义革命的过渡，建立了中华人民共和国。

习近平总书记在党的十八届五中全会上强调，"必须坚持以人民为中心的发展思想，把增进人民福祉、促进人的全面发展作为发展的出发点和落脚点"①，这是新时代首次将人民主体论上升为以人民为中心的发展思想，而坚持以人民为中心，是践行党的根本宗旨的必然要求和中国特色社会主义发展的基本政治立场。在党的十九大报告中，习近平总书记进一步指出："我国社会的主要矛盾已经转化为人民日益增长的美好生活需要和不平衡不充分的发展之间的矛盾，但必须认识到，我国社会主要矛盾的变化，没有改变我们对我国社会主义所处历史阶段的判断，我国仍处于并将长期处于社会主义初级阶段的基本国情没有变，我国是世界最大发展中国家的国际地位没有变。"②基于社会主要矛盾变化所提出的"一个变"和"两个没有变"，成为新时代习近平以人民为中心发展思想在实践中要遵循的价值理念和行动指引，奠定了推动实现"人民对美好生活的向往"这一奋斗目标所必须牢牢把握的历史与实践逻辑，鲜明体现了新时代党的执政理念与经济发展规律的高度统一。

---

① 中共中央关于制定国民经济和社会发展第十三个五年规划的建议[N]. 人民日报, 2015-11-04.
② 习近平. 决胜全面建成小康社会 夺取新时代中国特色社会主义伟大胜利[N]. 人民日报, 2017-10-28.

三、习近平以人民为中心发展思想促进经济与党建协调发展：经济建设的理论维度

在社会结构理论中，马克思进一步指出，经济基础是指由社会一定发展阶段的生产力所决定的生产关系的总和，其实质是社会一定发展阶段上的基本经济制度，是制度化的物质社会关系；上层建筑是建立在一定经济基础之上的意识形态以及相应的制度、组织和设施。一方面，经济基础决定上层建筑，即经济基础是上层建筑赖以产生、存在和发展的物质基础；另一方面，上层建筑又反作用于经济基础，上层建筑这种反作用的后果可能有两种：当它为适合生产力发展要求的经济基础服务时，就成为推动社会发展的进步力量，反之，就会成为阻碍社会发展的消极力量①。这说明，在当代中国，深入理解上层建筑一定要结合经济发展的状况，必须正确把握经济基础与上层建筑矛盾运动过程中的利益关系，在巩固与发展以人民利益为核心的社会主义经济基础的同时，建立以保障人民权利为核心的社会制度和以获取人民信任为核心的党建基础，习近平以人民为中心发展思想，进而从根本上保障最广大人民群众的物质利益，推进社会主义政治制度自我完善和发展，使人民群众不断获得切实的经济、政治和文化利益。

在社会主义制度下，经济和意识形态的关系具有了更为特殊的内涵与意义，社会主义经济制度的建立与发展，与以往一切社会不同，不是自发的，而是自觉的，是在科学社会主义理论的指导下，在党的领导下，有计划、有目的、有步骤地进行的，革命如此，建设如此，改革也是如此。由于这个原因，在社会主义条件下，经济与党建的协调发展所凸显的以人民为中心的发展就成为社会主义市场经济的一个重要特点和突出优势。坚持以人民为中心的发展思想，落实到社会主义建设的实践上，首要的就是要不断巩固和发展中国特色社会主义的经济基础。在社会主义社会中，由于生产资料公有制占据主体地位，因此，国家主流意识形态不仅作为一种上层建筑从外部对经济生活产生间接影响，而且要作为公有经济的所有者和经济基础的组成部分，从内部对经济生活产生直接影响。经济和党建在这里具有了水乳交融的密切关系，正因为如此，毛泽东同志曾指出，政治工作是一切经济工作的生命线，政治和经济统一，政治和技术统一，政治是经济和技术工作的生命线，政治工作上是为经济工作服务的②。邓小平同志强调，社会主义市场经济的优越性在哪里？就在四个坚持，即"四个基本原则"，其中，坚持党的领导是个核心问题，党的领导是个优越性③。改革开放40余年来，我国经济社会发展之所以能够取得举世瞩目的巨大成就，

---

① 马克思恩格斯文集(第2卷)[M].北京:人民出版社,1995:351.
② 毛泽东著作选读[M].下册,北京:人民出版社,1986:597.
③ 邓小平年谱(1975—1997)[M].北京:中央文献出版社,2004:1363.

我国人民生活水平之所以能够大幅度提升，都同我们坚定不移坚持党的领导、充分发挥各级党组织和全体党员作用是分不开的。党的十八大以来，习近平总书记紧紧围绕"党要管党，从严治党"这一主题，就党的建设问题发表了一系列重要讲话，从思想建设、组织建设、作风建设、反腐倡廉建设和制度建设等五个方面论述了新时期党的建设的科学指南。习近平总书记进一步指出，坚持党的领导，发挥党总揽全局、协调各方的领导核心作用，是我国社会主义市场经济体制的一个重要特征①。

社会主义社会中经济与政治、经济与主流意识形态的高度统一，是个客观规律，不会因为发展市场经济而有根本的改变。中国共产党人的初心和使命，就是为中国人民谋幸福，为中华民族谋复兴，唯有持续深入推进党的建设新的伟大工程，不断提高党的建设质量，把党建设成为始终走在时代前列、人民衷心拥护、勇于自我革命、经得起各种风浪考验、朝气蓬勃的马克思主义执政党，才能凝聚起实现中华民族伟大复兴的强大力量，才能团结带领各族人民进行伟大斗争、推进伟大事业、实现伟大梦想，这是新时代我国经济建设的核心理论维度。

四、习近平以人民为中心发展思想促进收入分配更合理、更有序：经济建设的实践维度

在党的十九大报告中，习近平总书记提出："坚持以人民为中心的发展思想，使人民获得感、幸福感、安全感更加充实、更有保障；坚持按劳分配原则，完善按要素分配的体制机制，促进收入分配更合理、更有序。"这是在我国进入全面建成小康社会决胜阶段、中国特色社会主义进入新时代之际，习近平新时代中国特色社会主义思想就当前及未来一段时期内我国应如何进行个人收入分配所提出的新原则、新要求，理论价值和实践意义重大。

一方面，从党的十八大报告中"初次分配和再分配都要兼顾效率和公平，再分配更加注重公平"的收入分配要求到党的十九大报告中"促进收入分配更合理、更有序"的新要求提出，是党中央从理论层面对生产领域范畴的"效率"和分配领域范畴的"公平"两个概念进行的一次准确而清晰的学理划分，强调新时代我们要在分配层面做到更合理、更有序，提醒我们需要将分配中的效率问题放到生产过程考虑，做到生产重效率，分配重公平，进一步厘清收入分配中的效率与公平之间的关系问题。

另一方面，促进收入分配更合理、更有序是对马克思按劳分配理论的继承与创新，是对以人民为中心的新发展理念的遵循与彰显，是新时代主流意识形态建设的理论与现实逻

---

① 习近平．在中共中央政治局第十五次集体学习会上的讲话[N]．人民日报，2014－05－29．

辑。以劳动为分配依据的按劳分配原则,体现了马克思分配理论的公正性与差异化两大科学理论内涵。公正性体现在习近平总书记提出的"促进收入分配更合理""调节过高收入,取缔非法收入""坚持在经济增长的同时实现居民收入同步增长"的要求上;差别化与习近平总书记"更有序""在劳动生产率提高的同时实现劳动报酬同步提高""拓宽居民劳动收入和财产性收入渠道"的要求完全契合。

党的十九大报告指出,增进民生福祉是发展的根本目的,发展是解决我国一切问题的基础和关键,发展必须是科学发展,必须坚定不移贯彻创新、协调、绿色、开放、共享的发展理念。新发展理念始终把人民利益摆在至高无上的地位,让改革发展成果更多、更公平地惠及全体人民,朝着实现全体人民共同富裕不断迈进,这是新发展理念的内在逻辑。促进收入分配更合理、更有序,是新时代深化收入分配制度改革的必然要求,是实现发展成果由人民共享、居民收入增长和经济发展同步、劳动报酬增长和劳动生产率提高同步的具体举措,更是新时代以人民为中心发展思想的意识形态功能所必须遵循的重要实践维度。

五、主要结论与政策建议

上文探讨了以人民为中心发展思想的意识形态功能及其促进新时代经济建设的历史、理论与实践三重维度,以人民为中心促进党的领导与时代发展相融合是促进我国经济建设的历史维度,以人民为中心促进经济与党建协调发展彰显了经济建设的理论维度,以人民为中心促进收入分配更合理、更有序遵循了经济建设的实践维度。新时代,发挥好习近平总书记以人民为中心发展思想的意识形态功能以促进我国的经济建设,需要着力做好以下三个方面的工作:

一是坚持以人民为中心,奋力推进马克思主义中国化时代化大众化,赋予新时代经济建设以鲜明的历史感和感召力。《资本论》的意识形态功能及其发展充分表明,马克思主义历来都是我们立党立国的根本指导思想,推进马克思主义中国化时代化大众化是党的理论创新的核心特征,也是发挥新时代以人民为中心的意识形态功能的重要任务。

二是坚持以人民为中心,解放和发展社会生产力,毫不动摇巩固和发展公有制经济,着力解决财产分布不均且差距日益扩大的问题。发展是解决我国一切问题的基础和关键,只有促进生产力的不断发展,才能创造出更多的物质和精神财富,才能在此基础上坚持并完善社会主义基本经济制度和基本分配制度,有效遏制贫富分化的趋势,公有制是社会主义国家实行按劳分配的基础,在公有制经济条件下,劳动贡献有差别,收入分配也有差别,但差别总不会太大。

三是构建中国特色社会主义政治经济学"以人民为中心"的根本立场,以完善的理论体系推动新时代中国特色社会主义经济建设的顺利进行。《资本论》文本逻辑所彰显的意识形态功能体现出了较高的人本属性及立场，也说明其在新时代依然能够发挥促进经济建设的作用。同时，《资本论》代表无产阶级和广大人民群众的利益，为无产阶级和广大人民群众服务，这种马克思政治经济学的基本立场为构建中国特色社会主义政治经济学、进行改革开放和现代化建设提供了根本的出发点和落脚点，构建中国特色社会主义政治经济学，进行改革开放和现代化建设就要坚持一切为了人民、一切依靠人民，以人民为中心的立场，要以互利共赢为原则，追求国家利益、人民利益，就是要站在马克思主义立场上，分析研究各种利益矛盾，必须反映和代表广大人民群众的根本利益，探讨如何促进中国特色社会主义制度的发展和完善，如何实现生产力的发展和人民生活的改善。

/第二部分/

西方经济理论研究

经济学是自然演进的吗?
——对经济学发展史的社会学考察

张林[①]

(云南大学经济学院)

一、经济学的国家特性

对经济学发展影响最大的社会因素是国家结构和文化框架,从而经济学不可避免地带有明显的国家、民族特性。经济学源于欧洲,盛行于美国,马里恩·富尔卡德—高林夏斯(Fourcade – Gourinchas, 2001)对 19 世纪经济学发展史的社会学研究表明,英、法、德、美 4 个国家不同的制度文化环境导致了它们在经济学思想、理论和范式上的差异。

经济学诞生之时并非一个独立学科。它的基本架构在英、法两国初具雏形之后,各国的从业者开始寻求学科的独立性和学科地位的合法化。他们通过各自国家的教育体系、政治体系和经济体系三个渠道,表达这个学科知识的独特性、学科知识对政策的影响和实用性。正是不同国家在这三个表达渠道上的差别,以及各国从业者利用这三个渠道的能力的差别,使得经济学在几乎整个 19 世纪都打下了深深的国家烙印,而且这种烙印至今仍未消失。

在英国,经济学学科的发展与高校和政府的关系不是太密切。从高校来看,尽管在 19 世纪 20 年代就有少许高校设立了政治经济学教授席位,但直到 19 世纪末,经济学在一部分主流高校中仍然是附属于其他学科。例如,牛津大学的经济学是史学的子学科,在剑桥大学则是道德科学的子学科。即便在一些新成立的大学,如曼彻斯特大学和伯明翰大学,政治经济学也是比较次要的学科,而且是面对大众而非精英开设课程(Mair, 1900)。经济学在英国大学不受重视,主要原因是当时的工商界和政府并不认同经济学的实用性,从而在精英教育体系中没有对经济学的需求。

与英国同为古典经济学发源地的法国,经济学的发展历程与英国有很大的差别。经济

---

① 张林,云南大学经济学院教授、副院长。

自由主义的"自由放任"标签来自法国自由主义经济学家，他们非常注重通过组织化来扩大自己的影响。不过，不同于英国的是，英国自由主义经济学家更多是在上层社会传播经济自由主义信念，而法国自由主义经济学家的主要目标是产生政治影响。这样一来，法国自由主义者以及他们的组织就很容易受政治气候的左右。在自由主义者执政时期它的发展进入扩张期，而在保护主义者执政时期，它就急剧收缩。在第二帝国早期，自由主义者和他们的组织甚至受到警察的严密监视。与自由主义对立的其他经济学思潮的支持者，同样寻求产生政治影响，他们同样受到政局的左右。由于与政治联系紧密，而19世纪法国的政局又尤为混乱，所以在同为古典经济学发源地的法国，经济学的地位并不高。

德国的经济学最具国家特色。早在重商主义时代，德国的重商主义就被称为"官房学说"。简单地说，官房就是国库，官房学说着眼的是国家利益。当经济学在英、法被称为政治经济学的时候，德国把它叫做"国民经济学"。一直到第二次世界大战，德国的经济学中都彰显着国家主义传统。由于与这个国家的政治、文化环境高度契合，经济学在德国最早实现了专业化。虽然德国的经济发展比英、法起步晚，但它的经济学的组织化程度却是英、法不能比拟的。早在18世纪末，几乎每一所德国大学都设立了经济学教授席位，只不过当时没有用"经济学"这个名称（Fourcade – Gourinchas, 2001）。在德国的统一以及随之而来的经济高速增长背后，国家力量发挥着重要作用。

美国的经济学也有鲜明的国家特色，只不过今天很多人把"美国特色"当作标杆，当作唯一模式，从而消解了它的国家特性。美国经济学的发展历程充分体现了美国社会受传统约束较少、推崇创新、注重实效的特性。内战前，美国并没有独立的社会科学，经济学自然就不是一个独立的学科。内战后，作为摆脱宗教束缚、努力对各种社会现象进行科学解释的结果，美国社会科学的各个学科开始齐头并进、蓬勃发展，经济学从而成为与社会科学其他学科并列的一个学科发展起来。19世纪末，美国的大学革命为包括经济学在内的各个学科的专业化创造了良好条件。

从学科的专业化来看，德国经济学的专业化程度或许比美国要高，但美国的经济学与德国有一个重要区别：多元化。美国经济学的发展受国家和政治的影响不大。与前述欧洲各国的情况不同，美国经济学家的来源不限于精英社会，普通大众通过努力也可以进入经济学家的行列。由于当时政治干预较少，他们在成长过程中接触到的知识和学术传统是多元的。另外，当时美国社会受到经济高速增长带来的各种社会经济问题的困扰，无论是古典经济学、新古典经济学还是站在它们对立面的制度主义，各种传统的经济学说都以解决这些问题为首要目标。问题导向使得各种经济学传统在一种相对平和的环境中共同发展，而各种经济学传统又在多元化营造的竞争氛围下不断进步。

综上所述，经济学具有国家特性是个不可否认的事实。同一种经济学，其专业化过程、学说的侧重点、发展的方向等都受到国家特征的影响，从而在不同国家表现出差别。某一种经济学之所以在某个特定的国家具有特殊地位，当然也是国家特性使然。不过，除国家特性之外，某一种经济学之所以产生于某国，或者在某国得到更好的发展，还与它适应了这个国家的需要有关。这是下一节的主题。

二、经济学因适应现实需要而发展

这里首先要解决一个问题：经济学为了适应现实需要而改变了发展进程，这种情况是不是自然演进？自然演进是相对于人为设计而言。从这个意义上来说，上述情况下发生的经济学发展进程的转向也是一个自然过程。不过，主张让经济学自然演进的观点还有另一层含义：经济学从古典到新古典再到现代主流的发展路径才是自然的，对这条路径的任何偏离都不是自然演进。从这个意义上来说，经济学的发展进程从来都不是自然演进，因为自系统性的经济学说诞生之日起，就存在着与古典—新古典—现代主流这个机械的、静态的、个体主义的学术传统相并列和对立的一个演化的、历史的、整体主义的经济学传统（贾根良，2010a）。

经济学发展史上之所以出现这些"例外"，表现出"非自然"的演进，一个重要原因是这些经济学说适应了这些国家在特定历史时期的现实需要。其实，从根本上说，在西方主流经济学步入今天的盲目自大、故步自封状态之前，也是适应现实需要的产物。只不过今天西方主流经济学的倡导者要么是忘记了这个事实，要么是为了维护既得利益而回避这个事实。下文以美国经济学从 1865 年到第二次世界大战前的发展史为例，通过阐明美国人如何从现实需要出发发展自己的经济学，同时改造外来的经济学，最终既实现了经济学的自主创新，又帮助了现实问题地解决这个历史事实，说明经济学为了适应现实需要而偏离"自然演进"路径并非什么坏事。①

美国的经济学和它的经济是在内战后同步发展起来的。和它的经济发展道路一样，它的经济学也不是对英、法这些先进国家的复制。正如经济思想史家埃里克·罗尔（Eric Roll）指出的那样："美国经济学走了一条与欧洲有所不同的道路。凡早期输入美国的经济学理论，其系统阐述都得到了改造，以符合于新的环境。后来，完全适应于美国特点的文献开始出现了"（罗尔，1981）。美国经济学的发展之所以走上和欧洲不同的道路，是因为古典—新古典经济学在很大程度上不适应美国现实。

首先，古典经济学自由放任的基本信条与美国经济发展的战略需要相悖。在这一时期，美国经济虽然高速增长，但相对于英、法而言还是一个"发展中国家"。内战结束后

---

① 下文的部分素材来自张林（2011）。

的一段时期，美国的工业尤其是资本品工业还大大落后于英国，工业成本远远高于英国，加上劳动力相对稀缺，美国工人的工资也高于英国。因此，美国长期实行保护贸易政策，至少在国际贸易中抛弃了古典经济学的自由放任信条，这被视为美国崛起的重要保障（贾根良，2010b）。

其次，美国的自然禀赋以及与之相适应的经济发展特征，与古典经济学的一些基本假设不相适应，与古典经济学的特定理论不相容。美国自然资源丰裕，这与古典经济学的发祥地英、法的自然条件截然不同。所以，古典经济学的收益递减规律并未得到多数美国经济学家的认同。美国经济处于高速发展时期，不同地方、不同行业的工资率和利润率差别极大，因而古典经济学得出的工资和利润趋于均等的结论也不适用于美国。

最后，这一时期美国的社会环境与古典经济学的诞生地英法也有不小的差异。社会大多数人普遍的不满，由此引发的冲突，以及各种改革主张的涌现，是这一阶段美国社会的主要特征。同一时期的欧洲也存在这些问题，但在欧洲流行的马克思主义的革命论，在美国却不是解决社会问题的主流呼声，美国社会呼吁的是改良而非革命。古典经济学无法解决劳资冲突、贫富差距这些问题，马克思主义的解决方案又不为美国人所接受，于是美国经济学家更多关注的是建立较好的经济秩序，提高处于弱势的利益集团的地位，因而他们支持工会，主张通过征收遗产税和所得税、养老金、公用住房、最低工资法等措施来补救经济的失序。

毋庸赘言，美国经济学的发展史充分表明，问题导向的、适应现实需要的经济学才是"有用"的经济学，才会有生命力。经济学这样的演进偏离了某种被认定为"自然"的路线，这只能说明那种"自然"路径并不值得遵循。当然，制度主义最终衰落了，在与新古典主流经济学的竞争中"失败"了。但是，这并不能说明是"科学的"、更有用的经济学取得了胜利，而是在学术网络的建构过程中忽视了一些关键的网络元素（Yonay，1998），同时也受到一些偶然因素的影响。这是本文下一节要讨论的话题。

三、现代西方主流经济学建构史片段

历史上的证据无论多么有力，毕竟已成为历史：历史学派早已消失，制度主义风光不再。第二次世界大战后，西方主流经济学的地位越来越稳固，到今天，它在经济学中的主导地位似乎已无法撼动，看起来的确经历了一个自然演进的过程。如前所述，如果按照辉格史观，"好"的经济学思想和理论战胜了"坏"的，则今天经济学的局面是必然的、自然的结果。

壮大网络的目的是要击败竞争者，那么，现代西方主流经济学的竞争者是谁呢？现代西方主流经济学也被称为正统经济学（Orthodox Economics），就是坚持以资源配置、功利

主义、边际分析、理性、个体主义和均衡为主要特征的新古典范式的经济学,可以直接简称为新古典经济学(Colander,2000)。它的竞争者是遵循马克思、凡勃伦等人开创的批判传统发展起来的非正统经济学。由于非正统经济学没有形成一个统一的理论体系,在与比较成熟的正统经济学的竞争中处于劣势。但是,作为替代性的经济学说,它的存在对正统经济学始终是个威胁。因此,尽管在第二次世界大战以后正统经济学逐渐确立了在经济学中的霸权地位,仍然时刻不忘发展壮大自己的网络,利用网络优势打压、排挤非正统经济学,强化"世界上只有一种经济学"这样的意识。

概括来说,正统经济学的建构策略主要有以下几种:①

第一,学术疏离甚或政治迫害。面对竞争者的挑战,正统经济学起初会以挑战者的学说不属于经济学范畴为由将其打入冷宫。在面对影响力足够大从而不得不对挑战做出回应的时候,正统经济学往往会以新古典范式为准绳来评判挑战者的价值:因为它不符合新古典标准,所以是没有价值的。在很多时候,新古典标准也意味着正确的意识形态。

第二,利用现有网络元素排斥异己。正统经济学霸权地位的确立,意味着它的网络已非常强大,典型表现就是对基金、学术组织、期刊和重要经济系的控制。在拥有如此强大网络的情况下,对非正统经济学稍许的宽容并不会动摇正统经济学的地位。但正统经济学并没有表现出宽容,相反,它对非正统经济学是绝对的不宽容,利用自己掌握的各种网络元素(学术资源)排斥非正统经济学,绝不允许自己的网络中渗透进任何具有潜在威胁的因素。

第三,借助国家力量强化经济学一元化、抵制多元化。非正统经济学在20世纪70年代后不断取得发展,对正统经济学的威胁越来越大。尤其是进入21世纪后,非正统经济学家倡导的经济学多元化得到越来越多人的响应,逐渐演变成一场经济学多元化国际运动。经济学多元化国际运动主张在经济学方法、理论和教育上打破新古典经济学一元化的局面,尤其是对经济学教育多元化的倡导直接威胁到正统经济学的根基。面对威胁,正统经济学充分调动各种网络元素,借助国家力量化解了威胁,巩固了地位。这方面最典型的事例是英国开展的"科研评估活动"(Research Assessment Exercise,RAE)。

总之,现代西方主流经济学的发展史中随处可见建构的事实。这本来不足为奇,科学知识社会学关于科学知识的社会建构的发现是来自自然科学领域。自然科学尚且如此,社会科学就更不用说了。通过强调所谓的"自然演进"来否认、掩盖建构特征,是不是从业者对自己的学科不够自信的表现呢?

---

① 下文提及的素材除另加注明外,都来自 Lee(2009)。

四、结语

回顾历史总是有当前的理由。本文对经济学发展史上若干片段的回顾，自然是要以中国现实为落脚点的。结合上述三个主题，本文提出三个对应中国当前经济学发展状况的问题供思考，并尝试作答。

第一，中国经济学的国家特性是什么？这个问题会有很多答案。本文尝试给出的答案是：问题导向。中国人通常把"经济"二字理解为经世济民、经邦济世，研究经济的学问自然应该是能够经世济民、经邦济世的学问。

第二，什么样的经济学才是适应中国现实需要的经济学？这个问题的答案与第一个问题有关。适应中国现实需要的经济学也就是能解决中国问题的经济学。那么中国问题是什么？中国的问题很多，但与西方发达国家相比，中国的问题源于快速的发展变化。因此，能解决中国问题的经济学相应地也要发展变化，它绝不会是僵化的经济学，绝不会是自视为一成不变的普遍真理的经济学。

第三，具有中国特色的、适应中国现实需要的经济学要不要建构？答案是肯定的。如果一种经济学满足国民对它的要求，适应本国现实需要，能解决实际问题，那么这种经济学就值得大力发展，值得理直气壮地建构。因为它的网络越强大，越能发挥好它的效能。

技术创新、气候变化与经济增长理论的扩展及其应用
——2018 年度诺贝尔经济学奖得主主要经济理论贡献述评

李宝良[①] 郭其友[②]

（华侨大学经济与金融学院 厦门大学经济学院）

一、学术生涯简介与主要论著概述

保罗·罗默（Paul M. Romer）1955 年出生于美国科罗拉多州，现任纽约大学斯特恩商学院经济学教授、城市化项目创办负责人和马龙（Marron）城市管理研究所主管。罗默因在内生经济增长领域的贡献，1997 年被美国时代杂志评为美国最有影响力的 25 位名人之一，2002 年因其对创意在经济持续增长中的作用的研究而获得雷克滕瓦尔德奖（Recktenwald Prize），2016 年受邀担任世界银行首席经济学家。

1977 年，他在芝加哥大学获得数学学士学位之后，辗转求学于麻省理工学院和加拿大皇后大学，之后又回到芝加哥大学并于 1983 年获得经济学博士学位。罗默在芝加哥大学读博期间开始紧随 20 世纪 50 年代以来经济增长理论的研究前沿。他在理性预期学派代表人物卢卡斯（Lucas）等的指导下完成了博士论文。该论文致力于构建数理模型将技术进步内生化，刻画了技术进步是如何作为人们有意识研发活动的结果。该论文试图弥补索洛模型有关外生技术进步假设的理论缺陷。罗默最重要的代表作是以其博士论文为基础，先后于 1986 年和 1990 年在《政治经济学期刊》上发表了"递增报酬与长期增长"（Romer，1986）和"内生技术进步"（Romer，1990）这两篇举足轻重的论文，这两篇论文分别标

[①] 李宝良，华侨大学经济与金融学院副教授，经济学博士。
[②] 郭其友，厦门大学经济学院教授，经济学博士。

志着内生增长理论的两个发展阶段的开始①。罗默将技术创新引入经济增长理论中,考虑了技术创新的正的外部性,从而在他的内生经济增长模型中经济有持续增长的可能性。

威廉·诺德豪斯(William D. Nordhaus)1941年出生于美国新墨西哥州的阿尔伯克基市(Albuquerque),现任耶鲁大学斯特林(Sterling)经济学教授。他自1967年以来一直在耶鲁大学任教。1973年获得经济学终身教授职位,也是森林学和环境研究院教授。1986—1988年担任耶鲁大学教务长。诺德豪斯是美国国家科学院的成员、美国艺术与科学学院院士、美国国家经济研究局(NBER)研究员、华盛顿特区经济活动布鲁金斯小组高级顾问、美国经济学会和东部经济协会执行委员、美国经济学会联邦统计委员会的首任主席。1977—1979年卡特执政期间,他曾担任总统经济顾问委员会成员。此外,他还担任过国会预算办公室经济专家组成员、国民经济分析局顾问委员会主席等职务。2004年,诺德豪斯被美国经济学会授予杰出会员奖章。诺德豪斯被誉为全球研究气候变化经济学的顶级分析师之一和美国最有影响的50位经济学家之一。

诺德豪斯的学习经历丰富,早年曾在法国巴黎政治学院求学为他奠定良好的法语基础。1963年在耶鲁大学完成本科教育。在本科高年级时他就对经济学产生了兴趣,选修了詹姆斯·托宾(James Tobin)等名师开设的一些的课程。之后,他到麻省理工学院学习,并于1967年获得经济学博士学位。他对经济学研究各个领域都有着广泛的兴趣,研究范围涉及工资和价格行为、健康经济学、国民经济核算方法改进、政治经济周期理论、生产力和新经济,但主要围绕经济增长与自然资源、气候变化的经济学以及经济增长的资源约束等主题展开研究。

二、内生增长理论:知识外部性与技术创新

(一)索洛经济增长模型的缺陷

罗默和诺德豪斯对长期经济增长的分析都是建立在索洛经济增长模型的基础上。众所周知,第二次世界大战到20世纪50年代中期,世界经济经历一个快速发展的阶段,达到了历史高峰。但是经济增长率不仅不平稳,而且富家和穷国经济增长率之间存在着很大的

---

① 罗默除了在经济增长方面的研究极具创造性,在实践中也富有企业家的创新精神。在斯坦福大学期间,他曾暂时离开学术界,创立了一家生产在线习题集的公司,创立一家旨在帮助学生提高努力程度和课堂参与的教育科技公司。更重要的是,罗默在理论研究的基础上,还身体力行试图复制"宪章城市"的成功经验,使之成为发展中国家经济增长的引擎。这个创意在其2009年的TED演讲中提出。他论证到,如果有更好的规则和制度,不发达国家可以走上一条不同但是更好的经济发展轨道。在他的模型中,东道国将把宪章城市的责任移交给一个更发达的受托国,这将允许出现新的治理规则,从而有助于促进技术创新,进而扩散到东道国,并对东道国形成示范效应。洪都拉斯政府增加考虑创建这样的宪章城市,但是因被质疑是新殖民主义最终流产。

差异。经济增长离不开资本、劳动和生产技术等投入要素。为了理解这些经济增长现象，经济学家试图从投入要素方面来解释经济增长的问题。索洛（Solow，1956）关于资本积累对经济增长影响理论就是描述完全经济竞争的经济下，其产出增长对应于资本和劳动投入增长，因此被称为新古典经济增长理论[①]。

20世纪80年代中后期，罗默在对长期经济增长数据分析的基础上，进一步对索洛模型的推论提出了质疑。他根据麦迪逊人均GDP增长率的数据，通过计算11个国家的十年平均经济增长率后发现，每一个国家后十年平均经济增长率超过先前十年平均增长率的概率均大于50%。因此，经济增长倾向于加速而非放缓（Romer，1986）。罗默还注意到，国与国之间人均实际收入的增长率存在着很大的差异。增长最快和最慢的国家之间存在大约10%的巨大差异，而且初始人均收入与经济增长率之间不存在着系统性的联系。因此，索洛模型的绝对收敛推论并不成立（Romer，1987）。为此，罗默通过构建经济增长模型解释各国经济增长率持续性且持久差异性问题。

（二）基于知识外部性的内生增长模型

1986年，罗默把知识纳入增长模型的分析之中，并使之成为内生变量。他在一个有知识外部性的分散化经济中推导了一个带有正的劳动份额的AK模型，从而一并解决了上述这两个问题（Romer，1986）。在他的模型中，产出是资本的线性函数，因而经济可以维持持续的增长；同时，企业只需支付其所使用的资本和劳动的成本，但无须为知识的外部性支付代价。罗默之所以强调知识的外部性，因为他认为产出不仅依赖于传统模型中的资本和劳动要素，还依赖于企业的私有知识存量以及经济的整体知识存量；单个企业有激励对私有知识进行投资，在这个过程中增加经济中的整体知识存量由此产生了外部性。

在罗默的研究带动下，激发了其他学者考虑如何在没有技术进步的情况下解决资本边际产出递减对经济增长造成的障碍，由此发展了许多内生经济增长模型。例如，卢卡斯提出了一个基于人力资本的经济增长模型。其中，人力资本的持续内生积累使得资本的边际产出不会随着资本的积累下降到零，从而实现了在没有技术进步的情况下的持续增长（Lucas，1988）。斯托基和雷贝洛在常规的资本之外加入了政府提供的基础设施这一公共产品作为另一个生产要素，构建了一个两要素增长模型。在这个模型中，如果基础设施和常规资本的联合产出是线性的，那么经济将以一个恒定的速度增长（Stokey和Rebelo，1995）。

上述这些研究构成了罗默的第一代内生增长模型，在这些模型中，知识积累是被动形

[①] 斯旺也提出了一个类似的新古典经济增长模型（Swan，1956），因此通常将他们的模型并称为索洛—斯旺模型。

成于资本积累的过程之中,持续的经济增长是作为正常资本积累的一个副产品而出现的。第一代内生经济增长模型并没有直接研究技术创新问题,因而也难以理解技术创新如何受经济激励因素的影响而变化。

(三) 基于内生技术创新的内生增长模型

1990年,罗默对市场经济中扩大产品种类的技术创新研发决策进行建模,探讨经济激励因素是如何影响企业技术创新意愿的,进而发展了新一代的内生经济增长模型。他对内生技术创新的论证基于三个前提:第一,技术创新是经济增长的核心,这与索洛模型的观点相一致。第二,技术创新在很大程度上是企业根据市场激励有目的行为的结果,即技术创新是内生的。这与索洛模型的外生进步假设不同。第三,技术创新不同于其他普通商品生产,是对技术创新进行建模的关键所在。

罗默首先借助公共物品的研究论证了技术创新与其他商品的差别特征。尽管技术创新也是由资本和劳动创造的,但是有两个不同:第一,技术创新通常是非竞争性的,某个企业使用某项新技术后并不会影响其他企业使用该技术;第二,技术创新在某种程度上又具有排他性,即它能够排除其他人的使用。罗默指出,排他性是技术创新能在市场经济中出现的关键之一。因为,并不是所有的技术创新都具有排他性。有些技术创新一旦公布就难以排除其他人使用,这使其很难由市场经济来发展,也有一些技术创新可以通过加密技术或是实施管制乃至专利制度等方式排除其他人的使用。进而罗默论证了技术创新具有的特殊成本结构。

罗默对内生技术进步的研究奠定了内生经济增长理论的基石,也由此引发了内生经济增长模型研究的第二波热潮。罗默研究的是一种扩大产品种类的技术创新。他对研发过程的具体设定为不同产品可以完全相互替代,可资利用的产品种类由于技术创新得以扩大。其他一些研究者则提出了另外一些研发过程替代性设定的分析框架。创新企业通过技术创新创造出新产品替代现有企业的旧产品,从而抢走现存企业的生意,甚至将其逐出市场,这就是熊彼特(Schumpeter)所谓的"破坏性创造"过程。

在罗默对内生经济增长理论的研究推动下,有关经济增长实证分析也成为学术热点。例如,罗默对索洛模型绝对收敛推论的质疑引发了巴罗等的进一步研究。目前,条件收敛已经成为共识,即有相似特征和政策的国家倾向于收敛到相似的人均收入水平(Barro,2015)。一些经济学家还设计了基于自然实验的计量经济学方法以解决内生性问题,从而识别驱动因素对经济增长的因果性关系。

罗默对内生经济增长的研究中经济增长包括了更多的可能性。和索洛模型中经济增长最终将收敛于外生的技术进步率不同,由于存在知识的外部性或者技术创新的外部性,经济增长可以不受边际收益递减规律的约束，经济增长率并不必然下降；反而有可能随时间而上升并最终收敛于某个稳定的经济增长率，甚至有无限上升的可能性。

三、整合评估模型：气候变化与经济增长

与罗默对内生技术进步建模一样，诺德豪斯对气候变化与经济增长之间相互作用的建模也存在着许多困难。其中，最主要的问题有三个方面：一是化石燃料消耗导致的二氧化碳排放增长进而引起全球变暖与气候变化的过程问题；二是全球变暖和气候变化造成经济损失估计的问题；三是经济增长与气候变化之间的相互作用机制，即如何刻画它们的双向反馈循环问题。诺德豪斯从20世纪70年代开始，逐步地解决了这些问题。

（一）碳循环模型和经济损害估计

诺德豪斯的早期研究并未将气候变化纳入经济增长的框架中进行分析，他最初研究的主题是如何能够以最低的成本将气候变化控制在可容忍的水平。根据自然科学的研究，气候变化主要是由二氧化碳等温室气体[①]排放导致的全球变暖引发的，因此，要控制气候变化，也就是要控制二氧化碳浓度。进而，要控制二氧化碳的浓度，则必须了解二氧化碳排放在自然界中的循环过程。然而，要对这一过程进行建模必须了解其中复杂的物理化学和生物学过程，诸如光合作用、大气和海洋以及不同海水层之间的气体交换。

这些研究构成了整合评估模型的前期基础。然而，把生态系统与经济系统整合在一个模型框架是一个极其艰难和复杂的课题。它既要考虑经济是如何受到化石燃料消耗而导致气候变化的约束，还要考虑经济又是如何影响气候变化，气候变化又是如何反过来影响经济的不同政策，最终又是如何影响经济增长的这一复杂过程。此外，还必须把自然科学的知识融合到一个适当的长期增长模型之中。受到这些问题的困扰，诺德豪斯对气候变化和经济增长之间相互作用的研究在20世纪80年代几乎没有进展。

（二）整合评估模型

1994年，诺德豪斯出版《管理全球公共事物》（Nordhaus，1994）一书，构建了"气候—经济动态整合模型"（Dynamic Integrated model of Climate and the Economy，DICE），并对模型结果进行了详细分析。该模型是将二氧化碳排放、二氧化碳浓度变化、气候变化、损害、排放控制包括在一个闭环系统中的第一个动态模型。该模型能够用于估计减缓气候

---

① 《京都议定书》中规定控制的6种温室气体分别为：二氧化碳、甲烷、氧化亚氮、氢氟碳化合物、全氟碳化合物、六氟化硫，其中以二氧化碳为主。

变化不同路径的成本和效益以及分析随时间变化时控制策略的影响。该模型融合了当时自然科学最新研究成果，通过这样一个小型模型的构建将气候和经济的主要因素融合到了一个最优化的框架之中，其中包含了三个相互作用的模块：

其一，碳循环模块：该模块的主要目标是对全球二氧化碳排放如何影响大气二氧化碳浓度过程进行建模。其二，气候模块：该模块的主要目标是对大气二氧化碳浓度如何影响地球接收和释放能量流的净额进行建模。其三，经济增长模块：该模块的主要目标是对全球经济产出进行建模。

由上述三个简单但却是动态相互作用的模块所构成的模型是诺德豪斯的第一代的气候变化综合评估模型（Integrated Assessment Models，IAMs）。该模型使得人们可以模拟在自然和经济运行的不同假设条件下的经济和气候未来如何共同演化的情形。此外，还可以用于评估碳税等气候政策干预措施的后果，以及评估不同全球情景和特定政策干预的合意性等问题。诺德豪斯最新版本的 DICE – 2016R2[①] 演示了整合评估模型如何用于政策分析（Nordhaus，2018），他模拟了四种政策措施的情形。

鉴于气候变化的高度复杂性，气候变化与经济增长相互作用的研究仍然存在许多问题有待完善。例如，模型的非线性问题、模型参数的高度不确定性、气候变化对不同地区损害程度不同的异质性问题、人类如何适应气候变化的问题、政策考虑中的贴现率问题等。以模型的非线性为例，前述的整合评估模型中将碳循环、气候变化和经济增长三个模块中各个变量的关系简化为线性关系，然而气候变化极其复杂，特别是可能存在着非线性关系。2013 年，诺德豪斯在整合评估模型中考虑了天气突变可能导致的非线性问题（Nordhaus，2013）。他在自然科学领域和经济领域中分别选取了一个参数，对参数的极端值进行设定，从而考虑了天气突变的影响。

总之，诺德豪斯奠定了将索洛模型扩展用于刻画经济与气候变化长期相互作用的基础，极大地提高了我们对自然资源特别是气候变化对经济增长影响的理解。但是，在宏观经济学的经典教科书（罗默，2014）和经济增长的经典教科书（巴罗和萨拉—伊—马丁，2010；琼斯，2002）以及专著（赫尔普曼，2007）的论述中，并没有将诺德豪斯的研究纳入其中。然而，因此，诺德豪斯对气候变化与经济增长的分析表明，经济有持续负增长的可能性，特别是他对气候突变与经济增长之间关系的研究可以清楚地看到经济增长出现突然崩溃的可能性。

[①] 诺德豪斯 DICE2007 版本的软件代码可以在其耶鲁大学个人主页上下载。

四、评价及启示

半个多世纪以来，科技创新的引擎推动了社会生产力的极大提高，人类社会保持了前所未有的经济增长速度。与此同时，自然资源的消耗和环境生态的恶化问题也日益突出。罗默和诺德豪斯的经济增长理论正是将人类发展面临的困境与可能解决路径纳入研究视野，从而在经济增长理论研究取得突破和建树。他们的经济增长理论不仅弥补了新古典经济增长模型的缺陷，而且极大地拓展了现代经济增长理论研究及其应用领域。他们的理论有助于深化人们对持续经济增长的理解，特别是他们的技术创新政策、环境评估方法等为包括我国在内的发展中国家如何转换经济增长动能以及制定可持续发展的政策措施提供了参照。

浅谈诺贝尔经济学奖颁发的倾向问题

方兴[①]

（首都经济贸易大学）

诺贝尔经济学奖自1969年开始颁奖以来，截至2018年，共有80人获得该奖。大体说来，2008年金融危机爆发以前获奖者多偏重于经济学的基础理论或纯理论的研究领域，这当然是必要且无可厚非的。但在一些西方经济学者看来，最能表现经济学理论深度和水平的当首推数学方法的运用，以致往往在经济学中运用数学较多、较深、较好的精英，并以此为其经济学特点和贡献的，就比较容易中奖。例如，1969年第一批获奖者是挪威的弗瑞希（Frisch, Ragnar Anton Kittil, 1895—1973）和荷兰的丁伯根（Tibergen, Jan.），两位都是计量经济家，擅长于数学；1970年第二次获奖者萨缪尔森（Paul A. Samuelson, 1915—2009）主要是因为在他的《经济分析基础》一书中提出了广泛运用经济学各个方面的数学方法；1989年获奖的特吕格·哈维尔莫（Trygve Haovelmo）主要是由于阐明了经济计量学的概率论基础，并对联立经济结构进行了分析；等等。这都说明了数学方法的运用对获诺贝尔奖的极端重要性。据统计，1969—2004年36年获诺奖的经济学家总共54人中，有40人即占比74%都是在运用数学方面表现出色而得奖的。换言之，诺贝尔经济学奖的发展趋势带有明显的数学化倾向。由于诺贝尔奖在世界和社会中的特殊地位和对各相关学科发展的引领作用，我们就不能不关注其发展的倾向问题。

那么，如何看待诺贝尔经济学奖的数学化这一倾向呢？首先应当肯定，由于经济问题往往与经济变量联系在一起，所以西方经济学长于数学分析不仅必要，而且是一大优势。但数学本身毕竟只是一个分析经济的方法和工具，它既不是经济理论，也不能产生新的经济理论，只在与一定的经济理论相结合并为其服务时，才能发挥应有的作用。因此，如果滥用数学，或过度地只求数学分析的深化而不顾客观经济理论分析是否需要，则不仅无益，还可能徒增对经济理论理解的难度，甚至还有可能成为掩护错误经济理论的工具。所

[①] 方兴，首都经济贸易大学教授。

以，许多造诣很深的西方经济学家也不赞成滥用数学。如擅长数学分析的诺贝尔经济学奖获得者列昂惕夫（Wassily W. Leontief）曾对在经济学中滥用数学的现象批评说："专业经济学杂志上就连篇累牍地充满了数学公式。这将读者从一套似乎有理而完全是任意的假说引到精确的但却是无关的理论结论。"① 再如数学分析根底很深的诺贝尔奖得主法国经济学家莫利斯·阿莱（Maurice Allais）也说："使用十分复杂的数学工具，这本身并不是退步。但是，只有在研究现实世界不可避免地使用它们的时候，这样做才是正当的。如果使用非常抽象的数学结构，得到的额外信息没有实际价值的话，经济学家就根本没有兴趣那样做。而且在任何情况下，研究不现实的问题，都是不合理的。"② 总之，在经济学的研究中利用数学工具是必要的，但滥用数学却是不可取的，越来越数学化的倾向更是可疑的。

具有讽刺意味的事实是，西方许多经济学家号称是运用数学分析的行家里手，但2008年一场震惊全球的海啸式的金融经济危机，在其爆发前能预测到的，却极其罕见。而能有所预见的倒是我国擅长于马克思主义分析的马克思主义经济学家、中国社会科学院前副院长李慎明研究员。他早在1999年《求是·内部文稿》第23期就撰文指出："美国经济潜伏着严重的经济危机。" 更贴近于危机爆发前有较准确预见的也不是或主要不是用数学模型分析推算出来的结果。如公认预测较准的两个经济学家：一是美国纽约大学经济学教授努里埃尔·鲁比尼（Nouriel Roubini，1959—）。他1998—1999年担任美国总统经济顾问委员会资深经济学家，被誉为最抢手的宏观经济学家。他曾周游各国，自诩为"世界流浪者"，因亲自观察到新兴市场危机和当前美国面临的问题之间有着一种延续性，在次贷危机和全面金融危机爆发前一年半，即2006年便准确地预测到了此次危机的爆发而成为名噪一时的预言大师。二是美国耶鲁大学教授罗伯特·希勒（Robert J. Shiller，1946—）。他被视为新凯恩斯主义学派的成员，其研究领域包括金融市场、行为经济学、房地产、公共选择等各个方面。他从行为经济学的视角在2000年撰著问世的《非理性繁荣》一书中，准确预言纽约2001年股市泡沫破灭；在雷曼兄弟公司破产前一年的2007年9月，他又撰文预言，美国即将出现房地产崩盘，并将带来严重金融恐慌。可见，美国这两个较准确预见到金融危机爆发的经济学家，都不是主要依靠数学模型分析，而更多的是依赖于实际的考察或行为经济学的指引。

或许瑞典皇家科学院诺贝尔经济学奖评选委员会得此数学模型分析无论怎样精细准确，也难以预测危机爆发的教训，在近些年来授奖的对象，似乎就不像过去那样特别偏爱于数学模型分析的经济学家，而是更重视务实的经济学家了。

例一，2014年诺贝尔经济学奖颁发给法国新规制经济学家让·梯若尔（Jean Tiroe，

---

① 约翰·布拉特. 经济学家是怎样滥用数学的［M］//阿尔弗雷德·S.艾克纳. 经济学为什么还不是一门科学. 北京：北京大学出版社(中译本)，1990：2.
② 莫利斯·阿莱. 无通货膨胀的经济增长［M］. 北京：北京经济学院出版社，1992：263.

1953—）就是把颁奖重点转向务实的经济学家方面的一个典型范例。资料表明，2008年金融危机后到2014年的6年之间，诺贝尔经济学奖一直倾向于应用和与技术领域相关的经济学家，而另一些从事经济学领域基础研究和数学模型研究的经济学家却与诺奖失之交臂。梯若尔获奖前一年，即2013年获奖的芝加哥大学教授尤金·法马（Eugene F. Fama）和拉斯·彼得·汉森（Lars Peter Hansen）以及耶鲁大学教授罗伯特·希勒（Robert J. Shiller）三人，都是着重于实用，即在资产价格实证分析方面做出了出色贡献，以有利于防范风险，是典型的危机经济学的延续，明显与受海啸式金融危机影响有关，但却没有一个是因数学模型出色而获奖的。至于梯若尔获奖的根据则更是如此，更为典型。诺贝尔经济学奖评选委员会明确指出，梯若尔因在"市场力量与规制"理论的研究方面做出卓越贡献而授予2014年度诺贝尔经济学奖。所谓规制，有广义与狭义之分。一般从狭义方面简单地说，规制理论就是指政府对微观经济主体的干预或控制的理论。要回答的问题是，政府对企业特别是大型垄断企业为什么要干预，要控制；如何干预，如何控制。政府需要干预企业的思想由来已久，梯若尔新的贡献在于他在梳理总结前人干预思想成果的基础上建立了一个统一完整的规制理论框架。其中对大型垄断企业给予特别关注，着重研究如何理解与规范拥有少数强大企业的行业。他认为最佳的干预和调控监管政策，应该是对症下药，谨慎地根据不同行业的特点来决定，而不宜实行统一的标准和办法。梯若尔还将这一理论设想具体运用于分析电信、金融等不同行业；并在理论上扩展提升了规制研究的视野和层次：将西方规制经济学研究的重点，从为什么要规制转移到怎样规制；从具体的规制契约的制定提升到最优规制的设计。这样，他的新规制经济学便为政府提供了一个完整的监管企业，特别是大型企业的理论依据。基于此，瑞典皇家科学院认为，梯若尔最大的贡献是明晰了"如何理解和监管只有几家强势企业的行业"。

梯若尔的主要代表作，一是1988年出版的《产业组织理论》；二是1993年与拉丰合著的《政府采购与规制中的激励理论》。他的上述新规制经济学思想基本上都已融入这两部著作之中。随着两书对政府和企业影响的扩大，按瑞典皇家科学院的说法，梯若尔也就成了"我们这个时代最有影响力的经济学家之一"，以致在2014年水到渠成，顺理成章地荣获诺贝尔奖。这是标志着诺贝尔经济学奖的发展趋势已从过去数学化倾向明显转向务实方面的一个典型范例。

例二，2017年诺贝尔经济学奖颁发给美国芝加哥大学的行为经济学家理查德·塞勒（Richard H. Thaler），是又一个比较务实而非偏爱数学分析倾向的颁奖选择。塞勒影响力最大的一部著作是他在2008年与哈佛大学教授卡斯·桑斯坦合著的关于营销学方面的《助推》一书。该书以他所倡导的行为经济学为指引阐述了如何通过"助推式营销"，在不需要强迫的情况下巧妙地引导人们做出有利于销售者的选择。可见，塞勒的研究重点，不在抽象的纯理论空谈,而在于务实。

塞勒的所谓行为经济学,是指在传统的以理性经济人假设为基础和条件的经济学中引入心理学的因素,使得经济学不只是单纯的旧的传统的经济学,而是在分析经济当事人心理因素之后,考察当事人的决策行为会发生怎样的变化,会做出怎样的一些与传统经济学认为不合理的行为决策的一种理论体系。也就是说,按照传统经济学,经济当事人只为求得自己的经济利益最大化,在市场交易中,你愿意支付或接受的价格都取决于供求关系;行为经济学则认为还需要考虑当事人所面临的环境而形成的各种不同心理因素——公平、慈善、名声和禀赋效应等来做出决策。塞勒发现,商贩在大雨天气提高雨伞的价格,人们会感到气愤,这符合行为经济学认可的公平心理因素的要求,是应该的;但传统经济学认为,商贩的这种做法只是针对需求增加做出的反应,是完全合理的。塞勒把这种因引入心理因素而做出不同于传统经济学的行为决策的理念扩展于各种产品、服务,特别是金融服务的交易领域,而形成完整系统的理论体系。在金融领域,他一方面证明了投资者心理会影响资产价格,并且对股票市场的可预测性之谜和股权溢价之谜做出了新的解释;另一方面,又巧妙地利用封闭式基金的特点和股票拆分问题,避开了传统金融学借以质疑行为金融学的联合假设问题。[1]

应当看到,塞勒是在 1995 年进入美国长期崇尚传统经济学的新自由主义大本营的芝加哥大学当教授,却力倡与传统经济学相左的行为经济学,因而在其初期被视为学术"异端"而遭到排挤,甚至被媒体讽刺为"摇滚明星式的人物"。只是由于自己认准方向和坚持不懈地努力,最后终于获得诺奖,使行为经济学从"异端"变为主流。正如诺贝尔经济学奖评选委员会主席斯特姆伯格所说:"由于塞勒的贡献和发现,行为经济学已经从经济学边缘和有争议的一部分变为当代经济学研究的主流领域。"[2] 由此也说明诺奖的授予重点正在朝着务实的方向转变。可以预见,这种方向性的转变,必将对经济学更务实地深入研究产生积极影响。

上述梯若尔、塞勒两个获得诺贝尔经济学奖的典型案例说明,他们经济理论的共同特点,不仅在于务实,而且都与传统的以理性经济人假设为基础的传统经济学相左,或者说两个诺奖得主都从不同角度——或者是从政府对企业监管方面,或者是从当事人的心理影响方面,对传统经济学进行了修正。既然诺贝尔经济学奖授予重点正在朝着务实的方向转变,就意味着随着资本主义经济的发展变化,西方传统经济学,或自由主义经济学,市场万能论,越来越失灵了。这乃是大势所趋。可以预见,如果死守西方传统经济学不放,必将越来越没有出路。

---

[1] 李宝良,郭其友. 经济学和心理学的整合与行为经济学的拓展及其应用[M]//程恩富,华桂宏. 外国经济学说与中国研究报告(2018),2018:105.
[2] 赵觉珵. 诺贝尔经济学奖花落美国"异端"[N]. 环球时报,2017-10-10.

20 世纪以来经济停滞理论研究的三次高潮[①]

蒋雅文[②]　杨苹苹[③]

（南开大学）

一、"大萧条"激发经济学家关注经济停滞问题

1929 年 10 月，美国资本主义经济陷入前所未有的"大萧条"中，其他主要资本主义国家的经济也遭受毁灭性打击。之后，各主要资本主义国家的经济增长极其缓慢，1930—1939 年，美国经济呈现全面停滞，失业率平均为 18.2%。[④] 由此，经济停滞问题成为美国乃至整个资本主义社会面临的最严重的现实问题，激发了各派学者的关注和研究，形成了 20 世纪以来经济停滞理论研究的第一次高潮。

（一）主流经济学家从积累与投资角度对经济停滞的争论

针对"大萧条"后美国遭遇的经济停滞困境，经济学界展开了一场激烈争论。这场争论的主要参与者是阿尔文·汉森（Alvin Hansen）和约瑟夫·熊彼特（Joseph Schumpeter）。汉森有关经济停滞的观点主要收录在《充分复苏还是停滞》一书中，熊彼特则在《商业周期循环理论》一书中进行了回应。

汉森认为，资本主义的常态并不必然是增长和积累，而是有可能数十年乃至永远陷入经济增长低迷、失业率上升和产能过剩的困境。从工业革命到 20 世纪初的 100 多年间，由于技术进步、人口增长和新领土开拓等因素，投资的诱因十分强大，生产得到迅速发展。"大萧条"之前，资本主义经济呈现出一片繁荣景象。汉森认为，"寡头垄断可能是

[①] 基金项目：本文系教育部规划基金项目资助"21 世纪以来发达资本主义国家工人阶级状况研究"（17YJA710024）阶段性成果之一。
[②] 蒋雅文，南开大学经济学院副教授，中国特色社会主义经济建设协同创新中心兼职研究员，研究方向：外国经济思想史。
[③] 杨苹苹，南开大学马克思主义学院 2016 级硕士研究生，研究方向：国外马克思主义。
[④] ［美］保罗·巴兰，保罗·斯威齐. 垄断资本[M]. 北京：商务印书馆，1977：227.

导致股市异常热潮的一个因素,这反过来又给资本市场带来了难以置信的廉价投资基金……然而,考虑到在货币和资本市场、社会保障、集体谈判、最低工资立法、农业价格方面的制度安排不充分。如果没有这种特殊繁荣的特征,我们可能经历类似的停滞"①。但是,随着这些因素的削弱,以及存款保险制度和企业折旧补贴制度等政策引发的公司储蓄增加,美国经济增长动力不足,经济停滞将成为常态。

熊彼特认为,汉森对经济停滞的解释是"关于投资机会日趋枯竭的理论"。他认为,"资本主义本质上是一个(内生)经济变化过程。如果没有这种变化,资本主义社会就不可能存在。经济功能的主要基础——资本主义引擎——如果崩溃:没有创新,没有企业家;没有企业家的成就,没有资本主义的回报,也就没有资本主义的推动力"②。可见,在熊彼特看来,创新与企业家是真正关系到资本主义经济发展的关键因素。市场上出现新的创新因素如新的生产技术和生产方法,才能够带动经济的繁荣,而新的创新活动同样会引起其他市场主体的争相模仿以获取利润。因此,熊彼特认为20世纪30年代美国经济的停滞,只是创新浪潮处于经济周期的波谷阶段。

(二)左派学者从垄断资本主义性质角度认识停滞问题

波兰左派经济学家米哈尔·卡莱茨基(Michal Kalecki)最早提出了垄断资本主义经济具有停滞趋势,他认为应从资本主义表现出的垄断性质来认识经济停滞问题。卡莱茨基十分重视投资的作用,认为投资的变动是资本主义经济发展和周期波动的决定性力量。"投资作为支出考虑是经济繁荣的源泉,每一次投资的增加都改善了生产并刺激投资的进一步增加。但与此同时,每一次投资又都是资本设备的增加。在新设备诞生时起,它就与老一代的这种设备竞争了。投资的悲剧就在于投资因为它有用而引起危机。"③ 卡莱茨基认为创新的强度越高,投资的增长越快,资本主义经济的增长率也越快。在资本主义发展的后期,创新的强度将下降,从而投资的增长率和经济的增长率也将放慢。而创新强度下降的重要原因之一,就在于资本主义日益增强的垄断性质。

奥地利左派经济学家约瑟夫·斯坦德尔(Josef Steindl)于1952发表了《美国资本主义的成熟与停滞》一书,提出了垄断资本主义的经济停滞理论。斯坦德尔把生产能力利用程度和过剩能力的概念置于分析中心,论证寡头垄断必然会导致生产能力利用程度降低到期

---

① Alvin H. Hansen. Growth or Stagnation in American Capitalism, The Review of Economics and Statistics, Vol. 36, No. 4, Nov. 1954:414.

② Josef A. Schumpeter, Business Cycles: A Theoretical, Historical, and Statistical Analysis of the Capitalist Process, Volume 2, New York and London: McGrawHill Book Company, 1939:1033.

③ M. Kalecki. Studies in the Theory of Business Cycle, 1933 – 1939[M]. Kelley Publishers, New York, 1969:31.

望保持的能力利用水平以下,而非期望的过剩能力的长期存在则会影响投资从而使私人资本的增长率放慢,这会导致资本主义经济陷入停滞。① 在受马克思主义传统影响的西方左派学者中,斯坦德尔是系统研究"停滞问题"的先驱。他不但从宏观角度考察垄断对资本主义经济的影响,而且提出一套系统理论,来阐明垄断产生经济停滞趋势的必然性。

二、"滞胀"困境重燃经济学家探讨经济停滞问题的热情

(一)主流经济学家从供需关系和货币供应量视角认识"滞胀"

供给学派从供给与需求的角度对"滞胀"现象进行分析。供给学派认为,凯恩斯所主张的"需求管理政策"是造成"滞胀"的根源。"滞胀"时期美国的经济与凯恩斯当时的"大萧条"情况不同,需求的增长不一定会造成产量的增长,而只能增加货币数量、促进物价上涨,结果反而会引起储蓄率和投资率的下降、技术变革的延缓。只要需求扩大超过实际生产增长,通货膨胀就不可避免。在这种情况下,生产必然出现停滞或下降,从而造成"滞胀"局面。② 供给学派认为,在经济停滞与通货膨胀同时出现的情况下,要研究如何促进生产和增加供给,从而提高供给的水平和能力。

货币学派则认为,西方国家出现的经济停滞和通货膨胀都是货币因素起作用的结果。货币供应量是决定产量、就业和物价变动的最主要因素。货币学派认为,要控制通货膨胀,实现经济的稳定增长,最重要的是要控制货币供应量的增长率,使之与经济增长率大体相适应。美国出现经济停滞的主要原因,是政府过度干预经济导致的。通货膨胀引起的物价上涨,导致价格机制无法有效发挥资源配置的作用,也是造成经济停滞的重要因素。③

(二)左派经济学家从制度性角度来解释经济停滞问题

保罗·斯威齐(Paul Sweezy)指出,主流经济学家对于怎样陷入"停滞"危机这个问题总是答非所问,并没有给出具有启发性的意见。斯威齐认为,"停滞的直接原因和三十年代是完全相同的,这就是具有强大的调节能力和微弱的投资力量的趋势。"④ 斯威齐在《垄断资本》(他与巴兰合作)中提出"经济剩余"的概念,用消费不足来解释经济停滞的产生。"经济剩余"分为实际的经济剩余、潜在的经济剩余和有计划的经济剩余。在垄

---

① Josef Steindl. Maturity and Stagnation in American Capitalism[M]. New York: Monthly Review Press, 1952.
② 陈承明,凌宗诠,等. 简明西方经济学[M]. 上海:上海财经大学出版社,2006:193.
③ 吉林大学经济系资料室. 政治经济学小词典[M]. 长春:吉林人民出版社,1980:389.
④ 保罗·斯威齐.经济停滞的原由[J]. 胡天民,译.世界经济与政治论坛,1982(16):5.

断资本主义发展过程中，经济剩余有不断增长的趋势，包括实际经济剩余和潜在经济剩余都在增加，但是，垄断资本主义"总是形成越来越多的剩余，可是它不能提供为吸收日益增长的剩余所需要的因而是为使这个制度和谐运转所需要的消费和投资出路。既然不能吸收的剩余就不会被生产出来，所以垄断资本主义经济的正常状态就是停滞"①。

资本主义经济在"二战"后不但没有遭遇重大停滞危机，反而获得快速的发展。斯威齐和巴兰认为，这是由于存在其他吸收剩余的方式，包括政府的军费开支、商业促销、重大创新刺激等，正是因为这些（外生）因素的存在推动美国战后经济的高速发展。但是从20世纪70年代开始，美国经济停滞趋势重新出现。斯威齐强调，要探究20世纪70年代以来经济停滞重新出现的原因，应该牢记：造成战后长期扩张的每一种力量都有"自我抑制"的性质。②战争的破坏得到了修复，被战争延期的需求得到了满足。美国在"二战"中被抑制的投资需求在战后得到充分的释放，当经济发展再次恢复到正常发展轨道时，经济停滞便成为资本主义经济的常态。

另一位以研究经济周期见长的左翼学者霍华德·谢尔曼（Howard J. Sherman）认为，西方经济发展中"滞胀"的产生主要是由三个因素引起。首先，在20世纪60年代末的经济萧条中，普通的通货膨胀使竞争价格略有增长，但却使垄断价格暴涨。垄断资本的价格行为是引起"滞胀"的首要因素。其次，政府的经济政策对"滞胀"的形成和发展负有不可推卸的责任。最后，在世界垄断资本主义体系中，一方面垄断资本主义经济势力的增长，推进世界经济中"滞胀"现象的形成和蔓延；另一方面西方各国政府推行的宏观经济政策进一步加剧"滞胀"的发展。在谢尔曼看来，归根到底西方经济发展中出现的"滞胀"问题是西方国家垄断资本主义制度造成的。

三、"大衰退"背景下经济学家再次反思"长期停滞"问题

（一）主流经济学家在金融危机后关注"长期停滞"问题

劳伦斯·萨默斯（Lawrence H. Summers）在2013年IMF年会上首次提出"长期停滞"（Secular Stagnation）理论。他认为，"在2008年金融危机后，美国经济增速维持在较低水平，经济复苏十分缓慢。美国实际国内生产总值与危机前相比有较大差距，经济已经陷入

---

① [美]保罗·巴兰,保罗·斯威齐. 垄断资本[M]. 北京:商务印书馆,1977:105-106.
② 保罗·斯威齐. 经济停滞的原由[J]. 胡天民,译. 世界经济与政治论坛,1982(16):5.

长期停滞"①。与以往主流经济学家分析经济停滞问题不同，萨默斯更强调停滞的长期性问题。他认为，造成经济停滞长期性的原因主要有两点：一是美国等发达经济体均衡实际利率为负这一现象将长期存在。二是总需求不足还会通过"迟滞效应"（hysteresis effect）降低经济体的潜在产出水平，从而进一步降低长期经济增速。所谓"迟滞效应"，主要是指短期经济波动对劳动力市场造成永久性伤害，自然失业率随之升高，进而导致潜在经济增速降低。

萨默斯提出"长期停滞"理论后，很多学者表示认同。诺贝尔经济学奖获得者保罗·克鲁格曼（Paul Krugman）从货币角度分四个方面分析"长期停滞"问题。首先是零利率下限比想象的影响更大。当零利率政策不能恢复充分就业时，长期停滞问题会比过去"流动性陷阱"成为新常态更加普遍。克鲁格曼认为零利率下限的货币政策会遇到许多问题。其次是实际利率呈现下降趋势。再次是2000—2007年以来，基本面已经发生重大变化。主要表现在杠杆率不断上升的结束，劳动年龄人口增长放缓，导致在住房和生产性资本投资方面的减少。虽然其他因素也会影响长期停滞的存在，但是这些因素却让这种停滞令人担忧。最后政府采用非常规政策解决长期停滞有困难。如果进入长期停滞阶段，政府采取零利率下限的货币政策将会遇到困难。但是，采取赤字消费的财政政策只会解决暂时的难题，而无法维持长久需求。② 基于以上分析，克鲁格曼认为，美国和西欧已经进入长期停滞，在这个过程中要从宏观经济政策方面展开反思。

罗伯特·戈登（Robert J. Gordon）认为，20世纪70年代以来美国经济增速就已处于缓慢状态。戈登从历史学与经济学的角度对美国的经济增长进行了分析，认为美国在1870—1970年之间经济取得飞速增长是因为第二次科技革命的一系列伟大发明和后续的增量式创新带动了经济的增速。但是20世纪70年代之后，美国的经济开始放缓，不平等加剧、教育停滞、人口老龄化、大学生债务和联邦政府债务不断增加，都进一步阻碍了生产率增长。生产率增长的受阻自然会带来经济的低迷，因此，在戈登看来，美国在1870—1970年的颠覆式经济变革及其创造的辉煌将不可再现。美国经济发展停滞并不是因为发明者失去了灵感，而是因为现代生活水平的诸多基本要素在当时已一一具备，从许多维度来看，包括食品、服装、住房、交通、娱乐、通信、健康、工作环境等等。与此同时，戈登认为，来自四个方面的阻力因素抑制了美国经济的增长。首先是日益增长的不平等将导致

---

① Lawrence H. Summers Speech at the IMF Fourteenth Annual Research Conference in Honor of Stanley Fischer, Washington, IMF Economic Forum: Policy Responses to Crises, November 8, 2013. http://larry summers.com/imf-fourteenth-annual-research-conference-in-honor-of-stanley-fischer/

② Teulings C. and Richard Baldwin, Secular Stagnation: Fact, Causes and Cures, London, UK: Centre for Economic Policy Research, 2014: 61-68.

收入增长转向 1% 的顶层收入阶层，只给 99% 的底层收入阶层留下很少一部分。其次是受教育程度不再像 20 世纪大部分时间那样提升得很快，从而减缓了生产率提高。再次是随着"婴儿潮"一代的退休，人均工时也在减少。最后是退休人员比例上升、劳动年龄人口比例下降、预期寿命延长，都将在 2020 年后共同推动联邦债务占 GDP 的比例迈向不可持续的上行轨道。这四大阻力非常强大，足以在今后很长一段时间给实际人均可支配收入增长不留任何空间。①

（二）西方左翼学者探讨金融大扩张背景下的停滞问题

2008 年金融危机已经过去 10 余年之久，但是以美国为代表的资本主义国家经济发展并未见明显起色，经济停滞已成为发达资本主义经济发展的常态。其实，从 20 世纪 70 年代开始，经济停滞问题就一直困扰着资本主义经济。主要表现在实体经济领域的投资机会大幅度缩减，而在金融领域的投资大规模膨胀，从而引发了经济发展的虚假繁荣。经济停滞的出现显然是金融化政策不断扩张的结果。

20 世纪 70 年代，斯威齐等就意识到经济停滞与金融化存在着内在的关系。斯威齐认为，大规模金融投机与经济停滞具有相互反馈的机制，即资本主义长期停滞的困境催生金融领域扩张，而金融的大发展又造成经济更深层次的停滞。在垄断资本主义时期，随着经济剩余的增长，政府的军费开支、商业促销、重大创新刺激等吸收剩余的方式已经无法实现充分就业。这就需要寻找新的吸收剩余的方式，金融发展便成为吸收剩余的重要方式之一。实体经济的停滞意味着经济生活日益依赖金融业务扩大货币资本积累；但金融业务根本无法脱离实体经济的约束持续扩张；脱离实体经济基础的投机泡沫必定破裂并导致一系列严重问题。②斯威齐认为，资本主义发展会陷入金融化与经济停滞循环往复的怪圈之中。

在斯威齐分析金融化与经济停滞关系的基础上，约翰·贝拉米·福斯特（John Bellamy Foster）提出"垄断金融资本"概念，强调当前资本主义已经处于"垄断金融资本主义时期"。福斯特认为，一方面，垄断金融资本代表当前资本主义的生产资本积累停滞趋势和金融资本扩张趋势的双重特征。"资本主义具有双重积累体制，即在资本积累过程中既包括对实物资产的所有权，也包括对实物资产的虚拟要求权。在此背景下，资本主义经济体制自一开始就蕴含着实物资本积累与金融投资矛盾并存的可能性。"③另一方面，垄断金融资本内部本身存在着不可调和的矛盾，即金融资本并不能脱离实体经济而独立发展。资本主义在面临经济停滞困境时，借助金融扩张的方式来试图缓解经济危机。但是，金融

---

① 罗伯特·戈登. 美国增长的起落[M]. 张林山,译. 北京:中信出版集团,2018.
② 陈弘. 当前金融危机与当代资本主义停滞趋势[J]. 国外理论动态,2009(7):8-16.
③ [美]约翰·贝拉米·福斯特. 资本主义的金融化(王年咏译)[J]. 国外理论动态,2007(7):9-13.

资本的发展从根本来说还是对剩余价值的分配，是社会财富向金融寡头的重新集中，没有实体经济的发展作为支撑，金融资本的扩张带来的将是更深层次的金融危机。

四、结语

20世纪以来经济停滞理论研究的三次高潮表明，经济停滞问题从未真正离开。资本主义经济停滞的种种表现往往都预示着资本主义严重经济危机的存在。经济停滞问题从本质上讲是经济危机问题。马克思、恩格斯曾经对资本主义必然灭亡的趋势进行过科学论证，并指出资本主义基本矛盾的存在注定了其最终走向灭亡的结局。从历史上看，当资本主义经济面临停滞困境时，也是资本主义生产方式发生重大危机的时刻。因此，正确认识经济停滞问题实际上是理解马克思主义经济危机理论的有效途径，也是各派学者交锋的焦点。"大萧条"以来，经济停滞问题一而再、再而三地成为西方发达资本主义社会面临的重要难题，困扰着西方主流经济学家与非主流学者。从经济停滞理论研究的三次高潮看，主流经济学家在研究过程中试图寻找资本主义摆脱经济危机的绝佳方法，而左派学者则一直在探究资本主义存在基础的永久性不稳定和历史命运问题。

后金融危机时代西方经济理论的第三次危机

刘儒　孟书敏[①]

（西安交通大学）

西方经济理论的发展在很大程度上被自由主义和凯恩斯主义之间的分歧控制。从亚当·斯密开启具有现代意义的经济学开始，基本的经济思想可以分为自由放任主义和国家干预主义两大主流，作为国家经济政策理论基石的主流经济学的桂冠一直依经济运行的状况在这两大流派之间轮替出场。经济学在此过程中也实现着变革与发展。20世纪以来的经济和经济学发展史表明：每一次大的经济危机往往会导致当时处于主流经济地位的经济学的危机，并引发经济理论的大讨论和大变革。20世纪30年代的"大萧条"和70年代的"滞胀"，经济学分别经历了古典学派和凯恩斯主义的两次大危机。而2008年的国际金融与经济危机又导致新自由主义经济理论彻底破产，西方经济理论陷入第三次大危机。

如同对"大萧条"的论争与分歧，对于此次金融与经济危机的根源，西方经济学者莫衷一是：国家干预主义与经济自由主义看法殊异、相互诘难。从短期的反危机和经济调整的政策措施看，凯恩斯经济学有明显复归的迹象，但是完全复归国家干预并未达成共识；危机使新自由主义经济学日渐式微，但就此说新自由主义完全终结也为时尚早。后金融危机时代，经济理论如何发展演变，尚需根据经济实践进一步观察和研究。但有一点是肯定的，就是此次金融危机所暴露出来的问题，仍然是市场与政府在一定程度上的冲突无法协调。因此，西方经济学的未来发展，应首先处理好市场与政府关系问题。一方面，凯恩斯主义者应更审慎地看待自由市场制度本身的内在缺陷；另一方面，新自由主义经济学家应降低对政府干预行为的怀疑。二者逐渐朝相互承认、相互讨论的方向发展。未来的主流经济理论不妨将政府干预与自由放任的边界合理动态化，并逐渐走向融合，形成反映两个学

[①] 刘儒，西安交通大学马克思主义学院副院长、教授、博士生导师。
孟书敏，西安交通大学马克思主义学院讲师、博士后。

派对经济理论的卓越贡献的现代经济理论，在此基础上构建市场与政府共同作用的更加科学的政策措施。各国期待一次新的经济理论变革，在更加科学的理论指导下，引领世界经济进入新一轮复苏。

实证经济学与规范经济学二分法的终结

王今朝　金志达[①]

（武汉大学）

一、"实证经济学"的内涵

实证经济学成为西方经济学的一个终极命题有其思想史上的根源。关于实证的思想在古典经济学中就已经出现。毫无疑问，西方学者在讨论实证概念的时候，是限定在资本主义的背景下的，也就是他们讨论的是资本主义实证。

除了古典思想渊源，当代实证经济学还可在当代自然科学中找到实证主义的渊源。他们基于假设—演绎框架下的理论推导模式在自然科学领域产生了大量成果。这些人对于当代西方学者的影响甚至比上述西方社会科学领域学者的影响都大。

然而，当当代西方经济学对自然科学内的实证经济学观点采取"拿来主义"态度的时候，它甚至比古典经济学都退步了。它通过严格区分"是"和"应该是"认为，实证经济学研究的是"是"，而不是"应该是"，从而宣称要将规范经济学排除在经济学的主流之外。

我们需要研究经济学中的实证主义究竟是怎样包含规范判断的。经济学实证主义有如下七大主张：

（1）科学知识是经济学知识的唯一有效形式；

（2）形而上学的宣称、规范的陈述、价值判断和观点不是有效的经济学知识；

（3）基于感觉体验的经验数据是经济学有效知识的唯一源泉；

（4）有效的经济学知识只能通过逻辑和数学的方法才能获得；

（5）经济学中的推广、原理和理论只能通过基于经验数据的演绎加以推导和验证；

（6）经济学中的推广、原理和理论只能用数理逻辑的形式构建和表达；

[①] 王今朝，武汉大学经济发展研究中心，教授、博士生导师；金志达，武汉大学经济与管理学院，硕士研究生。

（7）在经济学研究中，规范观点、价值判断、信仰和意见不能进入经验数据的收集、理论的构建或验证中。

以上七点可能足以诱使人们相信，西方经济学的实证主义主张是科学的，应该得到遵从。这样一来，实证主义经济学的主张本身对许多人就具有规范主义的含义了。让我们不去追究这个意义上的实证主义的规范性。其实，上述七点中绝大部分甚至全部内容，都是难逃规范判断的。

二、新古典经济学实证的规范含义

在西方宏观经济学出现之前，新古典经济学是实证主义在经济学中最主要的实践。它的实证主义的表面之下掩盖着极强的规范主义本质。

首先，新古典经济学宣称自己是研究资源配置的，并把经济学定义为研究资源配置的科学。新古典经济学所研究的资源配置只是资本主义条件下的资源配置，而不是适用于任何社会的资源配置，因此本身就排除其他资源配置而具有规范判断的含义。

其次，新古典经济学的理性假设（即经济人假设）也具有最强的规范判断含义。这可以从消费者和企业两个方面进行分析。

新古典经济学假设消费者是理性的，在赋予它一个效用函数后，就可以推论其消费需求函数。这种实证主义分析令人印象非常深刻。

新古典经济学也假设企业是理性的，假设企业的决策只是在给定成本下使产量最大化或者给定产量下使成本最小化的要素的最优组合。当新古典经济学这样设定问题的时候，就将这种局部的非常琐碎的问题设定为企业决策的唯一问题，也就给了企业理性一个极大的判定。

第三，供求分析是新古典经济学最基本的分析框架，供求决定价格规律下，价格是一个不确定的东西。它可能是两个、三个甚至更多个价格，而这些价格之间的距离（用范数表示）并不是微不足道的（不同的价格体系至少代表了不同的社会福利分配）。对于这一点，局部均衡理论和一般均衡理论都没有考虑，都忽略掉了。

第四，比较优势理论被认为是经济学中唯一既真又非平凡的实证理论。果真如此吗？现代西方经济学用如下的价格比较公式来定义李嘉图的比较优势概念：

$$p_1^1/p_1^2 < p_2^1/p_2^2$$

其中，下标表示国家，上标表示商品，于是 p_i^j 表示第 i 个国家第 j 种商品的价格。

现代西方经济学根据公式推出自由贸易的政策结论。世界各国的贸易关系真的就是由这四个魔幻数字决定的吗？

从以上分析不难看出，作为新古典理论核心的效用最大化理论、利润最大化理论（或成本最小化理论)、供求决定价格理论、比较优势理论，确实符合实证主义所要求的函数推导、数据的支撑，完全呈出一副数理建构的模样，符合上述实证主义的定义，却包含了最强的规范主义的含义，并且是非科学的，因为在逻辑上都是错误的。名为市场经济的理论实际上不过是资本主义经济换了一种说法而已。

由于新古典的根本性错误，对它的攻击可以来自许多方面。实际上，对于新古典的每一个概念、每一个命题，都能从中找出强烈的规范含义。从资本家的角度看，由于需要价值实现，因此需要把商品的消费者设想为一种消费主义的效用最大化者。但这样一来，理性假设就变成了资本家的一种价值判断。

综上所述，新古典经济学不仅不是纯粹的实证经济学，反而是打着实证主义旗号的规范经济学。我们甚至可以说它是彻头彻尾的规范经济学，说它的根本问题是规范问题。

三、宏观经济学实证的规范含义

作为西方微观经济学对立物的西方宏观经济学充斥着数据、数理，似乎包含了更多的真正实证主义的因素，但其内容也不乏规范主义，并且容易导致规范主义的应用。西方宏观经济学否定市场经济稳定性的实证主义分析具有否定微观经济学的规范含义，而在维护、维持资本主义制度上具有与微观经济学相同的规范含义。

（一）GDP 理论的规范含义

GDP 核算体系被一些人视为宏观经济学最重要的概念之一，经济学最重要的进步之一。直观来看，它好像完全是基于实证主义的统计"数据"，但是，如果仔细研究就会发现，GDP 本身及其在实践中的应用都带有极强的规范性。

第一，GDP 所衡量的是商品和服务的市场价值，因而成为马克思劳动价值论的对立物。一个社会本来可以根据马克思劳动价值论来衡量其每年的产出价值。这种方法甚至可能是比 GDP 方法更为科学的方法。既然 GDP 核算体系否定了基于马克思劳动价值论的社会产品核算体系，它当然具有极强的规范含义。

第二，除作为马克思劳动价值论的对立物从而具有规范性之外，GDP 还因它所包含的商品和服务而具有规范性。一个国家把经济效率作为主要的甚至是唯一的变量来加以考虑时，无疑就包含着极强的价值判断：那些不能参与到社会生产中的人就不应该在正规部门就业，那些参与到社会生产中的普通劳动者就只应该拿到生存工资。如果世界按照这样的经济政策药方来运转，就必然导致少数人占据绝大多数财富。这样看来，GDP 强大的实证主义表象实际上可能产生最强的规范主义含义。

第三，GDP 还因它未包含的内容而具有规范含义。从对 GDP 的运用看，如果没有规范判断的作用，许多的社会问题就无法处理，许多重大的社会变化就无从产生。

第四，如果只是实证地看待 GDP 数据，我们就无从理解 GDP 是如何增大的，就无从判断 GDP 增大是好还是坏。

如果只是实证地看待 GDP 数据，就无从理解不同国家的经济发展模式的差异。从抽象的分类来看，GDP 的支出法衡量确实是实证主义的，每个社会的产出都可以归于四类主体（家庭、企业、政府和外国）的两种用途：消费、投资。然而，任何这样的实证主义都必须与具体的社会相结合，因而必然与规范相联系。

（二）经济增长理论的规范含义

西方宏观经济学把经济增长与 GDP 增加画等号，又把经济增长作为宏观经济学这一显学最重要的主题，还把资本作为与劳动力并列的要素投入。这进一步加强了西方宏观经济学的规范含义。

首先，在任何国家，经济增长都不可能是中性的与价值判断无关的增长。从增长利益的分配来看，在资本主义国家，经济增长主要不是为人民谋福利的手段，而主要和首先是为资本家谋利的手段。经济越增长，资本家越能得到更多的利润，直到危机发生。而在危机即将过去之际，资本家就又迎来了又一次发财致富的周期。

其次，作为物质的资本无疑是现代经济增长所不可缺少，但它也绝不是只有总量问题（这就使得只关心资本总量及其变化的西方宏观经济学具有极强的规范含义）、分配问题，而是还有一个来源问题。对于资本主义积累规律的研究，恩格斯（1995）指出："这些在科学上严格地证明了的规律，是现代资本主义社会制度的一些主要规律，而御用的经济学者甚至避而不敢去试图驳倒它们。"

最后，从历史的动态看，每一个阶段的经济增长本身都带有极强的规范内容。西欧资本主义正是凭借其所实现的经济增长颠覆了封建社会。

（三）稳定化理论的规范含义

宏观经济学的出现本来是用来处理资本主义经济的稳定化问题的。

首先，凯恩斯的稳定化理论具有极强的规范含义。凯恩斯主义虽然相对新古典主义具有进步性，承认资本主义存在矛盾，但并不承认这种矛盾的内在性，而是认为可以通过财政政策来加以解决。这不是具有极强的规范判断的含义吗？凯恩斯主义的实证基础上所开出的药方看起来并没有达到预期的目的。

其次，凯恩斯以外的学者的宏观经济学稳定化理论也具有极强的规范含义。在凯恩斯以外的宏观经济学基本上是以失业、通货膨胀及其关系为核心来建构其实证主义的理论体系的。而无论失业还是通货膨胀都具有极强规范性的概念。

西方宏观经济学区分了结构性失业、摩擦性失业和周期性失业。周期性失业却是资本主义条件下特有的范畴。这种看起来与周期相联系的失业实际上是资本主义的一个本质特征：即当资本主义出现危机时，资本主义企业通过解雇劳动力来降低劳动力成本支出以自救。对于这个经济学而言，就业的工人只应该拿资本家所给予的工资数量，而不能要求过多。这反过来也不过是说，资本家就是应该拿到他可以拿到的一切利润。这难道不是具有最强的规范主义含义吗？

不仅失业、就业极强的规范含义，西方宏观经济学中的通货膨胀也具有极强的规范含义。衡量通货膨胀的指标不可能完全准确，因此，在选定一项或几项指标作为计算通货膨胀的价格指数时，就有规范的含义了。

西方通货膨胀的原因分析也包含了极强的规范判断。在西方，通货膨胀被货币主义者说成时时处处都是一种货币现象，就仿佛货币供给与人无关似的、与社会的统治阶级无关似的，其规范的含义再明确不过了。实际上，通货膨胀是一系列复杂的现实因素，在一个变化着的世界里，为了实现经济效率和低失业率，需要提高某些实际工资，又需要降低另外一些实际工资。提高实际工资很容易，只要使名义工资的上涨超过通货膨胀即可。而要削减实际工资，厂商就必须使名义工资增长低于通货膨胀率。这些人出的主意可能会引起高通货膨胀。

最后，供给理论的规范性。供给经济学的案例表明，西方宏观经济学的"是"的研究可能是如何以"应该是"为前提的。拉弗曲线的提出貌似是基于实证的数据分析，是陈述事实，但拉弗曲线的拐点被明显提前了，而这么做的唯一目的，就是让资本家逃避社会责任，将更多的利润收入囊中。

以上对西方宏观经济学的分析，尽管不包含其全部内容，但它们足以表明，西方宏观经济学所蕴含的规范主义含义是极强的。因此，任何试图撇开规范主义而空谈实证主义的宏观经济学必然走向当然属于方法论上的形而上学和哲学观上的唯心主义。而以实证面貌出现的宏观经济学对危机原因解释表面化、对治理手段片面化必然无助于经济危机的解决。即使经济危机过去也不一定说明宏观经济学是对的。以实证面貌出现的宏观经济学其实并不能解决严重的经济危机问题。

综上所述，我们可以说，西方宏观经济学不仅不是纯粹的实证经济学，反而是打着实证主义旗号的规范经济学。我们甚至可以说它是彻头彻尾的规范经济学，说它的根本问题是规范问题。

四、结论

以上对新古典经济学、宏观经济学实证主义的否定是对实证主义的否定,是对错误实证替代正确实证的否定,是对用鸡毛蒜皮、家长里短实证替代表现、蕴含社会主要矛盾、矛盾的主要方面实证的否定,是对把实证方法推向极端的否定。这种极端背后隐藏着极强的资本主义价值判断。

本文的分析表明,现代西方微观经济学和宏观经济学充斥着规范判断。实际上从经济学创立伊始,经济分析和政策建议就已深深地交织在一起。新古典经济学作为西方经济学发展的一种重要结晶,其两大基本定理都隐含着对"资本主义不能被打败"这一论点的支持。因此,西方主流经济学家在进行实证研究之前,就已经有一个资本主义制度天然合理、应该永存的价值判断在起作用了,它的实证是资本主义实证。在这个规范判断之下,无论是把经济学理解为对这一制度下的财富生产和资源配置进行实证研究,还是把它理解为对这一制度的宏观结构进行实证研究,都包含着巨大的规范判断。因此,西方微观经济学和宏观经济学的实证主义并不是如它所宣称的那样是纯粹的实证主义。

综上,规范主义的价值是巨大而无法被取代的。虽然规范不是理性思考的唯一范式,虽然规范主义并不可取,① 规范方法却不仅必不可少,而且极有价值。规范判断在引导着实证研究的方向。必须承认,在经济学理论的构建和验证中,规范判断无法避免。经济学中实证主义的科学应用必须与科学的规范判断相结合。

---

① 即那种对一个人的知识的证当(justification)只能建立在由特称或单称的已被证实的经验证据基础上的主张。

评析科斯的《社会成本问题》一文

郭志琦[①]

(西北政法大学)

一、《社会成本问题》一文的主题思想

科斯的这篇论文虽然始终是围绕着外在不经济,即经济妨害问题展开的,每一节都从不同角度涉及外在不经济问题,但他的中心思想绝不是论外在性问题。他不是就外在性论外在性,而是要透过这个问题论述制度安排同经济运行效率的关系,说明市场、企业、政府这三者制度运行的成本与收益,特别是要说明私有产权条件下的市场制度的效率。虽然他承认市场缺陷,但他像公共选择学派经济学家一样,认为"市场的缺陷并不是把问题转交给政府去处理的充分理由"。他强调指出,人们绝不能由市场缺陷得出政府必须管制、必须干涉的结论,最好的选择还是政府"根本不做任何事情",让市场自由放任地运行。[②](参看科斯等著:《财产权利与制度变迁》第23页,以下凡引该书者只注页码)

二、《社会成本问题》一文的结构与各节主要说明的问题

科斯1960年10月发表的这篇重要论文由10节组成。

第一节"有待分析的问题"。本节说明《社会成本问题》一文的研究出发点是外在不经济问题。从方法论上讲,本节体现了由浅入深、由表及里的方法,即由外在性入手,到第三节才引出产权制度安排与效率关系的问题。科斯认为,过去对有害影响,人们多持庇古的观点,认为只要外在性问题存在,私人产品与社会产品之间就会产生差异和矛盾,私有制基础上的市场经济就不一定能够实现最优化状态,即资源达到最佳配置,产值达到最大化,主张通过国家拾遗补缺性的干预,采取赔偿、征税、迁厂和津贴等办法来解决上述

[①] 郭志琦,西北政法大学教授,研究方向为西方经济学和马克思经济学。
[②] 科斯. 财产权利与制度变迁[M]. 上海:上海三联书店,1995:23.

矛盾，以实现市场经济的最优状态。科斯认为这种观点和主张都是不正确的。

实际上庇古的观点是有道理的，他的观点和主张暴露了市场的缺陷，使"市场万能论"受到了某些批判，科斯坚持新自由主义立场，所以对庇古极为不满，把庇古作为《社会成本问题》一文中批判的主要对象。

第二节"问题的相互性"。在这一节，科斯继续批评了在分析与解决外在不经济问题上的传统方法，并提出了观察与解决外在不经济问题的原则，这就是所谓的相互性原理和比较成本收益原则（即成本收益分析和效率优先原则）。

所谓相互性，就是你要避免对乙的损害而干涉甲，这就必然会使甲遭受损害。他主张应根据比较成本收益原则决定应允许甲损害乙，还是应允许乙损害甲。关键在于应比较成本和收益，避免较严重的损害。科斯认为，征税办法只是惩罚损害者，这是不正确的，因为这违反了相互性原理，违反了比较成本收益原则，即效率优先原则。

第三节至第五节，通过五个案例分析说明在交易费用为零的假设下，无须政府干预，而通过市场办法就可以解决因妨害问题引起的产权纠纷，调整产权关系，实现资源的最佳配置，达到产值最大化。这时的效率与产权的初始界定直接无关，而与通过市场办法调整产权关系、解决产权纠纷直接相关。这三节都是说明科斯定理1，正如科斯所讲的："前几节中，在研究通过市场调整合法权利的问题时，已经强调了这种调整只有通过市场进行，才会导致产值的增加。但这一论点假定市场交易的成本为零。"①

在这三节中，第五节很重要，正如科斯所指出的："第五节的讨论不仅阐述了观点，而且提供了对有害效应问题进行法律分析的概要。"② 即相互性与成本收益分析原则，以及通过市场交易、讨价还价办法调整产权关系，达到产值最大化的原理。科斯认为，这是他在《社会成本问题》一文中"论点的本质"，这一理论具有"普遍适用性"。③

这里值得注意之点是：第一，科斯通过烟尘妨害等案例对相互性原理的进一步具体论述；第二，科斯关于经济学家与法官思维模式的论述。他指出，面临外在不经济问题，经济学家往往首先考虑的是相互性和比较成本收益，"如何使产值最大化"；而法官和法院往往首先考虑的是"谁有权做什么"，谁已失去了授权。④"当然也有可能通过当事人之间的讨价还价来修改法院判决所作的安排"。⑤

第六节"对市场交易成本的考察"。这里虽然论述了有关交易成本的若干问题，但主

---

① 科斯,等. 财产权利与制度变迁[M]. 上海:上海三联书店,1995:20.
② 科斯,等. 财产权利与制度变迁[M]. 上海:上海三联书店,1995:24.
③ 科斯,等. 财产权利与制度变迁[M]. 上海:上海三联书店,1995:12.
④ 科斯,等. 财产权利与制度变迁[M]. 上海:上海三联书店,1995:19.
⑤ 科斯,等. 财产权利与制度变迁[M]. 上海:上海三联书店,1995:13.

要不是考察交易成本问题,而是主要考察把交易成本引进后产权安排与效率的关系。因为交易成本为零"这是很不现实的假定"。① 现实世界的交易必须有成本,甚至成本是很高的。"在这种情况下,合法权利的初始界定会对经济制度的运行效率产生影响。一种权利的调整会比其他安排产生更多的价值。"②这里实际上是讲科斯定理2。

本节有如下几点值得特别注意:第一,科斯指出,现实世界是一个交易成本为正值的世界,无交易成本"这是很不现实的假定"。③第二,这里实际上界定了交易成本的内涵,即交易成本就是利用市场机制的成本。第三,这里全面论述了明晰界定产权与资源配置效率的关系,重申了科斯定理1,并提出了科斯定理2。科斯通过对市场调节、企业调节和政府调节三种制度安排效率的比较分析,进一步具体论述了产权安排与效率的关系,提出了解决外在性问题的途径,即以市场调节为主体、政府干预为补充的原则,及成本收益分析的原则。最后得出了反映他理论倾向的结论。第四,科斯提出了通过成本收益分析进行制度选择的思想。

第七节"权利的法律界定及有关经济问题"。本节主要阐述了权利法律界定的经济原则问题,即对产权的法律界定要考虑权利调整的成本和收益,坚持效率优先的原则。本节论证的方法是通过分析法院办案和法官言论,以及法律授权的合法妨害,来说明决定产权的经济原则问题。值得注意的是,本节除论述了产权安排的效率优先原则外,科斯还强调提出了一个概念,即合法妨害的概念,并论述了合法妨害的合理限度。

第八节"庇古在《福利经济学》中的研究"。本节是对庇古关于解决外在不经济问题观点与对策的评论,并通过此评论继续说明产权制度安排应坚持效率优先的原则。科斯认为,庇古关于拾遗补缺式的国家有限干预主张是基本正确的,但关于妨害必须赔偿的主张则是不正确的。

第九节"庇古的传统"。本节继续评论庇古关于解决外在不经济问题的观点和对策,并重申产权制度安排的效率优先原则。如果说第八节着重评论庇古在解决外在性问题上的国家有限干预的观点和妨害必须赔偿的主张,那么本节则主要评论庇古关于社会产品的概念和用征税或奖励、迁厂解决妨害问题的主张,并着重指出了庇古分析方法的缺陷。在这一节中,科斯继续强调产权制度安排的市场原则,即比较成本收益的原则、效率优先的原则。

第十节"方法的改变"。本节科斯着重说明了在妨害问题和制度设计安排问题上改变分析方法的必要和应采取的方法,继续重申了产权制度安排的效率优先原则。他指出庇古

---

① 科斯,等. 财产权利与制度变迁[M]. 上海:上海三联书店,1995:20.
② 科斯,等. 财产权利与制度变迁[M]. 上海:上海三联书店,1995:20.
③ 科斯,等. 财产权利与制度变迁[M]. 上海:上海三联书店,1995:20.

从社会产品与私人产品差异出发分析问题,进行自由放任状态与理想状态比较的方法有很大的缺陷,不能采用。他主张利用机会成本概念和产权概念,采用比较各种不同制度安排的社会总产品的方法。

三、对《社会成本问题》一文的简要评价

(1) 以上对科斯《社会成本问题》一文分节进行了评析,可以看出,科斯的基本理论倾向是西方的新自由主义,他的产权明晰理论和市场经济理论就是西方新自由主义理论的一部分。尽管他也承认市场经济的缺陷,但其基本理论倾向是宣扬"市场万能论",其核心是经济基础私有化、交易自由化,一切通过市场进行,国家无须干预。无论是科斯定理1,还是科斯定理2,也无论是外在性理论,还是环境治理理论,实际上他都是在宣扬"私有优越论"和"市场万能论"。

私有市场万能论在西方国家曾经流行过很长一段时间,但由于它加剧了以私有制为基础的西方国家一系列固有的矛盾,诸如分配不公、两极分化、环境污染、社会对立、政局不稳,从而引起西方许多经济学家(如凯恩斯、萨缪尔森、斯蒂格里茨等)的批判,也遭到了劳动人民的反对。

20世纪八九十年代以美国为首的西方国家积极向发展中国家和苏联国家推销新自由主义——"华盛顿共识",鼓吹私有化和泛市场化,鼓吹"市场万能论",这给那些被迫或乐意接受"华盛顿共识"的国家带来了沉重的灾难。诸如通货膨胀、经济崩溃、社会分裂、国家震荡,甚至国内发生内战,人民生活苦不堪言。

"华盛顿共识"也曾给中国带来极坏的影响,至今其遗毒仍在兴风作浪。20世纪80年代后,我国也曾有一帮西方理论的鼓吹手,他们积极向我国贩运西方的新自由主义理论(包括科斯的理论),妄图把它全盘搬运到中国,使之成为我国改革开放的指导思想。他们鼓吹泛私有化和泛市场化,鼓吹市场万能论,主张在中国搞抛弃四项基本原则的私有化市场经济。他们认为搞市场经济就"应当抛弃公有制","实行私有化,来发展资本主义。""就不能搞社会主义公有制与'一党专政'"(他们把共产党的领导叫"一党专政"),认为这是一条"行不通"的路,"既实行市场经济,又坚持集中领导,还坚持公有制为主体",这"可能是最糟糕的一种选择"。说"市场经济的发展是统一的","没有什么特色模式"可言。他们主张通过各种途径使公有制转化为私有制,转化为资本主义,这些途径就是出卖、合资、破产,甚至"量化到个人"等等。为了搞垮公有企业,搞垮原来的体制和根本制度,他们甚至鼓吹腐败,宣扬腐败有功论。例如,有人就认为,腐败"是一个帕累托改进",在公有制下,"腐败的存在,对社会、经济发展来说即使不是最好的,也是次

优的,第二好的"。因此他主张"通过腐败搞垮公有制来促进私有化"。① 有人认为,"腐败和贿赂"是"权力和利益转移及再分配的一个可行的途径和桥梁,是改革过程得以顺利进行的润滑剂,在这方面的花费,实际上是走向市场经济的买路钱,构成改革的成本费"②。有人认为,"腐败能够瓦解一个旧制度",腐败"出一套新体制"。③ 有人认为,"中国从走后门转向贪污是一个好现象……因管制市场交易而引起的贪污,十居其九对社会有贡献"。因此,"全力肃贪不利经济发展……不能大事批评贪污的盛行"④。

在新自由主义的影响下,我国一些公务人员,甚至高级公务人员,成为西方新自由主义理论的积极践行者。他们中有人花大价钱请新自由主义的大教授帮他们制定私有化和市场化的改革方案,并做报告"解放"干部的思想。有人一面大肆贪污受贿,一面在领导和管辖的地区积极推行新自由主义改革。这方面有一个代表人物就是仇和,他在任宿迁市委书记期间,积极推行泛私有化和泛市场化,不仅出卖公企,而且出卖公办幼儿园、公办学校、公办医院,结果逼的许多穷人只好到外县去看病,穷人家的小孩到外县去上学。为了促进公企速死,仇和还在宿迁对公企实施了"催死法",要求公业严考勤、低薪酬,人为地使企业内部小环境迅速恶化,"催其速死"。⑤ 后来在上级和舆论的干预下,才有所收敛。还有些国企的领导干部,在领导的企业里搞一厂两制,效益好的订单批给私企,效益差的订单批给公企,有意把国企整垮。还有的领导干部对国家的资源不加保护,号召群众遍地开花(挖),实际上在实施国家资源私有化。有的省公开实施一元钱可买一个国企……如此等等。⑥

总之,科斯理论是西方新自由主义理论的一部分,这种新自由主义已给我国和苏联国家及许多发展中国家带来了严重的消极影响,至今其流毒还在。对科斯的基本理论倾向必须进行批判。

(2) 科斯的这篇论文尽管其基本理论倾向是应当批判的,但在法经济学方面、环境经济学方面,应当说还是有价值、有贡献的。

在法经济学方面,科斯把比较成本收益原则引进到立法、执法的设计安排上,这是很有意义的。无疑,立法、执法首先要遵循公平正义原则,但在不违反公平正义的原则下,也必须考虑成本与收益,也要从社会总的方面考虑效率优先的问题,特别是涉及经济案

---

① 张维迎. 治表性反腐败要适度[N]. 经济学消息报,1995 – 12 – 08.
② 张曙光. 腐败与贿赂的经济学分析[M]//中国经济学:1994,上海:上海人民出版社 1995.
③ 白河. 腐败中的转型将产生什么样的制度[J]. 当代中国研究网,2000(3).
④ 转引自《中国经济大论战》(第七辑),第 151 – 152 页;程恩富,等:《批评张五常》第 48 页、第 49 页、第 165 – 166 页。
⑤ 最富有争议的市委书记[N]. 南方周末,2004 – 02 – 05.
⑥ 《中国经济大论战》第四辑,第 130 页、第五辑第 179 页。

件、环境污染案件时,更要遵循效率和效益优先的原则。

立法时不仅要考虑保证社会的公平正义和社会安全,而且必须考虑是否有利于促进经济的发展,如果某个立法会束缚阻碍经济的发展,那么,立此法时就应特别慎重,或缓立,或宁可不立。

同时,立法也要考虑成本,如果某个法规的执法成本太大,即使花再大的成本也难以执行,这种立法就应该暂缓。如关于禁止放炮的立法,监督成本太高,难以完全禁止;不如从源头立法,禁止或限制制炮、卖炮。

法官办案也不能只考虑根据法律谁有权做什么,谁已失去了某个授权,还应考虑对社会的成本和收益。如对企业破产法的执法,似应首先帮助企业改善经营管理,提高效益,补薪还债,稳定就业,而不宜多判、硬判企业破产。当然,对那些应淘汰的企业,难以救活的企业,无疑应判破产。

对违法案件,办案时也要分析成本与收益,绝不能使违法的收益大于违法的成本。对贪污受贿、偷税漏税案犯,除必须将违法收益全部追回国库外,还应处以罚金,要使违法者感到疼痛,绝不能使其得到任何一点收益。

当然,立法、执法也必须遵循公平正义的原则,不能在国家补偿时尽量少给,在国家收取罚金时尽量多要;也不能反过来,在国家补偿时尽量多给,在国家收取罚金时尽量少要。

在环境经济学方面,科斯也提出了一些有价值的观点和主张,如相互性原理、比较成本收益原则等。这些都给环境经济学增添了新内容。

政府在创新驱动中角色的国外经验[①]

徐则荣[②] 常洪旺

（首都经济贸易大学）

250多年前，当讨论"看不见的手"的理论时，亚当·斯密认为资本主义市场将会进行自我调节，国家的职能只限于基本建设（学校、医院、高速公路）、确保私人财产和其他机制，如"信用"，得到支持和保护。鉴于目前政府的观点，认为国家在促进创新方面的作用仅局限于提供"能带来繁荣的创新所需的条件"。著名资本主义社会学家卡尔·波兰尼如今却从市场的历史起点上阐述了市场自我调节的概念是怎样的一个神话："通往自由市场的路是开放的，并且通过在持续、集中的组织和受控制的干预主义下的巨大增长来保持开放。"在这个观点中，包含了国家强制市场的出现。

英国政府指出：如果政府投资于技术和科学，如若在宏观经济中经得起检验，须确保以强大的法律框架为依托，支持创业集群，那么市场就能在利润动机的激励下完成其他事情。本文认为，国家需要发挥更积极的作用。文中提出的政府的作用，不应仅局限于创造正确的基础设施并设定规则，不只是通过创造"条件"引发创新，而应该是一个引领创新突破的带头机构，采取特殊的政策，营造特殊的环境，带动公司和经济增长。在这一过程中，政府的支持和引导作用显得尤为重要。[③]

本文主要讨论政府如何在不同的创新环境下发挥企业家角色来引领创新的问题。政府需要创新思维，主动定义新的技术和新的技术时代（知识经济），而不是仅仅被动地对新技术和新技术的时代做出反应。要理解这些，我们就需要重新思考：在我们今天所说的企业与政府关系中，政府能够做什么？西方国家政府扮演着重要的角色，其经验值得我们参考。

[①] 本文为北京市哲学社会科学规划项目（12JGB017）阶段性成果。
[②] 徐则荣，首都经济贸易大学教授、博士生导师，长期从事西方经济学与中国现实问题研究。常洪旺，首都经济贸易大学硕士生，研究方向为西方经济学专业。
[③] 胡海波. 政府在自主创新体系构建中的角色[J]. 理论学刊，2012(12).

一、政府在不同创新环境下的具体表现

(一) 政府在突破性创新方面扮演着领导者的角色

关于创新历史的一个基本事实是政府不仅资助风险最大的基础性或应用性研究，而且通常还是最有突破性、最具开创性的创新之源。从这个意义上说，政府在积极地创造而不只是约束市场。所谓突破性创新，是指能对经济中各个部门都产生影响的新产品或新工艺，它能带来新一轮的经济增长。在此方面，政府为创新提供资金、创造条件，建立知识库；从事创新最危险、最不确定的早期研究；设想创新成果的最佳应用领域；发现创新成果实现商业化的途径。事实上，美国创新产业的发展是美国政府在促进足以使整个创造性的各个行业取得坚实成功和全面发展，并且基础知识领域的发展方面起到关键的带头作用。1971—2006 年，美国 88 个最重要的创新中有 77 个（比率来自 R&D 杂志的年度颁奖）被发现完全依赖联邦政府的支持。

(二) 政府在引导创新和经济增长的战略决策上发挥决策人角色

政府在"促进未来几十年经济增长的新技术发展"战略决策上扮演决策人的角色。在美国，政府成为预见新革命可能发生且具有卓越远见的领导者，其做出"不计成败"的初始投资，建立不同公共角色——大学、国家实验室和政府机构之间明确的分工体系，实现协同创新。通过利用这种协同创新的环境，促使政府在大小企业、大学和实验室机构之间不断变更的创新机制中起到主导作用。相比之下，私人部门总是在其中处于次要地位。国家能够发挥的企业家角色作用，最近已经明显可见于美国纳米技术的发展之中。国家已做的投资类型已经超越了简单地创建适当的基础设施、资助基础研究和制定规章制度。具有讽刺意味的是，这种情况常发生在美国——一个在政界经常的讨论中作为比欧洲更具"市场"导向的模范国家。

(三) 政府建立以知识分享为基础的国家创新体系，在引领产业的发展中形成优先领域的技术进步策略

"国家创新体系"这一概念由英国经济学家克里斯·弗里曼（Chris Freeman）于 1987 年在《技术和经济运行日本的经验》中首次提出。[①] 后来为 OECD 所正式接受，并于 1996 年在其报告中提出与弗里曼大致相似的定义，即"国家创新体系是政府、企业、大

---

① 胡海波. 政府在自主创新体系构建中的角色[J]. 理论学刊,2012(12).

学、研究院所、中介机构等为了一系列共同的社会和经济目标、通过建设性的相互作用而构成的机构网络，其主要活动是启发、引进、改造与扩散新技术，创新是这个体系变化和发展的根本动力"[1]。熊彼特认为创新凭借着一股"创造性破坏"的力量整体或部分地替代了市场和行业中的劣质创新，还创造了新产品和新的商业模式，而这种替代也破坏了现任者的领导。在这一替代过程中，创造性毁灭的主要作用就是保持行业的活力以及经济的长期增长。政府的作用不仅是创造知识（通过国家实验室和大学），而且能够调动资源使知识和创新扩散到各部门和经济中，这些作用或者是通过网络或者是通过新的方式达成的。一国走在知识的前列比政策制定者了解知识更能积极地带动产业创新。美国政府承担着工业化驱动的发展功能；东亚国家的政府制定技术上和经济上赶超西方的有效的产业政策。

（四）政府在企业、大学和实验室等机构之间不断变化的创新机制中起主导作用

在美国，政府设立专门的机构实施有组织有纪律的创新，该机构将跨越不同研究和发展地点的思想、资源和人才进行建设性连接。政府人员在推进技术创新的过程中发挥着更直接的作用，他们鼓励研究人员解决特定的问题，培养和培训更多的研究人员以符合人才所需。只有政府，而不是私人个体，才具有战略转移的远景规划，才敢于思考各种可能发生的情况，为新技术的发明创造机会，进行必要的大型投资，使网络中分散的经济参与者有能力进行风险性的研究活动，并允许经济发展和商业化过程的动态波动。在此过程中，政府开拓新思维，将科技运用于除传统军事以外的经济和民用领域，在识别和追逐最具前景的创新路径过程中，政府直接与企业、大学和实验室等机构并肩工作。

（五）政府在私营企业不愿涉足和无力涉足的领域扮演重要投资人角色

创新过程所具有的高风险和不确定性的特点决定了追求利润最大化的企业不愿进入创新的初始阶段，它们较少投资于基础研究领域而较多投入应用研究领域。例如在医药行业，从一项研发项目的开始到结束，创新需要17年，每种药物的花费大约4.03亿美元，且失败率相当高：1万种合成物中只有一种能达到市场验收阶段，成功率只有0.01%。当成功通过验收时，通常会出现研究一种产品时又发现另外一种完全不同的产品的情况。这个过程以机缘凑巧而著称。当然，这并不意味着创新是基于运气，相反它是基于长期战略和有针对性的投资；但这些投资回报是高度不确定的，因而不能被理性经济理论解释，创新过程所具有的高风险和偶然性的特点决定了追求利润最大化的企业较少地投资于基础研

---

[1] C. Freeman. Technology and Economic Performance: Lessons from Japan[M]. London, Printer Publishers, 1987.

究而较多地投入应用研究,因为后者的回报更高、更快。基础研究的投入是市场失灵的一个典型例子。市场本身没有能力进行足够的基础研究,因此政府必须介入。在美国,用于基础研究的支出政府占到 57%,而私人部门仅承担 18%。

(六)政府通过积极干预推动私人部门创新,引导私人创新成果的商业化,驱使私人部门的创新追求公共政策目标

在美国,政府通过立法,为私人部门创新提供一般性税收激励、补贴、快速批准以及知识产权和市场营销权利等。政府从供给方面和需求方面启动干预,奖励创新,并引导资源在一个相对较短的投资期内进入前景良好的公司。无论哪种方式,政府不仅建立起"创新环境",而且积极资助了早期基础研究,并建立了必要的国家机构和私营部门间的网络,用于引致商业发展。这同时解释了19世纪德国的崛起,国家对其技术教育和培训体系的促进作用。

(七)技术变革的历史证明,在创新中政府的关键作用并非弥补市场失灵,而是为新技术积极创造市场

政府的功能虽然不能代替企业阻止创新风险,但却可以制造避险"工具",做到"未雨绸缪",即政府充分利用其特殊地位,通过技术信息服务平台的建设,为企业选择低风险技术创新项目提供良好的环境支持。① 当前,在美国经济刺激计划包括把预算的 11.5% 致力于绿色科技的投资,但是在英国这一数据仅为 6.9%,远低于中国(34.3%)、法国(21%)或者韩国(80.5%)。在历史上,2000 年以来英国一直被看作是在清洁技术方面最具创新力的国家之一,尽管 20 世纪 90 年代英国一直扮演的是落后者的角色,在清洁能源基础设施和研发方面投资的增加是为了兑现政府投资 4.05 亿英镑来实现截至 2020 年减少约 1/3 碳排放目的的承诺。与其他国家相比,英国的清洁技术创新主要来自小企业并且学术界似乎也普遍支持风险资本投资该领域的环境。然而,当美国在清洁技术方面的风险投资在 2010 年收回的时候,英国在该领域的风险投资活动却达到了 2003 年以来的最低值。英国总是缺乏一个可比较的长期金融来源,结果可想而知,它为我们提供了一个失败的典型案例。绿色科技有引领下一代技术革命的潜力,但是如果没有政府的推动,想在缺少大规模投资的情况下实现这样的潜力,则是不现实的。

---

① 王素莲. 企业家技术创新与政府行为[J]. 探索与争鸣,2014(11).

二、借鉴启示

综上所述，我们从国外创新驱动的经验可以发现，政府不只提供基础设施并设定规则，而是一个引领创新突破的领导者；政府不只是通过创造"条件"引发创新，而是在商业集群意识到发展潜力之前围绕新的增长点主动进行战略部署的第一人；对于因风险大而私人不愿进入的研究开发性领域，政府率先进行资金支持；为谋求长久发展对创新成果商业化进程进行调控和监督，政府更好地扮演企业家的角色。

要实现未来国家尖端科学的突破，需要比以往更加深刻地理解政府的重要角色，否则就会错失建设繁荣未来的机会。当然，政府在制定创新政策前，需要明确以下几点，以防对政策的制定产生误导。

（一）创新政策仅强调研发规模是不够的

研发的目标是促进增长。如果一项研发未能实现其目标，那么可以认为研发投资是一种损失。Demirel 和 Mazzucato 研究发现，美国制药产业只有连续 5 年获得专利并且形成联盟的公司才会因为他们在研发上的投资而获得增长。

（二）小企业未必从创新政策中受益

创新对增长的影响对不同类型的公司是不一样的，这些研究有很重要的暗示，认为小公司更为重要。尽管很多高增长企业规模小，但是很多小企业并不是高增长企业，随着大多数刚刚建立起来的小企业倒闭或者超过了核心管理者能力而不能发展，通过补贴或软信贷政策支持小企业在很大程度上将会是一种浪费，因为小企业缺乏很强的生产能力。近期迹象表明，那些喜欢小企业的经济体如印度，已遭受到惩罚。实际上，最具有创新能力的公司是那些从不同类型的公共投资中受益很多的公司。

（三）风险资金不一定偏好风险

在初始阶段，风险资金是很稀少的。因为在早期阶段有很大程度的风险存在于当技术和需要的条件完全不确定时。在不同阶段，风险会随着初始资金的出现而很明显地下降。尽管对于新想法的潜力还具有最多的不确定性。事实证明，风险投资基金倾向于集中在高增长潜力、低技术复杂和少资金投入的部门。在一些生产时间跨度相当长且技术复杂的行业，渴望回报的风险资本对该部门有价值的新产品的生产能力所起到的作用，更多的是破坏而非帮助。

（四）公共主导，私人跟进

私人企业缺乏创新，当政府将风险性领域的风险充分吸收后，它们才会选择进入该领域，然后赚取经济利益。知识经济并不会自发地由下而上产生，但会被自上向下的隐形的工业政策驱使。政府起到了"催化剂"的作用，通过引导投资者，点燃了系统网络反应的最初火花，并使此反应进行扩大，从而知识得以传播。因此我们说，政府是知识经济的创造者。在美国，政府为处于初始阶段的技术公司的投资是私人风险投资的 2~8 倍，政府不仅在初始研究阶段而且在创新商业化阶段起着"领头羊"的作用。

三、结论

从以上分析可以发现，政府都是目标明确、积极主动、有创业精神的，政府愿意承担风险，能够从中长期的角度出发，建立一个高度网络化的系统，使得经济活动的参与者充分利用私人经济为国家谋利益，政府起到了"催化剂"的作用。

同时，政府可以在商业集群意识到发展潜力之前围绕新的高增长地区主动创造发展战略创新驱动经济发展。在探究创新型导向增长中，理解政府和私人部门的角色在其中起到的作用是基础性的。在创新方面，仅仅关注研发费用、专利及分散小企业所需的特定资源，那么就偏离了创新的重点，企图依靠风险投资来推动所有的大项目是不可行的。由此，我们得知国家必须发挥企业家角色以培育危机后的经济复苏，释放私人部门的创业和创新力量。

那么，我国政府在"新常态"发展过程中，可以发挥其企业家角色，尽可能多地领导和激励私人部门通向革新（通过补助金、减税、绿色投资银行等等），从而应对目前面临的危机，因为这些具有领导性的企业家力量是来自于政府部门而不是私人部门。

浅析熊彼特的资本主义理论

申米玲

（西北政法大学）

一、熊彼特的资本主义论

熊彼特的资本主义论就是他关于资本主义本质、特征、发展阶段和资本主义历史命运的理论。这种理论在西方资产阶级经济学家中最具特色，也最少见。

熊彼特给资本主义下了两个定义，一个定义是认为资本主义是经济变动的形式或方法，一个定义是认为资本主义是商品交换经济、自由竞争和私有财产占统治地位的经济形式。这两个定义我们在他的著作中都可以找到证据。关于第一个定义，他表达得十分明确。例如，他说："资本主义本质上是一种经济变动的形式或方法。它不仅从来不是而且也永远不可能是静止不变的。"关于第二个定义，他虽然不是以定义的方式表达，但思想和语言的表达也是比较清楚的。例如他说："我们主要设想的是一个商业上有组织的国家，其中私人财产、分工和自由竞争居于统治地位。"[1]

熊彼特对资本主义经济概括出如下几个特征：私有制经济占统治地位；商品交换经济和自由竞争占统治地位；无剥削；效率高；创新时密时疏；经济发展呈现出周期性；爱好和平。

熊彼特认为资本主义的发展经历了两个阶段，即自由竞争性的资本主义和托拉斯化的资本主义。自由竞争的资本主义是指大约1910年前的资本主义，它的特征就是企业家少有自由活动，他们之间的竞争是弱肉强食的竞争，具有实力的企业压制其他企业，资本主义反复出现企业的建立和倒闭，利润的获得和亏损这样的过程。托拉斯化的资本主义是指大约1910后的资本主义，它的特征是垄断化，企业规模的大型化，它只会提高生产水平和生活水平，而绝不会降低生活水平和生产水平，垄断所带来的技术进步常使商品价格

---

[1] 熊彼特. 经济发展理论[M]. 北京：商务印书馆，2000：8.

下降。

熊彼特有关帝国主义的论述主要集中在他的《帝国主义社会学》一文中。他有两个帝国主义定义：一是帝国主义是资本主义的发展阶段，二是帝国主义是一种对外侵略扩张的军事政策。这两个定义在熊彼特帝国主义理论体系中虽然共处在一起，但熊彼特更强调后一个定义。他指出帝国主义具有侵略性、好战性和扩张性的特征。帝国主义根据自身的特点可分为私人帝国主义、人民帝国主义、宗教帝国主义、乔装改扮的帝国主义和专制帝国主义。所谓私人帝国主义，是指18世纪英帝国主义和马其顿帝国主义。帝国主义的出现是单个人的行为所致。所谓人民帝国主义，是指战争、扩张和征服直接来自人民，人民倾向于帝国主义，统治者只是广阔领域的一个领导和发言人。所谓宗教帝国主义，是指由于宗教教义的渗入引起的帝国主义。亚述帝国、阿拉伯帝国和古代德帝国最为典型。乔装改扮的帝国主义，以公元前264~前146年和公元前29~公元14年的罗马帝国主义为例。这个时期帝国主义的特点不在于它的长时期大规模对外扩张侵略，而在于它的各种巧妙的伪装，在于它比较隐蔽地经过乔装改扮的帝国主义。专制的帝国主义，源于17世纪和18世纪的独裁君主政体。君主认为战争政策是传统的自然产物。战争如同生命的一个组成部分，它可以使统治者更加显赫。只要有机会统治者就发动战争，这并不是个人的奇思怪想。

在帝国主义与资本主义的关系问题上，熊彼特的观点是自相矛盾的。他一方面认为帝国主义是资本主义的发展阶段，另一方面又认为帝国主义不是资本主义的继续和必然阶段，资本主义从本质上是反帝国主义的。他有时说，资本主义有两个发展阶段，即自由竞争性的资本主义和托拉斯化的资本主义（后一阶段就是列宁讲的帝国主义阶段），有时又说把帝国主义看作资本主义的一个必要阶段，甚至说资本主义发展成为帝国主义，都是一种基本性错误。

熊彼特认为，资本主义会灭亡而过渡到社会主义，促进资本主义走向瓦解的是自然规律，这个自然规律就是资本主义的创造性毁灭过程，即自我毁灭过程。

从资本主义向社会主义过渡，由于各个资本主义国家处于不同的阶段，由于社会主义者所采取的方法不同，从而使过渡时期存在的困难程度也不同，熊彼特由此区分了成熟状态下的过渡、不成熟状态下的过渡和变法前的社会主义政策三种形式。所谓成熟状态下的过渡，是指社会主义在技术上、组织上、商业上、行政上和心理上的先决条件倾向于日趋成熟，向社会主义政权过渡已是瓜熟蒂落，资本主义将自动转为社会主义。所谓不成熟状态下的过渡，是指从资本主义向社会主义过渡在物质上和精神上的条件还不成熟，必须通过暴力革命夺取政权实现社会主义。所谓变法前的社会主义政策，是指还没有达到"成熟状态"下的社会主义社会化时，虽然还不能通过修改宪法"和平"过渡到"社会主义"，却可以实行有助于推进"社会主义"实现的"广泛的国有化纲领",如对银行、保险、铁路运输、采矿、电力、钢铁、建筑等行业实施国有化。

二、熊彼特资本主义论的进步和贡献

(一) 承认资本主义的发展有一定的历史局限性

熊彼特承认资本主义必然没落,社会主义必然代替资本主义,即承认资本主义的历史局限性,就这一点来说他比其他任何资产阶级经济学家都要明智一些。作为西方经济学家,熊彼特敢于面对资本主义现实,在西方国家提出与马克思相似的观点,这是很独特的,也是难能可贵的。正如斯威齐所说:"现代正统经济学家,在他们的系统理论分析中,从不试图分析资本主义的演进过程,这点可以说是已成定论,但有一个重要的例外,那就是熊彼特。他的《经济发展理论》是在这方面离开传统标准的一个突出代表。"[1]

庸俗资产阶级经济学家认为,资本主义是和谐的,资本主义国家能够实现生产的协调发展,资本主义是社会生产唯一可能的永恒的自然形式,除了这种形式,不存在其他的社会形式,资本主义制度是永恒的。而熊彼特认为,资本主义具有创造性破坏过程,资本主义不是永恒的,它最终会让位于社会主义,从某种意义上说,熊彼特是较客观地反映了人类社会历史的发展规律。这比露骨地宣扬资本主义永恒论的经济学家来说是一大进步。

一些资产阶级经济学家认为,资本主义还没有走到山穷水尽的地步,资本主义命运问题尚不能盖棺定论,如德国新自由主义者瓦尔特·欧根(Walter Eucken)说:"我们并不知道历史据以发展的规律。社会主义者将自由地选择他认为一种合理和最公平的经济形式。"[2] 在《美国对外政策的政治经济学》汇编中有人写道:"在历史上没有那种迫使我们社会注定要遭到灭亡的决定论……在现有的可能范围内,人们总是自由地选择自己的命运,或者如果人们不能选择和掌握自己的命运,那就得屈服于命运。虽然近年来西方社会略有削弱,但是它还是拥有足够的精力和道德精神来找到摆脱目前危险处境的途径。"[3] 与这些论调相比,熊彼特不否认客观经济规律,并承认资本主义过渡到社会主义这一客观必然性。应当说,他比许多资产阶级经济学家有很大的进步。

(二) 承认资本主义的发展有两个大的阶段

熊彼特认为,资本主义的发展经历了自由竞争性资本主义和托拉斯化的资本主义两个

---

[1] Sweezy, P. M. (ed.) Imperialism and Social Classes. NewYork, Oxford: Blackwell. 1951. p94.
[2] Eucken, W(ed) Grundsatze der Wirtschaftspoliti. Bern:Franckle;Tubingen. 1952. p208.
[3] Eucken, W(ed) Grundsatze der Wirtschaftspoliti. Bern:Franckle;Tubingen. 1952. p208.

大的阶段,这与马克思主义有关资本主义发展的两个阶段论相似,基本上符合资本主义发展的实际情况。熊彼特还认识到完全竞争只是资本主义的理想状态,在现实中是不存在的,只是为理论分析所用,这比那些崇拜和宣扬完全自由竞争市场经济的经济学家来说要现实得多、客观得多。

(三)对帝国主义好战性、侵略性、扩张性和欺骗性的揭露

熊彼特的帝国主义概念虽然不科学,他有时甚至常常把资本帝国与古代帝国相混淆,但他对帝国主义好战性、侵略性、扩张性和欺骗性的揭露却有一定的现实意义,对乔装打扮帝国的揭露更有现实意义。难道现代帝国主义不是在步罗马帝国的后尘,也在搞口头上高喊和平,实际上在制造战争,没有盟国而拼凑盟国,干涉别国内政,先发制人,到处进行侵略扩张吗?

三、熊彼特资本主义论的缺陷和错误

(一)熊彼特着重从生产的技术方面研究和考察资本主义,把资本主义主要看成是迂回的生产形式,这是不正确的

熊彼特从生产的技术方面考察资本主义的产生、发展和灭亡。他认为,生产技术或生产手段的革新(创新的一种)是资本主义发生、发展的唯一的和关键的因素。没有创新就没有资本主义,既没有资本主义的产生,更没有资本主义的发展。创新不断地破坏旧的经济结构,确立新的经济结构,实现经济发展。由于创新的多样性,形成了经济周期;由于创新的消失,资本主义消失而自动进入社会主义。熊彼特将生产技术看成是一种生产手段,认为运用了这种生产手段就可以促进社会的发展。也就是说,生产手段决定资本主义,这与他的老师庞巴维克把资本主义看成是迂回的生产形式的观点是一脉相承的。马克思虽然重视从生产技术和生产变革角度分析资本主义的发展,但他把生产力和生产关系、经济基础与上层建筑结合起来分析资本主义的产生、发展和灭亡。他由此得出,生产力和生产关系的矛盾,经济基础和上层建筑的矛盾,无产阶级和资产阶级的阶级斗争是推动社会发展的动力。熊彼特片面强调技术革新在社会发展中的作用,从而掩盖了资本主义社会的种种矛盾和潜在的危机。

(二)熊彼特有关资本主义自我毁灭的原因的观点是肤浅的,因而是庸俗的

熊彼特关于资本主义灭亡,社会主义取代资本主义的结论与马克思的结论虽然相似,但论据却是完全不同的。正如熊彼特所言,就马克思断言资本主义发展将毁灭资本主义社

会基础这点而言，他的结论是正确的，但在他看来，资本主义并非是在经济失败中崩溃的，恰恰相反，是它的巨大成就破坏了自身的制度，导致资本主义灭亡，社会主义最终取代资本主义。"资本主义制度的实际和预期的成就足以否定它要在经济失败的重压下崩溃的观点，但就是它的成功破坏了保护它的社会制度，'不可避免'地创造出资本主义不能生存下去并强烈地指定社会主义为它继承人的条件"。① 因而他断言，"马克思断定资本主义崩溃的方式是错误的，但他预言资本主义最终必将崩溃并没有错"。②

马克思、恩格斯在《共产党宣言》中指出："资产阶级的灭亡和无产阶级的胜利同样都是不可避免的。"这一结论是建立在对资本主义社会基本矛盾的科学分析之上的。马克思、恩格斯认为，自有人类社会以来，"一切社会的历史都是阶级斗争的历史"，资本主义和资产阶级不仅锻造了毁灭自身的武器，而且产生了自己的掘墓人——无产阶级。资本主义私人占有和资本主义社会化大生产的矛盾导致资本主义必然灭亡。

熊彼特将资本主义自我毁灭的原因归结为创新，认为随着创新带来的资本主义经济的发展，资本主义就会自动灭亡，社会主义就会自然到来。他没有从资本主义社会生产力的不断发展进一步看到资本主义社会基本矛盾的尖锐化、阶级矛盾的尖锐化，看到资本主义给自己培养了力量日益强大的掘墓人。他的观点只是停留在现象的描述上，这不仅是肤浅的、庸俗的，而且会散布资本主义和平长入社会主义的幻想，客观上起到反对无产阶级革命的作用。

（三）熊彼特有关资本主义和资产阶级最爱好和平的观点是不正确的，实质上是美化资本主义

熊彼特宣扬资本主义和资产阶级爱好和平，这纯粹是美化资本主义和资产阶级。列宁在《无产阶级革命和叛徒考茨基》一文中写道："帝国主义，即在20世纪才完全形成的垄断资本主义，由于它的根本的经济特征，则最不爱和平，最不爱自由，到处发展军国主义。"在资本主义国家，资产阶级的战争是资产阶级平时政策的继续，资产阶级的和平是资产阶级战时政策的继续，资产阶级总是互相交替地采取战争与和平这两种形式去实行对人民的统治和对外战争。在所谓和平时期，帝国主义者依靠武装力量，用逮捕、监禁、苦役、屠杀等等这类暴力的手段去对付被压迫阶级和被压迫民族，同时又准备使用战争这类暴力的最尖锐的形式镇压国内人民的革命，去进行对外的掠夺，去压制外国的竞争者，去扑灭外国的革命。列宁的论断已被近现代历史证明。熊彼特关于资本主义最爱好和平的观点，不过是美化资本主义制度，给资本主义涂脂抹粉而已。

---

① 熊彼特．资本主义、社会主义与民主[M]．北京：商务印书馆，1999：120．
② 熊彼特．资本主义、社会主义与民主[M]．北京：商务印书馆，1999：39．

(四) 熊彼特有关帝国主义的概念是错误的,是第二国际修正主义观点的熊彼特化

熊彼特把帝国主义定义为一种军事政策,而不看成是资本主义发展的特殊阶段,这是非常错误的,这是列宁曾经批判过的第二国际修正主义观点的翻版。考茨基就否认帝国主义是"资本主义的一个阶段",而把帝国主义看成是金融资本"情愿采取"的一种政策。列宁指出,这是把帝国主义的政治同它的经济割裂开来,掩饰帝国主义最深刻的矛盾的辩护理论。

(五) 熊彼特有关资本主义向社会主义过渡的观点实质上是资本主义的和平长入论

熊彼特认为,资本主义向社会主义过渡有三种形式,但熊彼特主张"在成熟状态下通过修改宪法"或实行"国有化"政策实现社会主义,这实际上是资本主义和平长入社会主义的谬论。这与他受第二国际修正主义的影响有关。第二国际修正主义者认为资本主义经济中已经有许多社会主义因素,资本主义可以和平长入社会主义。他们极力鼓吹通过"议会的道路"和平过渡到社会主义,主张通过社会改良实现资本主义和平长入社会主义。例如,考茨基就曾讲过,"通往社会主义的道路并没有好几条,而是只有一条,这就是民主制的道路"。① 他进一步主张"以取得议会中多数的办法来夺取国家政权"②。伯恩施坦认为,资本主义制度"具有伸缩能力、变形能力和进化能力",因此对这种制度"不应加以破坏,而应使之进化"。资本主义社会已经产生了社会主义经济的萌芽(如工人消费合作社、垄断组织、国有化企业、劳动立法等),这些萌芽发展的必然结果就会使资本主义和平长入社会主义。因此,他认为马克思、恩格斯关于无产阶级革命的理论是一种"错误的过时的"理论。他主张要"坚定地运用""更加人道的观察法""为阶级斗争创出比较缓和的调停形式"。说什么"在百年以前想来是需要流血革命的改革,在今天则只需要用投票、示威运动以及诸如此类的威压手段就能贯彻了"。"在任何情形下都不应一般地实行暴力的剥夺,而应通过组织和法律实行渐进的交代。"③ 熊彼特的和平过渡论观点与第二国际修正主义者的观点是一脉相承的,实际上,资本主义和平进入社会主义是根本不可能的。

(六) 熊彼特把帝国主义看成前资本主义残余的产物,这种观点是错误的

列宁指出,帝国主义最深刻的根源是资本主义的经济基础——金融资本、金融寡头的

---

① 考茨基. 马克思和马克思主义[J]. 德社会杂志(德文),1933:189.
② 考茨基. 新政策[J]. 新时代周刊,1912-08.
③ 考茨基. 新政策[J]. 新时代周刊,1912-08.

垄断。资本主义的发展经历了自由竞争资本主义和垄断资本主义（帝国主义）两个阶段，随着生产和资本的集中化程度的增强，就会出现垄断，银行垄断资本和工业资本的融合最终形成金融资本，金融资本的形成和统治意味着资本主义进入了它的最高阶段——帝国主义，既控制银行又控制工业的金融寡头同政府进行联合，以此控制国家机器。熊彼特把帝国主义与垄断资本相割裂，认为帝国主义产生于一个国家的侵略倾向，把帝国主义看成前资本主义残余或非资本主义的产物，这歪曲和掩盖了帝国主义的经济基础和经济实质，这完全违背历史，是非常错误的。

纳尔逊的女性主义经济学评介

黄蕾　岳淑芳①

（云南大学　云南财经大学）

朱莉·纳尔逊（Julie A. Nelson）是女性主义经济学的创始人和重要研究学者，为女性主义和女性主义经济学做出了巨大贡献。

一、女性主义经济学的兴起

现代新古典经济学传承自重农主义，以一种"静态的""原子论"哲学观作为基础的西方"主流"经济学；而作为传自重商主义的、以"动态的""系统的"和"有机的"世界观作为哲学基础的，被认为是"非正统经济学"而被排斥。

新古典经济学基于之前经济学的利己"本性"和个人对自身利益的最大化追求等内容形成了具有标志性的"理性人"假设：以个体效用函数和稳定的偏好为前提，追求个人利益最大化。20世纪以后新古典经济学成为极具范式的主流经济学，但是也使新古典经济学面临着诸多的批评和争议。

首先，假设或者模型的前提是对是错对经济学分析毫无意义，新古典经济学只看重数理分析之后得出预测一般规律的趋势。其次，数学和模型的应用，变量的简单的人为化处理，使得其得出结果上的"准确性"。再次，数理分析后的结果，只能展示经济现象的表层关系，不能揭示其出现的深层原因。最后，所有的模型和假设都要达到均衡，而事实上，在现实的经济生活中，均衡永远只在瞬间存在。过多地使用和依赖数理模型和数学方法，使得新古典经济学家被诟病是数学的某个分支学科。

非正统经济学对新古典经济学的这种"范式"提出了批判，也形成了很多分支，而女性主义经济学作为其中的一个分支，随着20世纪女性主义的浪潮而兴起，沿用非正统经济学的研究方法，用动态的、有机的方式对待客观经济现实，将"性别"这个被新古典经

---

① 黄蕾，云南大学经济学院，博士研究生；岳淑芳，云南财经大学国际语言文化学院讲师。

济学摒弃的因素和"家庭"这个被忽略的经济范畴纳入经济学领域,关注女性在经济生活中的地位,正确估计女性的劳动价值,重视女性作为消费者的地位。

二、纳尔逊的女性主义经济学

(一)纳尔逊和女性主义

纳尔逊提出了一种思考性别的方法,并认为其有助于评估女性主义的各种项目:把性别和价值视为独立的维度,那么性别的"差异"可以认为是"缺乏""互补"或是"偏离"的关系。

纳尔逊用图像表述女性主义学者如何重新构建"男性化"和"女性化"之间的关系。也提出"性别差异"不是女性和男性之间的生理性别差异,也不是现实生活中男性和女性社会影响的不同,而是使用"男性化"和"女性化"作为新的认知方式。

纳尔逊试图通过简单的图(见图1)用更高的维度代替等级二元论主导性别概念在认知能力中的根深蒂固,提出一种双级的对等关系。"男性化"和"女性化"并不是对立的,允许使用"互补""缺乏"替代"对立"是更合适的做法。在"缺乏"方面考虑性别时,男性气质由某些属性定义,而女性气质则由缺乏而定义。亚里士多德认为"女性就像是无能为力的男性,呈现出一种无能为力的状态"。而对于"偏离"的观点也来自亚里士多德:任何不像父母的东西在某种程度上已经是怪物了。从第一个女性产生,这种偏离就存在了。虽然女性和男性有相似之处,但是更多被认为是"偏离""变形"或者"扭曲"。而"互补"则是再一次来源于亚里士多德:虽然身体来自女性,但灵魂却来自男性,虽然两者相互补充,但却存在着不对称的等级差异。图片用来表述她想表达的"缺乏""互补"和"偏离":水平代表"互补";垂直代表"偏离";对角线代表"缺乏"。

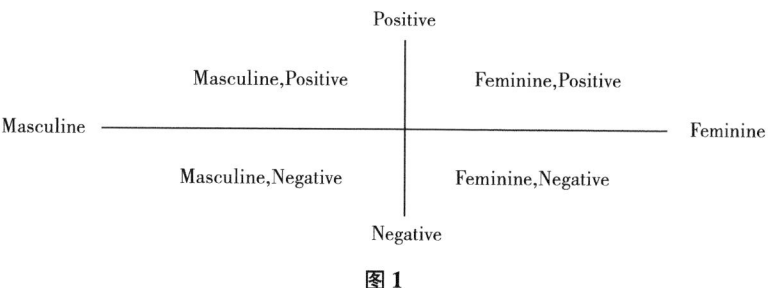

图1

但是帕特里夏·艾略特对此提出了异议:认为纳尔逊是通过重新评估过去在性别歧视模型中的女性价值,试图建立一种非性别的建构。艾略特认为性别社会创造了性别类别,每种性别被强制执行不同的规范,在一个没有兴趣监督这些规范的非性别社会中,这样的性别类别就没有保持的必要。

纳尔逊则反驳：性别特征"男性气质和女性气质"和性别差异"男性和女性"是不同的。即使一个人身上同时出现男性气质和女性气质，也不能改变其物理属性（男性或者女性）。她认为所有男性和女性都希望在每个领域具有积极的特征。各种特质与严格的性别约束相关联，体现出强烈的性别歧视。她认同这样歧视的存在，但是却不赞同根据这些所谓的"性别歧视"来划分性别类别。

（二）纳尔逊和女性主义经济学

著名经济学家 Thomas Mayer 和 Lawrence Summers 呼吁女性主义思想可以加入并引起经济学价值体系的变化。纳尔逊将在女性主义中的思考引入经济学中，研究女性主义，研究女性主义经济学是为了更好地研究社会经济问题，把现实的问题，如贫困、歧视、不平等、犯罪、婚姻、性别、宗教、教育等问题纳入经济学的研究范畴，而这些问题都与女性有关。

她认为女性主义包括但不仅限于政治目的，女性主义的形式是多样的，但是它有一个共同点，即都致力于弥补历史视角下女性的弱势。在经济学范畴内体现为鼓励女性在该专业领域取得进步，或者在女性主义中运用经济分析。

经济学是在人类的社会中发展和完善的，那么我们就不得不承认人类的局限性，偏好、感性偏见会对经济学产生影响。纳尔逊认同人类永远无法表述现实，并且不能完全掌握它，只能通过内心的过滤器，尽可能利用自己的认知能力去看世界，所以认识上的阻碍会使得科学与性别之间的联系取决于隐喻的联想。客观性、分离性、逻辑性、个人能力、数学、抽象、缺乏情感和科学都与严谨、坚毅的男性气质相关，同时，主观性、关联性、直觉性、合作性、具体性、定性分析、情感性、自然性与软弱温柔的女性气质相关。

这种观点的关键在于我们对价值观的判断：即我们对待性别的态度在经济学发展中是有功还是无功的。我们需要的是一种不会混淆"gender"和"sex"的价值判断，我们需要的一种人类行为概念，它既包括自主性和依赖性，也包括个性和共性、理性和感性，它可以适用于任何性别的经济主体中。

（三）对新古典经济学的批判

纳尔逊对新古典经济学进行了批判，对经济模型、经济方法、经济主题以及经济教育学等方面都提出了不同的意见。

1. 经济模型

关于过度使用数理模型来解决现实的经济问题。她认为很多经济学家偏爱使用抽象的数理模型并不是因为他们相信数理模型能够体现现实客观的世界，而是因为他们认为使用数理的方法比其他方法更加严谨和容易分析。新古典主义经济学分析中忽略社会和情感的因素，使歧视成为一个潜在的问题。

女性主义科学理论在经济学中的运用表明我们判断"好的经济学"的标准是有偏颇的，使用比较少偏颇的评价标准能够帮助经济学更好地发展和实践。经济学中四个不同的方面存在偏见：模型、方法、主题和教学法。

主流经济学的核心是理性人假设，根据外部强加的约束做出优化的选择。理性人在社会中相互作用而不受社会影响，价格是唯一必要的沟通形式。女性主义学者认为，目前忽视人类行为的社会和情感层面（通常与女性有关）对经济活动来说是一个严重的限制。女性主义经济学家认为不应该只有一种经济模型，而应该有很多种。模型的选择应该由它是否在经济实践中有用来决定，而人们不应该由受过培训的一种单一特定的模型来分析一个学科。

2. 经济方法

新古典经济学家认为，研究方法的质量取决于数学的严谨性。严格遵守逻辑和数学规则，在假设和模型中应用复杂的计量经济学，使得社会学脱离了"政治学"或者"社会学"等"软领域"。女性主义经济学家寻求包含男性和女性都认同的积极品质的一种灵活的，不同环境中都适用的，具有人文性、丰富性并且有力量的逻辑的科学的精确的实践。

女性主义经济学不反对使用数学的方法，但数学的方法并不能成为全部和唯一的方法。她提倡用口头历史、法庭案件、社会调查等方式来补充计量经济学。这些替代的方法可能比直观的抽象模型更加有用和客观。在搜集数据的过程中，也不应该忽视个人的经验。

3. 经济主题

经济学通常被定义为对事物（货物、服务、金融资产等）进行交换过程的研究。根据这一定义，大多数传统的妇女照料家庭、儿童、患者和老人的过程都被认为是"非经济"的。事实上，家庭这个范畴在经济学家的世界中经常被忽略。

贝克尔所谓的新家庭经济学把博弈论引入了家庭分析中，这对女性主义者来说是一把"双刃剑"。一方面他们把主流期刊引入了一些家庭问题的讨论中，另一方面他们严格遵守新古典经济学的研究方法和模型的狭隘标准。

经济学的范畴不应该仅由市场化来界定，而应该将更多的社会因素加入其中。亚当·斯密把经济学定义为不仅仅是关于选择和交换，而是关于所有生活必需品的生产和分配，强调人类需要生存和繁衍的东西。

纳尔逊提出，家庭内部的权利关系，内部的对抗以及家庭成员之间相互关心的关系使得对家庭内部的经济问题的分析脱离了标准的新古典主义经济模式。所以女性主义经济学在分析家庭内部经济问题时出现了两个最大的特点：经济责任和利他主义在新古典经济学中是完全不会出现的，而纳尔逊则提出了新的需要分析研究的内容。

4. 经济教育学

许多经济学家都对经济学教育提出过质疑，但是女性主义经济学家明确指出对教育改革的抵制根植于性别与价值的一般文化联系之中。改革同样存在于经济学教育中的男权思想，有助于给经济教育学的改革带来正面的影响。

经济学的定义应该更加广泛，经济学教育需要培养批判性、分析性和创造性地思考经济问题的能力的学者。女性主义经济学家认为，传统的经济学课程是必要的，但是一些理性以外的内容，如情感的学习也应该给予关注。

三、女性主义经济学的现实意义

女性主义经济学不仅对以新古典经济学为代表的西方主流经济学的哲学基础和方法论提出质疑，而且对现实问题的分析和解决，女性主义经济学也显示出了优越性。

经济学需要家庭理论来理解生产、消费和储蓄如何在家庭中发生：生产和消费，以及这些决策是如何进行的。社会科学需要了解家庭如何参与市场、要求和提供商品和劳动力的框架。需要知道家庭内部是如何形成和维持人力资本的。政策决策者也需要更好地了解家庭正在发生的事情，可以改善与儿童贫困和儿童抚养有关的政策；改善与儿童贫困和儿童抚养有关的家庭部门储蓄；改善家庭住房，福利和工作培训；社会保障；老年照料；医疗保健等。而这些内容正是女性主义经济学研究的范畴。

繁重的家庭劳动和与男性相同的职场工作时间，共同带动了整个家庭的运转。女性在家庭生活中的回报并不能被精确分析。现代社会，"养儿防老"的观念正慢慢褪色，可以说几乎所有的家庭劳动都是"无利可图"的，纳尔逊总结其为"利他主义"。而在职场上的"男女平等"同时使女性面临着和男性一样"经济责任"。

如何使女性在工作和家庭中获得更多公平的权利？如何使女性在社会中的价值被正确估计？社会应该如何进步和发展？国家和社会应该如何制定措施和政策促进这样的进步和发展？女性主义经济学家的研究能够做出一定的贡献。

四、女性主义经济学的优点和不足

女性主义经济学并不是女性的经济学，只能由女性来实践。纳尔逊认为女性主义经济学是对目前经济学的改进，为男性和女性在经济学领域提供公平对等的客观研究。女性主义学者呼吁社会关注人类痛苦的具体原因。女性主义经济学的学术研究表明，经济学在其模型、方法、主题和教育学中含蓄地反映了一种扭曲的男权思想，并不能真实解决社会上的经济问题。女性主义经济学家认为使用更广泛的工具以及研究更广泛的经济活动的领域会使得男性和女性从业者从事研究更具生产力的学科。

笔者认为，从根本上看，经济学研究是一种社会科学研究，一味地依赖数学模型，把复杂的社会化因素简单人为处理，使之服务于模型，是一种"偷懒"的行为。

女性主义经济学旨在提倡用两性的世界观分析经济活动，而不是只用男性的角度来看待问题，世界是多元复杂的，不能因为那些复杂的因素（情感、意志、风俗、传统、宗教、性别等）无法用数理方法来分析，就忽视它们在经济生活中的重要性。模型和数理可以分析出一般趋势，却不能解决现实问题。

女性主义经济学家虽然将"女性"和"家庭"的因素纳入经济的范畴，是重大的进步，但是以贝克尔为代表的家庭经济学也关注到"女性"和"家庭"的因素，并把新古典经济学的研究方法引入其中，更为靠近西方主流经济学，相较于女性主义经济学有更大的社会影响力。女性主义经济学不仅要和忽略"女性"这个因素的西方主流经济学"博弈"，也要和关注"女性"这个因素的家庭经济学"抗衡"。

新古典经济学的"范式"研究，使其受到了非正统经济学的批评，但是不可否认，也正是这样的"范式"研究使其成为成熟的经济学流派。而女性主义经济学的复杂的、缺乏"范式"的研究，也使其不能形成成熟的体系，取代其所批判的新古典经济学在现代经济生活中的地位。在经济问题的研究中，不能精确提供解决方案和措施手段，这样的不完善也使得女性主义经济学被诟病为只是一种"思想"而不能成为一种"流派"。

女性主义经济学作为一门学科，纳尔逊做出了里程碑式的贡献，但是女性主义经济学想要克服困难，解决问题，依然有一个漫长的过程。

凡勃伦的隐秘遗产：一个三分法

徐士彦[①]

（云南大学经济学院）

一、二分法的诘难及其回应

制度主义式的演化经济学根植于循环积累的因果关系观念，通常认为这一观点来自凡勃伦对达尔文演化思想的自然引申。凡勃伦认为，"一种进化的经济学一定是一种由经济利益所决定的文化发展过程理论，一定是一种由过程本身来说明经济制度的积累性序列理论"。而"凡勃伦二分法"则是这一观念的具体呈现。具体来说，一个积累变化的过程序列由两部分的力量所展开：它们要么是对经济有益的，是由进步因素所组成的"技术/工具"体系；要么是对经济有害的，是由保守因素组成的"制度/仪式"体系。这样的划分即被称为"凡勃伦二分法"，而社会文化的演化就来自于这两个体系所维持的长期冲突。

然而，这一方法在制度主义的传统中有着不小的区别，尤其是在"凡勃伦—艾尔斯"的谱系中，凡勃伦和他的追随者产生了不小的分歧。就一个方面来说，在凡勃伦的二分法框架中，本能—习惯心理学是它的基石：制度是思想习惯的自然产物，而思想习惯又源于人类的本能，它产生于本能，又引导着本能。因此，凡勃伦的二分法是一个本能、习惯、制度的复杂反馈机制。

然而，绝大多数的制度主义者或多或少都对这种建立在行为主义上的二分法颇有微词，总的来说矛头直指艾尔斯。其中最为辛辣的质疑，来自老制度主义的当代传人——杰弗里·霍奇逊。他认为，艾尔斯的二分法本身就不具有合法性：凡勃伦根本就没有一个一般化的技术/制度二分法，二分法完全源于艾尔斯对凡勃伦的误读。与此同时，托尼·劳森（Lawson，2003）也给出了许多证据表明技术/制度的二分法实际上是源于对制度和技术的行为主义定义。

[①] 徐士彦，云南大学经济学院，博士研究生，主要从事非正统经济学方面的研究。

另外一些不那么激进的批判由威廉·沃勒所总结（Waller，1994，p.369-372），总共包括了三种形式：①二分法中"制度"和"技术"这两个术语的定义在制度主义者中的用法不具有一致性，这意味着这两个术语本身是缺乏标准化定义的，或者说是定义太多，需要进一步的阐述。沃伦·塞缪尔审查了制度主义者对"技术"和"制度"两个术语的用法，发现它们和它们之间的关系在使用中并不是一致的，沃勒对此的结论是，从凡勃伦到福斯特，"制度"和"技术"的概念确实发生着演变。②艾尔斯的"工具价值理论"和图尔的"社会价值原则"将"价值"等同于连续性，使得二分法变成了无关乎群体异质性的人类基本策略，并没有采取根据不同文化进行的分类。③二分法在运用中有逐步脱离真实社会过程的倾向，在一些学者眼里，它已经变成了一种二元论的结构。

不难发现这些问责是站得住脚的。艾尔斯确实使制度主义的航线偏离了他的奠基者，并且使制度主义往奇怪的方向发展，尽管后继者们有过修正，但艾尔斯的影响确实足够深远。

不妨将艾尔斯的二分法视为凡勃伦的思想在特定时代下的一种反应，那么尽管为人所熟知的凡勃伦二分法似乎来自艾尔斯的原创，但追究他在多大程度上误解了凡勃伦的内容是不重要的。人们总是有着自己的信念，并会对先前出现的类似观点寄予厚望。对于这一显而易见事实的更加深刻的阐述，来自结构主义文学理论家和文学评论家罗兰·巴特的《作者之死》。概括地说，巴特的观点可以归纳成作者、文本、读者之间关系的五个方面论断：①作者对于文本的主导权不具有历史必然性；②作者从来就不是文本的唯一主体；③作者从来就不可能先于文本而存在；④消灭作者才能拓开文本的多维空间；⑤作者的死亡意味着读者的诞生。在巴特的观念里，读者被赋予了很大的权利，而作者的垄断解释权消失了。阅读更加接近于游戏，而不具有很强的指向性引导。

那么巴特的观点是否是可以被完全接受的呢？笔者认为不必，但尝试融入这样的观点至少有着两点好处：①它将文本置于开放性的对话中，不存在有更接近作者原有意图的绝对性权威解读，一切解读都是可行的；②多元化的解读赋予了文本多元化的意义。因此，部分接受这样一种观点赋予了我们接下来基于推测和想象力来说明皮尔斯和凡勃伦之间的关系，这样一种不太"科学"的做法的合法性依据。

二、皮尔斯与凡勃伦

应当承认，对于凡勃伦这样一位"令人头痛的天才"，任何将他的思想归结于某些源泉的做法都是武断的。一旦某些凡勃伦的源泉与其他的源泉产生冲突的时候，这样的武断做法很容易产生一些奇怪的结论。因此，梅休的说法更为妥当：凡勃伦的经济学是一种"美国现象"，他"立足于那些当他们正试图去理解这个世界发生的社会经济变迁时恰好涌现出的新的社会科学",即"进化、文化、文化相关性以及工具评价"的思想。而皮尔斯"恰好"是这种思想的一个热情的拥护者。

1872年,当皮尔斯正在马萨诸塞州的剑桥组织起后来赫赫有名的"形而上学俱乐部"的时候,凡勃伦离进入卡尔顿学院的预科班学习还有两年。一波三折之后,皮尔斯在1879年获得了霍普金斯大学逻辑学讲师职位。1881年,凡勃伦追随他的哥哥安德鲁·凡勃伦的脚步,来到了霍普金斯大学,希望攻读他的博士学位,这个时候凡勃伦和皮尔斯相遇了。

有三点理由足以说明皮尔斯对制度主义来说是极为重要的(Mirovski,1994,p.149-150):①大多数的第一代制度主义者很大程度上受到了实用主义哲学的影响,要么是皮尔斯直接起到了作用,要么间接地通过詹姆士和杜威产生了作用;②由于对20世纪分析哲学的不满,实用主义的某些原则已经被复兴;③皮尔斯可能是第一个用经济学方法分析科学的人,尽管他对任何夸大贪婪的有益作用的观点都持怀疑态度。有些学者已经意识到了这种重要性,有关凡勃伦的"随意的好奇心"和皮尔斯的"缪斯门特"的相似,以及凡勃伦的博士学位论文《康德的判断力批判》中所显示出来的对皮尔斯的溯因逻辑的理解和其他一些在逻辑上的一致性已经得到了充分的说明;同时,皮尔斯的"连续论"也被认为是凡勃伦积累性因果关系的一个更不为人所知的基础,而他对于凡勃伦的演化观念影响是足够明显的(Luz,2017)。这些都足以说明皮尔斯对凡勃伦的影响。

然而,正如米洛夫斯基(Mirovski,1994,p.152)说言,任何不涉及皮尔斯符号学的有关这一命题的论述都是不完整的。那么,凡勃伦是否有一个皮尔斯的符号隐喻呢?

三、凡勃伦的符号隐喻

上文已经说明了皮尔斯与凡勃伦之间那种微妙的联系,以及我们在这种证据不充分的前提下采取的做法可能导致的结果与凡勃伦的本意相去甚远时所采取的态度。本节将说明凡勃伦的一个符号隐喻。尽管这么做可能是错的,但我们相信它所带来的好处和它产生的问题至少是一样多的。

(一)皮尔斯的符号三分构造

众所周知,皮尔斯对事物的三分抱有偏执的热忱。不同于受洛桑学派影响的结构主义符号学创始人索绪尔的符号二分构造,符号结构在皮尔斯的体系中是一个不可分割的三元关系,语言并不是符号学的基础,符号也不是符号学的核心,符号过程才是。这个三元的关系包括:①再现体,指的是替代或被再现出来替代另一个东西的那种东西,这样一来,其他东西就可以被某种可以代替再现的东西替代(MS 802),也即"有意义的"那一物体,皮尔斯有时也称之为符号。②对象,指的是已知的单一存在物,或者是一种被认为是先前就已经存在或先前就预料到会存在的某物,或者是这类事物的集合,又或者是一种已知的品质、关系或者事实(CP 2.232)。③解释项,指的是符号在解释者心灵中创造的某种东西,并且符号的对象也通过某种间接或相关的方式创造了这种东西,对象只有通过它才获得意义(CP 8.179)。解释项包括三种,直接解释项是指符号有意计划或自然产生的一种"完全不能拆分的效力",这种效力自然地引导着解释者如此解释他的符号;动力解释项是由符号所产生的,并且施用于解释者的直接和实际的效力;最终解释项是符号对任一解释者所产生的一种规则式的效力。符号的三元关系总可以被简单地表达为"对象—再现体/符号—解释项"。

在皮尔斯看来,符号是一个终极的、不可简化的范畴,是连接我们内心世界和外部世界不可避免的纽带,因此所有的表征都是通过符号进行的,所有的思想都处于符号中。那么,符号为什么是符号呢?皮尔斯给出了符号之所以成为符号的四个形式条件(CP 1.444):①符号呈现条件,符号必须在某个方面或在某种能力上呈现出那个对象,或者与那个对象的相互联系。②符号的再现条件,一个符号必须与一个对象相互关联,或者它必须能再现一个对象(CP 2.230)。③符号的解释条件,无论是潜在的还是实在的,符号必须能够决定一个解释项,符号为了成为符号,就必须对某个符号使用者再现某种东西,即可以再现某种再现为再现的东西(W 1:323)。④三元条件,指的是再现体/符号、解释项、对象之间必须是一种不可化约的三元关系,三者都只能通过这种关系获得自身的意义(CP 5.484)。因此,在前三个形式条件中,每一个条件都必须以其他条件为基础,符号的再现能力要求它在本质上具有在某个方面被解释为对象的符号的某种能力;只有当符号被解释以至于可以在某个方面再现一个对象时,它才具有这种被解释的能力。题下之意,哪里有一个符号,哪里就有两个符号,哪里就有三个符号,依此类推。这意味着一个符号是无限衍义的过程,因为它在定义上不可能终结,因为解释符号的符号依旧需要另一个符号来解释(赵毅衡,2016,p.101)。因此,一个最终解释项可以被"翻译"到另外一个符号过程。

(二)"浪费"的符号表述

在直觉上,凡勃伦的"有闲"和"消费"是一个明显的符号概念,甚至整本《有闲阶级论》都可以看作经济交易符号学的一个绪论,是皮尔斯符号学所引申出的一部杰作。但它们为何确实是符号则需要通过皮尔斯的符号形式条件得以验证。

制度既然是一种习惯,那么在一个制度下所展现出来的行为特征就需要回到先前的时代中寻找它的真正成因。凡勃伦按照"工业技艺水平"的不同,将人类社会分为四个阶段。在凡勃伦看来,"浪费"是一种礼仪的表现,是博取荣誉的手段,它被认为是一种

"高尚的品格",而生产活动被认为是"无生气"的,并且总是与这种品格不相符的懦弱和服从联系在一起。另一方面,无论是"有闲"在时间上的"浪费",还是"消费"在财富上的"浪费",它的作用在于能够给出本人或主人是否是符合仪式标准的评判准则,在金钱的衡量标准下,如果社会关系并不是那么复杂,那么个人完全可以通过有闲或代理有闲的方式显示自己虽然远离生产领域,但依旧生活的富足的证据;当社会关系开始拓宽,人们就需要另一种更能直接显示自己支付能力的手段,即"消费"或"炫耀性的消费"。不过,支付能力的差别仅仅是表面的,"浪费"如果不能将人的身份地位具有歧视性的差别显示出来,就不是"仪式适当"的。

现在,如果假设那种符合仪式准则的身份地位是一个直接对象的话,那么"浪费"无疑是一个符号,因为"浪费"再现了身份地位的差别,它们在品质上也是直接相关的。因此,符号的呈现条件和再现条件得到满足。另外,迫使"浪费"成为身份地位形成的符号过程的原因,在于竞赛动机,因而竞赛动机是一个动力对象。"浪费"如果不能被人所解释的话,那么它就毫无用处,因此,"浪费"的直接意图,是显示出支付能力上的差别,它还迫使着看到"浪费"的人对其进行效仿,并且这种支付能力上的差别在共同的文化背景下直接导向的是身份地位的差别。"浪费"的解释条件也得以满足,并且易知这一符号的直接解释项是"支付能力",动力解释项是"效仿",最终解释项是"身份地位"。总之,"身份地位""浪费"和"支付能力"三者之间的三元关系是明确的,如图1所示:

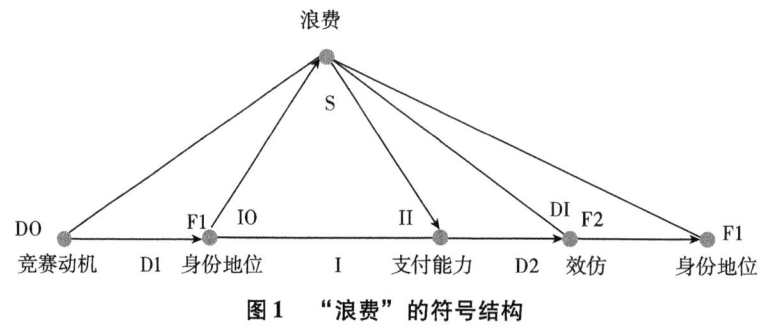

图1 "浪费"的符号结构

其中,DO 表示动力对象,即竞赛动机;IO 表示直接对象,即身份地位;S(sign)表示再现体/符号,即"浪费";II 表示直接解释项,即支付能力;DI 表示动力解释项,即效仿;F1 表示最终解释项,即身份地位;I 表示符号的直接观象;D = D1 + D2 表示符号的动力面;F = F1 + F2 表示符号的最终面;箭头表示决定顺序。"浪费"的符号表述得以完成。

可以发现,这样的符号表述绝不像那个广为人知的"凡勃伦效应"那样简单,这么做至少有两点好处:第一,符号学因其易操作的特点,有时也被誉为"文科的数学",借助于这样的形式论，可以使得制度主义中那些深邃的思想和理论变得"平易近人"，也便于制度主义理论的传播。第二，使用符号的方法论体系使跨学科的交流便捷有效，尤其是对研究者自身而言，易于在其他领域找到相关的证据。正如李幼蒸（1999）所言，只要在某个专业的术语后面加上"符号"两个字，就很容易在符号学乃至引申出的其他学科中找到相对应的概念。这也是非正统经济学有别于正统经济学的一贯作风。当然，使经济学成为符号学帝国的一员也是需要警惕的。

分工学说的历史演进及其影响再探讨

赵茂林[①]　潘越[②]

（安徽财经大学经济学院）

一、分工学说的历史演进

分工思想的产生历史悠久，早在古希腊城邦社会，色诺芬、柏拉图就曾经提出了分工思想的雏形；古典经济学将分工作为经济学研究的重点，并将其发展完善；马克思在继承古希腊和古典经济学的基础上，进一步发展分工理论；新古典经济学使得分工思想逐步弱化；在包括新兴古典经济学家在内的众多经济学家的努力下，现代分工理论又逐步回归。

（一）古典经济学派分工思想

1. 威廉·配第的分工思想与集群经济

在其代表作《政治算术》以及《再论与伦敦城市增长有关的政治算术》中，威廉·配第多次提及分工思想，也首次涉及了集群经济。威廉·配第将政治经济学的研究角度从流通过程转移到了生产过程，且将统计学的方法引入了经济学研究之中。对生产领域的关注，使得其注意到了分工对于提高劳动生产率的重要作用。威廉·配第的开创性在于他运用统计学的方法将分工对劳动生产率的提高进行了直接形象的反映。同时，在《再论与伦敦城市增长有关的政治算术》中威廉·配第发现了分工之后各个行业之间的联系，提出了企业集聚对经济增长、提高劳动效率有正向促进作用的观点，也成为后来集群经济的思想源泉之一。

2. 亚当·斯密认为分工是经济增长的原因

亚当·斯密在《国富论》中以制针这一行业为例，通过数据直接反映了分工对劳动生

[①] 赵茂林，安徽财经大学经济学院教授，硕士研究生导师。
[②] 潘越，安徽财经大学2017级理论经济学硕士研究生。

产率的促进作用,并进一步分析了分工促进劳动生产率的三种原因。社会分工使得劳动者长期从事一项工作,为其提高劳动熟练度提供了可能,也减少了频繁更换工作的时间和成本,而且为行业内的专业器械的改进创造了条件。因为分工起源于交换,而交换表现在市场的成熟程度、规模、运输效率等方面,因此分工的程度与市场规模等因素是密不可分的,并以此为依据来解释交通发达地区分工程度高这一经济现象。

3. 大卫·李嘉图（David Ricardo）与比较成本理论

大卫·李嘉图的比较成本理论是国际贸易分工理论的关键组成部分,他首次明确了比较成本的现实意义,建立了完整的比较成本理论。大卫·李嘉图的比较成本理论以两个国家贸易分析为例。他认为,当两个国家因为地理位置、人文历史等因素的不同,生产两种商品的成本存在差异的时候,如果分工合作,各自生产本国处于比较优势地位的商品,那么两个国家就可以实现双赢,通过交换获得利益。李嘉图的比较成本理论为解释国际贸易分工以及国际贸易利润归属等问题提供了一个崭新的思路,推翻了利润归属于低成本国家的传统国际贸易理论,为自由贸易提供了理论依据。但是其理论受当时的历史局限,也存在着很大的问题,包括国际间劳动、资本的不流动,以及不存在贸易壁垒等假设与现实差距甚远。

（二）马克思主义的分工思想

马克思的分工思想是建立在对柏拉图、亚当·斯密等前人的理论的批判与继承基础之上的分工理论,是经过后续马克思主义者的丰富和发展而形成的分工理论。

1. 马克思的分工思想

（1）分工的原因

马克思认为分工产生的原因有:劳动力的发展、自然分工、生产所有制。马克思在亚当·斯密的基础上,进一步深入本质,认为是劳动力的发展带来了剩余产品,而剩余产品导致了交换的发生。交换的进一步发展则产生了分工。在继承前人关于自然分工理论的基础上,马克思进一步将自然分工细分,并将其作为分工产生的基础。马克思认为自然分工包括生理差别导致的分工以及地理差异导致的分工。生理差别以及地理差异等自然因素的差别表现在生产领域就带来了分工。生产所有制的变革也是分工产生的重要原因,生产资料私有制产生之后,人与人之间必须要进行交换,这也是分工产生的基础。

（2）分工的形式

马克思首先将分工分为自然分工和社会分工,然后把社会分工进一步细化为一般分工、特殊分工以及个别分工。马克思认为分工具有自然属性和社会属性,因而将分工分为以性别差异以及地域差异为基础的自然分工和体现社会属性的社会分工。自然分工是社会分工的前提和基础。在社会分工中，马克思按照自上而下的顺序将其分为三个层次。第一个层次是将社会分为若干生产部门，并称之为一般分工。第二层次是在各个生产部门内部的分工，将生产部门分为若干经济单位，称为特殊分工。而最后一种分工是个别分工，也可以称为技术分工，是生产组织内部的分工。马克思对亚当·斯密等模糊的分工概念进行了批判，认为"亚当·斯密经常混淆这些极不相同、虽然互相补充但从某种意义上来说也互相对立的分工"①，明确区分了社会分工和技术分工的概念。

（3）分工的后果

马克思在肯定分工对生产力发展、市场经济发展以及人的技能提升的促进作用的同时，也注意到了分工对人的发展造成的损害。分工带来了劳动效率的提升，体力劳动和脑力劳动的分工对人的知识水平以及技能水平产生了重要的积极影响，从而极大地促进了生产力的发展。马克思在《资本论》中提出"商品生产是以分工为前提的"②。分工与交换是密切联系、相互促进的。而交换是商品经济的表现形式，交换的扩展对市场经济的形成与发展起到了重要的推动作用。但分工导致了劳动者工作的专一化，使得人的发展出现了片面性，人的发展的畸形违背了人的发展的本质，也违背了经济发展的最终目标。

2. 列宁的分工与市场经济思想

列宁认为："市场这一概念与社会分工——即马克思所说的任何商品生产（我们加上一句，因而也就是资本主义生产）的共同基础——这一概念是完全分不开的。哪里有社会分工和商品生产，哪里就有市场。市场量和社会劳动专业化的程度有不可分割的联系。"③列宁充分肯定了马克思认为分工是商品生产的基础的观点，并且从俄国的经济现实出发，明确提出了分工对于市场经济发展的促进作用。

（三）新古典经济学派分工思想

1. 马歇尔与分工的弱化

马歇尔在资本、劳动、土地生产三要素的基础上，将组织因素引入生产中，其分工思想正是蕴含在对组织的分析之中。马歇尔用生物组织来类比工业组织，他认为分工使得工人的劳动熟练度增加和人体形成反射的原理是一样的。在肯定分工能提高低级劳动效率的同时，也认为分工对高级劳动的效果不甚明显。工业区的分布与地理位置等因素是密切相

---

① 马克思恩格斯全集（第47卷）[M]．北京：人民出版社，1979. 304.
② 资本论（第2卷）[M]．北京：人民出版社，1975. 208-209.
③ 列宁全集（第2卷）[M]．北京：人民出版社，1955. 83.

关的，而且专门工业集中于同一地区会产生规模报酬递增效应。不仅如此，在企业内部也和工业外部分布一样是具有规模报酬递增的效应的。马歇尔的分工思想存在于其企业生命周期和代表性企业理论之中。但是由于缺乏处理分工的数学工具，以及马歇尔之后的西方经济学家对马歇尔理论的批判和边际报酬递减等理论的发展，西方经济学逐渐淡化了分工思想，不再着重研究经济组织而转而研究市场资源配置。

2. 阿伦·杨格与《报酬递增与经济进步》

杨格的理论是分工思想回归经济学的重要标志。首先，杨格认为分工是递增报酬的根源。企业规模对递增报酬具有正向影响，但并不是其产生的根本原因。企业内部以及行业内部不断完善、细化的分工才是产生报酬递增的根本动力。其次，市场大小和分工是相互促进相互影响的。杨格在继承前人理论的基础上，进一步细化，认为市场大小会对分工起到限制或者促进作用，同样分工的程度也会对市场的大小产生影响。最后，杨格指出仅仅关注个别企业的规模，势必会导致分工理论陷入误区。具体的企业是具有其特殊性的，也是整个行业的有机组成部分，在考察企业规模的同时还需要考虑整个行业的发展程度。在注重企业报酬递增的时候需要放在整个行业分工程度的背景之下。

（四）现代分工思想

1. 杨小凯与新兴古典经济学

杨小凯将专业化、分工和交易费用结合在一起，认为专业化的集合产生了分工，分工收益与交易费用决定了企业、市场规模，从而带来了报酬递增。首先，个人工作的专一化，劳动技能的专业化，大大提高了个人的劳动效率。而专业化的个人集合在一起就构成了企业内部分工，企业与企业之间构成了行业内分工。个人之间以及各个组织之间就构成了一系列分工合作的关系。分工带来了劳动效率的提高，并提高了企业收益，增加了企业规模。而企业规模增加的同时也导致了交易成本的上升。若分工带来的额外收益大于企业规模增加带来的交易成本，则企业规模会逐渐增加，进而形成经济增长。

2. 加里·斯坦利·贝克尔（Gary Stanley Becker）分工与内生增长

贝克尔在研究分工的同时，引入协调成本和知识。他建立起分工理论的模型来解释经济增长。将分工作为经济增长的内生变量。首先肯定了分工对提高劳动效率以及促进经济增长的正向作用。其次，他将分工程度与市场大小之间的关系进一步深入，引入了协调成本和知识。他认为分工的程度不仅受市场规模的影响，也受到协调成本和知识水平的制约。知识水平以及市场规模的扩大会促进分工的细化和完善，而分工的加深则会导致协调成本的上升，若协调成本过大则会反过来抑制分工的进一步细化，若分工带来的收益大于协调成本则市场进一步扩大,从而带来递增报酬。

3. 经济全球化下的新国际贸易理论

伯尔蒂尔·俄林在《地区间贸易和国际贸易》一书中提出生产要素禀赋理论,也即是H-O模型,成为现代国际贸易分工理论的重要理论基础。该模型继承了李嘉图的比较成本优势理论,也摒弃了李嘉图的单一生产要素理论而转为多要素理论。俄林认为各国生产要素的禀赋不同,因而生产商品的成本有差异,这是国际贸易的基础。在此基础上的国际贸易,可以使得各个国家以最低的价格获得本国所需,并通过出口本国处于比较优势地位的商品而获得利益。但是,该模型抛弃了劳动价值论,而采用生产三要素论,是对价值创造的歪曲与偏离。

随着经济全球化加深,国际贸易分工也出现了新的表现形式。首先,新的国际分工多由实力雄厚的跨国公司主导,而不是由市场价格为主导。其次,国际分工呈现出垂直一体化的特点,各个国家处于价值链的不同阶段,分工合作。分工更加注重产业内的分工。而且,国家间的分工和本国资源禀赋密切联系,不同的资源禀赋决定了在分工中的地位。整合国内经济资源,优化本国产业结构,力争在国际贸易分工中处于有利地位是当今国际贸易中应该重点关注的问题。

二、分工学说历史演进对当代的启示

(一)实行供给侧改革,完成产业转型

改革开放之后,我国经济取得的成就毋庸置疑,但是盛况之下依然存在隐患。首先就是产业结构不合理。马克思分工理论认为社会分工分为三个层次:产业部门、经济单位、个人。在我国,第一层次的分工就存在很大的问题。很多产业部门诸如钢铁、水泥等生产过剩而有的生产部门却缺乏投资。分工的不合理导致了资源的不合理配置,不仅造成了巨大的浪费也降低了我国企业的竞争力。其次就是产业处于价值链低端。中国被称为"世界工厂",拥有大量廉价劳动力,因此出现了大量劳动密集型、技术要求不高的企业。这些企业处于全球价值链的低端,利润不高缺乏竞争力。这一现象也反映了在我国,体力劳动和智力劳动分工的不够完善,科学技术发展受到限制。因此,有必要完善国内产业分工,实行供给侧改革,完成产业转型。

(二)积极寻求合作,构建良好的国际贸易秩序

现在的国际贸易环境错综复杂,特朗普上台之后美国贸易政策倾向于保守,更不断挑

起贸易摩擦。自去年对我国实行"301调查"以来，美国多次对我国出口的产品加征关税，双方贸易关系紧张。国际贸易摩擦愈演愈烈的本质实际上是国际贸易分工的不合理导致的。因为资源禀赋的不同，中美双方的产品生产存在差异性。长期以来中国因为低廉的劳动力与丰富的自然资源而生产出成本低廉的商品，因而在中美贸易中一直处于优势地位。美国在资本、技术、科技等方面处于优势地位，但是随着近年来中国的科技迅猛发展，美国的这一优势地位逐渐受到威胁。在国际贸易分工中，中国正在逐步赶超逐渐上升到价值链的中上游。而身处价值链顶端的美国自然是不愿意看到中国的进步，因而发动贸易摩擦。此次中美贸易摩擦从本质上来说是中美双方对当下国际贸易分工格局的不同态度导致的。中国经济、科技实力的增长，使得现有的国际分工布局由原来的合理变为了不合理，因而迫切寻求国际贸易分工的重新洗牌，而既得利益的美国则希望保持现有国际贸易分工的格局以期继续获得利益，双方的矛盾由此产生。此次中美贸易摩擦尚未解决，具体走向还不明朗。但是无疑已经让我们看到了合理分工的重要性。我国应该积极寻求与其他国家的合作，共同构建良好的国际贸易秩序，保持合理的国际贸易分工。

"脱实向虚"的经济思想史根源与流变

——主流《经济思想史》的趋势及其批判

邓久根[①]

（江西师范大学财政金融学院）

一、经济学研究对象市场化：由生产主义转向交易主义

经济学研究对象是生产关系即生产、流通、分配和消费中的经济关系。古典经济学在这些方面虽然不是平均地使用研究力量，但共性规律就是对生产的重视，因为生产领域的价值增加才是经济学的核心。生产决定其他三个过程，交换尽管也很受重视，如马克思用"惊险一跳"来刻画交换的重要性。一般认为，交换的意义在于价值实现与物质补偿；是私人劳动转换为社会劳动的必要条件；它属于非生产劳动，不能带来价值增值，交换的对象、内容和方式都由生产决定。吊诡的是，早期庸俗经济学排斥生产的作用，使用的方式是通过"抬高"的作用。一方面肯定生产是经济学的研究对象，另一方面，他们又在事实上将生产从经济学中排除出去。

重大的转折出现在 1870 年的边际革命。马克思曾将 1830 年作为古典经济学和庸俗经济学的分界点。但是 1830 年前后资本主义的矛盾还未完全展开，经济学庸俗化的方向还不甚明了，只有到了 1870 年三大数学家的"边际革命"以后，才形成了洪流之势。

马歇尔利用三大边际主义者的贡献，创立了"新古典经济学"，确立均衡模型，为交易主义奠定了基础。经济学经过马歇尔的"大综合"转向了新古典主义。马歇尔指出，经济学以研究人与自然或财富的关系为主，否认经济学是对社会生产关系的研究，为此，马歇尔将"政治经济学"转化为"经济学"。经济学研究对象窄化为交易—均衡价格分析——"把价格做正确"就成为经济学的唯一目的。这就使经济学的研究对象彻底转向了交易主义，均衡论成为经济学公理和经济学方法论的"内核"。以至于 120 多年后的今天，《微观经济学》还是以马歇尔的《经济学原理》作为蓝本或者当前"脱实向虚"就是马歇

[①] 邓久根，江西师范大学财政金融学院教授。

尔经济学的现实化。

二、价值增加转向价格增加，劳动价值论转向效用价值论

经济学的核心内容是财富的增加进而价值增加。这包括两个相互关联的问题：一是财富的性质，二是价值增值的源泉。

早期政治经济学家威廉·配第和布阿吉尔贝尔认为财富是由使用价值构成的。布阿吉尔贝尔指出欧洲一切财富的整个基础就是小麦、酒、盐和布等生活必需品，具有使用价值的东西就是财富。配第特别指出货币不是财富，在一定条件下，货币是社会的一大祸害，会引起不平等和罪恶。配第指出"土地是财富之母，劳动是财富之父"。但是，他一方面从交换价值考察商品，发现商品之所以可以相互交换，是因为商品之间存在可以比较的共同性，即劳动，可见他第一次有意识地把商品价值的源泉归于劳动。他虽然没能直接指出劳动创造价值，但也是劳动价值论的探索者，奠定了劳动价值论基础。另一方面，配第从使用价值角度考察财富，认为土地和劳动共同创造价值，并用口粮作为共同的尺度，这就可能将价值探讨导入了迷途。

重农主义者魁奈的观点发生了转向。魁奈最早探讨使用价值和交换价值的区别，指出用于交换的使用价值是财富。但他指出财物（使用价值）在交换后才形成财富，产生价值。这是价值在交换中产生错误的开端，说明魁奈相信价值来源于土地而非劳动，驳倒劳动价值论就成为魁奈的主要任务。他采用了独特的反证法，假设劳动创造价值，那么，单位商品价值与劳动生产率成反比，即价值会伴随劳动生产率的提高而下降，这与资本主义生产是相冲突的，以价值增殖为目的的资本主义生产不可能建立在商品价值永恒下降的基础上。魁奈的结论是资本主义生产如果在现实中能够成立，劳动价值论就遭到了证伪。①

价值决定于完成的劳动量，而且是决定于平均所需的劳动时间，这是古典劳动价值论在形成中具有开创性的思想，也是斯图亚特在价值理论方面的特殊贡献。但是斯图亚特同时认为价值决定于"劳动者用以满足他个人的需要和购置适合于他的职业的工具的生产资料和必要费用的价值和材料的价值"②。这就将工资、固定资本耗损和原材料价值看作实际价值构成因素，说明其实际价值概念是混乱的。亚当·斯密将劳动价值论和三种收入价值论照单全收，体现出其理论的双重性，为脱实向虚种下了基因。斯密的三个问题引出了三个理论，其中最重要的是价值论。斯密提出"什么是交换价值的真实尺度，或构成一切商品真实价值的是什么"。他认可劳动价值论，并认为劳动是交换价值的真实尺度，这是

---

① 孟捷.产品创新：一个马克思主义经济学的解释[J].当代经济研究,2001(3).
② 《詹姆斯·斯图亚特爵士著作集》，第1卷，转引自《马克思恩格斯全集》，中文1版，第26卷Ⅰ,12页。

斯密对劳动价值论的重大贡献。斯密的价值论缺陷也是很明显的，首先他认为农业生产资料（牲畜、土地及自然力）也创造价值，与农产品价值的决定混为一谈；其次斯密认为生产商品所耗费的劳动量与购买或支配的劳动量决定价值，这体现了他在价值决定论上的双重标准。原因在于他不了解劳动和劳动力的区别，不了解劳动的价值可以表现为一个既定的物化劳动量，而这个既定的物化劳动量可以支配更大的活劳动量，这正是资本主义生产方式的特点。

李嘉图作为劳动价值理论的集大成者，碰到了两个"二难问题"，即资本和劳动的交换与价值规律的矛盾、等量资本获得等量利润与价值规律的矛盾。因为李嘉图不了解劳动和劳动力的区别，所以解决不了第一个难题，没能把价值和生产价格区分开来，没有进行价值转型研究，所以解释不了第二个难题。马克思将劳动价值论发扬光大。马克思之后，主流经济学将马克思的价值转型理论抛到了脑后，从现象到现象来研究经济，即只是研究价值的表象——价格问题，如整个微观经济学就是一个"价格理论"，经济学只要"使价格正确"就行了。事实上，科学的价值论在主流经济学中就区别消失了。

萨伊是真正转向效用价值论的经济学家，他指出"所谓生产，不是创造物质，而是创造效用"①。不过萨伊的效用仍是客观的使用价值，所以用效用说明价值，就是用使用价值说明价值，并且用创造使用价值的要素代替创造价值的要素。李嘉图毫不客气地对此进行了批评："萨伊先生说太阳、空气、气压等自然要素赋予商品的价值"②，萨伊的价值论归根结底不过是三种收入构成的生产费用论、供求论再加上效用论的混合体。

效用价值论本身并不必然导致脱实向虚，如衣服会有御寒的效用，食品会有充饥的效用。那么它是如何转向的呢？起关键作用的还得从新古典经济学创始人马歇尔那里找答案。马歇尔认同效用价值论，并创立了价格公式：$mu = \lambda p$，这是交易中购买者得失相等的公式。他一方面强调商品的 mu 是下降的，另一方面又强调单位货币的边际效用（λ）是固定不变的，而且马歇尔武断地说货币的边际效用恒等于1，即 $\lambda = 1$，于是马歇尔公式就变成了 $mu = p$，即效用＝价格。这样就神不知鬼不觉地出现了这样的等式：价值＝效用＝价格。如果抓两头去中间的话，价值就恒等于价格，甚至不需要通过任何换算就使得价值恒等于价格。所以微观经济学就等同于价格理论，经济学的核心就由价值以及价值增加偷换为了价格和价格的增加。循着这一思路宏观经济学国民收入决定理论的核心概念——国内生产总值就用市场价值，事实上是市场价格代替了。我们知道价值是属于规律范畴，价格是价值的货币表现，马歇尔价格公式的最大错误就在于：现象代替了本质，回避

---

① 萨伊. 政治经济学概论[M]. 北京：商务印书馆，1963：59.
② 李嘉图. 政治经济学及赋税原理[M]. 北京：华夏出版社，2013.

甚至掩盖了价值创造的来源。在这种经济学指导下的经济,脱实向虚几乎就无法逆转了。

综上所述,价值论经过了使用价值论、交换价值论、三种收入论、效用价值论、供求决定论等改造,将商品生产中的"劳动"因素的痕迹退得一干二净,劳动价值论于是转向了效用价值论。一为资本雇佣劳动排除了障碍并找到了理论依据,二将价值主观化,使经济虚拟化迈出了最坚实的一步。

三、经济学研究方法普世化:与现象经济学相统一

新自由主义经济学成为脱实向虚的前奏,运用的工具是均衡论,之后经济学转化为原子论、静态论思想。马歇尔将其运用得淋漓尽致。他反复强调经济学的数学性质,认为经济学如果是一种科学,则必须是一种数学的科学[①]。马歇尔指出,归纳法借助于分析和演绎,汇集有关各类材料,整理它们,并从中推出一般原理或规律;演绎法一时又起着主要作用,它把这些原理彼此联系起来,从中暂时求出新的更广泛的原理或规律,然后再叫归纳法主要分担搜集、选择和整理这些材料的工作,以便核验和"证实"这个新规律。[②] 基于经济学研究的复杂性,他主张经济学研究方法起始于物理学的静态方法而终于生物学的有机方法。

任何一门学科的研究方法都是有层级的,即有哲学层面加方法论和技术层面的具体方法之分。刘永佶就将它分为"道、法、术、技"四个层次。古典经济学注重"道、法"层次,目的是攻击封建主义经济学,需要一定的理论高度;而庸俗经济学只运用"术",因为它们是为资本主义进行辩护,暗含的意思是资本主义是美好的社会不容置疑;新自由主义经济学更加只重视"技",所以数学几乎成为唯一的方法,而且越来越复杂化,所以经济学就跌入了"蒲鲁东逻辑陷阱"和"李嘉图逻辑陷阱"这种双重陷阱之中。我们知道,数学是需要高度抽象和严苛的假设为前提的,只能处理效率、规模和数量,对经济结构、经济发展方向的研究乏善可陈。所以经济必须抽象为同质的数量才能得以处理,消费者和生产者就转化为"典型性消费者"和"典型性生产者"。所以主流经济学只得将经济学定义为"稀缺资源如何满足人的愿望"的学问。特别是在生产中,利润而不是生产规模才是生产者的目的,所以效率、规模和数量就转化为利润的大小问题,即转向了货币幻觉甚至过度金融,"脱实向虚"就是情理之中的事情。于是,人们做什么实体产业就无关紧要,将产业资本金融化,利用杠杆使资产泡沫化,"赚钱"成为唯一目的,企业关心的是什么行业容易"上市"或能否买壳甚至借壳。

---

① 杰文斯. 政治经济学理论[M]. 北京:商务印书馆,1984:2.
② 马歇尔. 经济学原理(上卷)[M]. 上海:商务印刷馆,1994:49-50.

四、结论与展望

可见,"脱实向虚"的经济思想是一项系统工程,需要全方位、全过程地展开。

纵观主流经济思想史的源与流,它在不同时期由于目的不同,体现出不同的形态。庸俗经济学时期的主要目的是反对和攻击封建主义,为资本主义摇旗呐喊,俗话说"不破不立",要破要立就得在原有的古典经济学当中进行改造,脱实向虚还不严重或比较隐晦。到了新古典主义时期,资本主义站稳了脚跟,甚至进入了垄断资本主义时期,为资本主义辩护是其主要任务,金融资本脱离产业资本,目的是让金融资本大行其道掠夺社会财富,脱实向虚的现象就更加严重。而到了20世纪80年代,随着新自由主义的出现,进攻性防御是其主要目的。主要理念是"华盛顿共识",主要工具是全球化、自由化、市场化、金融化等"四化",主要的机构就是WTO、IMF和世界银行,使发展中国家相信包含这些思想和行动方案的新自由主义经济学,发展中国家未富先贵,经济走向了脱实向虚而不得自拔。然后发达国家利用金融手段,一茬一茬地"割韭菜"。先是制造拉美债务危机,继而在苏东倒台中大赚,又在东南亚制造金融危机,今天与中国制造贸易摩擦,使得美国"再工业化"只是幌子,万变不离其宗的就是重复上述路线,让中国几十年改革开放的成就付之东流,同时让中国的"伟大复兴"成为黄粱美梦。可见,"脱实向虚"还是一种武器,糟糕的是被攻击者还广泛、乐意地接受它。经济思想史脱实向虚的主要过程归纳如下:

	古典经济学时期	新古典经济学时期	新自由主义时期
财富的内容	商品或使用价值	交换价值到纸币	虚拟化、金融化
研究对象	财富生产与分配	交换	市场化
研究方法	演绎、归纳(道、法)	演绎(术)	普世价值、数学化(技)
价值论	劳动价值论	效用价值论	主观效用论
	攻击封建主义	为资本主义辩护	进攻性防御

如何才能使得经济脱虚向实?这还得从经济思想史上去寻求思想根源。那么,是否存在这么一种经济学?问题是肯定的,而且不止于马克思主义经济学一家在战斗。笔者将另文处理。中国改革开放的过程西方经济学引入中国,很多被"主流化"的财经类专业甚至连"主流经济学"的家谱学的《经济思想史》也已经不开设了,因为它包含早期古典主义科学成分,很可能会破坏现代"主流经济学"的"纯洁性",所以要求学习者只要掌握固化在经济学教材中的结论就行。在今天,一批一批只学习了"主流经济学"与大批从西方回国的经济学"精英"组成了"知识共同体",拥有了话语权,占领了期刊、课堂等重要阵地。经济脱实向虚的问题积重难返,经济学思想的扭转难度极大。

新李斯特学派：重商主义经济学在当代的复兴

张志①

（西南财经大学）

一、重商主义经济学的变种

英国在完成工业革命之后，确立了在工业生产领域的绝对统治地位，经济学关注的焦点逐渐开始转向，转而推动自由贸易、自由放任的经济学说。原因就在于，推行自由贸易、自由放任的经济学说对其自身大有裨益，务实的英国人自然而然地将经济政策大转向，同时选择能够解释自由贸易、自由放任经济政策的经济学说。正如有一种学术观点所认为的，即使是亚当·斯密，也可以被认为是一位被严重误读的重商主义经济学者[②]。因而，英国的重商主义经济学逐渐被尘封起来，取而代之的是古典经济学以及新古典经济学。但是，英国仍旧严厉禁止广大殖民地发展制造业的举措就是重商主义经济政策的延续，英国妄图将殖民地锁定在"进口制成品、出口原材料"的陷阱之中，而自己却能够通过"进口原材料，出口制成品"继续掠夺高额的工业租金。例如，英国通过长期对美国实行殖民统治，极力禁止北美殖民地的人们从事制造业的生产，甚至连一颗铁钉都不能生产[③]。然而，即使在英国，重商主义经济学也并未被彻底遗忘。19世纪末20世纪初，英国在面临着被美国、德国的制造业迅速赶超，被迫"进口高端产品，出口低端产品"的困境下，掀起了轰轰烈烈的关税改革运动，在此过程中扮演着重要作用的英国历史经济学就是这一学说的再次复兴。改革者们倡导"帝国特惠制"，即在成员国范围内的进口商品采取降低关税或免税的举措，针对非成员国的进口商品采取高额关税，经过一系列的艰苦博弈，终于在1932年通过了这一关税改革法案。

---

① 张志，西南财经大学经济学院讲师。
② 埃里克·赖纳特. 重商主义与经济发展：熊彼特动态、制度建设与国际评价基准[M]//赖纳特，贾根良. 穷国的国富论——演化发展经济学文选（下卷）. 北京：高等教育出版社，2007：51.
③ 李斯特. 政治经济学的国民体系[M]. 北京：商务印书馆，2012：343.

在北美殖民地独立之后，美国的第一任财政部部长亚历山大·汉密尔顿和时任国务卿杰斐逊之间爆发了一场激烈的争论，争论焦点是以制造业立国还是以农业立国。北美大陆幅员辽阔，地广人稀，气候宜人，非常适宜于发展农业。但是极富远见的汉密尔顿力排众议，极力主张以制造业立国。围绕着汉密尔顿发表的《关于制造业的报告》所展开的一系列研究形成了带有浓厚重商主义色彩的美国学派，推动着美国经济在整个19世纪高歌猛进，迅速成为世界第一大工业强国。

在美国生活过多年的李斯特，深受美国学派第一代代表人物的影响，清醒地认识到英国当时大力推广的自由贸易经济政策所包藏的祸心。由于采取自由贸易政策，德国的制造业不敌英国，纷纷败下阵来，德国面临着严峻的经济困境。李斯特一改早年坚信的自由贸易观点，重新著书立说来批判这种"损人利己"的经济学说。在李斯特的大力宣传之下，再加上德国早就存在的"德国版的重商主义"——官房学派的推动下，德国经济学茁壮成长。在威廉·罗雪尔等学者的推动下，一种重视对经济史实进行归纳的学说——德国历史学派就此诞生。从19世纪下半叶一直到第一次世界大战，德语一直在世界经济学的教育方面居于主流地位[1]，可见，德国历史学派的影响力之大。在此期间，德国经济出现了奇迹般的增长，工业产量一跃成为欧洲第一。与此同时，日本也在美国学派的代表性人物凯里的帮助下，制定了适合本国的经济政策，也使得日本在短短数十年间迅速实现富强。而在经济思想史上具有重要地位的美国旧制度经济学也可以说是德国历史学派的变种，这些都为重商主义经济思想的传播提供了便利条件。

可见，重商主义经济学并没有随着古典经济学和新古典经济学的兴起而沉寂下去，而是继续以不同的方式存在并发挥着巨大作用。即使是在古典经济学和新古典经济学的大本营——英国，面对着严峻的经济现实，也不免后院起火。在各民族国家面临严峻的经济困境时，重商主义经济学的核心思想就在一定程度上得以复兴，并与当时的现实情况深度融合，形成新的学术思潮或流派。在当代，作为演化经济学的主要流派之一的新熊彼特学派从创新的视角重新审视重商主义经济学和重商主义经济政策，这为理解和认识重商主义经济学提供了良好的契机。新李斯特学派在很大程度上吸收了新熊彼特学派的理论精华，是演化发展经济学的重要分支之一。

二、新李斯特学派的思想来源

马克思在《关于费尔巴哈的提纲》里写道，"哲学家们只是用不同的方式解释世界，而问题在于改变世界"。李斯特用切身行动完美地诠释了马克思的这一观点，并未致力于

---

[1] 杰弗里·霍奇逊. 经济学是如何忘记历史的[M]. 北京：中国人民大学出版社，2008.

构建理论体系，他热衷于研究如何使他的祖国免于沦为英国的附庸①。新李斯特学派，顾名思义，与弗里德里希·李斯特的经济学说的关系非常密切。"新李斯特"这一称谓在英文中有两种表达方式，一种是"Neo – Listian economics"，一种是"new listian economics"。著名经济学家本·赛尔温（Ben Selwyn）将罗伯特·韦德（Robert Wade）、张夏准（Ha – Joon Chang）、阿图尔·柯利（Atul Kohli）和艾丽斯·阿姆斯登（Alice Amsden）以及梅迪·谢菲丁（Mehdi Shaeffedin）等李斯特在当代的追随者的经济学说统称为新李斯特经济学（Neo – Listian economics）②。但是赛尔温并未将埃里克·赖纳特（Eric Reinert）——李斯特经济学说在当代最主要的代表人物列入其中③。而"new listian economics"则是贾根良教授于2012年正式提出④，该学派是在批判吸收借鉴李斯特及其追随者的理论的基础上，结合当前经济发展以及经济学理论的新变化所提出的一门专门研究落后国家如何崛起的演化发展经济学的一个分支。从研究人员的构成上来看，新李斯特学派⑤并不仅仅局限于国内，还有一批国外的志同道合的研究人员，如埃里克·赖纳特、廖子光、赫德森、张夏准等一批杰出学者，而在国内就是以贾根良教授为核心的学术研究团队。虽然"Neo – Listian economics"的学者对李斯特的经济学说的传播做出了重要贡献，但由于其仅仅是经典发展经济学的核心理论的追随者，并没有在发展和创新李斯特的经济思想方面做出更多的成绩，因此，贾根良教授对"Neo – Listian economics"进行了批判性地消化吸收，并根据时代发展的需要，创造性地融入了演化经济学的理论。贾根良教授在将"新李斯特学派"作为演化发展经济学的一个重要分支来研究的同时，还提出了"新经济思想史"的研究框架，其中就包含经济政策思想史方面的研究内容。并且新李斯特学派的理论渊源甚广，最早可以上溯到重商主义经济学说和经济政策。那么，新李斯特学派与重商主义经济学有何渊源呢？

李斯特的经济学说是新李斯特学派最主要的直接思想来源。李斯特的经济学说具有极其广泛的影响力，正如埃德加·萨林（Edgar Salin）所认为的，"如果要研究落后国家的发展问题，那么就应该多向这位在增长理论以及发展政治学领域取得重要成就的先辈学习"⑥。《李斯特传》的作者威廉·亨德森也认为，李斯特当之无愧于"所有向往独立富强

---

① 贾根良. 新李斯特经济学在中国[M]. 北京：中国人民大学出版社，2015：13.
② Ben Selwyn. An Historical Materialist Appraisal of Friedrich List and His Modern – day Followers[J]. *New Political Economy*，2009：14(2).
③ 贾根良. 经济学在中国[M]. 北京：中国人民大学出版社，2015：27.
④ 贾根良. 新李斯特主义：替代新自由主义全球化的新学说[J]. 学习与探索，2012(3).
⑤ 本文接下来所指的新李斯特学派即为"new listian economics"。
⑥ Roman Szporluk. Communism and Nationalism：Karl Marx versus Friedrich List[M]. Oxford University Press，1988：13.

的后发国家的先知者"这一荣誉①。甚至有美国学者强调,李斯特对欧洲以及东亚工业文明发展所产生的影响要大于马克思或斯密②,虽然这一说法不免有夸大李斯特影响的嫌疑,但不可否认李斯特经济学说的影响范围之广、力度之深。李斯特深入研究并精辟总结了历史上的实践经验以及富国之策,其最具代表性的经典著作《政治经济学的国民体系》一书分为历史、理论、学派和政策四个部分,李斯特通过历史事实充分分析了汉萨同盟、西班牙等国的衰落过程以及英国的崛起,他的这种研究方法是具体的、归纳的、历史的理论解释③。对此,美国学派的代表性人物帕申·史密斯在评价李斯特时写道,"他的研究是经验性的……论点过于依赖特例的累积……并未对政治经济学抽象原理的发展做出较多贡献④"。

新李斯特学派在批判继承李斯特经济学说的基础上与时俱进,积极研究现实问题。新李斯特学派在批判吸收李斯特经济学说的基础上进行了创新,概括来说主要有:首先,在提供系统的理论解释的基础上致力于解决现实经济问题;其次,摒弃李斯特的殖民主义思想;再次,发展范围更加广泛的保护主义学说;最后,发展为具有普遍解释力的经济学说⑤。根据图1的经济思想史的发展脉络不难看出,李斯特经济学深受重商主义经济学和经济政策的影响。同时,李斯特在美国的经历也使得他深受美国版的"重商主义"即美国学派的影响,而新李斯特学派则是另类教规——演化发展经济学的一个分支。从这种以知识和生产为基础的经济学的视角来看,新李斯特学派在学术传承上与重商主义经济学存在着千丝万缕的联系。从图1中不难看出,新李斯特学派的最原始思想来源就是自文艺复兴以来的重商主义经济学,并且深受重商主义经济学的变种的影响,如美国学派、德国历史学派等。此外,马克思主义政治经济学对新李斯特学派的形成和发展也产生了极为重要的影响。

自重商主义以来的数百年间,经济学说经过了不断地发展。最近200年来,经济学的主流地位被古典经济学以及新古典经济学占据,根据辉格史观所编写的经济思想史教科书,将曾经在发达国家崛起过程中起到过至关重要作用的经济思想遗漏了。虽然这些学说并未能够在主流的经济思想史教科书中得以保留一席之地,但却备受新李斯特学派的推崇。新李斯特学派着重研究这些在发达国家崛起过程中起到过重要作用的经济政策和经济思想。重商主义是一个涵盖范围非常广的经济学说和经济政策的混合体系。由于各个国家

---

① William. O. Henderson. Friedrich List:Economist and Visionary 1789 – 1846[M]. London:Frank Cass and Co. ,Ltd. ,1983:163.
② 梅俊杰. 自由贸易的神话:英美富强之道考辨[M]. 上海:三联书店,2008:373.
③ 贾根良. 新李斯特主义:替代新自由主义全球化的新学说[J]. 学习与探索,2012(3).
④ 贾根良. 新李斯特主义:替代新自由主义全球化的新学说[J]. 学习与探索,2012(3).
⑤ 贾根良. 新李斯特主义:替代新自由主义全球化的新学说[J]. 学习与探索,2012(3).

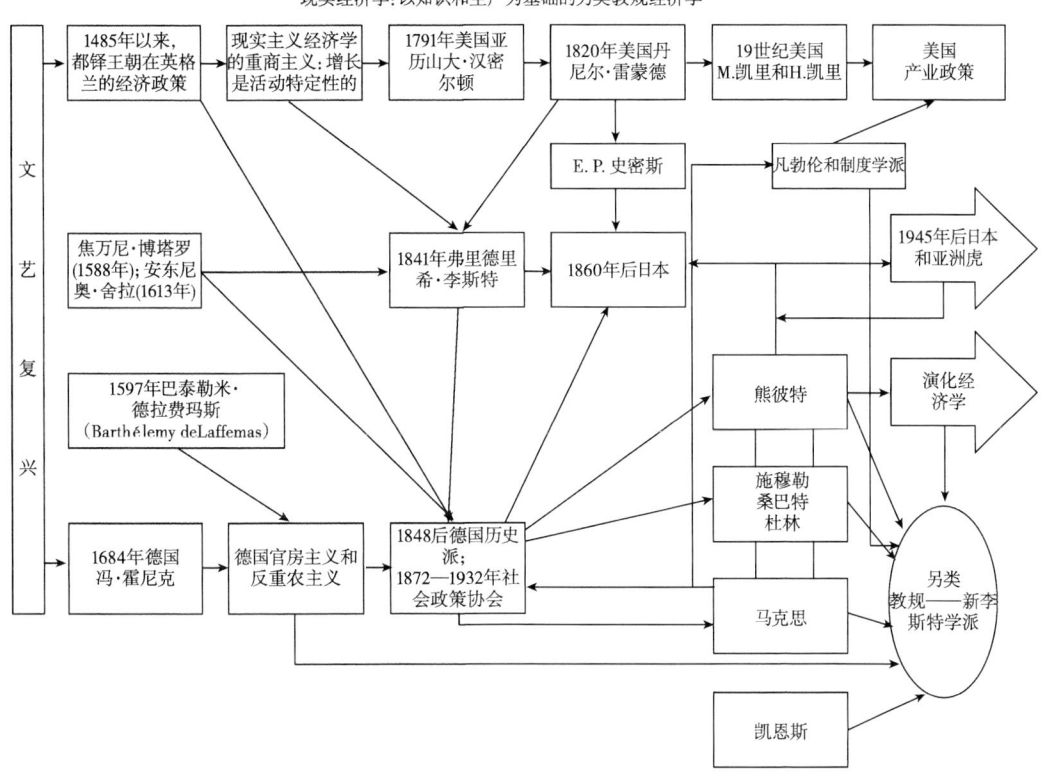

图 1　以知识和生产为基础的另类教规经济学

资料来源：赖纳特. 穷国的国富论（上卷）[M]. 北京：高等教育出版社，2007：15.

所面临的具体经济问题不同，因而重商主义经济学也就有针对性地研究这些经济问题，具有很强的时空特定性。并且，新李斯特学派充分借鉴和吸收马克思主义政治经济学的精华，根据现阶段中国经济发展所面临的实际情况，针对现实问题进行了深入研究。相较于以不符合现实的假设条件为基础的以及倡导具有破坏性经济政策的西方主流经济学而言，新李斯特学派是"以事物的本质、历史教训和国家的需要为根据"的，对发达国家的经济活动也具有解释力①。

三、新李斯特学派与重商主义经济学的相似性

新李斯特学派与重商主义经济学关系密切。它们具有相似的研究主题，新李斯特学派关于国家富强的基本原则以及理论命题都可以追溯到重商主义经济学。

首先，研究主题的相似性。

---

① 贾根良. 新李斯特主义：替代新自由主义全球化的新学说[J]. 学习与探索，2012（3）.

第一,新李斯特学派和重商主义经济学都致力于研究"如何使国家富强"这一主题。在新李斯特学派的研究者看来,新自由主义是导致落后国家更加贫困以及发达国家爆发金融危机的根源,原因就在于倡导新自由主义的经济学忽视了经济活动的异质性以及主权国家间正义原则的经济学研究传统[1]。新李斯特学派在对国富国穷的历史经验和当代经验事实提供系统的理论解释的基础之上致力于解决当代问题[2],当前最迫切的经济问题是如何使中国更加繁荣富强,实现伟大的民族复兴。重商主义经济学者通过对实践经验的观察总结,早就认识到"进口原材料,出口制成品"是国家致富的基本原则,他们早就认识到经济活动具有异质性。重商主义经济学者将国家富强的根源定位于制造业,并围绕着如何促进制造业的发展展开了一系列研究[3]。新李斯特学派非常重视重商主义经济学的研究传统,强调经济活动的异质性,倡导发展高质量的经济活动,以主权国家的利益作为研究的出发点。新李斯特学派和重商主义经济学在致力于研究如何使国家富强方面具有明显的共同特征,都是致力于研究如何使落后的国家富强。

第二,新李斯特学派和重商主义经济学都具有强烈的民族主义色彩。重商主义时期,西欧各国征战不断,国力此消彼长,激烈的竞争迫使他们纷纷以富国强兵为首要目标,诞生于这一时代背景下的重商主义经济学天生就带有强烈的民族主义色彩。与重商主义时期民族国家的兴起一样,现阶段的世界体系也是由各个民族国家共同组成的。新李斯特学派致力于使国家富强,而国家富强必然会打破现有的平衡体系,将不可避免地与其他国家产生摩擦,愈演愈烈的中美贸易摩擦就是鲜明的例证。在这种情况下,还可能试图通过倡导世界主义的新自由主义经济学说来解决国与国之间的竞争问题吗?李斯特曾一针见血地指出,正统经济学抛弃了经济学本应该具有的"政治的"或"国家的"性质[4],新李斯特学派就是为了解决世界主义的新自由主义经济学所造成的严重后果而诞生的。在新李斯特学派所倡导的世界体系中,着眼于落后国家的现实情况,而非传统的以发达国家为中心的世界体系,从发达国家的立场来研究问题。对发达国家而言,世界主义、自由主义是最有利的。但从落后国家的立场来看,正好与之背道而驰。正如罗宾逊夫人所言:"经济学的本质就根植于民族主义之中。"[5] 因此,对落后国家而言,倡导民族主义的经济学说要更贴近于他们的现实发展需要。

第三,新李斯特学派和重商主义经济学都强调了重视现实问题的研究传统。重商主义

---

[1] 贾根良. 新李斯特主义:替代新自由主义全球化的新学说[J]. 学习与探索,2012(3).
[2] 贾根良. 新李斯特主义:替代新自由主义全球化的新学说[J]. 学习与探索,2012(3).
[3] 贾根良,张志. 为什么教科书中有关重商主义的流行看法是错误的[J]. 经济理论与经济管理,2017(11).
[4] 弗雷德里希·李斯特. 政治经济学的国民体系[M]. 陈万煦,译. 北京:商务印书馆,1981:107.
[5] 琼·罗宾逊. 经济哲学[M]. 安佳,译. 北京:商务印书馆,2011:135.

经济学的研究尚处于经济学研究的初级阶段,在研究方法上略显粗糙,但是所蕴含的思想却是异常丰富的,在认识的深度上毫不逊色于现代的部分所谓"大牌"经济学家的理论。重商主义经济学者来源广泛,关注焦点亦十分广泛,并且多是针对现实的、具体的经济问题所做的研究。新李斯特学派,不但重视在经济理论上的研究,更重视解决实际经济问题,既是一种以现实问题为导向的学说,也是一种替代新自由主义经济学的学说。这主要体现在两个方面:其一,国家作为最基本的分析单位,既塑造了国内生产力的发展以及市场关系,又是世界经济秩序的基石①。新李斯特学派特别强调国家的作用,认为国家在经济发展中具有至关重要的作用,将国家作为经济分析的着眼点和制定经济政策的出发点。其二,新李斯特学派是一种强调经济政策的制定、国家发展战略的选择以及经济理论的应用具有极强的时空特定性的经济学说②。

其次,理论命题可以追溯到重商主义。

第一,经济活动的异质性。重商主义经济学的核心观点:制造业是最大的财富之源,重商主义经济学者已经认识到国家的富强离不开制造业的发展③。从现代经济学的视角来看,重商主义经济学者已经清晰地认识到经济活动具有异质性。而新李斯特学派特别强调经济活动的异质性,主张要想使国家富强就必须抓住高质量的经济活动。贾根良在借鉴重商主义经济学的"进口原材料,出口制成品"的贸易政策的基础上,结合全球价值链的形成使得工业生产中出现了低端的"无技术"的工业化以及在农业领域也出现了占据价值链高端环节的高质量经济活动的现状,研究得出结论:我国应该从事具有报酬递增特征的高创新率、高水平进入壁垒、高附加值、高工资和高就业的高质量经济活动。新李斯特学派从演化经济学的创新机会窗口和创新租金等视角来解释这一原则,强调了只有特定的经济活动才能够富国裕民。那么,为什么重商主义经济学要"进口原材料并出口制成品"呢?首先,制造业乘数效应。相对于原材料和农产品等采掘业和农业生产而言,工业制成品包含着更高的附加值、更高的利润、更长的产业链、更多的就业机会,具有其多倍的效应。其次,为什么工业制成品的附加值高于原材料呢?原因就在于制造业在当时具有最较高的进入壁垒,如较高的固定成本和熟练的技术工人等等。最后,重商主义经济发展战略的实质就在于:国家富裕的基础是产业特定的,只有抓住附加值高和创新机会窗口大的产业,建立进入壁垒,在全球范围内创造出不完全竞争的状态,国家才能富裕起来。新李斯特学派也正是循着这一思路来认识经济活动的异质性的。

第二,不对称全球化。殖民地的最初含义就是,发达国家的原料来源地和产品销售

---

① 贾根良. 新李斯特主义:替代新自由主义全球化的新学说[J]. 学习与探索,2012(3).
② 贾根良. 新李斯特主义:替代新自由主义全球化的新学说[J]. 学习与探索,2012(3).
③ 贾根良,张志. 为什么教科书中有关重商主义的流行看法是错误的[J]. 经济理论与经济管理,2017(11).

地，而这一思想的大力倡导者就是重商主义经济学者，他们已经认识到"进口制成品，出口原材料"对国家富强所起的重要促进作用。而这一思想，在新李斯特学派中也得以体现，即不对称全球化战略。目前，我国在高端产品领域不断遭受西方发达国家的技术封锁，虽然发展出了一大批高新技术产业，取得了丰硕成果，但并不意味着我国已经赶上了发达国家的脚步。事实上，在高新技术领域，我国仍旧与发达国家存在着巨大的差距。因而有必要对高端产业进行适当的保护，即使是美国等发达国家，也并不是对自己的高端产业完全放任不管，而是有选择地加以保护，在强大的国家创新体系的支持下对其提供技术支持。例如，美国著名学者马祖卡托（Mazzucato M.）曾在其新著《企业家型国家》中对美国的国家创新体系有过翔实论述，美国并不是像其自身所标榜的那样的市场经济国家，其对经济活动有诸多精准且隐蔽的干预措施①。我国也有必要借鉴吸收美国强大的国家创新体系，这与重商主义经济政策具有很大的相似性。正如索菲斯·赖纳特所总结的"emulation"，即学习与模仿领先国家的经济政策。新李斯特学派强调国内市场和政府保护并非以消极的态度来应对经济全球化和全球价值链，更非主张落后国家退出全球化，而是提出一种新的经济全球化思维，以打造新的全球价值链生产力体系。新李斯特学派提出了"不对称全球化"的战略思维，即在有政府保护的条件下与发达国家处于半隔绝或半脱钩的状态，同时加强与发展中国家的经济合作，走出一条与"农村包围城市"类似的"外围包围中心"②或"落后国家包围发达国家"的新型经济全球化发展道路。③

四、新李斯特学派的创新之处

新李斯特学派是在新时代、新形势下诞生的经济学说，相较于重商主义经济学而言，具有诸多进步，简要概括总结为以下三点。

（一）提出智能工业化的概念，并将技术创新列为重要的研究对象

新李斯特学派提出智能工业化的概念，深入阐释了智能工业化及其工业文化决定着当今国家的富强与否。智能工业化是工业化的新类型和新阶段，本质上是替代脑力劳动的工业化，这种工业化方兴未艾。④ 根据马𬀩、卫兴华的观点，生产力的发展变化总是在一定生产关系的制约下活动和展开的，新生产力诞生后的大发展总是发生在与其相适应的生产

---

① Mazzucato M. The entrepreneurial state[M]. London: Demos, 2011.
② 贾根良. 新李斯特经济学作为一个学派何以成立?[J]. 教学与研究, 2015(3).
③ 丁涛. 新李斯特经济学的全球价值链理论初探[J]. 社会科学战线, 2017(8).
④ 贾根良. 第三次工业革命与工业智能化[J]. 中国社会科学, 2016(6).

关系大变革之后，但生产力的自行发展有其内在的原因和发展规律①。科技革命是引领经济发展的基础性动力，能否抓住科技革命所带来的赶超机会窗口是决定国富国穷的至关重要因素，因而新李斯特学派将技术创新作为重要的研究对象。新李斯特学派从马克思有关"工具机革命"在工业革命中的关键性作用，以及精神生产力未来将控制物质生产力的深刻洞察中获取灵感，通过批判性地考察19世纪美国学派的相关理论，提出了第三次工业革命的"资本的信息—智能生产率"理论和工业智能化理论②。据此，新李斯特学派在马克思的科学预见的基础上，创造性地提出了"资本的智能生产率"理论和工业智能化理论。在整个第三次工业革命过程中，生产力的发展水平都是由"资本的信息—智能生产率"所决定的。在第三次工业革命的下半段即第六次技术革命浪潮中，生产力的发展水平则主要由"资本的智能生产率"所推动，即工业智能化。

（二）修正国家致富原则

传统的分工和比较优势理论难以解释全球价值链中出现的贫富两极分化现象。现在，发达国家通过比较优势和自由贸易理论诱使落后国家进口高端产品并出口低端产品，这在本质上是发达国家的殖民主义战略在当代的新变化。③ 马克思主义经济学对新李斯特学派具有重要影响，马克思对资本主义生产关系有着最为透彻和深入的研究，尤其是劳动价值理论对全球价值链的价值分析具有重要意义④。新李斯特学派是在经济全球化和新国际分工的现实背景下对李斯特经济学的继承与发展⑤，提出了"进口低端产品并出口高端产品"的国家致富新原则，一个国家只有在全球价值链中掌控生产高端产品的高价值或高端环节才能实现富民强国。这强调了国际竞争的战略制高点不再是工业或制造业等某一行业本身，而是包括工业、农业和服务业在内的所有行业价值链的高端环节。⑥ 新李斯特学派所提出的一系列原则和理论将为构建以国家利益为导向的新型全球价值链提供有力支持，同时也为构建国际经济新秩序提供新思路⑦。

在全球价值链的国际分工中，发达国家掌控了几乎所有产业中的价值链高端，而落后国家则在"新国际分工"中处于惯例化的、低附加值的、几乎没有创新机会窗口和进入壁垒很低的价值链低端环节。发达国家与欠发达国家之间的经济关系就从工业制成品与原材

---

① 马昀,卫兴华. 用唯物史观科学把握生产力的历史作用[J]. 中国社会科学,2013(11).
② 贾根良. 第三次工业革命与工业智能化[J]. 中国社会科学,2016(6).
③ 丁涛. 全球价值链的霸权性质——基于马克思劳动价值论的理论研究[J]. 马克思主义研究,2014(3).
④ 丁涛. 新李斯特经济学国家致富新原则与农业全球价值链[J]. 当代经济研究,2015(12).
⑤ 贾根良. 为什么要纪念李斯特经济学传入中国90周年[J]. 学习与探索,2015(1).
⑥ 丁涛. 新李斯特经济学国家致富新原则与农业全球价值链[J]. 当代经济研究,2015(12).
⑦ 丁涛. 新李斯特经济学国家致富新原则与农业全球价值链[J]. 当代经济研究,2015(12).

料之间的进出口结构转变成了价值链高端与低端的交换关系,但其报酬递增活动与报酬递减(和报酬不变)活动之间的不平等交换关系并没有发生根本性改变。因此,笼统地说制造业是国家富裕的基础已不再成立,只有价值链高端环节才具有富国裕民的机会窗口,虽然制造业的低端环节仍具有基础地位。因而"进口低端产品、出口中高端产品"的准则就替代了在过去500年中屡试不爽的"进口原材料、出口工业制成品"的格言①。

(三) 重视对经济思想史和经济政策史的研究,提出了经济政策思想史的理论命题

经济思想史在经济理论以及经济思想的传承和发展方面发挥着不可替代的重要作用。新李斯特学派认为,有必要重新认识曾经发挥过重要影响力的经济理论和政策,还创造性地提出了"新经济思想史"和"经济政策思想史"的概念,并对此进行了深入研究。"经济政策思想史是对经济政策制订者制订其经济政策的原因、目的、意识形态和所接受的经济思想进行研究"②。根据埃里克·赖纳特(Eric Reinert)的观点,"那些对过去政策的制定其实是非常重要的经济学家,往往不为我们这些仅探寻新古典思想脉络的现代人所知"③。"富裕国家惯于将他们自己从来没有、甚至永远也不会实施的理论强加给穷国。与经济思想史(理论家们声称世界应当如何)这门学科不同的是,经济政策史(实际上被遵循的政策)算不上是一个学科。索尔斯坦·凡勃伦区分了抽象的为创建教义所保留的'深奥的理论'(esoteric theories)和让所有人都能理解的'通俗的理论'(exoteric theories)。问题在于,'深奥理论'对现实实践的影响,其实远不像经济思想史专家告诉我们的那么大。从斯密时代开始,这些'深奥的理论'就已经成功地作为意识形态的支柱被用于宣传的目的。今天的主流国际贸易理论就是一个很好的例子,它'证明'在纯粹的市场经济下,每个人都会变得同样富裕。"④ 贾根良教授也认为,目前,经济思想史学界侧重于研究已成系统的经济学说,对以历史经验、现实观察以及实际政策为基础的抽象程度较低的经济思想不够重视。这降低了通过研究经济思想史来寻找解决现实经济问题的方法的启发价值⑤。因此,新李斯特学派将经世致用作为经济思想史研究目的的创新。经济思想史学科只有为现实服务,即服务于经济理论的创新、服务于解决中国重大经济问题,才更有价值和生命力。

---

① 贾根良,等. 新李斯特经济学在中国[M]. 北京:中国人民大学出版社,2015.
② 贾根良. "新经济思想史"刍议[J]. 社会科学战线,2010(1).
③ 埃里克·赖纳特. 竞争力及其思想先驱:五百年跨国比较的视角[M]//赖纳特,贾根良. 穷国的国富论——演化发展经济学文选(下卷). 北京:高等教育出版社,2007.
④ 埃里克·赖纳特. 富国为什么富,穷国为什么穷[M]. 北京:中国人民大学出版社,2010:18.
⑤ 贾根良. "新经济思想史"刍议[J]. 社会科学战线,2010(1).

五、结语

通过以上讨论,我们可以得出结论:新李斯特学派是重商主义经济学在当代的复兴。新李斯特学派的首要研究任务就是要研究好中国的现实经济问题,并提出有针对性的政策建议。这对我国经济发展战略的选择以及构建中国特色社会主义政治经济学具有重要意义,简要概括如下。

首先,准确定位国家富强的根源,大力发展高质量的经济活动。新李斯特学派和重商主义经济学都倡导发展高质量的经济活动。在全球价值链形成并日趋牢固的当代,制造业生产已经模块化,我国的部分所谓高新技术产业呈现出严重的"高质量不高"的困境。"中兴事件"的爆发凸显出我国在发展高质量的经济活动上所存在的致命弊端,过于依赖于领先国家的技术"布施",以至于自己的独立自主的研发能力严重受到限制。在领先国家对我们采取一纸禁令时立马就休克,这能算是高质量的经济活动吗?因此,我们有必要重新认识什么才是高质量的经济活动,找准方向再大踏步前进。值得庆幸的是,2017年12月召开的中央经济工作会议强调,我国经济已由高速增长阶段转向高质量发展阶段。在此大背景下,相信我国将会找到适合具体国情的高质量经济活动。我国经济发展战略的首要目标仍是工业化,特别是以智能制造为核心的工业智能化。著名经济学家马祖卡托在《企业家型国家》一书中对美国政府在创新型国家中的作用进行了深入分析和总结,中国有必要学习借鉴美国式的企业家型国家,以国家力量重点突破相关领域的技术瓶颈,弥补中小民营企业在技术研发方面的不足[1]。坚定不移地迈进工业智能化道路特别是高端装备制造业的智能化,是我国走新型工业化道路的关键选择。工业智能化是践行习近平总书记提出的"创新、协调、绿色、开放、共享"新发展理念的关键之举。

其次,对于构建中国特色社会主义政治经济学的意义。崇尚新自由主义的西方新古典主流经济学已经严重脱离了重商主义经济学的关注技术、科学、创新、经济活动的异质性、工业与农业之间的协同效应等优良传统,成为一种不切合实际的循环论证的形式逻辑的数学经院哲学(mathematical scholasticism)[2]。而这些传统对于构建中国特色社会主义政治经济学体系具有重要价值。如果让严重脱离现实的西方主流经济学在我国长期居于支配地位,我国经济学的自主创新将无从谈起。英国著名学者劳森(Lawson)在深刻批判西方主流经济学的演绎主义方法论的基础上,认为西方非主流经济学才是经济学在未来的发展

---

[1] Mazzucato M. The entrepreneurial state[M]. London: Demos, 2011.
[2] Erik S. Reinert, Full circle: economics from scholasticism through innovation and back into mathematical scholasticism [J]. Journal of Economic Studies, 2000, 27(4/5).

方向①。根据多元主义的科学精神，加强对西方非主流经济学的了解，并加深对作为其理论源头的重商主义经济学的理解是非常有必要的[39]。从重商主义经济学的传播、复兴、变种，以及新李斯特学派的源流可以看出，这二者是专门致力于如何使国家富强的经济学说，因而，我们很有必要大力深挖这二者所蕴含的经济思想，为构建中国特色社会主义政治经济学添砖加瓦。当然，中国特色社会主义政治经济学是以马克思主义为指导的经济学说，此二者与马克思主义政治经济学在学术渊源上有很密切的联系。中国特色社会主义政治经济学是一种扎根于中国具体实践经验的经济学说体系。新李斯特学派就是针对现实问题进行研究的重要学说，这对于构建中国特色社会主义政治经济学体系具有重要的理论和现实价值。

---

① Lawson. Tony Reorienting Economics[M]. London and New York: Routledge, 2003.

/第三部分/
中国经济问题研究

建设现代化经济体系实现高质量发展
——为纪念改革开放 40 周年而作

高建昆　程恩富[①]

(复旦大学　中国社会科学院)

一、改革开放以来高速增长的主要成就

改革开放 40 年来,我国经济虽然经历了一定的波动,但总体上保持了 30 多年的高速增长态势,从而"创造了第二次世界大战结束后一个国家经济高速增长持续时间最长的奇迹"[②]。按不变价格计算,2016 年我国国内生产总值是 1978 年的 32.306 倍,而 2016 年国民总收入是 1978 年的 32.176 倍。

在对外贸易方面,货物贸易和服务贸易规模取得了巨幅上升。在货物贸易方面,出口总额从 1978 年的 167.6 亿元上升至 2017 年的 153321 亿元;进口总额从 1978 年的 187.4 亿元上升至 2017 年的 124602 亿元。在服务贸易方面,出口总额从 1982 年的 26 亿美元上升至 2016 年的 2083 亿美元,而 2017 年初步统计值为 15407 亿元人民币;进口总额从 1982 年的 19 亿美元上升至 2016 年的 4492 亿元,而 2017 年初步统计值为 31584 亿元人民币。

产业结构方面,三次产业之间的比例关系逐渐优化。在产值方面,第一产业产值占 GDP 的百分比由 1978 年的 27.7% 逐渐转变为 2017 年的 7.9%;第二产业产值占 GDP 的比重由 1978 年的 47.7% 逐渐转变为 2017 年的 40.5%;第三产业产值占 GDP 的比重由 1978 年的 24.6% 逐渐转变为 2017 年的 51.6%。在就业方面,第一产业就业人数占就业总人数的比重由 1978 年的 70.5% 降为 2016 年的 27.7%;第二产业就业人数占就业总人数的比重由 1978 年的 17.3% 降至 2016 年的 28.8%;第三产业就业人数占就业总人数的比重由

[①] 高建昆,复旦大学马克思主义学院副教授,经济学博士。程恩富,中国社会科学院大学特聘首席教授、博士生导师,中国社会科学院马克思主义研究学部主任、经济社会发展研究中心主任。

[②] 习近平. 在省部级主要领导干部学习贯彻党的十八届五中全会精神专题研讨班上的讲话[N]. 人民日报,2016-05-10.

1978年的12.2%升至2016年的43.5%。

在基础设施建设方面,主要规模指标取得了巨大进步。在交通运输方面,铁路网密度由1978年的53.9千米/万平方千米上升至2016年的129.2千米/万平方千米。公路网密度由1978年的927千米/万平方千米上升至2016年的4892千米/万平方千米,在邮电通信方面,电话普及率(含移动电话)从1978年的0.4%上升至2016年的110.5%,移动电话普及率从2000年的6.7%上升至2017年102.5%。

在科教文卫方面,主要规模指标和主要质量指标都取得了巨大进步。在科技方面,研究与试验发展经费内部支出与国内生产总值之比由2000年的0.89%上升至2017年的2.12%。在文化方面,广播人口覆盖率从1994年的77.4%上升至2017年的98.7%;电视人口覆盖率从1994年的83.3%①上升至2017年的99.1%。1978年生产的艺术影片46部②;2017年生产的故事影片有798部,而科教、纪录、动画和特种影片有172部。图书种类从1978年的14987种上升至2016年的499884种;期刊种类从1978年的930种上升至2016年的10084种。尤其是党的十八大以来,马克思主义在意识形态领域的指导地位更加鲜明,社会主义核心价值观和中华优秀传统文化被广泛弘扬,文化事业文化产业持续健康发展,文艺创作日益繁荣③。

以上数据表明,改革开放40余年来我国经济的高速度增长,为我国经济实力的提高和人民生活的改善奠定了较为坚实的物质基础。

二、转向高质量发展的必然性和重要性

改革开放40余年来,我国经济的高速度增长在取得巨大成就的同时,也遇到了新情况和新问题。这些新情况和新问题形成了我国经济高速度增长的限制性条件,使整个国民经济必然要转变发展方式、优化经济结构、转换增长动力,以实现高质量发展。

(一)转变经济发展方式的必然性与重要性

我国经济高速度增长阶段形成的限制性条件,使我国经济发展方式必然从规模速度型粗放增长转向质量效率型集约增长。

在高速度增长阶段,我国经济发展方式主要是规模速度型粗放增长。在这种经济发展方式下,经济增长的主要实现方式是简单劳动密集型产业的粗放型扩张。而简单劳动密集

---

① 1994年的广播和电视的人口覆盖率数据来自国家统计局网站《中华人民共和国国家统计局关于1994年国民经济和社会发展的统计公报》。
② 数据来自国家统计局网站《中华人民共和国国家统计局关于1978年国民经济和社会发展的统计公报》。
③ 郝书翠. 让中国特色社会主义文化在当代世界文化百花园里吐蕊争芳[J]. 马克思主义文化研究,2018(1).

型产业的产品在当代全球价值链和产业链中处于中低端。从长期来看，这种经济增长方式是不可持续的。我国经济高速度增长阶段规模速度型粗放增长的各种弊端，促使经济发展方式必然转向质量效率型集约增长。

（二）优化经济结构的必然性与重要性

我国经济高速度增长阶段形成的限制性条件，使我国经济结构必然从增量扩能为主转向调整存量、做优增量并存的深度调整。

在产业结构方面，规模速度型粗放增长形成的不合理产业结构亟待优化。在需求结构方面，经济增长严重依赖外需的状态亟待改变。在收入分配结构方面，收入差距较大的状态亟待改善。在城乡区域结构方面，城乡区域经济不平衡问题亟待改善。

（三）转换增长动力的必然性与重要性

我国经济高速度增长阶段形成的限制性条件，使我国经济发展动力必然由要素驱动、投资驱动等传统增长点，转向以创新驱动为代表的新增长点。

在经济高速度增长阶段，创新驱动经济增长的必然性与重要性日益凸显。首先，技术创新状况直接影响产业和企业的商业利润。在当代全球化竞争中，以重要领域的核心技术创新为基础的知识产权垄断是国际垄断利润的重要来源。在规模速度型粗放增长下，我国很多产业的产品在当代全球价值链和产业链中处于中低端。由于技术创新能力不足，这些产业的产品难以形成具有较强竞争力与较大影响力的自主品牌。这直接限制了产品的附加值和利润空间。第二，重要领域的核心技术创新状况直接影响国家安全。"核心技术是国之重器"[①]。例如，芯片核心技术的把握与否直接关系到国家信息安全的制高点和主动权。目前，我国智能手机芯片等一系列关键核心技术领域尚未取得实质性突破，而在美国等发达国家贸易保护主义和技术封锁不断加重的条件下，势必使相关产业安全和国家总体安全面临较大挑战。

可见，我国经济在高速度增长阶段逐渐出现的新情况和新问题，必然要促使我国经济转变发展方式、优化经济结构和转换增长动力，以提质增效为中心，主要通过加速建设现代化经济体系来转向和实现高质量发展。

三、加速现代化经济体系建设推进高质量发展

以现代化经济体系建设推进高质量发展，需要根据经济体系的内在结构性特点，正确

---

① 习近平．敏锐抓住信息化发展历史机遇 自主创新推进网络强国建设[N]．人民日报，2018-04-22．

处理好核心子系统中的一系列重要关系。习近平指出，现代化经济体系是由社会经济活动各个环节、各个层面、各个领域的相互关系和内在联系构成的一个有机整体①。建设现代化经济体系，要坚持人民为中心，贯彻创新、协调、绿色、开放、共享的新发展理念，正确认识和处理好一系列重要关系。

（一）产业体系：要处理好自主创新与引进发展、实体经济与金融发展的关系

在产业层面，以现代化经济体系建设推进高质量发展，需要紧紧围绕创新引领、协同发展的产业体系建设，着重处理好自主创新与引进发展、实体经济与金融发展的关系，从而高质量地推进产业结构的动态优化。

正确处理自主创新与引进发展的关系，是持续突破经济发展动力瓶颈的关键环节。在发展中国家的产业发展中，自主创新与引进发展是既对立又统一的辩证关系。自主创新与引进发展之间的统一性体现在自主创新的程度与引进发展的质量呈现同向互动关系，即一个产业自主创新的程度越高，该产业引进外来技术的质量和能力就越高。在自主创新程度较低的阶段，该产业只能引进不具有自主知识产权的非核心技术，主要从事全球价值链低端环节和外围层面的低附加值生产，而所获利润在产业链总利润的份额极为微薄。

（二）市场体系：要处理好有效竞争与适度垄断的关系

在市场层面，以现代化经济体系建设推进高质量发展，需要紧紧围绕统一开放、竞争有序的市场体系建设，着重处理好有效竞争与适度垄断的关系，从而"加快形成企业自主经营公平竞争、消费者自由选择自主消费、商品和要素自由流动平等交换的现代市场体系"②。在现代化市场体系建设中，正确处理有效竞争与适度垄断的关系，就是要坚持和维护市场竞争规则的公平性，全面推动统一开放、竞争有序的市场体系建设。一方面，要完善市场监管体制，实现各类市场主体在市场准入负面清单以外的领域公平有序的竞争，另一方面，要积极推进反不当垄断的立法实践与司法实践，对妨碍有效竞争、攫取垄断利润的各类垄断行为进行科学、精准、高效的禁止、限制与打击。

---

① 新华社. 深刻认识建设现代化经济体系重要性 推动我国经济发展焕发新活力迈上新台阶[N]. 人民日报,2018－02－01.

② 新华社. 深刻认识建设现代化经济体系重要性 推动我国经济发展焕发新活力迈上新台阶[N]. 人民日报,2018－02－01.

(三) 城乡区域体系：要处理好协同发展与自身发展的关系

在现代化城乡区域体系建设中，正确处理协同发展与自身发展的关系，就是要在科学的顶层设计与系统的统筹规划下，积极推进城乡区域各子系统的良性互动与融合发展。在区域层面，要从全局角度统筹协调各区域的经济发展战略，从区域间基础设施网络体系的构建、经济管理制度体系的衔接、生态环境的协同保护以及区域对外开放战略的统筹等方面系统推进区域经济发展战略的有机融合。在城乡层面，要以乡村振兴战略推进城乡融合发展。这就需要从城乡之间现代基础设施网络体系的互联互通与一体化，消除城乡之间义务教育、医疗、养老等基本公共服务的较大差别，完善农业技能培训体系和农民工培训体系，以及在城乡文化的良性互动与有机融合等多方面，不断健全城乡融合发展体制机制和政策体系。

(四) 绿色发展体系：要处理好经济发展中的人与自然的关系

在绿色发展层面，以现代化经济体系建设推进高质量发展，需要紧紧围绕资源节约、环境友好的绿色发展体系建设，着重处理好经济发展中人与自然之间的关系，以"实现绿色循环低碳发展、人与自然和谐共生"[1]。在绿色发展体系建设中，正确处理经济发展中人与自然之间的关系，就是要坚持绿色发展理念，在经济发展过程中始终遵循自然规律、人口规律和经济规律，系统推进人与自然的和谐共生，实现人口、资源和环境的良性循环和永续发展。

(五) 开放体系：要处理好对等高效开放与经济安全、人民福利之间的关系

在开放层面，以现代化经济体系建设推进高质量发展，需要紧紧围绕多元平衡、安全高效的全面开放体系建设，着重处理好对等全面开放与经济安全、人民福利之间的关系，通过"发展更高层次开放型经济"，"推动开放朝着优化结构、拓展深度、提高效益方向转变"[2]。在开放体系建设中，正确处理对等全面开放与经济安全、人民福利之间的关系，就是要克服"为开放而开放"的盲目行为，在扩大开放中注重扩大自身安全系数，积极扩大人民福利。在实体经济开放层面，要全面实施以中国特色自主创新为核心的创新驱动战略，以加强自主创新能力开放合作。在金融开放层面，要在保障金融安全的前提下提高金

---

[1] 新华社. 深刻认识建设现代化经济体系重要性 推动我国经济发展焕发新活力迈上新台阶[N]. 人民日报，2018-02-01.

[2] 新华社. 深刻认识建设现代化经济体系重要性 推动我国经济发展焕发新活力迈上新台阶[N]. 人民日报，2018-02-01.

融体系的控制力和国际竞争力。

（六）经济调节体系：要处理好市场决定作用与政府主导作用的关系

在经济调节方面，以现代化经济体系建设推进高质量发展，需要紧紧围绕充分发挥市场作用、更好地发挥政府作用的经济调节体系建设，着重处理好基于市场价值规律的市场决定作用与基于国家调节规律的政府主导作用的关系。就是要坚持将市场在一般经济资源配置中的决定性作用和政府在重要经济资源配置中的导向性调节作用有机结合起来，形成功能良性互补、效应协同、机制背反的经济调节体系。习近平明确指出，"市场在资源配置中起决定性作用，并不是起全部作用"[1]。我们必须确立"非全部的市场决定作用"总体调节方针，在一般资源的短期调节领域和局部调节领域，充分发挥市场对一般资源的决定性调节作用，而政府则要通过简政放权来激发各类市场主体的活力。

（七）产权体系：要处理好公有经济主体与非公经济辅体的关系

在产权层面，以现代化经济体系建设推进高质量发展，需要坚持和完善公有制主体、国有制主导、多种所有制共同发展的产权体系，正确处理公有经济主体与非公经济辅体的关系，为提升我国经济体系的综合竞争力奠定坚实的基本经济制度。

（八）分配体系：要处理好按劳分配主体与按资分配辅体的关系

在分配层面，以现代化经济体系建设推进高质量发展，需要紧紧围绕体现效率、促进公平的分配体系建设，着重处理好按劳分配主体与按资分配辅体的关系，从而高质量地推进财富与收入的合理分配，维护社会的公平正义，为全体人民迈向共同富裕奠定坚实的分配体系基石。就是要坚持和完善按劳分配为主体、多种分配方式并存的基本分配制度，以实现分配中公平与效率的和谐统一。

---

[1] 习近平. 关于《中共中央关于全面深化改革若干重大问题的决定》的说明[N]. 人民日报,2013-11-16.

改革开放以来我国经济发展成就与未来发展展望

吴庆军　王振中[①]

(曲阜师范大学)

一、中国改革开放以来的经济发展成就辉煌

(一) 中国创造了世界上持续时间最长、增速最高、最平稳的经济奇迹

长期以来,世界上声称创造经济奇迹的国家有很多,人们对经济奇迹设定的标准并不一致。但如果把世界范围内的经济奇迹限定为,经济增长连续15年以上且平均增速在8%以上,则从第二次世界大战以来,在全世界范围内,符合上述定义的创造经济奇迹的国家和地区只有中国大陆、日本、韩国、新加坡、中国香港和中国台湾。具体情况见表1。

表1　第二次世界大战以来创造经济奇迹的国家和地区经济增长情况统计

国家(地区)	平均增速(%)	波动标准差(%)	经济奇迹时间	持续年份	增速超过8%的年份
中国大陆	9.5	2.65	1978—2017	40年	27年
中国香港	9.3	4.73	1961—1988	28年	19年
中国台湾	9.4	3.21	1963—1989	27年	21年
新加坡	9.1	3.33	1965—1997	32年	21年
韩国	8.5	2.99	1963—1991	29年	17年
日本	8.99	2.72	1955—1973	19年	13年
联邦德国	6.3	3.64	1950—1973	24年	11年

资料来源:世界银行数据库和国际金融统计整理计算。

[①] 吴庆军,曲阜师范大学副教授,中国社会科学院研究生院博士生。王振中,经济学博士,研究员,教授,博士生导师,中国社会科学院研究员,清华大学政治经济学研究中心学术委员会主席,国务院政府特殊津贴获得者,中国社会科学院全球契约研究中心主任,中国期刊协会经济期刊联合会会长,中华外国经济学说研究会副会长,中国《资本论》研究会副会长,国家马克思主义理论研究与建设工程政治经济学主要成员,曾任中国社会科学院经济研究所副所长。先后获得"精神文明建设五个一工程奖"、孙冶方经济科学奖、国家图书提名奖、中国社会科学院优秀科研成果奖等。

由表 1 可以看出，1978—2017 年中国 GDP 平均增速达到 9.5%，远高于其他曾经创造经济奇迹国家的平均增速，更高于同时期发达国家平均增速和世界平均增速。中国经济波动的标准差为 2.65%，低于其他曾经创造经济奇迹国家的经济增速标准差，说明中国经济波动幅度最小，经济增长最为平稳。中国改革开放 40 年，创造了自第二次世界大战以来，世界上所有国家，持续时间最长、增速增高、最平稳的经济奇迹，在全世界独树一帜，独一无二。具体情况见图 1。

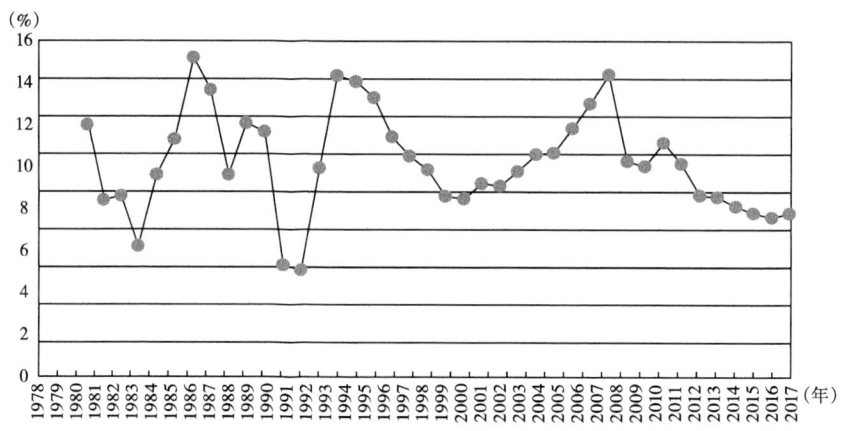

图 1　中国改革开放以来 GDP 增速变化

改革开放以来，中国经济规模在世界上的排名实现了历史性跨越。1978 年中国经济总量排名居世界第 15 位；2000 年之后中国经济规模在世界各国的排名不断上升，经济总量超越意大利居世界第 6 位，2005 年超过法国居世界第 5 位，2006 年超过英国居世界第 4 位，2007 年超过德国居世界第 3 位，2010 年超过日本成为世界第 2 大经济体，并且 2010 年中国制造业规模超过美国居世界第 1 位，至今始终保持。中国经济占世界份额从 1978 年的 1.8% 到 2017 年上升为 15.04%，具体情况见图 2。

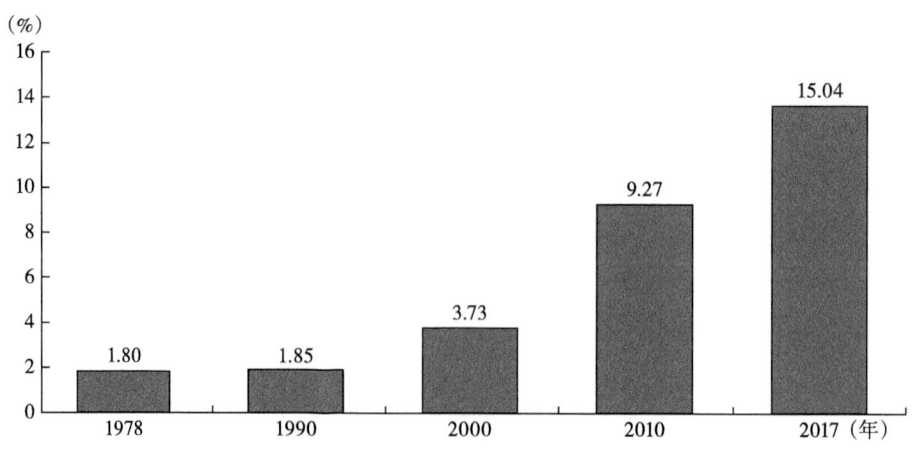

图 2　改革开放以来中国经济占世界经济份额变迁

1978年中国经济总量仅为日本的1/7,而2010年中国经济总量刚刚超过日本,到2017年中国经济总量已经是日本的2.5倍。中日力量的显著变化表明中国成就斐然。

综上所述,"二战"以来,从世界范围内,中国创造了经济增长持续时间长、增长速度最高、波动幅度最小的经济奇迹。中国经济总量从世界排名15一跃成为世界第2,辉煌成就令世界惊叹。

(二) 中国国家财政实力和外汇储备惊人增长

改革开放40年,中国经济的长期快速增长使得中国国家财力迅速攀升。1978年中国国家财政收入为1000多亿元人民币,2017年超过172567亿元人民币,相对于1978年增长了152倍,具体详见图3。

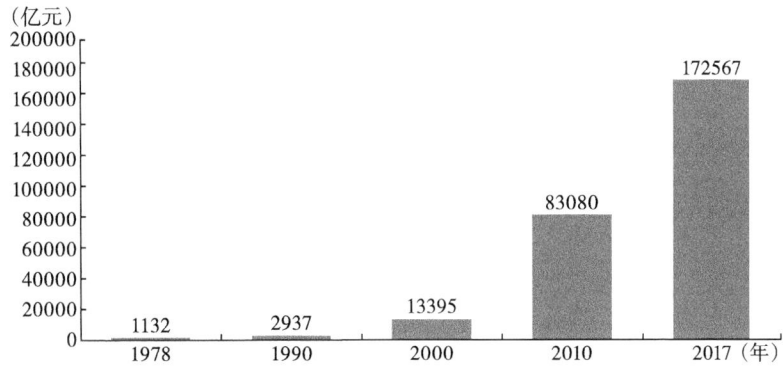

图3 改革开放以来中国财政收入的变化

中国的外汇储备1978年为1.67亿美元,1990年外汇储备超过100亿美元;1996年超过1000亿美元;2006年突破1万亿美元,并超过日本跃居世界第一,2009年突破2万亿美元;2010年为28473亿美元,2017年为31399亿美元,相对于1978年增加了18801倍。中国从外汇极度短缺成为外汇储备世界第一,变化之快令人瞠目结舌。详见图4。

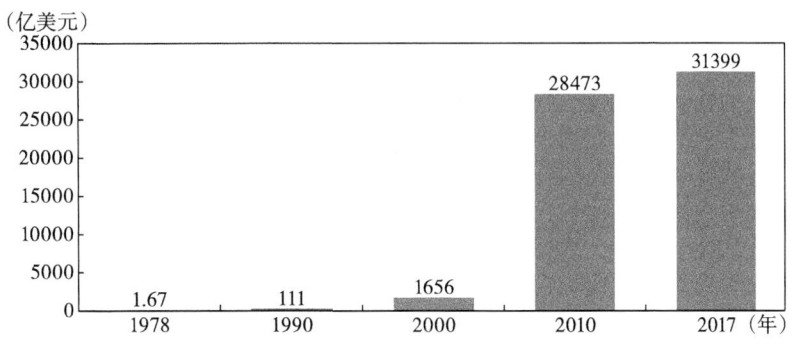

图4 改革开放以来中国外汇储备变化

（三）中国对外经济规模和地位迅速提升

中国的货物进出口总额在 1978 年约为 206 亿美元，2004 年就突破 1 万亿美元，2007 年超过 2 万亿美元，到 2010 年逼近 3 万亿美元，2017 年达到 41162 亿美元，相对于 1978 年增长了 199 倍。

改革开放 40 年中国在世界贸易中的位次迅速提升。1978 年中国货进出口贸易总额在全球仅位居第 26 位，到 2004 年就开始跃居世界第 2 位，2009 年开始跃居世界第 1 位，一直到 2017 年始终稳居第一。中国对外开放规模、地位迅速提升，开放深度和广度空前。详见图 5。

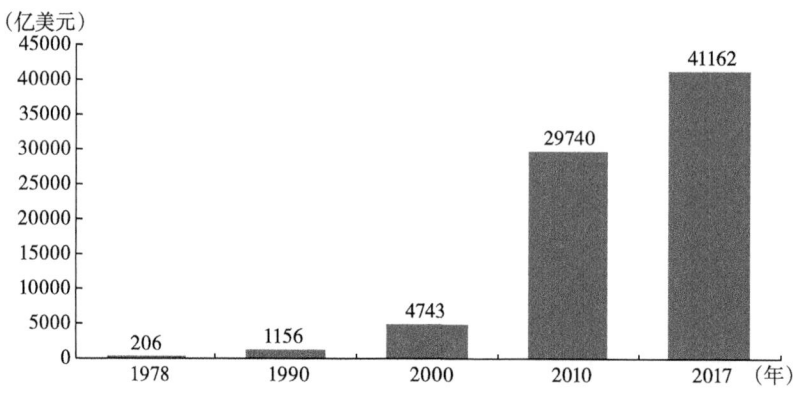

图 5　改革开放以来中国货物进出口贸易总额变化

1978 年中国对外贸易逆差为 20 亿美元，到 1990 年开始转向小额顺差，到 2010 年实现顺差 1831 亿美元，2017 年实现顺差 4253 亿美元。详细情况见图 6。

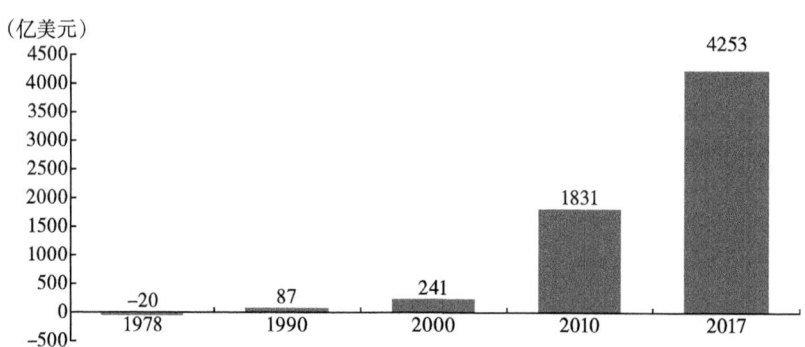

图 6　中国改革开放以来外贸顺差变化

（四）交通运输基础设施建设日新月异、突飞猛进

中国港口货物吞吐量 1978 年不足 2 亿吨，2017 年达到 126 亿吨，增长了 63 倍。

中国集装箱吞吐量1978年为1.8万标准箱，2017年为2.3亿标准箱，增长了12611倍。

中国港口货物和集装箱吞吐量多年稳居世界第一，全球拥有亿吨港口最多的国家。

中国货物运输周转量1978年为9450亿吨千米，2017年为196130亿吨千米，增长了21倍。

中国公路总里程1978年为89万千米，2017年底为477万千米，其中全国农村公路总里程超过400万千米，99.99%乡镇通上公路，99.97%的建制村也通了公路。

中国高速公路1988年才开始建设，到2017年建成13.6万千米，稳居全球首位。

中国铁路营业里程1978年为5.17万千米，到2017年底已经达到12.7万千米。

中国电气化铁路总里程1978年为0.1万千米，铁路电气化率不断提升，2012年超越了俄罗斯成为世界电气化铁路总里程第一的国家，2017年总里程为8.1万千米。

2017年中国铁路电气化率、复线率分别居世界第1和第2位。

中国高速铁路2004年才开始规划，2008年中国建成第一条高铁，5年走完国际上40年高速铁路发展历程。从一个不起眼的追赶者变成了世界高铁的领跑者。中国已成为世界上高速铁路发展最快、系统技术最全、集成能力最强、运营里程最长、运营速度最高、在建规模最大的国家。2010年中国已投入运营的高速铁路营业里程开始居世界第1位。2017年底，我国高铁运营里程突破了2.5万千米，占当今世界高铁运营里程的66.3%，并多年稳居位居世界第一位。

中国40年在交通基础设施建设方面成就辉煌，创造了在港口、公路、铁路、电气化铁路、高速铁路和高速公路发展史上的世界奇迹。

（五）工业、制造业发展举世瞩目、成绩骄人

1978年中国工业基础非常薄弱。经过40年的发展，我国在建材、能源、化工、冶金、机械设备、交通运输设备、电子通信设备和及各种消费品等工业主要领域，形成了强大的生产能力。与1978年相比，主要工业产品及家用电器生产能力迅猛发展。

1978年中国原油产量为10405万吨，2017年为19151万吨，增长了1.8倍；

1978年中国原煤产量为6.18亿吨，2017年为35.2亿吨，增长了5.7倍；

1978年中国发电量为2565.5亿度，2017年为64951.4亿度，增长了25倍；

1978年中国粗钢产量为3178万吨，2017年为83172.8万吨，增长了26倍；

1978年中国水泥产量为6524万吨，2017年为234000万吨，增长了36倍；

1978年中国化学纤维产量为28万吨，2017年为4919万吨，增长了173倍；

1978年中国汽车产量为14.9万辆，2017年为2901.8万辆，增长了194倍；

1978年中国轿车产量为0.5万辆，2017年为2199万辆，增长了2242倍；

1978年中国电冰箱产量为2.8万台，2017年为8548万台，增长了3053倍；

1978年中国彩色电视机产量为0.38万台，2017年为15933万台，增长了41927倍；

1978年中国洗衣机产量为400台，2017年为7857万台，增长了196425倍；

1978年中国空调产量为200台，2017年为17862万台，增长了893075倍。

（六）其他行业发展成就显著

1978年中国棉花产量216.7万吨，2017年为549万吨，增长了2.5倍；

1978年水产品产量466万吨，2017年为6938万吨，增长了15倍；

1978年中国中等专业学校在校学生88万人，2017年为1592.5万人，增长了18倍；

1978年中国高等学校在校学生数为85万人，2017年为2753.6万人，增长了32倍；

1978年中国社会消费品零售总额1559亿元，2017年为366262亿元，增长了235倍；

1978年中国城乡居民人民币储蓄存款211亿元，2017年为643768亿元，增长了3057倍。

（七）人民生活水平明显改善

改革开放之初，全国粮食及主要副食品供应比较紧，日用工业品花色品种少，不能满足人民生活水平日益增长的要求。全国有1/4的人处于绝对贫困线以下，人民生活总体不富裕，而到目前中国绝大多数民众总体上过上了小康富足的生活。改革开放40年来，中国人均家用耐用消费品拥有量不断增加，并逐渐向高档化发展。以前老百姓很少拥有电视、冰箱、洗衣机、空调、电脑、手机和私家车。目前中国普通家庭购买私家车已经非常普遍，城市中普通居民绝大数都拥有手机，拥有电脑、冰箱、洗衣机、空调等现代化家电较为普遍。中国固定用户总数、移动电话、互联网上网人数、汽车消费量已经连续8年居全球第1位，优势保持至今。

二、未来中国发展需要加强的领域

中国经济总量已经连续7年位居世界第2，但这并没有改变中国仍然属于发展中国家的性质，主要表现在人均收入远未进入发达国家水平。另外目前中国与发达国家在科技、教育、军事、信息化、能源利用效率、环境保护等方面仍需奋起直追。

（一）中国国民人均收入与世界高收入发达国家还有相当大的距离

根据国际货币基金组织数据库的数据，2017年中国人均国民收入在世界各国和地区排名中居第69名。2017年中国人均国民收入仅相当于高收入发达国家人均国民收入的1/5。

经历了阔步发展，中国人均国民收入自身发展速度及相对于世界平均水平来说应该是发展很快的，但是就目前的绝对水平来说，中国人民生活水平还未达到世界平均水平，与高收入发达国家水平差距还是比较大的，所以提高人民生活水平是今后重点需要加强的地方。

（二）中国的科技、教育领域亟待大力加强

2017年中国研究与试验发展（R&D）国内支出虽为世界第2，但不及美国的一半。2017年中国全年研究与试验发展（R&D）经费支出占国内生产总值的比重为2.12%。而发达国家的研发强度普遍维持在3%左右。

从科学与工程（S&E）领域发表的论文数量来看，虽然中国在数量上超过美国，但论文的质量比数量更加重要，科学与工程领域发表引用率位于前1%的高质量论文中美国远高于中国。发明专利最能代表科技创新水平，被认作是衡量创新行为的有用指标。根据世界知识产权组织（WIPO）统计，目前全球有效发明专利保有量排名依次是日本266万、美国219万、中国124万。另外中国在专利的授权率与实际转化方面还要加强。航空航天及集成电路已经成为中国迈向科技强国亟须提升的技术领域。中国作为全球电子设备产业链的"组装工厂"，每年看似出口金额巨大，实际上核心的集成电路仍大量依赖进口。因此，中国未来要亟须掌握和提高集成电路、芯片的核心技术。中国虽然被称为"世界工厂"，但许多核心技术主要依赖进口，企业自主创新能力不强，缺乏享誉全球的"中国名牌"。中国教育投入、创新科研能力、企业核心竞争力的提升是未来中国重点加强的领域。

（三）中国能源利用率需要大力提高，环境保护需要特别加强

中国能源消费量巨大，能源利用效率不高。目前中国每单位能耗创造的经济总量远低于主要发达国家。提高能源利用效率，既能节约能源消耗，又能减少环境污染是未来中国明智的选择。目前中国的森林覆盖率仅在22%左右，美国的森林覆盖率在33%以上，日本的森林覆盖率在68%以上。中国的森林覆盖率远低于世界平均水平，人均森林面积仅为世界的1/4。因此，未来大力植树造林，夯实环境保护的基础，打造"美丽中国"刻不容缓。

（四）未来中国发展需要重点加强的其他领域

中国改革开放在创造经济奇迹的40年中，还存在许多需要改善和加强的领域，如就业、住房、看病、上学等问题虽然有所缓解但仍然是民众需要改善的领域。行业收入差

距、城乡收入差距、区域收入差距不断扩大需要遏制。社会保障、食品药品安全、药品安全、社会治安、执法有据、司法公平等方面都需要加强。

三、结论

改革开放以来，中国创造了二战以来世界上持续时间最长、速度最高、最为稳定的经济奇迹。经济总量虽然已经稳居世界第二，但从人民生活水平的角度讲，仍然属于发展中国家。人们应该充分认识到取得成就的辉煌与来之不易，应该为已经取得的优异成绩而更加坚定对未来的信心。但同时也应该清醒地看到，中国还远未成为世界强国，中国在教育、科技、军事、人民生活、能源利用效率、环境保护等方面与世界先进发达国家仍然存在着较大的差距，需要放下身段，卧薪尝胆，奋起直追。当然有些差距是历史长期积累的结果，可以通过进一步改革加以逐步解决。因此，既不能因为改革开放以来取得的辉煌成就而沾沾自喜，也不能忽视问题和漠视差距。只有客观准确地分析评价当今中国发展真实状况和各个领域在国际社会所处的地位，人们才不会盲目自大，也不会妄自菲薄，以此不断增强忧患意识和追赶意识。唯有此，中华民族的全面伟大复兴才会最终来临，中国梦才能最终实现！

更高质量、更高水平地全面深化改革扩大开放
——习近平全面深化改革扩大开放重要论述的研习要论

傅尔基[①]

（上海市发展改革研究院）

一、"两个关键一招论"阐明了全面深化改革扩大开放的决定是当代中国命运和伟大复兴动因

习近平指出：改革开放是决定当代中国命运的关键一招，也是实现"两个一百年"的奋斗目标，实现中华民族伟大复兴的关键一招。我们常说，只有社会主义才能救中国，而改革开放40年来，我国经济发展创造世界近现代史上"奇迹"，成为当今世界上第二大经济体，全国人民生活水平基本上摆脱贫困、迈进全面小康，这些成功历史事实无可辩驳地告诉国人和世人，只有改革开放、走社会主义市场经济道路，才能发展中国，才能发展社会主义，并引领广大发展中国家走上繁荣富强，为世界和平发展贡献出中国力量、中国智慧和中国方案。

进入新时代，全面深化改革扩大开放是我国实现由"站起来"到"富起来"、再到"强起来"、走近世界中心的必由之路和康庄大道。在这条道路上，我们还存在一些与开放市场经济、高质量发展和高品质生活不相适应的体制机制弊端，尤其是要在与西方发达国家制度竞争中发挥社会主义市场经济比较和领先优势，必须下大气力进一步全面深化改革扩大开放，进一步清除各种体制机制障碍，进一步发挥中国特色社会主义制度的优越性，从而进一步解放和发展生产力，统筹开发和有效利用国内外两个市场和两种资源，自主、协同创新驱动，推进高质量发展，继续保持我国经济社会发展良好势头，为实现"两个一百年"奋斗目标和实现中华民族伟大复兴提供强大动力。

[①] 傅尔基，上海市发展改革研究院研究员，博士生导师。

二、"两个不走论"和"两条死路论"辩明了全面深化改革扩大开放的中国特色社会主义方向

改革开放40余年来，我国成功探索、走出了一条中国特色社会主义基本经济制度与开放市场经济相结合的社会主义市场经济改革开放道路，而不像外媒所说的，我国改革开放搞得是"国家资本主义"。作为资源配置方式，市场经济没有姓"资"与姓"社"区分，但是作为市场经济的所有制基础，却有姓"资"与姓"社"区分。我国经济体制改革目标是社会主义市场经济，是建立在社会主义公有制经济为主体、多种所有制经济共同发展基础上，是将与计划经济相适应的公有制经济改革成为与市场经济相适应的公有制经济，而不是将公有制经济全盘私有化，同时，发挥市场在配置资源上的决定性作用与更好地发挥政府作用相结合，而不是搞否定政府作用的市场经济"自由化"，调动起多种所有制经济的积极性、主动性和创造性，赋予中国特色社会主义经济更加新的生机活力，确保在中国特色社会主义道路上实现民共富、国强盛。

习近平强调，不实行改革开放死路一条，搞否定社会主义方向的改革开放也是死路一条，"在方向问题上，我们头脑必须十分清醒，不断推动社会主义制度自我完善和发展，坚定不移走中国特色社会主义道路"。

三、"五位一体论"和"治国理政现代化论"导出了全面深化改革扩大开放的新内容和新目标

改革开放40余年来，我国坚持"一个中心"——以经济建设为中心，坚持四项基本原则和坚持改革开放"两个基本点"，聚焦于社会主义经济体制改革，从农村到城市，从沿海到内地，从试点到推广，从经济体制到全面深化改革，掀起了中华民族乃至世界现代化历史进程中一场波澜壮阔的伟大革命，推动我国经济从封闭、半封闭的计划经济转向开放的市场经济，融入经济全球化，既支撑了经济全球化发展，也分享到了经济全球化红利。

进入新时代，我国全面深化改革扩大开放则更是一项伟大的系统工程，不仅仅是以社会主义经济体制改革为主要内容，而是以社会主义经济体制改革为重点，社会主义经济体制、政治体制、文化体制、社会体制、生态文明体制和党的建设制度改革协同推进，既涉及经济基础方面的改革，又涉及上层建筑方面的改革，是一个全方位的、伟大的"第二次革命"；目标也不仅仅是完善社会主义经济体制，而是推进整个国家治理体系和治理能力现代化，形成与中国特色社会主义"五位一体"总体布局、实现现代化"三步走"目标相适应的更加成熟、更加定型的制度体系，完善和发展中国特色社会主义制度，开辟、闯出一条中国特色社会主义制度下东方大国实现现代化道路。

四、"党的领导核心论"和"人民主体论"阐明了全面深化改革扩大开放的领导和主体力量

大家公认,邓小平是我国改革开放的总设计师,然而,邓小平却说,改革开放不是他一个人的想法,而是全党全国人民的共同愿望。中共十一届三中全会果断停止"以阶级斗争为纲"、无产阶级专政下继续革命的极"左"路线,摒弃"宁要社会主义草"言行,将党的工作重心转到"以经济建设为中心"上来,强调发展是第一要务,申明"贫穷不是社会主义",实行社会主义市场经济的改革开放,走上由温饱到小康、再到全面小康道路,受到了广大中国人民(包括海外华侨华人和朋友)的热烈响应、拥护和支持,顺应了现代化历史发展趋势和当代经济全球化潮流。

马克思主义唯物史观认为,人民群众是历史的主体,是推动社会发展进步的决定力量。习近平在党的十九大报告中明确指出,"人民是历史的创造者,是决定党和国家前途命运的根本力量","必须坚持人民主体地位"。

在全面深化改革扩大开放中,坚持人民主体地位与坚持党的核心领导具有内在一致性。党政军民学,东西南北中,党是领导中国特色社会主义伟大事业、全面深化改革扩大开放的核心力量。党通过群众路线,把人民群众对全面深化改革扩大开放的愿望和行动集中到作为执政党的党中央,统一意志和方针政策,保障沿着正确的轨道方向,统筹协调各方利益,集中力量全面贯彻执行,才能克服各种困难和制约,破旧立新,不断谋取全面深化改革扩大开放、建设中国特色社会主义事业的新的胜利。党对深化改革扩大开放的核心领导,充分体现了中国发展社会主义市场经济、建设中国特色社会主义伟大事业的本质特征。

五、"人民为中心论"和"人民利益至高无上论"告白了全面深化改革扩大开放的"一贯又新"目的

党的十九大把"坚持以人民为中心"列入新时代坚持和发展中国特色社会主义的基本方略中。为中国人民谋幸福、为中华民族谋复兴是中国共产党人的初心和使命,立党为公、执政为民,践行全心全意为人民服务是党的根本宗旨。这同样体现在我国改革开放40年历程和新时代全面深化改革扩大开放中。

我国改革开放40年历程表明,发展社会主义市场经济,有效地激发和增强了社会活力,进一步解放和发展了社会生产力,增强了综合国力,解决了人民日益增长的物质文化生活需要同落后的社会生产之间的矛盾。在这个过程中,人民群众承担了实行改革开放应付的必要代价,做出了巨大的时代贡献。

中国特色社会主义进入新时代,我国社会主要矛盾已经转化为人民日益增长的美好生活需

要和不平衡、不充分发展之间的矛盾。这对主要矛盾不但制约着社会主义经济发展全过程,而且制约着社会、政治、文化、生态文明建设各方面,必须高质量地全面深化改革扩大开放,以利于更好地满足人民日益增长的美好生活的需要,实现全体人民的共同富裕和人的全面发展。新时代人民对美好生活需要范围广泛,不仅对物质文化生活提出了更高的要求,而且在民主、法治、公平、正义、安全、环境等方面的要求日益增长。习近平指出,人民群众"期盼有更好的教育、更稳定的工作、更满意的收入、更可靠的社会保障、更高水平的医疗卫生服务、更舒适的居住条件、更优美的环境、更丰富的精神文化生活"。习近平强调,"必须始终把人民利益摆在至高无上的地位","要坚持把实现好、维护好、发展好最广大人民根本利益作为推进改革的出发点和落脚点,让发展成果更多更公平惠及全体人民,唯有如此改革才能大有作为"。

六、"扩大开放论"和"'一带一路'共建论"表明了全面深化改革扩大开放的新内容和新途径

以开放促改革、促发展,是我国改革开放 40 余年取得的成功实践和宝贵经验。进入新时代,站在新的历史起点,我们要坚定不移在更大范围、更宽领域、更高层次上扩大开放,以扩大开放促进深化改革,以深化改革促进扩大开放,为我国经济发展注入新动力、增添新活力、拓展新空间。当前,我们更应当清醒地认识到经济全球化是一把"双刃剑",在经济全球化中出现"逆经济全球化"现象,贸易保护主义和单边主义有所抬头,必须强化关系国计民生经济、关键科学技术和设备、民族品牌营销市场、涉及国家命脉和安全的国有产权等"自主型对外开放",致力于改善全球治理体系。在此基础上,要进一步完善我国陆海内外联动、东西双向互济的开放新格局;要从"引进来"为主转向"引进来"与"走出去"并重,平衡进口与出口;扩大建设自贸区,促进对外投资外贸更加自由化和便利化;反对贸易保护主义,引领经济全球化发展。

"一带一路"是从我国改革开放和长远发展出发提出来的,从 2013 年倡议和共建以来,有效地将我国充裕的现代金融资本和产能输出到"一带一路"沿线国家和地区,与"一带一路"沿线国家和地区发展战略规划及其实施相互衔接和提供支撑,促进与"一带一路"沿线国家和地区的区域经济一体化,进而推进经济全球化,支持了国际金融危机以来"一带一路"沿线国家和地区经济复苏,简言之,既有力地推进了我国开放空间和对外贸易投资增长,又促进了经济全球化的治理体系完善和健康发展。

七、"正确处理好五大关系论"和"市场与政府协同论"回答了全面深化改革扩大开放的方法和路径

我国改革开放 40 余年是一个从社会主义有计划商品经济到社会主义市场经济目标和

框架指引下与方针和政策贯彻落实下，通过渐进式转向突破式改革开放的成功实践过程。当前，我国改革已经进入攻坚期和深水区，对外开放面临贸易保护主义和单边主义有所抬头的严峻挑战，全面深化改革扩大开放的推进难度和风险越来越大。习近平指出，"当前，改革发展稳定任务之重、矛盾风险挑战之多、治国理政考验之大都是前所未有的"。我们必须更加自觉地坚持和运用辩证唯物主义世界观和方法论，努力提高解决我国全面深化改革扩大开放、促进高质量发展和高品质生活等基本问题的本领。必须科学认识全面深化改革扩大开放的本质要求，把握全面深化改革扩大开放的内在规律，更加注重改革开放的系统性、整体性和协同性，正确处理好解放思想和实事求是的关系、整体推进和重点突破的关系、顶层设计和摸着石头过河的关系、改革开放与稳定和发展的关系。

只有解放思想，打破教条主义的陈规旧律，才能思想不僵化，立足于社会主义初级阶段进入新时代实际，科学地研究面临新情况、新问题和新要求，勇于科学思考和谋划，敢于突破利益固化的藩篱，做到实事求是，一切从实际出发，既要清除"左"障碍，又要警惕"右"干扰，沿着正确方向和道路有效地推进全面深化改革扩大开放。

全面深化改革扩大开放，解决我们面临的突出矛盾和问题，仅仅依靠单个领域、单个层次的改革难以奏效，必须增强各项改革的关联性、系统性、协同性，整体推进，既解决好生产关系中不适应的问题，又解决好上层建筑中不适应的问题，这样才能产生综合效应。同时，必须紧紧抓住阻挠发展这个第一要务的主要矛盾和矛盾的主要方面实施重点突破，才能起到改革开放"牵一发动全身"的效果，才能更好地推动生产关系与生产力、上层建筑与经济基础相适应，进一步解放和发展社会生产力。

"摸着石头过河"是在没有先前经验下探寻实现改革开放目标和框架的一条"试错"路径，也是探索社会主义市场经济改革开放规律的一种方法，当然，这会花费巨大时间和成本代价，并且产生局部利益固化和渐进路径依赖。随着改革开放进入新时代全面深化和更高水平扩大，更加需要在"摸着石头过河"上进行理论总结创新，加强顶层设计，以利于从整体上把握全面深化改革扩大开放"路线图"。改革为发展提供动力，是确保长期稳定的来源；发展是改革的目的，是解决稳定的主要基础；稳定则是改革和发展的前提条件，也是改革和发展的重要目标。处理好改革、发展、稳定三者之间的关系，就是要把改革的力度、发展的速度和社会可承受的程度统一起来，在社会稳定中推进改革发展。在全面深化改革扩大开放中，核心问题仍然是正确处理好政府与市场的关系，既要发挥好市场决定资源配置作用，又要更好地发挥政府的作用。尤其是我国改革开放市场经济是社会主义市场经济，应当充分发挥我国社会主义制度的优越性。而科学的宏观调控和有效的社会治理则是发挥我国社会主义制度优越性的内在要求，做到追求经济效率与促进社会公平兼容，在改革中不断完善中国特色社会主义市场经济体制，提高治国理政体系和能力现代化水平。

我国经济实现高质量发展的突破口与着力点
——以马克思再生产理论为指导[①]

张波[②]　韩英[③]

（山西大学）

一、经济"高质量发展"的科学内涵

经济的"高质量发展"一经提出就引起了理论界的广泛重视，大家纷纷从不同的角度对它进行了大量的解读。

从马克思主义经济学的角度，对经济高质量发展的一般认识应该从研究市场经济的细胞——商品入手。商品有二因素。第一个方面是使用价值。对商品质量考察的第二个方面是价值。与商品价值有关的社会必要劳动时间有两种，第一种社会必要劳动时间涉及商品价值的决定，第二种社会必要劳动时间涉及商品价值的实现。从第一种社会必要劳动时间来理解商品的质量，就是商品的生产者要能够在现有的正常生产条件下，在社会平均的劳动熟练程度和劳动强度下生产某种商品所需要的劳动时间把商品生产出来。从第二种含义的社会必要劳动时间来理解商品的质量，是指实际花费在某种商品生产上的总劳动时间要与社会需要分配在该商品生产上的总劳动时间一致，这样的话社会资源配置的质量（效率）就高，如果不一致，社会资源配置的质量（效率）就低。

马克思主义经济学从"商品"入手，在资本主义市场经济的历史维度上为我们考察某一时点经济发展的质量提供了从微观到宏观的系统性和总体性解读，同时马克思主义经济学还深入研究了资本主义从自由竞争阶段走向垄断阶段，再到全球化，经济动态发展的演变过程，为我们揭示了资本主义市场经济发展的特点和规律。

无论是从微观到宏观，还是从静态到动态，马克思主义经济学研究资本主义市场经济

[①] 基金项目：国家社会科学基金青年项目"中等收入阶段矿产收益的国家治理研究"（项目编号：14CJL036）；国家社会科学基金一般项目"马克思的企业理论与国有企业改革研究"（项目编号：17BJL017）。
[②] 张波，经济学博士，山西大学经济与管理学院副教授，山西大学绿色发展研究中心副主任。
[③] 韩英，经济学博士，山西大学商务学院经济学院讲师。

发展的关键就是紧紧抓住商品的价值属性,这不仅可以让我们从物的自身有用性这一狭隘的视角中摆脱出来,更重要的是可以让我们理解资本主义市场经济条件下经济发展的动力、机制和路径。马克思用 G—W—G′ 刻画了资本主义市场经济的生产目的,揭示了资本家愿意生产并向市场提供商品使用价值的最终目的是要收回商品的价值并实现价值增殖,生产某种质量的使用价值只是实现这一目的的手段。正如马克思在《共产党宣言》中所说的:"资产阶级在它的不到一百年的阶级统治中所创造的生产力,比过去一切世代创造的全部生产力还要多,还要大。"①

对价值而非使用价值的无限追求推动 G—W—G′ 的资本运动要无限循环下去,这除了在微观上要求个别资本家对企业生产经营活动的合理计划、组织、安排和实施以外,宏观上还必须满足社会总资本再生产的实现条件。然而在资本主义条件下,个别企业内部生产的有组织性和整个社会生产无政府状态之间的矛盾,决定了社会再生产的实现条件经常得不到满足,由此导致资本循环的被迫中断和经济危机的周期性爆发。我国之所以走社会主义市场经济的道路,鼓励商品生产和交换,看中的正是通过引入市场机制这一价值规律的实现形式。但是另一方面我们也不能认为市场仅仅是一种资源配置的工具。市场经济中普遍形成的"资本雇佣劳动"的关系,必然会带来资本权力的膨胀,由此导致一些资本主义生产关系的弊病也开始在我国显现。因此,当前要想实现经济高质量发展,就要求我们用马克思主义再生产理论来指导新时代中国经济的发展,实现微观效率和宏观效率的统一。

二、改革开放以来中国经济高速增长的特殊性

与苏联不同,中国的市场化改革是在坚持公有制为主体的社会主义前提下进行的,解放和发展生产力虽然是改革的首要任务,但是满足人民的需要始终是发展的根本目的。中国特色社会主义市场经济的计划性和公有制这两大特征使得我们的生产和再生产活动在以价值为导向的市场化改革中具有了一些特殊性。

首先,改革开放以来我国经济高速增长的前提是存在大量国有资产和一个基本完备的工业体系。我国在计划经济时代的一个突出特点是实施"重工业优先发展"的赶超战略,这与当时世界上大多数国家,特别是发达国家所走过的工业化道路明显不同。我国在社会主义建设初期受外部战争的威胁和西方国家的全面封锁,走发达国家已经走过且行之有效的工业化道路是不可能的,而在社会主义苏联的援助下,效仿苏联模式,走重工业优先发展道路成为当时谋求生存和发展的必然选择。从理论上来讲,重工业优先发展战略显然不

---

① 马克思恩格斯文集(第2卷)[M].北京:人民出版社,2009:36.

符合西方经济学所倡导的比较优势理论，但是它却符合马克思的社会再生产理论，以及列宁从马克思的再生产理论中进一步归纳和发展的"生产资料生产优先增长"规律。从实践效果来看，重工业优先发展战略让苏联和中国这两个所谓的"后发外生型"国家都迅速实现了从传统农业社会向现代工业社会的过渡，在较短时期内取得了举世瞩目的发展成就。需要指出的是，由于社会主义经济建设的经验不足，使得我国的重工业优先发展战略在实际贯彻中出现了不顾国民经济的协调发展，过急过快和片面追求重工业发展的偏差，但并不能由此认为生产资料生产优先增长规律不存在。我们之所以在工业化的道路上出现产业结构失衡，农业、轻工业的发展受到限制等的不足是因为本身没有遵循好马克思的再生产理论，才导致生产资料生产优先增长规律的作用没有发挥好。生产资料生产优先增长规律对于今天我们完成经济从高速增长向高质量发展转变的任务而言，同样具有十分重大的指导意义。

其次，我国经济高速增长过程中存在不追求价值增殖的计划部门。中国市场化改革的另一个重要经验是遵循了渐进式改革的思路。我国之所以选择渐进式改革道路从根本上说是由改革的性质决定的。渐进式改革和激进式改革的市场取向并无二致，但前者的性质是对社会主义宪法制度的改良，而后者的性质则是革命，是要从根本上否定社会主义宪法制度并引入西方资本主义宪法制度。这种渐进式改革在传统的计划经济体制外大力鼓励以市场为主导的非公有制经济部门的快速发展，从而倒逼传统计划经济体制内的公有制经济部门逐步引入市场机制和转化为市场引导型的经济部门。在市场化进程快的非公经济中，企业很快树立了追求利润最大化的目标，获得剩余价值的多少也即挣钱能力的高低是衡量企业成败的关键。而在市场化进程慢的公有制经济中，国有企业除了经济功能还承担着部分旧体制下的社会功能（企业办学校、企业办医院等），即便是其经济功能也从来不以追求尽可能多的剩余价值作为最大目标，相反，为保障民生和社会再生产的顺利进行提供重要的战略物资才是国有企业的首要任务。可以说，在市场化进程快的非公经济中，企业追求商品价值和价值增殖的属性明显；而在市场化进程慢的公有制经济中，国有企业保证对特定商品使用价值供给的属性明显。这也是我国改革开放取得成功的一个重要经验，如果没有执行国家计划指令性生产的公有制经济部门以极其低廉的价格向社会提供充足的能源和原材料，以利润最大化为导向的非公有制经济部门就不可能非常快速和蓬勃地发展起来。由此可见，公有制经济和非公有制经济不是对立的，计划与市场的作用也不是对立的。

三、中国经济高质量发展的瓶颈

运用马克思的再生产理论对中国特色社会主义再生产方式进行分析，从中找出中国经济高速增长的原因和制约中国经济向高质量发展转型的关键。与西方主流经济增长理论相比，马克思的经济增长理论，也即再生产理论优势明显。吴易风教授在对二者进行比较研究后，得出"经济增长理论史上，是马克思第一个系统地提出了科学的经济增长理论"以及"马克思经济增长理论能够更好地阐释社会再生产的动态特征"。马克思从社会总产品的实现入手，抓住了再生产问题的核心。马克思把社会总产品从使用价值形态上分解为生产资料和消费资料两部分，从价值形态上分解为 $C+V+m$ 三部分，并指出再生产要想顺利进行既要能够"以产品（使用价值）补偿产品（使用价值）"，还必须要能够"以价值补偿价值"。依据社会总产品在实物形态上的划分，马克思把社会生产又相应地划分为生产资料生产和消费资料生产两大部类，进而揭示了两大部类在再生产过程中的客观条件和对比关系。

鉴于改革开放以来中国特色社会主义再生产的特殊性，我们把全社会的第一部类，即生产资料生产部类又划分为两大分部类：I_a 代表能源矿产开采分部类、I_b 代表除能源矿产以外的一般生产资料生产分部类，各分部类对不变资本 C 的需要也相应地划分为对能源矿产品的需要（E）和对一般生产资料的需要（$C-E$）。市场化改革的渐进性让能源矿产开采分部类带有明显的计划经济的性质，它追求的不是最大化的利润，而是能源矿产的实际开采量，目的是满足其他部类，特别是满足一般生产资料生产分部类对能源矿产品的需要。一般生产资料生产分部类的市场化程度较高，其经济行为以利润最大化为目标。

假定 $k_{I_a(C-E)}$ 表示能源矿产开采分部类追加的对一般生产资料的需要，即能源矿产开采分部类的投资，$k_{I_b(E)}$ 表示一般生产资料生产分部类追加的对能源矿产品的需要，即一般生产资料生产分部类的投资。能源矿产开采分部类是否追加投资扩大生产，取决于一般生产资料生产分部类对能源矿产品的需要，随着一般生产资料生产分部类投资的扩大而扩大，即有：

$$k_{I_a(C-E)} = f(k_{I_b(E)}), \frac{dk_{I_a(C-E)}}{dk_{I_b(E)}} > 0$$

能源矿产开采分部类的产出用 R 来表示，R 一方面是 $k_{I_a(C-E)}$ 的函数，随着 $k_{I_a(C-E)}$ 的增加而增加。同时 R 又供应给一般生产资料生产分部类作为其追加的投资。

$$R = f(k_{I_a(C-E)}), \frac{dR}{dk_{I_a(C-E)}} > 0$$

$$k_{I_b(E)} = f(R), \frac{dk_{I_b(E)}}{dR} > 0$$

由于能源矿产开采分部类和一般生产资料生产分部类存在上述相互关系，又由于能源矿产开采分部类的特殊性，为了支持国民经济的快速发展，一般生产资料生产分部类由于可以长期廉价地获得和使用能源矿产品，在追求更高利润的导向下，逐步形成了高耗能和粗放式的发展模式，使得一般生产资料生产分部类的再生产会对能源矿产品形成更多的需要。为此,能源矿产开采分部类必须追加对一般生产资料的投资,即 $k_{Ia(C-E)}$ 会增加,其产出 R 也随之增加。能源矿产品产出的增加随即转化为一般生产资料生产分部类投资的增加,即 $k_{Ib(E)}$ 会增加。一般生产资料生产分部类投资 $k_{Ib(E)}$ 的增加又会进一步拉动能源矿产开采分部类新一轮投资 $k_{Ia(C-E)}$ 的增加。因此,在资本有机构成不断提高的情况下,社会主义的公有制以及社会生产的计划性,让能源矿产开采分部类和一般生产资料生产分部类之间产生了一种相互拉动的自强机制。这种自强机制的存在,使得整个社会的生产资料生产部类呈现出不受第二部类消费资料生产的限制而自行扩张的趋势。

这种自强机制的形成在一定时期内是有好处的,这对于加快我国的工业化进程,促进国民经济的迅速起飞都有很大的帮助。但是,这种自强机制的长期存在,让它的一些负面效应也日益积累并成为制约我国经济从高速发展向高质量发展转变的最大障碍。这些负面效应突出表现在:

其一,经济发展形成了对高消耗、粗放式路径的依赖。其二,投资和出口成为推动经济增长的重要手段,国内居民最终消费支出不足。

四、新时代推进中国经济高质量发展的思路

中国经济高质量发展的突破口与着力点就在于必须打破由于传统计划经济将能源矿产开采分部类定位于保障和支持一般生产资料生产分部类扩大再生产,从而导致在市场经济作用下第一部类内部形成的这种有量无质与自我扩张式的循环。要想打破这种循环,加快推进能源矿产部门的市场化改革尽管是必要的,但是并不充分。

具体思路有二:一是在对能源矿产品价格的管制上,变过去的最高限价思路为最低限价思路。二是学习国外的成功经验。

总之,我国能源矿产资源虽然紧缺,但尚未枯竭,在马克思主义再生产理论的指导下及时调整经济发展的思路非常重要。应该说供给侧结构性改革实施以来,已经取得了很大的成效,特别是"去产能"方面成效明显。但是也应该看到供给侧结构性改革亟须形成一种长效机制,特别是能源矿产开采部门,如果去产能的机制没有形成,一旦经济形势好转,对能源矿产品的需求增加,在旧的自强机制的驱动下,产能的重新积累和进一步的过剩将不可避免,经济也会重新滑入旧的发展路径中。因此必须把深化能源矿产开采部门的改革作为突破口与着力点,积极发挥政府的干预作用,斩断市场经济作用下第一部类内部形成的这种自强机制,从而倒逼我国经济发展方式的转型升级,顺利实现经济高质量发展的目标。

FDI 质量对中国经济高质量发展的影响研究
——基于 30 个省市的面板数据的实证研究

胡雪萍[①] 许佩[②]

（中南财经大学）

一、影响机理分析

本文秉承"五大发展理念"，从经济高质量发展的五个方面即以创新发展、协调发展、绿色发展、开放发展与共享发展分析 FDI 质量对中国经济高质量发展的影响机理。

高 FDI 质量促进创新发展。FDI 的科技水平越高，越容易产生正的技术溢出效应。本土企业通过学习借鉴外资企业先进的科技技术，有助于提高自身的全要素生产率。另外，科技水平高的外资企业对中间产品的科技要求也比较高，有助于倒逼企业进行研发创新，从而带动整个产业链新一轮的技术革命。

高 FDI 质量促进协调发展。外商投资的产业导向政策和区域导向政策可以加速各产业、各地区间的要素流动，平衡区域间经济的发展。如果在发展相对落后地区引进高质量的 FDI，则 FDI 的高盈利能力在使自身获利的同时也会增加当地政府税收，政府盈利可以改善当地基础设施水平，这又会吸引高质量外资，进一步促进当地经济发展，形成良性循环，缩短地区间发展差距。大规模的 FDI 可以缓解资金缺口问题，扩大就业，加速要素在不同地区间流动，自由流动的生产要素必然会使得最后要素在各个地区的回报趋于均衡，进一步缩小不同地区的贫富差距。

高 FDI 质量促进绿色发展。绿色发展是经济可持续发展的保障。依据"波特假说"，FDI 技术水平高的外企率先进行生产创新，使企业的竞争力更强，本土企业为了在市场上占有一席之地，也会投入大量研发资金，进行节能减排的创新。另外，FDI 管理水平高的外企的管理层更倾向于制定积极承担企业环境责任的管理决策，给本土企业起到了很好的示范作用，带动更

[①] 胡雪萍，中南财经政法大学教授，博士生导师，中华外国经济学说研究会理事，中国生态经济教育专业委员会理事，中国人的发展经济学会常务理事。

[②] 许佩，中南财经政法大学博士研究生。

多企业积极承担企业环境责任。FDI实际规模越大，盈利能力越强，外资企业能给东道国带来更多经济发展所需的资金，可能使得经济增长突破环境库兹涅茨曲线（EKC）临界值，从而实现绿色发展。

高FDI质量促进开放发展。中国在出口贸易中主要依靠的是低廉的劳动力优势，但是中国的人口红利正在逐渐消失，长期依靠低劳动成本的出口优势难以为继。高技术水平的FDI的正向技术溢出，对员工的职业培训有助于本土企业的技术创新，提高全要素生产，从而使得人力资源和技术成为中国在国际贸易中新的比较优势，缩短我国与发达国家的距离。FDI的出口能力增强，也能为东道国拓宽国外市场，有助于生产要素的跨国际流动从而进一步扩大对外开放经济规模。

高FDI质量促进共享发展。共享经济的本质就是经济成果人人共享，其前提条件是经济的发展。FDI的实际规模越大，对劳动力有效需求越大，就业率越高。就业是经济收入的主要来源，能够有效改善居民的生活水平。技术水平越高的外企对员工素质要求越高，因而会对企业员工进行职业培训。职业培训是教育的另一种表现形式，能够提高劳动者素质，高素质的劳动者有更多择业的机会，能够获得更高的收入。另外，FDI的盈利能力能够带动当地经济的发展，增加当地政府的收入。政府的收入增加就会有更多资金投入到改善民生的各项基础设施中，包括政府医疗保障的支出、公路的修建、教育设备的投入等，都能使得经济发展的红利人人共享。

二、模型设定及变量说明

（一）模型设定

本文主要分两步考察FDI质量对中国高质量发展的影响。第一步是以2007—2015年，除西藏外的其余30个省份城市构建面板数据，分析FDI质量对经济高质量发展的影响。第二步是进一步将30个省份按照地区差异分为东、中、西三个子样本进行研究。计量模型如下：

$$ED_{it} = \beta_0 + \beta_1 fdi_{it} + \beta_2 er_{it} + \beta_3 employment_{it} + \beta_4 capital_{it} + \varepsilon_{it}$$

其中，i和t分别表示省份和时间；ED_{it}表示经济高质量发展水平；$qfdi_{it}$表示FDI质量水平；er_{it}表示环境规制强度大小；$employment_{it}$表示劳动力就业水平；$capital_{it}$表示资本存量大小；ε_{it}表示随机误差项。

（二）核心指标设计与数据来源

1. 经济高质量发展指标体系的设定

本文以"五大发展理念"为理论依据，从五个方面设立量化中国经济高质量发展的指标体系。

本文采用人力资本、人均产值与经济结构三个指标来表征创新发展指标，分别用地区研发资金中政府资金的比重和地区研发资金中金融机构资金的比重来表征协调发展指标，采用二氧化硫减排率和工业废水减排率来表征绿色发展指标，采用外贸依存度来表征开放发展指标，采用公路建设和医疗设施来表征共享发展指标。表1展示了中国经济高质量发展指标体系。

表1 经济高质量发展评价指标体系

	指标名称	衡量方法
创新发展指标	人力资本水平	各地区研发人员数量/地区从业人员数
	人均产值	地区生产总值/地区总人口
	产业结构	第三产业增加值/第二产业增加值
协调发展指标	政府间援助	来自政府研发资金支出/地区研发资金
	金融机构援助	来自金融机构资金支出/地区研发资金
绿色发展指标	二氧化硫减排贡献	(当年SO_2排放量 - 上年SO_2排放量)/当年SO_2排放量
	工业废水减排贡献	(当年工业废水排放量 - 上年工业废水排放量)/当年工业废水排放量
开放发展指标	外贸依存度	各地区进出口总值/地区生产总值
共享发展指标	公路设施	公路里程/土地面积
	医疗设施	卫生费用政府财政支出/地区生产总值

为了体现经济高质量发展的整体水平，本文采用因子分析方法将各项指标整合成一项综合指标，并得到经济高质量发展的综合得分。

2. FDI质量指标体系的设定

本文借鉴白俊红（2017）的处理方法，从FDI盈利能力、管理水平、技术水平、实际规模以及出口能力等方面建立量化FDI质量的指标体系，如表2所示。

表2 FDI质量评价指标体系

	指标名称	衡量方法
FDI质量指标体系	盈利能力指标	FDI工业行业的成本费用利用率/规模以上工业行业的成本费用利用率
	管理水平指标	资产贡献率/规模以上工业行业的资产贡献率
	技术水平指标	(FDI工业行业产值/FDI工业从业人数)/(规模以上工业行业产值/规模以上工业从业人数)
	实际规模指标	实际利用外资额/项目数
	出口能力指标	FDI行业出口额/地区总出口额

以上各项指标体现了FDI质量的具体的一个方面的特征。本文采用因子分析方法得到体现FDI质量的综合得分，研究整体FDI质量对经济高质量发展的影响。根据已有研究，

FDI 质量的不同特征可能会对经济发展的质量产生不同的影响。因此，本文会进一步研究 FDI 质量的各个特征变量对经济高质量发展的影响。

3. 控制变量选取与处理

本文选取的控制变量主要有三个。一个是环境规制水平。本文用工业污染治理投资完成总额/地区生产总值来表征环境规制水平。另外两个控制变量分别选取劳动力就业（employment）和资本（capital），用规模以上工业企业就业人数/地区总人口数来表征劳动力就业，用规模以上工业企业实收资本/地区生产总值表征资本对经济的贡献。

（三）数据来源

本文样本的原始数据主要来源于中国统计年鉴、中国科技统计年鉴、中国环境统计年鉴、中国人口与卫生统计年鉴以及各省统计年鉴。最终回归数据是笔者根据原始数据进行整理所得，所有用货币表示的非比例形式的指标最终都用 GDP 平减指数进行处理以消除通货膨胀的影响。

三、结果分析

（一）整体回归

1. 整体 FDI 质量对中国经济高质量发展的影响

本文先将 30 个省份的数据放在一起进行回归，先从整体上研究 FDI 质量对经济高质量发展的影响，然后分析各项 FDI 质量指标对经济高质量发展的影响。表 3 展示了整体 FDI 质量对经济高质量发展的影响。

在模型 1 到模型 4 中，FDI 质量的系数是正的，但是回归结果并不显著。出现这种现象的原因可能是中国 30 个省份的 FDI 质量普遍不高。在通过因子分析计算得出的 FDI 质量综合得分中，得分值在零以下的占整个样本的 47%。这说明目前中国引进的外资质量还达不到显著促进中国经济高质量发展的水平。另外，FDI 质量的各个特征方面对经济影响的程度和方向可能不一致，也可能导致整体综合的 FDI 质量对经济高质量发展的影响不显著。

2. 各单项 FDI 质量对中国经济高质量发展的影响

表 3 展示了各单项 FDI 质量指标对经济高质量发展的影响。在模型 5 到模型 9 中，各单项 FDI 质量对经济高质量发展依然没有显著影响。出现这种现象可能是因为不同地区的异质性，导致总体样本的各 FDI 质量不能对整个中国的经济高质量发展产生显著影响。因

为同一个 FDI 质量指标可能会对不同地区的影响有正有负，综合在一起可能表现为不显著。本文将进一步将样本细化，分析不同地区各单项 FDI 质量对不同地区经济高质量发展的影响。

表3 各单项 FDI 质量对该地区经济高质量发展的影响

Variables	被解释变量：ED				
	Model 5	Model 6	Model 7	Model 8	Model 9
profit	0.000782				
	(0.0116)				
er	1.330	1.324	1.424	1.330	1.471
	(1.622)	(1.621)	(1.621)	(1.622)	(1.629)
employment	-5.685	-4.980	-6.230	-5.688	-4.766
	(4.003)	(4.157)	(4.026)	(4.004)	(4.146)
capital	-0.325	-0.400	-0.338	-0.326	-0.378
	(0.581)	(0.593)	(0.580)	(0.581)	(0.584)
techonology		0.0375			
		(0.0618)			
export			0.168		
			(0.161)		
government				0.000733	
				(0.00921)	
scale					-0.00350
					(0.00429)
Constant	0.423	0.359	0.404	0.423	0.408
	(0.269)	(0.289)	(0.269)	(0.269)	(0.269)
Observations	270	270	270	270	270
R-squared	0.013	0.015	0.017	0.013	0.016

注：括号内为 z 统计量值；"*"表示10%的显著水平，"**"表示5%的显著水平，"***"表示1%的显著水平。

（二）部分回归

1. 东部地区整体 FDI 质量以及各单项 FDI 质量对经济高质量发展的影响

对比东、中、西三个地区 FDI 的出口能力的均值，分别为 0.507、0.263、0.157，东部地区 FDI 的出口能力明显高于另外两个地区。

2. 中部地区整体 FDI 质量以及各项 FDI 质量对经济高质量发展的影响

关于中部地区的 FDI 质量对该地区经济高质量发展的影响，通过对三个地区样本 FDI

的技术水平进行简单的描述性统计分析,发现中部地区最高(1.2),东部地区次之(1.15),西部地区最低(1.1)。

3. 西部地区的 FDI 质量对该地区经济高质量发展的影响

西部地区的整体以及各单项 FDI 质量对经济高质量发展的影响与东部及中部地区不同,总的 FDI 质量显著促进西部地区经济的高质量发展。总体而言,对比三个地区的 FDI 质量得分与经济高质量发展得分之比,发现西部地区比值最大(0.368),东部次之(0.031),中部最小(-0.28),这说明西部地区 FDI 质量对当地经济高质量发展的贡献很大。

四、研究结论与对策建议

(一) 研究结论

在总样本下,本文发现 FDI 质量并没有显著促进中国经济高质量发展。出现这种现象的原因可能是引进的整体 FDI 质量普遍较低。在通过因子分析计算得出的 FDI 质量综合得分中,得分值在零以下的占整个样本的 47%。FDI 质量必须达到一定水平才能有效促进经济高质量发展。

东部地区的 FDI 出口能力显著促进该地区的经济高质量发展。FDI 出口能力越强代表产品的竞争力越强,越有助于东道国拓宽国际市场。除此之外,通过国际贸易中的出口导向政策,有助于中国产业结构优化升级,提升经济发展质量。

中部地区的 FDI 科技水平能显著促进该地区经济高质量发展。FDI 的技术溢出效应使本土企业有机会学习和借鉴外企的先进技术,提升劳动生产率,使全要素生产率成为经济发展的新动力。该地区的 FDI 实际规模却显著地抑制经济高质量发展。中部地区可能为了招商引资降低了引进外资的质量标准,导致大量追求低环境成本的外企进入,最终破坏了当地的环境,降低了经济发展的质量。

西部地区的整体 FDI 质量对该地区的经济高质量发展有显著的促进作用。虽然西部地区经济整体 FDI 质量以及经济高质量发展的综合得分都低于东、中部地区,但是两者的比值在三个地区当中是最大的。这说明可能由于西部地区工业不发达,资金缺口大,技术水平低,FDI 的盈利能力、科技水平、管理能力、实际规模以及出口能力正是西部经济发展所欠缺的要素,所以整体 FDI 质量对西部地区的经济高质量发展起到了很大的促进作用。

(二) 对策建议

1. 创造条件吸引质量更高的外资

外资企业进行投资的目的就是利润最大化,要想吸引高质量的外资,必须给予适当的政策优惠。健全知识产权法律体系，保护外资企业的科技创新成果。对那些投资于高技术行业与清洁生产行业的外资企业给予一定的税收优惠，营造公平竞争的市场环境，给予公平国民待遇，吸引高质量FDI。

2. 东部地区要增强FDI出口能力

进一步加强FDI出口能力，接轨国际市场，加速产业结构优化升级是促进东部地区经济高质量发展的有效途径。第一，加强人力资本的培养，提升技术创新能力。第二，开发新产品，尤其是环境友好型产品以适应国际消费者的需求。第三，东道国可以适度给予外资企业一定的出口优惠，如出口补贴或税收减免，这有助于降低成本，增强国际竞争力。

3. 中部地区要增加FDI技术水平，引进质量高而非规模大的外资

进一步增强FDI技术水平，注重FDI的质而非FDI的量是促进中部地区经济高质量发展的有效途径。第一，要加强外资企业的管理效率，树立核心创新战略。第二，加大创新人才的培养。加大人力资本的投资力度增强劳动者的综合素质。要健全创新人才激励机制，对具有核心创新能力的人才给予职业和生活上的优质待遇从而激励全体员工。第三，要引进优质而非规模大的外资。对于那些在核心领域具有高科技的外资企业给予政策优惠，给予从事清洁生产的外资企业适当的税收减免，从而鼓励更多的企业节能减排，清洁生产。

4. 西部地区要提升整体FDI质量，提高环境规制水平

进一步提升整体FDI质量，提高环境规制标准是西部地区经济高质量发展的有效途径。第一，要拓宽市场准入范围，制定具有吸引力的引资政策。西部地区的经济发展落后，拥有大量剩余劳动力，存在很大的资金缺口。第二，培养高素质的创新型人才。人力资源是决定外资企业的高科技能否为自身所用的关键性因素。第三，提高环境规制水平，防止引进大量追求低环境成本的污染型外资企业。

国有企业改革 40 年：成就、经验与展望

洪功翔[①]

（安徽工业大学　安徽创新驱动发展研究院）

一、国有企业改革取得的主要成就

经过 40 年的改革发展和战略性调整，国有企业改革所取得的成就是有目共睹的、令人振奋的。

（一）成为推动经济增长的助推器

改革开放初期，受体制机制约束，国有企业在相当长的时间内，陷入效益低下、经营难以为继的困境。《中国统计年鉴1998》的相关统计数据显示，1978—1997 年的 20 年间，国有企业陷入了"三分之一明亏，三分之一暗亏，三分之一盈利"的困难局面。中共十五届一中全会提出，"用三年左右时间，通过改革、改组、改造和加强管理，使大多数国有大中型亏损企业摆脱困境"，中共十五届四中全会通过的《中共中央关于国有企业改革与发展若干重大问题的决定》重申国有企业改革和脱困的三年目标。但随着国有企业"三年脱困"政策的落实和国有企业政策性负担的剥离，特别是国有企业现代企业制度改造的推进和以中小企业退出竞争性领域为内容的组织结构调整重组，以及国有经济布局的调整优化，使中国国有企业的亏损困境得到了根本的扭转。以国有控股工业企业为例（见表1）。

表1　国有控股工业企业主要指标　　　　　　　　　　单位：亿元

年份	企业单位数（家）	资产总计	主营业务收入	利润总额
1998	64747	74916.27	33566.11	525.14

[①] 洪功翔，安徽工业大学商学院院长、安徽创新驱动发展研究院院长，二级教授，安徽省宣传文化领域拔尖人才、安徽省学术技术带头人，主要研究方向为国有企业改革与发展、创新驱动与区域经济发展。

续表

年份	企业单位数（家）	资产总计	主营业务收入	利润总额
2000	53489	84014.94	42203.12	2408.33
2005	27477	117629.61	85574.18	6519.75
2006	24961	135153.35	101404.62	8485.46
2007	20680	158187.87	122617.13	10795.19
2008	21313	188811.37	147507.90	9063.59
2009	20510	215742.01	151700.55	9287.03
2010	20253	247759.86	194339.68	14737.65
2011	17052	281673.87	228900.13	16457.57
2012	17851	312094.37	245075.97	15175.99
2013	18574	343985.88	257816.87	15917.68
2014	18808	371308.84	262692.28	14508.02
2015	19273	397403.65	241668.91	114416.72
2016	19022	417704.16	238990.23	12324.34

资料来源：根据《中国统计年鉴2017》整理。

全国国有及国有控股企业经济运行情况表现得更好。虽然不同年份国有及国有控股企业的营业总收入、应交税金和利润有所波动，但波动不大，并且呈增加趋势（见表2）。

表2　全国国有及国有控股企业经济运行情况　　　单位：亿元

年份	资产总计	营业总收入	应交税金	利润总额
2013	911038.6	464749.2	36812	24050.5
2014	1021187.8	480636.4	37860.8	24765.4
2015	1192048.8	454704.1	38598.7	23027.5
2016	1317174.5	458978	38076.1	23157.8
2017	1517115.4	522014.9	42345.5	28985.9

资料来源：根据财政部发布的《全国国有及国有控股企业经济运行情况》数据整理（不含国有金融类企业）。

国有企业在经济增长中的良好表现得到了实证研究的支持。国企在跨越式发展的同时，中国经济也在持续高速增长。

（二）成为提升国家竞争力的中坚力量

经济全球化的发展，既表现为各国经济之间的相互依存度进一步提高，以及资源、要素在全球范围内的有效利用，也表现为国际市场上各国企业之间的相互竞争日益激烈。中国要成为现代化强国，就必须培养出一批具备国际竞争力的、现代化的大企业。

依据美国《财富》杂志公布的"世界500强排行榜"（表3）。

表3 各国（地区）世界500强企业数（1990—2018年）

	1990	1996	2000	2005	2010	2013	2014	2015	2016	2017	2018
美国	164	153	179	177	140	132	128	128	129	132	126
日本	111	141	108	81	71	68	57	54	50	51	52
英国	43	32	38	35	30	26	27	28	21	15	17
德国	30	40	37	36	37	32	28	28	28	26	23
法国	30	42	37	39	39	32	31	31	27	24	27
中国	1	2	11	18	54	95	100	106	110	115	120
内地	1	2	9	15	43	70	92	93	97	109	111
国企	1	2	9	15	41	66	83	87	85	88	84
央企	1	2	9	15	40	44	47	47	50	48	48

资料来源：美国《财富》世界500强企业数据库。

经过40年的改革开放，国有企业规模不断扩大，能力不断提高，已经成为中国企业融入全球价值链、在全球范围内配置资源和应对挑战的"领头羊"，既在打破由西方发达国家长期垄断世界经济格局中发挥着核心作用，又在拉动国内经济发展方面发挥着关键性作用。

（三）成为提高自主创新能力的引领者

创新是引领发展的第一动力。

从掌握的关键核心技术方面看，以中央企业为代表的国有企业，在诸多领域达到了世界之最和世界领先水平，占领了自主创新新的制高点。从弥补国内技术空白方面看，以中央企业为代表的国有企业，也取得了不俗的成绩。

国有企业在技术创新方面取得突破后，通过技术转移、扩散发挥了更大的作用。一方面，国有企业在重大和关键技术上取得突破后，提高了中国产业的竞争能力，包括民营企业在内的所有企业都从中受益。另一方面，国有企业在关键技术上取得成功后，由其性质与地位决定着成为技术溢出和技术模仿的中心，惠及大量民营企业。

二、国有企业改革的基本经验

40年的国有企业改革发展，能取得这样不俗的成就，得益于我们既坚持国有企业改革的市场化方向，又坚持国有企业改革的社会主义方向，得益于我们采取渐进式的方式推动国有企业改革和国有资产管理体制改革，也得益于多种所有制经济共同发展基本经济制度的推动。

（一）国有企业改革在探索中稳步推进

国有企业由计划经济体制下政府行政机关的附属物，向市场经济主体下独立的市场主体转变，是从放权让利扩大企业经营自主权开始的。

国有企业的现代企业制度改造是与国有经济退出竞争性领域相结合的。

为了把国有企业改造成真正的市场经济主体，公平地参与市场竞争，中共十五届四中全会通过的《中共中央关于国有企业改革和发展若干重大问题的决定》提出要采取有效的措施，切实解决国有企业办社会的职能，切实解决国有企业富余人员过多、社会负担沉重和资产负债率过高等问题。

依据中共十八届三中全会通过的《关于全面深化改革若干重大问题的决定》，中共中央国务院在2015年9月发布的《关于深化国有企业改革的指导意见》中，将国有企业分为商业类和公益类。商业类又分为主业处于充分竞争行业和领域的商业类、主业处于重要行业和关键领域的商业类国有企业。2015年12月国家发改委、国资委和财政部联合发布了《关于国有企业功能界定与分类的指导意见》，对不同类型的国有企业将分类施策。包括分类推进改革、分类促进发展、分类实施监管和分类定责考核，其目的是增强改革的针对性和差异性。

与此同时，混合所有制改革有序推进。中国的国有企业改革与经济体制改革一样，实行的是渐进的改革路径。

（二）国有资产管理体制改革在探索中逐步完善

在计划经济体制下，政企不分，"一切尽在计划中"，没有产生专门的国有资产管理需求。随着20世纪80年代"政企分开、两权分离"改革的深入，原有的产权管理主体多元化所导致的产权关系模糊、多头管理、责任不清的弊端暴露无遗，这就在客观上要求有专门的职能机构代表所有者对国有资产实施人格化管理。

国家国有资产管理局成立后，建立了一些最基本的国有资产管理制度，但仍存在多头管理、出资人缺位、运营效率低下和国有资产流失等问题。

以中共十八届三中全会为标志，国有资产管理体制由"管资产"向"管资本为主"转变。由于"管人管事管资产"的国有资产管理模式，对国有企业的行政干预过多，容易造成政企不分、政资不分，使企业的市场主体作用难以充分发挥。以及监管机制不健全，造成国有资产流失时有发生，企业违法违纪时有发生，国有资本配置效率不高长期得不到解决。

对国有资产怎么管，既关系到政府与市场的边界，也关系到国有企业独立市场主体地位的确立，以及管理的效率。国有资产管理体制改革在探索中的逐步完善，反映了随着传统计划经济体制向市场经济体制转轨，政府如何管理国有企业、如何管理国有资产、如何确定与市场的边界，需要一个学习的过程，需要在实践中探索。

（三）多种所有制经济共同发展基本经济制度的推动

市场的活力与效率，正是来源于不同经济主体之间的有效竞争。大力发展民营经济，引进外资经济，培育多种所有制共同发展的竞争性市场，以外在压力机制作用于国有企业，迫使国有企业主动改革，不得不改革，是我们推动国有企业改革和发展市场经济的一个基本经验。从全国和区域经济发展层面来看，非公有制经济发展的"鲶鱼效应"显著。首先，是源于产品市场的竞争。对于消费者来说，在一定支付能力范围内，总是选择最优的产品，只有唯一，没有其次。因此，产品获得消费者的认同，对生产者来说是生与死的硬约束。对国有企业也同样如此，励精图治、奋发图强是唯一选择。其次，是源于资本市场的竞争。作为独立市场主体的国有企业，如果生产经营不善，导致业绩下降，就有可能引致信誉下降，出现资金融通困难，从而引发倒闭、破产或被并购，管理层和职工利益都不能保证。唯有共同努力。再次，是源于企业家市场的竞争。随着市场经济的发展，大家越来越认识到企业家对企业发展的重要性。国务院国资委每年都面向全球公开招聘优秀企业家，担任中央企业高级管理人员。对地方政府来说，企业家是非常稀缺的宝贵资源，只有优秀的企业家才能帮助他们在 GDP 竞争中、在高质量发展中获胜。最后，是源于薪酬市场的竞争。人才是企业的第一资源。企业之间的竞争归根结底是人才的竞争。如果企业效益不好，就没有办法为职工提供有竞争力的薪酬，人才流失也就不可避免。对企业来说，没有人才，一切都无从谈起。

国有企业与非公有制企业之间既有竞争也有合作。其合作共赢还表现在多方面：一是参与国有企业改革。二是共同拓展了市场空间。三是产业链中的合作。四是"强强联合"。国有企业改革所取得的成就，与非公有制经济发展带来的竞争推动，以及与非公有制经济之间的相互合作带来的共同提高是分不开的。

三、国有企业改革的未来展望

站在新时代的历史起点上，以习近平新时代中国特色社会主义思想为指导，从巩固公有制为主体、多种所有制经济共同发展的基本经济制度出发，实现共同富裕的目标，需要在以下三个方面下功夫。

（一）在完善公司法人治理结构上下功夫

人类社会自产生以来，依据企业制度的产生和演变历程，我们可以把企业制度划分为古典企业制度和现代企业制度。其中，古典企业制度是在简单商品经济基础上兴起的，包括业主制和合伙制两种形式。现代企业制度亦即公司制企业，是与社会化大生产相适应的，包括股份有限公司和有限责任公司两种具体形式。公司制企业是全球流行和普遍使用的企业制度，已被市场经济发展证明是适应市场经济发展的企业制度。

国有企业公司制改造的完成，并不代表国有企业改革大功告成。从实际情况来看，虽然多数国有企业已初步建立现代企业制度，但良好的公司治理并没有形成，仍存在董事会形同虚设、监管机制不健全不到位和激励约束机制不健全等突出问题。

此外，我们认为还有三个方面工作亟待落实：一是把能力强、党性强的企业家选拔到国有企业领导岗位上。二是形成互相制衡的股权结构。三是发挥职工在公司治理中的监督作用。

（二）在做强做优做大上下功夫

党的十五大报告指出，公有制的主体地位主要体现在公有资产在社会总资产中占优势，国有经济控制国民经济命脉，对经济发展起主导作用。公有资产占优势，既要有量的优势，更要注重质的提高。国有经济起主导作用，主要体现在控制力上。伴随着部分国有企业因经营问题而破产倒闭和部分中小国有企业从竞争性领域主动退出，国有经济在国民经济中所占的份额在不断下降。以工业为例，见表4。

表4　2016年国有控股工业企业与规模以上工业企业主要指标对比　　单位：亿元

	企业单位数（家）	总资产	主营收入	利润总额	用工人数（万人）
规模以上工业企业	378599	1085865.94	1158998.52	71921.43	9475.57
国有控股工业企业	19022	417704.16	238990.23	12324.34	1695.93
国有控股工业企业占比（%）	5.02	38.47	20.62	17.14	17.90

资料来源：根据《中国统计年鉴2017》整理。

国有经济控制力与所占比例的持续下降，与坚持公有制为主体的基本经济制度是背道而驰的，既会动摇中国特色社会主义制度的支柱，也会动摇社会主义市场经济体制的根基，我们必须在做强做优做大上下功夫。

（三）在引领共同富裕目标实现上下功夫

党的十九大报告提出，到2035年基本实现现代化时，全体人民共同富裕迈出坚实步伐，到2050年把我国建成社会主义现代化强国时，全体人民共同富裕基本实现。而从现有的收入分配格局来看，与实现共同富裕的目标有一定距离，中国的收入分配不平等还比较严重。

共同富裕是中国特色社会主义的本质特征。在共同富裕道路上发挥示范引领作用，是由国有企业的性质决定的。中国共产党人之所以为社会主义和共产主义事业奋斗终生，其根本目的是要让广大劳动人民过"最美好最幸福"、共同富裕的生活。让广大劳动人民过"最美好最幸福"、共同富裕的生活，要求建立公有制经济。因为公有制经济的建立，为实现按劳分配提供了制度保证。只有实现按劳分配制度，才能确保共同富裕目标的实现。因此，公有制经济的建立是保证共同富裕目标实现而产生的内生性制度安排。国有企业是公有制经济的主体，在共同富裕道路上发挥示范引领作用是其义不容辞的责任和应有的担当。作为全民所有的国有企业，之所以是保障人民共同利益的重要力量，是我们党和国家事业发展的重要物质基础和政治基础，就在于国有企业实行的按劳分配制度。

国有企业要想在引领共同富裕目标实现上有所作为，以下三个方面是重要的：一是国有企业自身要执行按劳分配原则；二是让"让全体人民"分享国有企业改革与发展成果；三是成为自觉履行社会责任的先锋楷模。

新时代我国金融业对外开放与风险防范研究
——基于习近平金融服务实体经济思想

张嘉昕　王庆琦

（吉林大学经济学院）

一、发达国家金融业的有限开放与保护

长期以来，发达国家名义上自诩其金融领域高度自由，但实际上对外资进行限制具有很强的保护主义特征。发达国家政府对本国金融领域进行了明确的规定，极大地限制了他国金融机构的市场进入和业务发展。

（一）美国

就现阶段的美国而言，70%的经济增长来源于虚体经济的发展，不断强化外国投资委员会监管权限，一方面实行扩张性货币政策，另一方面对本国金融机构采取保护主义政策，极大地限制了境外投资机构的投资环境。

在银行业方面，美国三大银行——富国、摩根、美国银行的主要股东基本为美资控制的投资基金公司，外资金融机构参股比例较少并且股权较为分散。股票存量方面，海外散户依然不是主要的持股主体。美国债券市场规模巨大、品种丰富，单一投资者对市场价格的影响力较小，债券利率的决定机制较为市场化。截至2016年第二季度，美国债券市场存量规模达40.7万亿美元，为GDP的2.25倍。①

此外，美国监管机构的评定标准极其不透明。通过主观的评判方法来裁决外资并购是否在美国金融安全的范围之内。并且通过采取不断打压债权国的信用等级的方式来获取巨额利润，从而维护美元的强势地位。

---

① 林彩宜. 一文了解美国债券市场[EB/OL]. https://www.sohu.com/a/165375549_556912,2017-08-17.

(二) 欧盟

现阶段欧盟金融业开放的基本准则是围绕欧盟成员国一体化为目标，实行有限的金融国际化，利用高门槛限制其他国家进入欧盟金融市场。

银行业方面，以英、德的银行业为代表。2016年底，德国政府持有本国商业银行股份15%以上，德意志银行、BlackRock持股都低于5%，其他机构投资者占45%。2017年，英国两大商业银行之一的汇丰控股的两大股东分别为BlackRock和平安资产管理有限责任公司，共占比12.02%，二者均为外资；巴克莱银行四大股东持股比例在5%以上，共占比25.95%，并且均属外资。在股票市场，以英国为例，2017年底，伦敦证交所主板市场共上市1165家，其中海外公司为221家；2016年底，英国海外投资者持股比例为53.9%。[①] 在债券市场领域，德国具有代表性。长期以来，德国的中长期债券已经成为欧元区债券市场的定价标准。

通过以上数据可见，欧盟内部整体上采取的是一种开放程度不高且相对安全的金融运作模式。欧盟国家无论是从债券市场还是股票市场，都存在明显的金融内部资金过度运转等现象。

(三) 日本

由于日本政府对经济实行长期干预，外加上企业集团与银行业存在密切的关联，日本银行业形成了一种特殊的股权架构情况。

1996年日本主要10家银行的股东是由金融机构、其他法人、个人以及外国企业四类构成，其中金融机构与其他法人加总的比重超过80%，个人以及外国企业加总的比重占15%左右。当前，尽管经济形势向好，但日本银行业的股东构成情况与1996年相比几乎没有差别，日本银行业的股权模式决定了企业经营的核心是银行，企业通过股权控制整个银行业，从而形成更加紧密的经济体。

日本股票市场与银行业呈现相反的趋势，海外投资者是日股交易的主导力量。日本海外投资者占比逐年攀升。同时，境外机构的存量持股占比为30%。由此可见，日本股票市场开放程度较高。

日本债券市场规模位居亚洲第一、世界第二，市场流动性在亚洲国家占据明显优势。2008年金融危机爆发之后，由于日元的避险属性较强，境外投资机构在日本债券市场的比重逐步上升，但始终维持在10%左右的水平。

---

① 陈肖. 沪伦通来了:关于英国股市,你了解多少？[EB/OL]. https://mp.weixin.qq.com/s/yNetx5Hff6Eq53KE95DuBg,2018-09-10.

二、我国金融业开放度分析

目前我国正处于金融业深化改革的"新节点",如何在现有的开放程度下进行金融业高质量的发展是我国现阶段面临的首要问题,因此,有必要对现阶段金融业的主要领域进行剖析。

(一)银行业

改革开放以来,我国银行业对外开放的程度有了很大提升,可以分为三个阶段。第一阶段:改革开放伊始到加入世贸组织前。该时期,银行业通过引入外资实现对企业金融服务功能的提升。第二阶段为加入世贸组织后至 2008 年金融危机爆发前。我国采取了一系列深化对外开放的政策。例如,取消了部分地区对外资业务的限制。第三阶段为 2008 年金融危机至今。政府加强了监管力度,将重点放在银行业风险防范方面,对外开放进程有所放缓。由图 1 可见,2008 年金融危机爆发之后这一数字开始下降,最近几年,外资银行比重一直处在较低的水平,但外资银行总资产呈上升趋势,如图 2 所示。截至 2015 年,15 个国家和地区的银行在华共设立了 37 家外资银行、2 家合资银行和 1 家外商独资财务公司,外国银行分行数量达 114 家,支行总数多达 580 家(见表 1)。

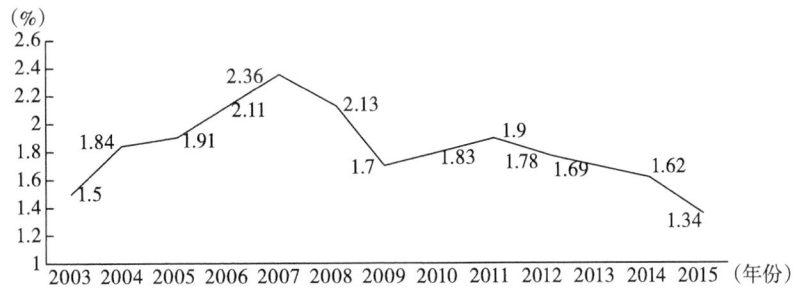

图 1　2003—2015 年外资银行总资产占我国银行业总资产比重情况

资料来源:CBRC 2015 Annual Report。

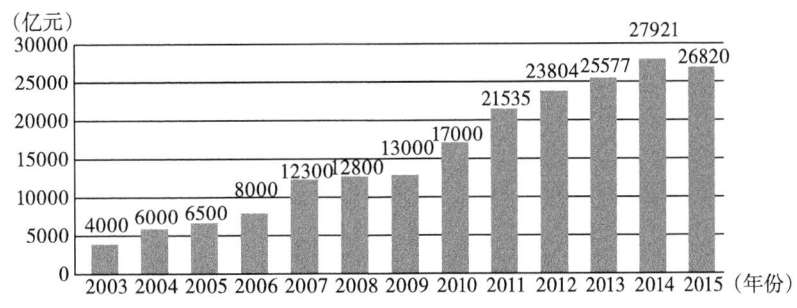

图 2　2003—2015 年外资银行总资产变化情况

资料来源:CBRC 2015 Annual Report。

表1 中国外资银行机构（截至2015年）

单位：家

	外国银行	独资银行	合资银行	独资财务银行	合计
法人机构总行	—	37	2	1	40
法人机构分行及附属机构	—	306	4	—	310
外国银行分行	114	—	—	—	114
支行	23	542	15	—	580
总计	137	885	21	1	1044

资料来源：CBRC 2015 Annual Report。

2017年底，中国银行业的总资产突破250万亿元，已有外资银行法人机构39家，直属母行分行121家。① 表2列出了外资银行持股中资银行比例的情况，到2017年第三季度末，各地方商业银行的外资持股比例保持着较高水平，大多外资股东均为我国地方银行的主要股东，外资控股现象明显。

表2 我国部分地方性商业银行外资持股比例（截至2017年第三季度末）

中资银行	外资股东	持股比例（%）	股东位次
渤海银行	渣打银行	19.99	第二
恒丰银行	新加坡大华银行	13.18	第二
北京银行	荷兰ING银行	13.64	第一
南京银行	法国巴黎银行	18.63	第一
宁波银行	新加坡华侨银行	20	第一（并列）
天津银行	澳新银行	11.95	第二
齐鲁银行	澳洲联邦银行	20	第一
成都银行	马来西亚丰隆银行	19.99	第二
上海银行	西班牙桑坦德银行	6.48	第二
西安银行	加拿大丰业银行	20	第一

（二）股票市场

从历史的角度来看，我国股票市场对外开放的进程可以大致分为三个阶段。第一阶段为20世纪80年代中期至2001年。1984年，飞乐音响成为我国第一只公开发行的股票。第二阶段为2002—2014年。2002年，QFII制度正式出台，此后该制度不断得到扩充和完善，吸引了大批境外投资机构。第三阶段为2014年至今，随着上交所、深交所的正式成立，我国股票市场对外开放的节奏不断加快，2018年6月1日，A股正式纳入MSCI新兴市场指数，成为中国股市新一轮对外开放的里程碑。

---

① 董希淼,张涛.银行业对外开放历程与深化[J].中国金融,2018(07):18-19.

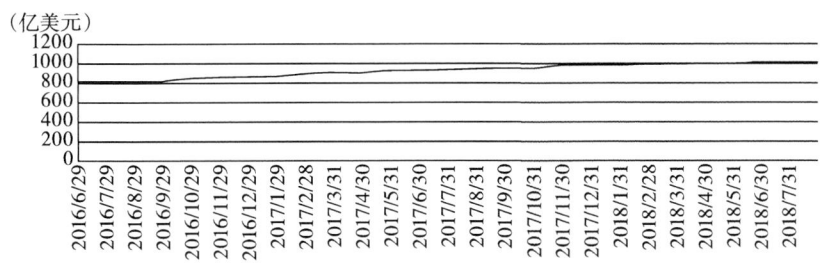

图3 合格境外机构投资者批准额度投资（QFII）

资料来源：Wind 资讯。

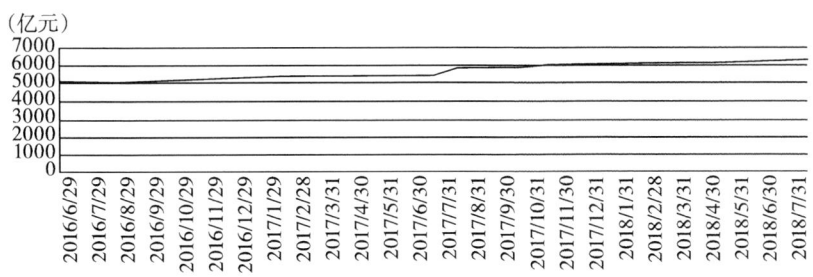

图4 合格境外机构投资者批准人民币投资额度（RQFII）

资料来源：Wind 资讯。

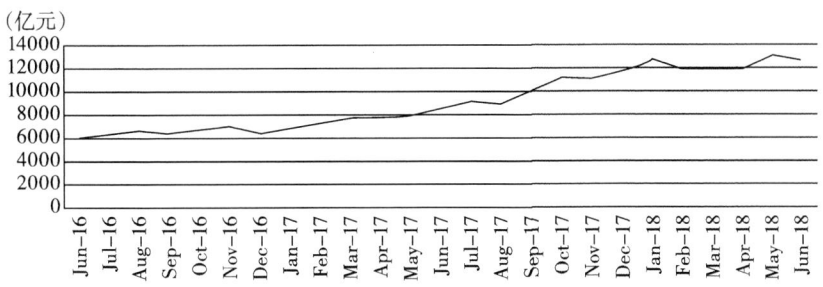

图5 境外机构和个人持有境内人民币金融资产（股票）

资料来源：Wind 资讯。

从图5可知：近期内 QFII 与 RQFII 在国内股市增长势头明显，极大地提高了我国股市在"引进来"这一层面的规模，开启了内外双向投资的时代。同时，境外机构和个人持有的我国境内股票总额的数量整体上呈现递增走势。从2016年6月至2018年6月，总额增长近1倍。总体而言，我国股票市场在对外开放进程中表现出了层层递进的态势。

（三）债券市场

由于金融市场的参与主体更加丰富，业务更加多元化，债券交易逐步成为我国金融业发展的重点领域。可以将我国债券市场的发展划分为三大阶段：第一阶段为2005—2009年的起步阶段。这一时期的市场开放渠道有限，境外投资者数量规模较小。第二阶段为2010—2014年，我国债券市场进入加速发展阶段。2011年，我国正式运行RQFII制度，银行间的债券市场逐步成为债券市场开放的主要渠道。第三阶段为2015年至今，债券开放程度进入深化阶段。2016年10月，在人民币正式纳入SDR货币篮子之前的一段时期内，属于中国主权的债券得到了海外投资者的急剧增持。[①] 如图6、图7所示，境外机构和个人持有我国债券总量呈现递增趋势。

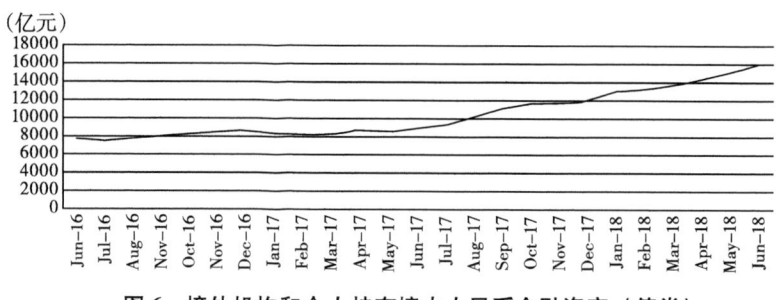

图6　境外机构和个人持有境内人民币金融资产（债券）

资料来源：Wind资讯。

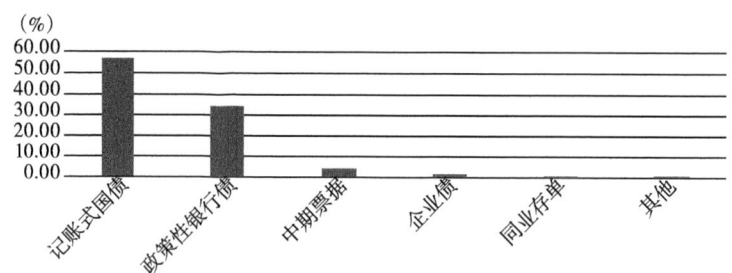

图7　境外机构债券投资分布情况

资料来源：通过2016年下半年境外机构托管数据整理而得。

综上可知，我国金融领域逐步在国际上拥有了一定的话语权，但面对新一轮的金融业改革开放的新节点，我们务必要秉持底线思维，努力形成金融业乃至国家的整体安全观，杜绝"脱实向虚"的不良现象，切实做到让金融业服务于国民实体经济。

三、基于"金融服务实体经济"思想的政策建议

一国金融领域的运行和发展情况直接关系到该国的社会经济发展水平。本国金融业一

---

① "十三五"时期国际金融风险预测与中国金融开放进程选择（研究报告）　第二篇　中国金融开放进程选择　第十章　分业态视角下的金融市场对外开放进程选择．"十三五"时期国际金融风险预测与中国金融开放进程选择（研究报告）．2017：18．

旦被外资操控,极有可能丧失经济发展主动权。在前文论述的基础上,我们将阐述新时代金融业发展的政策建议。

(一) 基本思路:金融实体化原则

深入学习理解并贯彻执行习近平关于金融服务实体经济的论述有助于新时代经济发展"稳中求进"基调的落实。

早在浙江、福建工作期间,习近平总书记就认识到金融在转变经济发展方式层面上的重要作用,并在工作中不断探索"虚""实"的辩证关系。2005年,他就强调要将资本市场与金融服务有机地结合起来,推动社会经济发展。[①] 2012年12月,他在中央经济工作会议上指出要切实降低实体经济发展的融资成本。2014年4月,他在中共中央政治局会议上强调要探索实施金融体制改革,不断加强实体经济实力。2016年9月,习近平总书记指出:"如何让金融市场在保持稳定的同时有效服务实体经济,仍然是各国需要解决的重要课题。"[②] 2017年7月,又强调:"为实体经济服务是金融的天职。"[③] 历史经验表明,发展中国家仍处于中等收入阶段便大规模开放金融领域,一旦金融市场缺乏约束,经济运行就会发生"脱实向虚"的局面,因此,我国应坚持习近平金融服务实体经济思想,维护金融稳定,从而保证国民经济健康发展。

(二) 具体政策

1. 市场导向与政府调控并举

如何处理好"看得见的手"与"看不见的手"二者之间的关系一直以来都是经济体制改革的核心问题。我们要在金融领域发挥市场导向与政府调控并举的功能。首先是积极巩固市场在资源配置中起决定性作用的主体地位。努力发展多层次、多方面的资本市场,降低直接融资成本,拓宽直接融资渠道。但也不能削弱政府的作用,要形成"底线思维",做好化解和金融制裁反制的预备措施。在政策制定上,政府要以现实人为出发点,把金融关系管理和诊断纳为研究对象,重点解决"交叉金融""影子银行"等不良现象,从而达到金融"脱虚向实"的目的。

2. 构建"顶层权力"监管制度,建立有效的监管制度是保证金融有效服务实体经济的关键

在现代化市场经济体系中,经济的顶层权力由"货币发行权""资产定价权"以及

---

① 习近平. 之江新语[M]. 杭州:浙江人民出版社,2007:120.
② 二十国集团领导人杭州峰会举行 习近平主持会议并致开幕辞[EB/OL]. http://www.gov.cn/xinwen/2016-09/04/content_5105334.htm.
③ 全国金融工作会议在京召开[EB/OL]. http://www.gov.cn/xinwen/2017-07/15/content_5210774.htm.

"汇率定价权"构成。"货币发行权"方面,中央银行应努力推行自主货币发行机制,摆脱美国及美元操纵下的货币发行权。"资产定价权"方面,我国监管机构应加强对资本项目的管制,严控外资在我国金融市场的参股比例。人民币资产价格主要包括股票价格、债券价格、房地产价格等资产价格。以房地产价格为例,我国房贷利率屡创新高的原因:一是由于外国资金不断流入,央行只能被迫挤压国内资本市场;二是为防止股指的局部超跌而引起社会不稳定,证监会又依靠吸引外资来提高国际资本收益率,长期势必会影响我国经济发展水平。因此,政府应降低海外资本在我国的话语权,将资产定价权服务于国家现代化的进程中。"汇率定价权"方面,我国应制定明确的人民币汇率浮动机制。近年来人民币的升值引来了大量外国基础货币的投入,极大地抑制了人民的货币购买能力。因此,我们应严格限制外国资本的进入比例,做到主动引领而非被动出击,拒绝单边主义、贸易保护主义,为我国金融发展营造一个良好环境。

3. 努力开发服务实体经济的金融创新

实体经济是金融的服务对象,要把各类金融机构立足于服务社会经济,只有不断推出新型金融产品,充分利用各项先进技术,才能有效提升金融机构的服务水平。因此,在金融交易创新上,应与支付宝、微信支付等互联移动支付平台建立长期合作模式。在金融科技创新上,将人脸识别技术、智能客服系统、智能化风险控制以及网点机器人等技术真正落实到各网点机构,从渠道、用户服务体验等方面提升银行整体业务能力,运用科技创新方式推动内部转型升级。目前,"粤港澳大湾区贸易金融区块链平台"正是一个以科技手段为支撑,意在服务实体经济并有助于降低融资成本的智能平台。相对于传统融资需要2~3周的申请时间,该平台可以将审批时间压缩至20分钟内。我国应不断鼓励绿色金融的产品和服务的创新,学习发达国家绿色金融的运作模式,打造绿色金融生态圈,为我国探索经济绿色转型提供可行路径。

在进行金融创新力提升过程中,我们要秉持以下原则:其一,复杂化手段不是创新。复杂化手段只是在营销过程中的市场战略,并不属于创新范畴。其二,信息透明化仍需大力保持。信息阳光化使得金融创新成为可能,更能为我国各金融板块发展提供有力保障。其三,造福人民是最终归宿。当实体经济进入新的增长阶段时,金融垄断资本往往会利用金融市场中个体的非理性心理进行错误引领,增强买家对金融产品的持有信心。如此往复,这种误导性行为会造成消费水平下滑,阻碍实体经济发展。我们应当坚定不移地贯彻金融服务实体经济的思想方针,坚持经济"脱虚向实"的论调,只有通过健康、绿色的金融手段以及正确的金融思想才能够真正提高人民的生活水平。

新时代中国新型工业化发展研究[①]

韩玉玲　李积龙

（山东财经大学）

一、新型工业化的提出及其内涵

（一）新型工业化的提出

中国新型工业化道路是基于其环境资源和经济发展现状，在反思传统工业化的经验教训后提出的。新型工业化发展道路近年来一直是我国在经济领域关注的重点。党的十六大、十七大、十八大以及十九大的报告中均有部署。党的十六大报告中率先提出要"坚持以信息化带动工业化，以工业化促进信息化，走出一条科技含量高、经济效益好、资源消耗低、环境污染少、人力资源优势得到充分发挥的新型工业化路子"。党的十七大报告又做了进一步部署，即提出进一步加强工业化与信息化的融合。中共十八届五中全会提出要正确处理发展中的重大关系，重点是促进城乡、区域以及经济与社会等的协调发展，促进新型工业化、信息化、城镇化、农业现代化的同步发展，并对新型工业化提出了新的要求。党的十九大报告再次提出要坚持新发展理念，推动新型工业化、信息化、城镇化、农业现代化同步发展。此次提出的新型工业化与以往相比有明显不同。新时代中国经济已由原来的高速增长阶段转向高质量发展阶段。我国新型工业化的发展是以五大新发展理念为指导，旨在解决中国目前面临的经济发展不平衡与不充分问题。同时，新一轮技术革命已开始影响我们的生活。互联网、大数据与制造业的融合越来越密切。这也为我国新型工业化的发展提供了良好机遇。

中国新型工业化的提出也有历史原因。新中国成立以来，我国的工业化发展已进入工业化中后期阶段。但在过去很长的一段时期内，我国采取的是粗放型工业发展模式，即高

[①] 韩玉玲，山东财经大学经济学院教授；李积龙，山东财经大学经济学院硕士研究生。

投入、高消耗和高排放，资源的投入产出比较低，导致了资源开发过度与环境状况的恶化。这凸显出了传统工业发展模式的弊端。为了改变资源浪费和环境污染的现状，我国必须抛弃传统的发展模式，走一条新型工业化发展道路。另外，我国的工业化发展因晚于西方发达国家而具有后发优势并可以借鉴其经验。西方发达国家借助信息技术对经济结构进行调整和升级并已由工业化后期迈入后工业化时期，这对我国具有借鉴意义。西方国家走的是一条先工业化再信息化的发展道路。我国的新型工业化道路是工业化与信息化的同时并举。

（二）新型工业化的内涵

新型工业化是相对于传统工业化而言。西方国家先于我国完成工业化，其传统工业化主要是片面强调发展重工业，且完成时间较长、环境污染大，资源投入产出比也较低。我国的新型工业化则要克服传统工业化的缺陷，充分发挥后发优势。新型工业化发展道路在党的十六大报告中率先提出，即"坚持以信息化带动工业化，以工业化促进信息化，走出一条科技含量高、经济效益好、资源消耗低、环境污染少、人力资源优势得到充分发挥的新型工业化路子"。

在新型工业化包含的五个方面的含义中，一是科技含量高，即传统工业化是一种粗放式的发展模式，强调的是通过量的扩张实现低成本生产，对科技成果的应用还处于较低级的阶段。这导致我国环境遭到很大破坏，资源被过度消耗。为此，我国要立足现状并加快科技成果的应用，以技术的进步来提高劳动生产率。二是经济效益好。在生产的三要素，即劳动、资本和知识中，传统工业化过程中是技术供给不足，只能通过大量投入资本和劳动来促进经济增长，造成经济效益低下。新型工业化就要注重提高资源投入产出比，利用科技创新提高经济效益。三是资源消耗低。传统工业化由于技术水平低，存在资源利用不充分、资源滥用等问题，从而使得资源消耗速度过快。新型工业化强调可持续性发展，我国要加快淘汰或升级落后产业，大力发展循环经济和绿色低碳经济。四是环境污染少。从西方国家和日本的传统工业化进程来看，工业化的完成都以严重的环境污染为代价。我国要改善环境污染现状就必须推进清洁生产，淘汰高污染产业，从源头上解决环境污染问题。五是人力资源优势得到充分发挥。我国作为一个人口大国，人力资源丰富，工业化的实现要充分利用劳动力成本低的优势。不过，我国虽然劳动力资源丰富，但劳动者素质却普遍偏低。新型工业化过程是一个产业优化过程，在新旧产业的交替过程中就会出现结构性失业。另外，农村劳动力在新型工业化过程中也会逐渐由农业部门转入工业部门。为此，在新型工业化过程中，我国应注重通过教育和培训提高劳动者素质。

二、新型工业化发展的现状与存在的问题

(一) 新型工业化的发展现状

2002年至今,中国在新型工业化道路上已经行走了15年,且经济发展迅速。在2010年达到顶峰之后,由于经济结构的逐步调整,经济增长速度开始放缓。在此期间,我国新型工业化的发展水平可以从以下几个方面来看:第一是科技发展水平,其中,研发支出占比从2002年之前的约1.3%提高到2017年的约2%;创新效率除了2016年略低于50%,其余年份均高于50%。相比于西方发达国家,我国的创新能力仍有待提高。第二是经济效益,其中,工业增加值从2005年的77231亿元增加到2017年的334623亿元(国家统计局:《中华人民共和国2017年国民经济和社会发展统计公报》,国家统计局网站,2018年2月28日),但单位投资的经济增长率2013年以来却一直在下降,反映了我国通过投资拉动经济增长的作用开始降低。而技术进步会缓解资本边际报酬递减的趋势,因此,我国应将投资引入绿色产业和高新技术产业等有利于可持续发展的产业上。第三是资源与环境状况。2010年以来,我国万元国内生产总值能耗逐渐降低,清洁能源使用量也逐步增加。在"十一五""十二五"和"十三五"期间,我国单位GDP能耗分别下降19.1%、18.2%和15%,其万元国内生产总值的能耗由1.08吨下降到0.72吨(史丹:《能源转型与低碳工业化道路》,《理论视野》2017年第11期);2017年,包括天然气、核电、水电和风电等清洁能源的消费量已占全部能源消费总量的20.8%(国家统计局:《中华人民共和国2017年国民经济和社会发展统计公报》,国家统计局网站,2018年2月28日)。这与我国一直以来实施的可持续发展战略、加大节能减排和环境保护力度、鼓励和支持发展低碳循环经济等措施有密切关系。相比于其他发达国家而言,我国GDP能耗依然较高,仍需进一步降低能耗。第四是人力资源,我国高中及以上学历人员占全部就业人员的比例由2006年的约20%提高到2015年的约30%,研究生及以上学历的就业人员所占比例由0.23%增加到0.7%。到2017年,我国毕业研究生57.8万人,高等院校本专科毕业生735.8万人,中等职业教育毕业生496.9万人(国家统计局:《中华人民共和国2017年国民经济和社会发展统计公报》,国家统计局网站,2018-02-28);财政教育支出占GDP的比重,到2015年已是2002年的8.4倍,并已接近4%的国际衡量标准。这体现了我国在新型工业化过程中对教育的重视,也是坚持人才强国和创新驱动战略的必然结果。

（二）新型工业化面临的问题

1. 区域经济发展的不平衡

这主要体现在东、西部地区的发展差距上。目前我国东部地区的大部分已初步实现新型工业化，但西部地区（内蒙古除外）的多数城市还处于新型工业化的起步阶段，一些甚至还处于准备阶段。新型工业化的区域发展差异会导致基尼系数增高，从而进一步拉大贫富差距。

2. 城乡差异大

中国城乡差异的产生与长期实施的户籍管理制度和城乡分离制度有关。2014 年，《国务院关于进一步推进户籍制度改革的意见》调整了户口迁移政策，统一了城乡户口登记制度。这意味着城乡二元户籍制度被废除，但现实距离政策的完全落实还有差距，还需要继续推进。另外，在主导产业的发展方面，城市是以发展工业为主，新型工业化进一步推动了城市经济的发展；而农村主要依靠农业，经济发展滞后。城乡差别除了带来经济上的差异，更有教育、医疗、文化等方面待遇的不同。这些问题的本质还是"三农问题"，而解决之道就是实施乡村振兴战略和走新型工业化之路。传统的农业经济模式科技含量和经济效益都很低，因此必须推进农业农村的现代化。新型工业化强调提高科技水平和鼓励创新。这将有利于推进农业农村的现代化。为此，我国在推进农业农村现代化的同时，也要制定相关政策帮助农村剩余劳动力转移，从而充分发挥劳动力资源优势。

3. 资源和环境问题

新型工业化实施以来，我国的资源与环境问题已有所改善。但随着一些新兴行业的发展，资源浪费问题也出现了新的形式。例如，"双十一"庞大的交易额带来的包装污染；共享单车的管理问题频发致使多家公司倒闭。数以万计的自行车成了沉没成本，从而造成资源浪费。

4. 人口红利的消失

根据 2010 年的人口普查数据，我国 60 岁以上人口占总人口的比例约为 13.3%，已迈入人口老龄化社会，人口红利消失。2005—2010 年，中国制造业工人工资已上涨 150%，而同期美国仅增长了 15%，二者比值从 41∶1 缩小到 19∶1（黄永明、潘安琪："美国再工业化对中国制造业全球价值链分工地位的影响"，《区域经济评论》2018 年第 4 期）。我国的二孩政策虽在一定程度上能够缓解人口老龄化问题，但劳动力的减少已是趋势。

三、新时代新型工业化的路径选择

新型工业化道路是我国工业发展的必然选择。美国、德国等世界主要经济体也已经意识到传统工业化带来的问题，纷纷开始探索新的工业化之路。因此，我国要实现经济的健康可持续发展，就必须走新型工业化之路。

（一）提高科技创新能力和促进工业化和信息化的融合发展

科学技术是第一生产力，即促进经济发展的根本力量是技术的创新与进步，也是新型工业化的要求。党的十九大报告提出，我国要实现从制造业强国向制造业大国的迈进。这一目标的实现就必须要有强大的科技创新能力的支撑，并集聚国内外先进科技成果，提高其在经济活动中的核心地位。为此，我国应加大对基础科学研究的投入，坚定不移地贯彻"五大发展理念"中的"创新"发展。同时，我国也要注重教育，坚持科教兴国和人才强国战略。因为创新能力的提高归根结底是创新型人才数量的增加，这就离不开教育水平的提升。

我国的新型工业化是工业化、信息化、城镇化和农业农村现代化的同步发展，其中，工业化与信息化的深度融合是其核心。德国的"工业4.0"特别强调智能生产、智能服务、智能工厂和智能物流。这都依赖于先进的互联网技术。"工业4.0"中的智能生产与传统生产相比具有较大的区别，即传统生产中产品种类是由供给者决定，而智能生产的产品种类是由需求者决定。这种生产模式一方面可以调节供求结构，另一方面可以避免资源浪费和提高环境质量。我国的新型工业化建设也要实施"网络强国战略"，大力推进工业化和信息化之间的融合发展，并充分利用制度和市场以及产业优势，高水平推进《中国制造2025》战略，努力提升各个产业领域的数字化和智能化水平，促进工业体系的跨越式发展和增强经济的整体竞争力。

（二）加快产业结构的优化升级和协调发展，真正将我国经济从高速增长转到高质量发展的模式上

经济效益好就是指以较少的资金、较低的成本实现较高的产出。传统工业化过程发展方式的粗放和经济结构的不合理都拉低了经济效益。党的十九大报告提出，新时代我国社会的主要矛盾是发展的不平衡与不充分。为此，中国的资源配置已不能再以经济总量作为主要依据，而是应以能否促进经济的平衡和充分增长作为主要评判指标。所以，我国的新型工业化就要继续贯彻"五大发展理念"中的"协调"发展理念，既要解决产业之间发展的不协调，也要解决区域经济发展的不平衡。我国的西部地区尚处于新型工业化初期阶

段，挖掘其经济潜力将有利于大幅提高经济发展效益。

（三）发挥政府作用和推进经济的可持续发展

环境污染具有负外部性，而市场本身是无法解决这一问题的。所以，政府要通过立法以设立奖惩机制来解决负外部性问题。原先以资源过度消耗和环境污染为代价的传统工业化模式是不可持续的。我国应加大在绿色经济方面的科研支出，大力扶持绿色、低碳与循环经济的发展，同时要提高国民的环保意识以保护资源和环境并实现经济的可持续发展。

（四）加大对教育事业的支持力度以改善劳动力的知识结构和提高其素质

随着人口老龄化的加重，我国人口红利将逐步消失。为应对这一问题，我国一方面可为"二孩政策"加大相关基础设施的建设，如扩大学前教育规模以及扩建医院等。另一方面也要提高劳动力素质。因为中国人口红利的确由于人口供养比的上升而下降，但从数量来看，中国仍是劳动力资源丰富的国家。而劳动者素质的提高也将产生巨大的人口红利。所以，我国应继续坚定实施党的十八大和十九大报告中提出的"促进各级各类教育协调发展"和优先发展教育的战略。同时，我国也要进一步深化科技与教育体制改革，加强科技、教育同经济的结合，完善科技服务体系，加速科技成果向现实生产力的转化。

基于生产社会化理论的乡村振兴路径与现代农业经济体系的构建[①]

汪洪涛　王朝科

（同济大学马克思主义学院　上海对外经济贸易大学马克思主义学院）

一、我国乡村发展的历史和逻辑是顺应生产社会化发展要求的

考察1949年至今我国乡村农业生产资料所有制构架和农业生产组织方式，大致可以划分为五个阶段，即：①土地改革与家庭经营；②合作化与人民公社；③家庭联产承包责任制；④统分结合的双层经营体制；⑤以城乡融合为主体路径的新型生产组织形式。

第一个阶段（1949—1952年）的土地改革在真正意义上实现了"耕者有其田"，极大地释放了乡村社会的生产积极性，解放了农村的劳动生产力，释放了土地的产能，农作物产量获得了较大的增长（见表1）。1952年，全国农业总产值比1949年增加了48.5%，比1951年增加15.3%；粮食产量比1949年增长42.8%，棉花总产量比1949年增长193.4%。

表1　1949—1952年农作物人均产量变化　　单位：千克

年份	粮食	棉花	油料	糖料
1949年	209	0.8	4.7	5.2
1952年	288	2.3	7.4	13.4

资料来源：金海年.2049中国新型农业现代化战略［M］.北京：中信出版集团，2016：35-36.

第二阶段（1952—1978年）的合作化与人民公社化是推动生产社会化的一次尝试，这个阶段的农村农业发展大致可以分为前、后两个时间段，即：①合作化时期；②人民公社化时期。发展农业合作社，通过对农业、手工业和资本主义工商业的改造来"集中力量办大事"，推动国家的工业化。

[①] 本文系2018年同济大学中国特色社会主义理论研究中心课题"基于生产社会化理论的乡村振兴路径与制度建设研究"及2017年度上海市马克思主义理论学科发展支持计划·马克思主义理论教学研究国情调研专项资助"上海郊区家庭农场及合作社的实践探索与前景展望"的阶段性研究成果。

表2 第一至四次全国互助合作会议的成果简摘

会议	成果	要求
1951年9月9日中共中央在北京召开了全国第一次互助合作会议	讨论并通过了《中共中央关于农业生产互助的决议（草案）》	要求各级党委"根据土改后农村的具体情况，要克服农民分散经营中所发生的困难，使广大贫困农民迅速走上丰衣足食的道路。国家得到比较多的商品粮和工业原料，同时提高农民的购买力，使工业品有广大的销售市场，必须提倡组织起来，按照自愿互利原则，发展农民互助合作的积极性"
中共中央委托中央政策研究室于1952年8—9月召开了全国第二次互助合作会议	对《关于农业生产互助合作决议》（草案）进行修改，并研究如何办好农业生产合作社的问题	强调了"与自发的资本主义倾向的斗争，仍须加强"
1953年10月26日至11月5日中共中央在北京召开了第三次农业互助合作会议	讨论通过了《中共中央关于发展农业生产合作社的决议》（12月16日经中共中央批准实施，但它不适用于某些少数民族地区）	决议规定党在农村工作中最根本的任务是："采取积极态度，教育农民群众逐渐联合起来，实行对农业的社会主义改造，使农业由小规模生产的个体经济变为组织起来的集体生产的合作经济，以适应国家工业化的需要，并使全体农民走上共同富裕的道路"
1954年10月10—31日，中共中央农村工作部召开第四次农业互助合作会议	总结农业互助合作的成功经验，进一步促进农业互助合作运动健康的发展	会议认为我国农业社会主义改造事业发展的大体步骤将是：第一步，于1957年前后基本上完成初级合作化，第二个五年计划期间再陆续转入高级合作化，该阶段只实施初步的技术改良和部分的机械耕作。第二步，约在第三、第四个五年计划时期，将依靠发展起来的工业装备农业，实现大规模的农业机械化

资料来源：①历史上的今天——中国共产党新闻网；②第一次农业互助合作会议召开——腾讯网；③人民网——党史百科；④第四次农业互助合作会议——甘肃组工网。

第三阶段是家庭联产承包责任制。该经营形式改变了乡村社会的组织结构，其小生产的内在属性加深了我国乡村经济"分""散""小"的属性，各级政府对乡村社会组织力和控制力的减弱以及农户的"单干"模式造成了1978年以后农业基础设施特别是农田水利设施的荒废态势，农民收入和农业产值提高遇到了"瓶颈"，为此，邓小平于1990年3月提出："中国社会主义农业的改革和发展，从长远的观点看，要有两个飞跃。第一个飞跃，是废除人民公社，实行家庭联产承包为主的责任制。这是一个很大的进步，要长期坚持不变。第二个飞跃，是适应科学种田和生产社会化的需要，发展适度规模经营，发展集体经济。这又是一个很大的进步，当然这是很长的过程。"

第四阶段是统分结合的双层经营体制的探索与发展阶段。解决"三农"问题，实现农村生产和生活方式的现代化，除提高城市化发展的进程和内在品质以吸引和安置更多的农村人口以外，还必须改革农业的基本经营制度，扩大农业生产的组织化程度，统分结合的双层经营体制是必然的选择。一方面，该体制在制度层面上确保家庭承包经营权以巩固农户对承包地的使用权。另一方面又强调加强集体层经营，以增加集体积累。集体经济和合作经济形态的推广和升级可以提高乡村社会的分工程度，进而可以提高乡村社会的组织化程度，最终达到深化乡村社会资本关系的目的。

第五阶段是当下以城乡融合为主体路径的新型生产组织形式的推广阶段。具体的模式和体制机制创新尚处于探索阶段，发达与欠发达地区的差异，其根源在于要素的集聚与否，发达地区是人流、物流、资金流、技术流和信息流的"五流交汇"之地，能够产生集聚经济效应和范围经济效应，进而产生"地方化经济"特征或"城市化经济"特征，在经济增长与发展过程中领先于其他地区。通过城乡融合来实现乡村振兴，就是要实现城市的优质要素辐射乡村、汇聚乡村，进而带动乡村的发展。城乡融合必然会引发乡村社会治理结构的变化以及农业生产组织方式的变化，"专业分工"与"社会化生产"的模式一定是未来农业生产的基本模式。

综合分析上述五个阶段的农业生产组织方式，可以得出的结论是：①从"土改"开始，所有的土地政策和生产组织方式的改变，其目的都是提高农民生产的积极性，促进生产力的提高；②"三农"政策的主线是为了推动农业生产朝社会化大生产的方向发展；③1979年至今的三个发展阶段所呈现出来的经营体制和生产组织形式同时并存于当下时空，呈现出"三制叠加、融合并存"的特征。

二、生产社会化理论为乡村振兴发展路径提供逻辑脉络

关于农村农业的改革与发展，邓小平的"两个飞跃"非常明确地点明了第二个飞跃"是适应科学种田和生产社会化的需要"。习近平多次强调，农村的综合改革要以推进农业的现代化为目标，"要走组织化的农村市场化发展路子"。这两种实现乡村振兴理论的理论基础是马克思主义基本原理中的生产社会化理论。

马克思认为，社会生产力的进步必然会带来社会生产方式的改变，小生产方式被取代的主要表现是：①劳动社会化；②生产资料的社会使用。社会化生产是生产过程中社会关系随着生产力的进步不断发生动态演变的过程，在生产过程中形成的社会关系包括两个性质不同的方面：一方面是人与人之间的技术关系，另一方面是人与人之间的社会经济关系。技术关系就是分工与协作的关系。

我国"三农"问题长期得不到解决的一个重要原因就是农业生产组织方式的"小""分""散"特征及其背后所蕴含的体制机制特征。合作化、人民公社化和当下"第二个飞跃"中的规模化生产就其实质而言都属于"扩大生产单位规模、增强内部分工"模式，而马克思认为，社会分工是通过市场交易来组织的，即"社会内部的分工以不同劳动部门的产品的买卖为中介"。其实，劳动社会化是以分工作为主要内容的，分工包括：①企业内部的分工；②社会分

工。企业内部的分工是以生产资料集中在一个企业内部为前提的。合作化运动开始至今，各阶段农业生产组织方式的改革都是围绕着"分"与"合"来展开的，农业生产合作单位或集体单位内部的分工协作虽然能够在生产效率提高方面存在较大的制度性优势，但是，在全球化分工体系已然形成并且成熟时，单个企业如果不能参与到社会分工体系之中，并利用社会分工体系所提供的优质要素来为企业自身的再生产过程提供服务，则该单个企业的运营成本就不可能真正降低，其市场竞争也就必然会缺乏优势。

就乡村振兴中的农业发展而言，需要解决两个问题：一是发展合作经济、集体经济，或是通过土地流转将土地集中规模经营，提高农业再生产过程中的组织化程度；二是发展市场化的配套生产组织与服务机构，提高农业生产的社会化程度，加大农业生产的社会化协作力度。

马克思认为，生产组织方式从简单协作到大规模分工协作的演进正是在生产技术革命的推动下形成的。恩格斯认为，"大工业使建立一个全新的社会组织成为绝对必要，在这个全新的社会组织里，工业生产将不是由相互竞争的单个工厂主来领导，而是由整个社会按照确定的计划和所有人的需要来领导"。当今中国"三农"问题最基本的根源就是"小农"模式与市场化的宏观经济环境之间的不匹配，解决"三农"困境的根本方法就是要推动农业生产适应全社会整体经济发展路径走向生产社会化，大农业格局的构建与打造必然要求农业生产与经营单位扩大规模，通过城乡融合打造全社会一体化的企业分工协作和社会分工协作的农业再生产过程的新格局，通过劳动过程与规模结构两个方面的再造来推动乡村社会生产关系和资源配置方式向着更高的能级演变。

我们认为，社会化大生产与小生产在劳动方式上的最大区别就是是否形成分工体系，如果是在缺乏单位外部社会分工体系的前提下单纯地推动土地经营规模的扩大，则仅仅是属于"扩大的小农经济"模式。这种模式不利于现代农业生产体系的形成和构建，也不利于我国农业的国际竞争力的提高。

三、城乡融合发展路径可以有效推动现代农业经济体系的构建

保障国家粮食安全，通过城乡融合这一发展路径可以有效推动现代农业经济体系的构建。

现代农业区别于传统农业的衡量指标分别是：①专业化水平；②市场化程度；③生产要素规模化程度；④垄断化程度。相对于"传统的小农经济"模式或"扩大的小农经济模式"而言，现代农业经济具有三个基本特征：即高人力资本含量、高技术含量和高附加值（以下简称"三高"），并在"三高"的基础上衍生出新技术、新业态和新方式（以下简称"三新"）的发展态势。"三高"的含义比较容易理解，而"三新"中的新技术主要是指有

利于农业生产组织化程度提高的信息技术、网络技术的广泛和深度运用，以及在此基础上形成的作为现代农业经济体系运作标志性特征的信息化平台，同时，现代农业提升传统农业的主要途径就是信息化；新业态是指由于工业化生产方式和城市化经营模式再加上高新技术的作用和市场需求的影响，不断衍生、演化出来的新兴的农业生产与经营的产业业态，新业态不仅是新的经济增长点，而且对于提升农业产业的能级、优化人们的生活品质具有特别重要的意义；新方式的宏观解释是新的农业经济的增长方式，微观解释则是指新的生产与经营方式，是农业生产各环节的劳动生产供应商在技术创新、体制机制创新和管理创新基础上产生的生产与经营的创新。

发达国家的农业产业化进程以及我国一些地区农业产业的最新实践中，体现出了深度的专业化和高度的整合性特征，这种特征是现代农业区别于传统农业的最大特征。虽然两者都是立足于农业来展开运营的，但现代农业是以技术、信息和知识为支撑的，是为了降低农业生产各环节的生产成本而存在的，并且，它的形态更为系统化和专业化。从狭义的角度来看，现代农业各生产环节的分包商更多的是指以劳动服务作为企业的核心业务、核心内容。从广义的角度来看，现代农业分包商都专注于专门环节的打造，专注于寻求关联环节与关联企业的支持配合。其关键是把传统农业的技术手段、营销模式和生产模式作为创新的突破口。由各生产环节的分包商通过深度的专业化和高度的整合性链接而成的农业生产与经营体系就构成了现代农业经济体系。

城乡融合作为乡村振兴的发展路径，是因为通过城乡融合可以集聚和整合城市化所固有的优质技术、管理与体制机制，从而确保优质资源与生产要素作为供应链的重要组成部分被集成起来，并可通过城市工业化、信息化时代所形成的一整套的供应链解决方案，把单一的环节做成大规模的产业，进而可以有效提高农业生产与经营环节的集约化水平与能力。

四、结语

乡村振兴一方面会推动现代农业经济体系的形成和发展，另一方面现代农业经济体系的发展也会提高乡村振兴战略的实践成效。

从我国已有的乡村振兴成功实践来看，家庭农场与合作社的发展是一个趋势，专业化的农机服务机构的社会化服务空间的日渐扩展也是一个趋势，"个体生产+合作社销售"模式已经初现端倪，社会资本进入乡村流转土地进行规模化、专业化、农场化的农业生产，在一些地区已经出现了地方化经济特色明显的"农业生产区域"，提高了这些地区农业生产的集聚经济效应，实现了农业的高端化，提高了对农民的组织化程度，以及农村与城市的融合化程度。

非农就业与规模农业协同研究
——基于分工学说

周志太　翟文华[①]

（淮北师范大学经济学院）

一、文献综述与问题提出

农业的基础地位与工业的主导地位，决定着规模农业的基础地位与非农就业的主导地位，这两者要协同推进。

家庭承包制，早期激励效应虽显著，但边际效应递减。即农地细碎化、经营封闭化的传统生产状态和农民直面市场的决策分散化，难以医治小农的固有顽症，难以从根本上解放生产力。20世纪80年代以来国内主要围绕农地规模经营的内涵、必要性、条件、模式以及影响因素各方面开展广泛而深入的研究。深入研究这一协同联系，才能发现统筹城乡战略的理论基础，有序推进城乡发展。

关于非农就业与土地流转关系的研究不少，但是土地流转与规模农业并不等同。因为，农地流转并不一定会产生规模农业。我国家庭农场规模应在几十亩到百亩，东北地区可达千亩（陈锡文，2013）。按此标准，农地流转可分为两类：一是市场性的，实现了规模农业的目标；二是自发性或关系性的，在亲友间流转，占比为60.29%，[②] 一般达不到规模农业标准，仍然是小农经济。原因是，金融危机以来，尤其是中美贸易摩擦，致使经济衰退，非农就业机会不足。

本文提出，规模农业既是微观经济学概念，也是宏观经济学概念，即在城乡统一发展的视角下，其是工业与农业分工协同推进的过程和结果。规模农业与非农就业的协同关系，只有在深层次的分工理论中，才能找出其理论基础和理论依据。

[①] 基金项目：国家社会科学基金项目"基于经济学视角的协同创新网络研究"（15FJL013）。
周志太，淮北师范大学政治经济学研究中心、经济学院三级教授、博士、硕导；翟文华，淮北师范大学经济学院讲师，博士。
[②] 中国农业发展报告[M]. 北京：中国农业出版社，2014:182.

二、规模农业与非农就业的协同关系

（一）非农就业的动因

非农就业的动因，有如下两种解释：第一，"消费结构升级"，对非农产品的需求不断增加，引起主导产业由农业进一步转向制造业和服务业。我国农业劳动力随着消费结构和产业结构升级而流向非农部门。第二，"技术进步"促进农业劳动力向非农部门转移。需求结构变动使务农收入下降而非农收入上涨推动农民非农就业。制度经济学认为，规模农业的动力主要来自劳动力相对价格。城乡经济势差，即农村劳动力大量过剩使其相对价格较低，非农就业收入高于农业，吸引农民转向非农产业。农民是经济人，比较利益法则是其要素配置的"指挥棒"。城市推力、城市拉力是影响农村劳动力转移的供求因素。城市拉力是就业机会较多、收入较高而房价较低诸因子构成的合力。城市推力是二元劳动市场（农民进城务工的成本仍高于市民）和高房价等排斥农民工市民化诸因素的合力。城市拉力＋农村推力＞城市推力＋农村拉力，使农村富余劳动力转向非农就业。

规模农业大发展的根本前提是，部分乃至大部分农民的收入以非农收入为主，替代农地本身对农民的价值，农业不再是农民的唯一职业选择。随着新型工业化、城镇化不断发展，非农就业不断增加，非农收入在家庭总收入中的占比持续上升，农业收入占比持续下降。2016年全国农民人均11200元的纯收入中，种植业占比下降到20%（2240元）。这是规模农业的内生驱动。

首先，规模农业的主要动因：学历较高、质量较高，年纪较轻，非农就业收入较高，农民出租土地的可能性较大。

其次，与非农就业收入水平相比，非农就业稳定性对农地流转的影响程度更大。

最后，非农就业越多，农业生产的机会成本越大，越能有效促进稻农合理分配要素，改善管理，提高技术效率（黄祖辉等，2014），促进规模农业发展。与此相反，如下观点仍有一定的影响：

（1）农业劳动力转移的制度性障碍是户籍制度引起的城乡劳动力市场分割。目前，北、上、广、深四大都市以外的所有城市，虽不设落户门槛，但未出现落户热潮；沿海一些地区甚至出现市民找关系转回农村户口，农村学生升学后户口不转，人口"逆城镇化"现象频频出现。中国社会科学院2016年的"中西部农民向城镇转移意愿分布"调查显示，66.1%的农民工认为到一定年龄应回乡。这表明，阻碍劳动力转移的主要障碍并非户籍，而是就业岗位不足、就业不稳定。

（2）"规定农民工市民化必须以放弃土地和宅基地为条件，违背了广大农民的意愿"。

这里的"市民化",应是非农就业稳定和"土地"换到了"社保"。城市"拉力"够了,一些农民仍不"弃地",农地供给不足、"农地价格攀升"。土地确权后,农民提高了地价或地租,甚至高于农地需求价格。这或使农地流转成为空谈,或使农产品生产成本上升和农业国际竞争力下降。

规模农业发展取决于两个因素:(1)其与经济发展水平正相关。发达地区人口密度高,但企业多、就业机会多、工资高,劳动力仍会短缺;而落后地区存在非农产业发展滞后、就业岗位不足、人地矛盾日趋尖锐三大因素的合力,劳动力总是过剩。发达地区农村社会化服务体系健全,对规模农业的资金和技术支持较多。但在发展水平相同的不同地区,规模农业的发展水平不同。因为各地非农就业占比不同。(2)其与人均耕地面积负相关。耕地越缺,地租水平越高,农地需求越少。但在耕地稀缺程度相同的不同地区,规模农业发展水平不同,仍然是各地非农就业占比不同。

(二)非农就业是规模农业的重要前提

非农就业引起规模农业发展,是所有完成二元经济转型的发达国家和新兴工业化国家的共同历程。

新劳动力迁移理论认为,城乡收入差距将引发农村富余劳动力从低收入的农村向高收入的城镇转移,从生产率低的农业部门不断地转移到生产率高的工业部门,优化要素配置,促进经济增长。这使农地承包契约稳定和长期化,这是规模农业发展、经营规模结构转型升级的重要条件。

农业劳动力在总就业中的比重与经济发展水平负相关。非农就业增加,是我国经济发展、分工专业化和技术进步的主要动力和重要标志,是新常态下农业发展方式转变的重要条件。1982—1997年我国劳动力配置对经济增长的贡献率达20%。1978—2015年,我国劳动生产率共提高16.7倍,其中50%多来自各个产业自身劳动生产率的提高,还有40%多来自产业间资源重组(蔡昉,2017)。在自由竞争下,劳动力按生产率水平原则由低到高流动。农村富余劳动力长期、稳定地向非农部门和城市转移,会显著提升农业边际劳动生产力。非农就业促进就业结构与产业结构间的偏差调整,有效破解"民工荒"问题,充分利用人力资源,充分释放人力资源的能量和人口红利,使工业化和城镇化充分发展。2017年农民工总量达到28652万人,其低廉的劳动力成本为工业化、城镇化的快速发展创造了巨额资本。改革以来到2012年底,由于工资差额和没有强制规定上社保,农民工为工业经济和城镇经济积累发展资金达11.6万亿元。[34]如此巨大的工业化、城镇化发展的利好因素,促进非农就业扩大,也为财政支农和科技支农奠定了物质基础。

利益驱动劳动力不断流动和资源重组,使城镇劳动力的边际收益递减,农村劳动力的边际收益递增,最终使得城乡劳动力的平均产出与报酬趋于一致,达到一种相对均衡的状态,二元经济变成一元经济。

非农就业,通过收入转移效应——部分劳动收入可转移到人口流出地,增加落后地区的收入和消费,缩小区域收入差距;"干中学"效应,促进知识、技术和观念在落后地区传播与扩散,使农民工获得技能、增长见识、扩展社会网络,人力资本增加;以及组织化效应,等等。这些效应增加了农民收入,为规模农业提供资金支持。尤其是人力资本较高的农民工返乡后,能更好地务农或从事非农产业从而脱贫乃至致富。农民工收入回流农村,扩大农村市场和增强农民投资创业的能力。农民工跨区域流动,密切城乡联系,促进城乡二元结构转向一元。

非农就业使农业由"人""地"矛盾突出逐步转向"农地"与"劳动力"配置平衡、相互适应。大量农业人口从农村转向城镇,缓解农村人多地少的矛盾,使劳地比上升,促进劳动节约型技术使用。在粮食过剩的当下,非农就业越多,农产品市场越大,规模农业发展越快。非农就业将规避农户收入风险与资金约束,劳动力流失的问题则可用农机、雇短工等方式解决。

(三) 规模农业是就业扩大的重要条件

一般认为,规模农业,能实现传统农业难以达成的农地生产率和劳动生产率的提高,降低乃至规避农户经营的成本与风险,破解承包制造成的均田制与市场经济效益要求的矛盾,农业比较收益低与粮食安全的矛盾。在规模农业情景下,经营主体由传统农民转向合作社和大农户,经营模式由单一式转向复合式、单向式转向循环式,促进农业资源再配置和结构充分优化,是农村振兴和农业现代化的必然选择,是城乡资源最优配置和城乡一体化的必由之路。响应消费结构转型升级的需要,农产品质量提高、品种增加,确保国家粮食安全,降低原材料成本,增加工资、提高就业质量,增加劳动积累,因而投资增加,就业扩大,消费扩大,财政收入增加,实际利率降低。这有力地带动了农业下游产业,尤其是劳动密集型产业发展,有效扩大非农就业。

流出农地的农民由小农转变为农地产权主体和产业工人,由单一的种植收入转变为稳定的租金、股金分红等财产性收入和就业收入。后者比前者具有一定的稳定性和可持续性。

规模农业整合和节约农地,农民外出务工在城镇定居,旧村复耕,增加农地,可用于工业化和城镇化,扩大就业。据研究计算,190万亩耕地可提高城镇化率1%,安置失地农民260万人左右。来自黄淮海农区的数据表明,单元地块的平均面积与单元个数呈显著负相关,因耕作单元田埂边界的存在每户会产生非有效耕地 $0.03hm^2$/公顷,2015年底,全国共有 226744.3 万户，产生非有效农地为 1203.4 万亩，户均农地规模若提高 10 倍，户均 76 亩，可增加约 1083 万亩农地。

规模农业使富余劳动力转变为市民，消费需求扩大，促进就业。2015 年，我国城市居民与农村居民的年均消费水平分别为 27088 元和 9630 元，两者之比为 2.81∶1。

三、规模农业与农事服务的协同关系

基于分工理论，亚当·斯密提出生产劳动理论，旨在增加生产性劳动。目前主要是减少农业富余劳动力，扩大非农就业，实行农业生产与非农生产的分工，摈弃兼业。减少农民工城乡往返的非劳动时间，农民应由"候鸟"转变为"定居"。兼业农民减少，专业化水平提高，至少包括务农专业化和非农专业化两个方面，前者是农地的流转与集中，其决定因素是生产经营能力及其管理成本；后者是农户经营权的细分与分工交易，其决定因素是交易能力与交易成本。这是两种相互关联的规模经营策略。

区域内横向分工越是同向，如农业生产布局越是集中化与连片化，交易密度越大，会诱导不同生产环节的服务主体进入，农事服务交易将会多样化，并反过来促进农业纵向分工深化。农业科技发展，能增强农艺环节的可分性、农事服务的可交易性及质量监督的可靠性。依托农户比较优势，将翻地、播种和收割等活动进行多样化细分并将其外包，或租赁农机替代人工，或通过联合体方式进行内部交易，扩展家庭经营外延，形成专业化生产，分享分工经济的好处，节约交易成本，提高生产力水平。因此，当规模农业面临困境时，应以农事服务替代规模经济，使小农户实现规模化和机械化生产，改善农户分工效率（罗必良等，2017）。但仍然是保护小农经济，可能会使我国滑入"日韩陷阱"。

况且，规模农业与农事服务两者不是替代关系，也不仅是平行关系，而是协同关系。规模农业，是农户从自身规模扩张角度考虑的内部分工及其规模经营，而农户生产经营活动卷入外部分工以及社会化分工网络，则能显著获得农业的外部分工经济与外部规模经济。规模农业发展，农事服务需求增加。交换能力决定分工水平，规模农业集多户农地于一家，能有效降低交易成本，农户选择"外包"模式，演化为在产品内和生产环节的分工。

基于规模农业，美国逐渐形成农场与农事服务协同的格局，农场负责农业经营，而其他各生产环节的服务则由社会化农事服务组织负责，这也促进了美国农事服务体系的专业化和规模化，反过来促进规模农业发展。

财政补贴和税收优惠，重视和扶持"迂回"分工，鼓励农户将由自己从事的生产环节外包，改善农业迂回生产和迂回交易效果，促进农业分工深化，发展农事服务市场，促使规模农业与农事分工协同发展。

四、促进规模农业与非农就业协同的政策建议

规模农业,决定于农业发展水平,也决定于非农产业的发展能够提供多大的就业和财政支持空间,根据非农就业情况,而不仅仅依据"人多地少"的情况确定规模农业的发展水平,这是十分重要的。规模农业发展的重要条件和路径是工商业发展、非农就业扩大,这两者存在亦此亦彼、相互促进的动态协同关系和协同效应。否则,规模农业发展过快,超过就业岗位供给,使就业难,不利于社会稳定;而规模农业发展过慢,则会产生"民工荒"。这两者有悖于经济发展和社会稳定。

(一) 规模农业和非农就业协同推进

中美贸易摩擦此起彼伏,市场需求约束加强,增加农民的非农就业机会和就业收入更加迫切、更为艰难。因此,体制转轨与结构调整将加速,分工力度加大,资源配置市场化趋势加快,城乡间的联系和交流日益紧密,常常是益损与共。结合农村研究城镇化发展,结合城市研究农业现代化发展,解决城乡关系中的种种失衡问题,让广大农民共享统一市场,共建共同开发、共享资源和基础设施,共治生态环境,实现城乡共同发展、共同繁荣。通过城乡双向努力,实现要素在城乡间的合理流动和优化配置,城乡由分隔转向紧密联系、协同发展,最终消除城乡差别。

(二) 规模农业发展的路径

首先,确保规模农业的供求激励机制与非农就业扩大的激励机制兼容和协同。财政补贴、政策性贷款要由普惠向倾斜转变,加大财税政策的精准定向、定量的支持力度,促使各个体制机制和政策相互协同,确保城市拉力大于农村拉力且力度大小适度,使农村推力和城市拉力适度而精准,互补互动、充分融合,使其力量大于城市推力与农村拉力的合力,促使农民分化。例如,政府应根据当地人地比情况,对种地不足 4~5 亩的农户,一般不再增加财政补贴,促使更多的外出务工者将农地转出、减少兼业。

其次,确保农地确权与农民职业分化和规模农业兼容和协同,建立农地经营权退出机制,促进农业富余劳动力转移。根本路径是破除二元结构,推进劳动力市场一体化,非农就业和规模农业的制度性交易成本降低,以"社保"替代"农地保障",破除"恋土情结",促进非农就业的农民与农地、农村分离,抑制地租上涨,增加农地供给。同时,财政投入增加,促进农业科技进步,增加农机补贴,加快农业机械化步伐,增效节本,提升农业比较利益,农地需求增加。

再次,营造人尽其才、财尽其流、物尽其用的经济社会环境,发挥人民创造历史的积

极性和创造性。促使市场导向就业、财政促进和按照供需双方的意愿就业、比较优势就业、竞争就业的机制逐渐成为现实。

最后,在经济周期的不同阶段,规模农业的发展速度会有所不同。这本身就是一个自我调控机制。"看得见的手"要按经济发展和农民的多元化需求,统筹兼顾,通过前瞻性财政及金融手段对规模农业的支持力度进行调整,调控其发展速度和规模,提高农地与劳动力配置效率,推动劳动力布局合理和城乡协同发展。

超大城市对我国经济的影响有多大？
——基于劳动投入、TFP 和工资差异的分析

邹薇　杨胜寒[①]

（武汉大学经济与管理学院）

一、模型

本文的生产函数形式设定为 $Y_{i,t} = \alpha_{i,t} L_{i,t}^{\alpha} K_{i,t}^{\beta}$。　　　　　　　　　　(1)

其中 $Y_{i,t}$ 表示城市 i 在第 t 年的总产出，$L_{i,t}$ 表示城市 i 在第 t 年的劳动投入，$K_{i,t}$ 表示城市 i 在第 t 年的资本投入。$\alpha > 0$ 表示劳动的产出弹性，$\beta > 0$ 表示资本的产出弹性，假设生产函数是规模报酬递减的，即 $\alpha + \beta < 1$。$A_{i,t}$ 表示城市 i 在第 t 年的 TFP。

假设资本的价格是外生的，记为 $\bar{r}$；把城市 i 在第 t 年的平均工资，也就是劳动的价格记为 $W_{i,t}$，利用 $W_{i,t}$ 等于劳动的边际产出以及 $\bar{r}$ 等于资本的边际产出，得到以下两个表达式：

$$W_{i,t} = \alpha Y_{i,t}/L_{i,t} = \alpha A_{i,t} L_{i,t}^{\alpha-1} K_{i,t}^{\beta} \tag{2}$$

$$\bar{r} = \beta Y_{i,t}/K_{i,t} = \beta A_{i,t} L_{i,t}^{\alpha} K_{i,t}^{\beta-1} \tag{3}$$

将式（3）代入式（2）中，得到：

$$W_{i,t}^{1-\beta} = \alpha^{1-\beta}(\beta/\bar{r})^{\beta} A_{i,t} L_{i,t}^{\alpha+\beta-1} \tag{4}$$

对式（4）进行变形，得到：

$$L_{i,t} = \left(\frac{\alpha^{1-\beta}\beta^{\beta}}{\bar{r}^{\beta}} \cdot \frac{A_{i,t}}{W_{i,t}^{1-\beta}} \right)^{\frac{1}{1-\alpha-\beta}} \tag{5}$$

由于我们假设了 $\alpha > 0$，$\beta > 0$，$\alpha + \beta < 1$，从式（5）可以发现，一个城市的劳动

[①] 邹薇，武汉大学经济与管理学院教授、博士生导师；杨胜寒，武汉大学研究生。本项研究得到国家社会科学基金重大招标项目(11&ZD006)、国家社会科学基金重点项目(10AZD013)和教育部后期资助重大项目(13JHQ002)的资助，特此致谢。

投入 $L_{i,t}$ 与 $A_{i,t}$ 是正相关的，而一个城市的劳动投入 $L_{i,t}$ 与平均工资 $W_{i,t}$ 是负相关的。

为了研究个体和总体之间的关系，将第 t 年全国的总产出记为 Y_t，全国的平均工资记为 $\bar{W}_t$：

$$Y_t = \Sigma_i Y_{i,t} \qquad (6)$$

$$\bar{W}_t = (\Sigma_i W_{i,t} L_{i,t})/\Sigma_i L_{i,t} \qquad (7)$$

再定义城市 i 在第 t 年与全国平均工资 $\bar{W}_t$ 的工资差异为 $\bar{W}_t/W_{i,t}$。我们对式（2）进行变形，结合式（5）可以得到：

$$Y_t = (\beta/\bar{r})^{\frac{\beta}{1-\beta}} \cdot (\Sigma_i L_{i,t})^{\frac{\alpha}{1-\beta}} \left[\Sigma_i A_{i,t}^{\frac{1}{1-\alpha-\beta}} \left(\frac{\bar{W}_t}{W_{i,t}}\right)^{\frac{1-\beta}{1-\alpha-\beta}}\right]^{\frac{1-\alpha-\beta}{1-\beta}} \qquad (8)$$

分析式（8），由于我们假设了 $\alpha > 0$，$\beta > 0$，$\alpha + \beta < 1$，因此当某个城市的劳动供给 $L_{i,t}$ 增加时，总产出 Y_t 会增加，这显然是符合现实的。为了进一步区分 TFP 与工资差异这两种因素的变化对总产出的影响，我们对式（8）的第三项进行拆分，得到式（9）：

$$Y_t = (\beta/\bar{r})^{\frac{\beta}{1-\beta}} \cdot (\Sigma_i L_{i,t})^{\frac{\alpha}{1-\beta}} \cdot \left(\Sigma_i A_{i,t}^{\frac{1}{1-\alpha-\beta}}\right)^{\frac{1-\alpha-\beta}{1-\beta}} \cdot \left[\Sigma_i \tilde{L}_{i,t}\left(\frac{\bar{W}_t}{W_{i,t}}\right)^{\frac{1-\beta}{1-\alpha-\beta}}\right]^{\frac{1-\alpha-\beta}{1-\beta}} \qquad (9)$$

$$\tilde{L}_{i,t} \equiv A_{i,t}^{\frac{1}{1-\alpha-\beta}}/\Sigma_j A_{j,t}^{\frac{1}{1-\alpha-\beta}} \qquad (10)$$

其中 $\tilde{L}_{i,t}$ 可以解释为不存在工资差异时，城市 i 在第 t 年的理想劳动投入占全国总劳动的比例。理想的劳动投入比例 $\tilde{L}_{i,t}$ 受到了全国各个城市 TFP 的影响。利用式（9），将总产出增长分解为三个部分带来的影响。式（11）右边的第一项代表总劳动投入变化带来的影响；第二项代表各城市 TFP 变化带来的影响；第三项代表城市间工资差异的变化带来的影响。

$$\frac{Y_{t+1}}{Y_t} = \left(\frac{\Sigma_i L_{i,t+1}}{\Sigma_i L_{i,t}}\right)^{\frac{\alpha}{1-\beta}} \cdot \left(\frac{\Sigma_i A_{i,t+1}^{\frac{1}{1-\alpha-\beta}}}{\Sigma_i A_{i,t}^{\frac{1}{1-\alpha-\beta}}}\right)^{\frac{1-\alpha-\beta}{1-\beta}} \cdot \left(\frac{\Sigma_i \tilde{L}_{i,t+1}\left(\frac{\bar{W}_{t+1}}{W_{i,t+1}}\right)^{\frac{1-\beta}{1-\alpha-\beta}}}{\Sigma_i \tilde{L}_{i,t}\left(\frac{\bar{W}_t}{W_{i,t}}\right)^{\frac{1-\beta}{1-\alpha-\beta}}}\right)^{\frac{1-\alpha-\beta}{1-\beta}} \qquad (11)$$

从式（11）来看，在 $t + 1$ 期与 t 期的 TFP 和工资差异不变的情况下，若某个城市的劳动投入有所增加（减少），那么总产出的增长一定会变大（变小）。在 $t + 1$ 期与 t 期的总劳动投入和 TFP 不变的情况下，城市间工资差异的扩大会使得总产出的增长减少，而城市间工资差异的缩小会使得总产出的增长变大。

二、数据来源

我们查阅了《中国城市统计年鉴》（1985—2016），选择对 2002—2015 年共 14 期数据进行分析。由于计算资本投入的数据时,我们需要用到的初始资本存量 K_0 是以当年价格计的2000年末的资本存量数据,因此把基期设定为2000年,并据此对总产出数据、资本投入数据以及平均工资数据进行了价格调整。

三、实证结果及分析

(一)估计生产函数

我们首先对原始的生产函数式(1)进行对数线性化处理,得到:

$$\ln Y_{i,t} = \ln A_{i,t} + \alpha \ln L_{i,t} = \beta \ln K_{i,t} \tag{12}$$

再利用整理的数据对模型进行估计。我们之前已经整理了285个城市14期的 $Y_{i,t}$、$K_{i,t}$ 以及 $L_{i,t}$ 的数据,这是一个典型的静态平衡短面板数据。对短面板数据的处理一般有三种方法,混合回归、固定效应模型以及随机效应模型,我们分别用这三种方法对式(12)进行了估计,结果见表1。

表1 三种方法的估计结果对比

	混合回归	固定效应模型	随机效应模型
α	0.5592*** (0.0235)	0.2118*** (0.0317)	0.3418*** (0.0253)
β	0.5024*** (0.0169)	0.5280*** (0.0129)	0.5012*** (0.0121)
常数项	0.2381*** (0.0650)	1.1977*** (0.0678)	0.9506*** (0.0605)
观测次数	3990	3990	3990
R^2	0.9400	组内 0.8910 组间 0.9565 总体 0.9269	组内 0.8884 组间 0.9581 总体 0.9364

注:表格括号中表示的是标准误差,***表示在1%的水平下显著。

在固定效应模型和随机效应模型之间,我们可以利用豪斯曼检验进行选择,原假设是"$H_0:\mu_i$ 与解释变量均不相关",检验的结果是 $p = 0.0000$,也就是强烈地拒绝了原假设,因此我们认为随机效应模型的结果也不应该被接受。通过上述的两个检验,我们在三种方法中淘汰了混合回归以及随机效应模型。

本文第四部分提到过,在数据整理的过程中,我们使用了永续盘存法对资本投入数据进行处理,其中的折旧率 $\delta = 0.05$ 是一个相对主观的设定,因此我们进行稳健性检验。我们使用了不同的折旧率来计算资本投入数据,使用固定效应模型重新对式(12)进行了估计,结果见表2。

表 2　不同折旧率下的估计结果对比

δ	0%	5%	10%
α	0.2154*** (0.0320)	0.2118*** (0.0317)	0.2233*** (0.0314)
β	0.5054*** (0.0125)	0.5280*** (0.0129)	0.5421*** (0.0132)
常数项	1.2795*** (0.0676)	1.1977*** (0.0678)	1.1536*** (0.0683)
观测次数	3990	3990	3990
R^2	组内　0.8923 组内　0.8910 组内　0.8883	组间　0.9556 组间　0.9565 组间　0.9565	总体　0.9223 总体　0.9269 总体　0.9302

注：表格括号中表示的是标准误差，***表示在1%水平下显著。

最终，我们选择了折旧率 $\delta = 0.05$ 时的资本投入数据，使用固定效应模型，得到的劳动产出弹性 α 为 0.2118，资本产出弹性 β 为 0.5280。进一步，由于 α 与 β 的估计值之和为 0.74，我们推测生产函数可能是规模报酬递减的，因此我们对 "$H_0: \alpha + \beta = 1$" 进行了检验，结果以 $p = 0.0000$ 拒绝了原假设，这说明我们得到的生产函数的确是规模报酬递减的。实证检验得到的结果与我们对模型的假设 $\alpha + \beta < 1$ 相符。

（二）分析工资差异

我们对全国 285 个地级及以上城市 2002—2015 年的工资差异进行了统计比较分析，结果见表 3。

表 3　全国工资差异数据的描述性统计分析

城市数量	指标	年份	标准差	最小值	最大值	极差
285	$\left(\dfrac{W_{i,t}}{\overline{W}_t}\right)$	2002 2015	0.2318 0.1529	0.3774 0.4617	1.9046 1.6186	1.5272 1.1569
	$\ln\left(\dfrac{W_{i,t}}{\overline{W}_t}\right)$	2002 2015	0.2660 0.1809	-0.9746 -0.7729	0.6442 0.4816	1.6188 1.2545
280	$\ln\left(\dfrac{W_{i,t}}{\overline{W}_t}\right)$	2002 2015	0.2487 0.1685	-0.8256 -0.6518	0.5628 0.3409	1.3884 0.9927

注：表中 285 个城市代表全国所有地级及以上城市，280 个城市代表排除北京、天津、上海、广州、深圳 5 个城市后的地级及以上城市。

对全国 285 个城市而言，2002 年的工资差异以及工资差异对数的标准差都要大于 2015 年，这说明 2002 年的工资不平等现象更严重。2002—2015 年，我国整体的工资差异下降了。

我们对5个超大城市在全国历年的平均工资排名进行了分析，结果见表4。

表4 5个超大城市的平均工资排名

城市	2004年	2005年	2006年	2007年	2008年	2009年	2010年	2011年	2012年	2013年	2014年	2015年
北京	3	2	2	2	1	2	2	2	1	1	1	1
天津	20	18	16	8	5	6	5	7	6	10	4	6
上海	4	5	1	1	2	1	1	1	2	2	2	2
广州	1	1	3	3	3	3	3	5	4	7	8	7
深圳	2	3	4	4	4	5	6	10	15	5	10	9

注：《中国城市统计年鉴》(2003—2016)，排名由作者整理。

表4清楚地表明，5个超大城市的平均工资排名一直处于全国领先的水平，特别是北京、上海、广州三地。由于5个超大城市的工资排名一直处于全国前列，因此无论是2002年还是2015年，5个超大城市的工资远高于全国平均工资，使得全国的工资差异变大。进一步，我们对京津冀、长三角、珠三角三个经济区内的工资差异进行了分析，列出了 $\ln(W_{i,t}/W_t)$ 的描述统计数据，结果见表5。

表5 京津冀、长三角、珠三角地区的工资差异描述性统计分析

区域	年份	标准差	最小值	最大值	极差
京津冀	2002	0.2369	-0.6554	0.2233	0.8787
京津冀	2015	0.2455	-0.7607	0.1396	0.9003
长三角	2002	0.3104	-0.9324	0.1807	1.1131
长三角	2015	0.1604	-0.4766	0.2313	0.7079
珠三角	2002	0.2855	-0.5612	0.2391	0.8003

注：由作者整理。

从表5来看，京津冀地区工资差异的标准差上升了，极差也扩大了，这说明京津冀地区总体的工资差异是有所扩大的。

（三）我国各城市对总体经济的影响

利用本文第三部分的式（9），可以计算出我国285个地级及以上城市2002—2015年的产出增加值以及全国范围内的总产出增加值，并计算每个城市对我国经济发展的模型贡献率。先计算全国285个城市的产出之和 Y_t；然后对城市 i，计算除它之外的284个城市的产出之和 $Y_{t,-i}$，这样城市 i 在第 t 年的产出就是 $Y_t - Y_{t,-i}$。

$$\text{城市} i \text{的模型贡献率} = \frac{(Y_{2015} - Y_{2015,-i}) - (Y_{2002} - Y_{2002,-i})}{Y_{2015} - Y_{2002}} \quad (14)$$

我们也可以利用 285 个城市 2002—2015 年的 GDP 数据，来计算每个城市对我国经济发展的简单测算贡献率。我们设城市 i 在第 t 年的实际 GDP（基年为 2000 年）为 $y_{i,t}$，

$$城市\ i\ 的简单测算贡献率 = \frac{y_{i,2015} - y_{i,2002}}{\Sigma_i y_{i,2005} - \Sigma_i y_{i,2002}} \quad (15)$$

模型贡献率排名最前的是上海、深圳、北京，这符合我们的预期。5 个超大城市中，上海、深圳、北京、广州这 4 个超大城市的模型贡献率都要大于简单测算贡献率，说明这四个超大城市对我国经济发展的实际贡献大于 GDP 增加值占比所反映出的贡献，只有天津的模型贡献率要小于简单测算贡献率（见表 6）。

表 6　超大城市的模型贡献率与简单测算贡献率　　　　　　　　　　（%）

城市	模型贡献率	简单测算贡献率	贡献率差值
上海	12.19	4.97	7.22
深圳	9.01	4.29	4.72
北京	6.99	5.56	1.42
广州	5.18	4.23	0.95
天津	3.08	4.22	-1.14
超大城市合计	36.45	23.27	13.17

注：模型贡献率数据来源作者测算，简单测算贡献率来自作者整理。

（四）超大城市对总体经济的影响

我们可以利用式（11）将总产出的变化分解为劳动变化、TFP 变化以及工资差异变化带来的影响。我们分别对 285 个地级及以上城市样本组成的总体经济和除去 5 个超大城市后的 280 个样本组成的总体经济进行了分析，比较的结果见表 7。

表 7　对总产出影响因素的分解

城市数量	数据	劳动投入变化	TFP 变化	工资差异变化	总产出变化
285	增长幅度	1.4849	1.2061	1.0039	1.7980
	影响占比（%）	67.39	31.95	0.66	100.00
280	增长幅度	1.4583	0.9734	1.0882	1.5447
	影响占比（%）	86.75	-6.19	19.44	100.00

注：表中 285 个城市代表全国所有地级及以上城市的总产出变化情况，280 个城市代表排除北京、天津、上海、广州、深圳 5 个城市后的总产出变化情况。

由此我们可以得到结论，5 个超大城市对全国总产出影响有三个方面的作用。其一是使得总体的劳动投入增长更快，促进了经济增长；其二是使得总体的 TFP 有明显的提升，促进了经济增长；其三是使得总体的工资差异扩大，一定程度上阻碍了经济增长。总体来

看，2002—2015 年，5 个超大城市使得全国总产出的增长提高了 25.33%，对全国总产出的增长有明显的贡献。

（五）区域经济对总体经济的影响

利用式（14）分析得到的结果显示（见表 8），京津冀、长三角、珠三角三大城市群对全国经济增长的模型贡献率超过 72%。其中京津冀地区对全国的模型贡献率是 10.55%，低于简单测算贡献率（12.28%）；长三角和珠三角对全国的模型贡献率分别是 39.07% 和 22.55%，比相应的简单测算贡献率高出 18.22% 和 8.37%。

表 8　三大经济区对总产出的影响　　　　　　　　　　　　　　（%）

区域	模型贡献率	简单测算贡献率	TFP 贡献率	工资差异贡献率	劳动投入贡献率
京津冀	10.55	12.28	15.82	-7.76	2.49
长三角	39.07	20.85	31.13	-4.29	12.22
珠三角	22.55	14.18	13.37	4.48	4.70
合计	72.17	47.31	60.32	-7.57	19.41

注：表中每一行的 TFP 贡献、工资差异贡献、劳动力贡献三者之和等于模型贡献率，各贡献率衡量的是每个因素的变化对我国总产出的影响。

表 8 还列出了三个经济区模型贡献率的分解。总体而言，三个经济区对我国总体经济的发展有三个方面的影响，其一是 TFP 提升带来的贡献，占到了总产出增加值的 60.32%；其二是劳动力投入增大带来的贡献，占到了总产出增加值的 19.41%；其三是导致工资差异扩大，从而对总体经济有 7.57% 的负贡献。

（六）超大城市对区域经济的影响

我们也具体分析了我国 5 个超大城市对三个经济区经济发展的影响。在这里，我们具体分析每个城市群中，超大城市以及该城市群其他城市的 TFP 贡献占比、工资差异贡献占比、劳动力贡献占比，结果列在表 9 中，表格中每一列的数据之和等于 100%。

表 9　京津冀地区的经济发展影响因素分析　　　　　　　　　　（%）

城市	模型贡献率占比	简单测算贡献率占比	TFP 贡献占比	工资差异贡献占比	劳动投入贡献占比
北京	66.26	45.28	19.55	25.20	234.84
天津	29.19	34.35	44.41	32.62	-56.93
其他	4.55	20.36	36.04	42.19	-77.91

注："其他"包括京津冀地区除去北京和天津之外的 11 个城市。

最值得我们关注的是劳动力变化带来的贡献，整个京津冀地区的劳动力增长给全国经济带来的贡献为2.49%,其中有234.84%(也就是全国总产出增加值的5.85%)是由北京带来的,而天津以及整个河北省的城市劳动力增速明显低于北京,这充分反映出了北京对整个京津冀地区劳动力的"虹吸效应"。上述分析说明,2002—2015年京津冀地区的发展是不协调的。

综合上述的实证结果及分析,我们发现5个超大城市对京津冀、长三角、珠三角的经济发展影响各有不同。在京津冀地区,北京表现出了典型的负向虹吸效应,导致整个京津冀地区的经济发展极为不协调。在长三角地区,上海虽然大幅度提高了整个区域的TFP,还向周边城市输送了一部分劳动力,但是也大幅拉大了整个区域的工资差异,可以说是正面作用大过负面影响。总体来看,长三角和珠三角的发展更为均衡,而京津冀地区的协同发展则还有很大的差距。

二、主要结论及建议

本文的实证分析得到了如下结论:①我国2015年的城市间工资差异明显小于2002年的城市间工资差异。北京、天津、上海、广州、深圳5个超大城市较高的平均工资,推动了我国城市间的工资差异变大。②经测算,上海、北京、广州、深圳这4个超大城市的模型贡献率分别达12.19%、6.99%、5.18%、9.01%。③北京、天津、上海、广州、深圳5个超大城市对全国总产出的影响有三个方面的作用。一是使得总体的劳动投入增长更快,促进了经济增长;二是使得总体的TFP有明显的提升,促进了经济增长;三是使得总体的工资差异有小幅扩大,阻碍了经济增长。④京津冀、长三角、珠三角这三个大型城市群对我国的经济发展产生了至关重要的作用,三大经济区对全国经济增长的模型贡献率超过72%,大幅超过了简单测算贡献率(47.31%)。其中长三角和珠三角对全国的模型贡献率分别是39.07%和22.55%,比简单测算贡献率高18.22%和8.37%;而京津冀地区对全国的模型贡献率为10.55%,低于简单测算贡献率(12.28%)。⑤从超大城市对区域经济发展的影响来看,北京对其周边城市表现出了典型的负向虹吸效应,导致整个京津冀地区的经济发展极为不协调;上海有效地带动了长三角地区的经济发展;广州和深圳也促进了整个珠三角地区的经济发展。总体来看,长三角和珠三角的发展更为均衡,而京津冀地区的整体发展更为不协调。

我们提出以下两点建议。其一,要进一步缩小全国平均工资与超大城市平均工资的差异。要缩小超大城市与中小城市的工资差异,有两个解决思路:一方面,增加超大城市劳动力供给从而降低超大城市的平均工资,包括实行更宽松的落户政策,切实解决外来务工人员的福利保障、医疗、子女教育等问题；另一方面，增加中小城市的岗位供给从而提高中小城市的平均工资，包括改善中小城市创业环境，鼓励外来企业落户中小城市。其二，要进一步推进京津冀地区协同发展。期望雄安新区能像上海浦东新区带动长三角、深圳经济特区带动珠三角一样，成为带动整个京津冀地区特别是相对落后的河北地区经济发展的新引擎。

融资结构与中国的经济周期性波动

——基于明斯基"投资—融资—利润"分析模型

郑健雄[①]

（广东财经大学马克思主义学院）

明斯基的"投资—融资—利润"分析模型为这次金融危机的爆发及其蔓延给出了合理的解释。明斯基从债务融资和信用市场的视角审视债务结构的变迁对经济表现的传导机制，并尝试提出区别于主流宏观经济学的政策主张，对债务治理以及我国现阶段经济结构调整具有一定的借鉴意义。此外，尽管"投资—融资—利润"分析模型在解释经济短期活动方面具有较好的解释力，然而在解决经济长期协调发展方面还有所欠缺，需要吸收其他学派的合理成果。

一、"投资—融资—利润"分析模型的基本内容

"投资—融资—利润"分析框架揭示了现代市场经济运行的过程，即企业为获取利润就必须进行投资，大部分投资所需要的各类资本都需要通过债务进行融资获得，外部融资形成多层级的债权债务关系，债务到期时借款者需要依赖产品销售后的利润进行偿还，如此反复循环。投资、融资和利润是资本主义市场经济有效运行的关键性环节，同时，它们之间的相互作用所内生的不确定性，往往会导致金融结构的不确定性和脆弱性，并可能引发系统性的经济危机。"投资—融资—利润"分析模型涉及主流宏观经济学所忽略的投资融资理论、预期的不稳定性、时间的重要性、货币内生性、债务结构、信用泡沫与资产价格关系等核心内容。

首先，明斯基继承凯恩斯的观点，强调投资的重要性。"投资是资本主义经济运作的最本质要素。"[②] 短期需求依赖于投资和资本增长，投资是社会扩大再生产的必要条件，它直接决定着经济体的技术水平和发展潜力。投资者是否做出投资决策，关键取决于预期

[①] 郑健雄，广东财经大学马克思主义学院和中国特色社会主义政治经济学研究中心，经济学博士。
[②] 明斯基. 稳定不稳定的经济——一种金融不稳定视角[M]. 北京：清华大学出版社，2010：153.

利润。这种预期的不确定性，必然会使投资发生周期性波动。耐久性设备的投资，由于牵涉到现在资本品价值与未来产品价值之间关系的考量，因此，投资涉及复杂的时间关系。

然后，明斯基把分析的重点转向信用和融资方面。我们认为，信用和货币两者之间存在实质上的差异。信用市场是做跨期交易的市场。货币是指在任一时点上，现货商品相互交易的媒介。在这一过程中，货币与商品进行一次性交易。因此，在现代市场经济体系下，我们必须把信用与经济活动的关系置于动态的条件下加以分析，同时，有必要限制信用需求的规模以防止投机性繁荣和债务结构的恶化。信用的生命周期反映了经济活动的周期性变化。

在融资方面，明斯基把凯恩斯关于"融资引致不稳定性"的革新性观点重新引入对资本主义市场经济的分析。明斯基创造性地把融资分成三类，即对冲性融资、投机性融资和庞氏融资。费雪指出："债务与货币机制关系密切，所谓货币市场实际上就是债务市场。"① 在现代资本主义社会，企业主要依赖于外部融资，因此生产过程各个阶段的企业家和银行体系形成复杂的债权债务关系链。明斯基强调金融体系与经济运行相互影响的关系。同时，金融体系的发展与完善，有助于投资者突破自身资本的局限性，以实现资本积聚的目的。因此，经济分析必须将资产与负债的整个结构充分结合起来进行考虑。同时，过于乐观的情绪往往使投资者忽略了金融危机爆发前的现象特征。

债权债务关系链实质上构成了一个债务循环，它反映的是一个多层级融资的动态过程。在这个过程中，信贷供应的顺周期变化增加了更多的投机因素，容易催生出资产价格泡沫。然而，支撑高杠杆金融体系的基础是极端脆弱的，资产价格泡沫爆破，危机马上来袭。在实际运营过程中，投资者是在关于未来不确定的环境下做出投资决策的，在考虑融资的类别和规模时，投资者一般都会基于自身抵押品的价值为融资设定一个缓冲区，即安全边际。正常情况下，企业的经营活动在投资者所预估的安全边际范围内运营，一旦预期利润目标得以实现，投资者就能够及时偿还债务。同时，"廉价销售过程中所出现的人们竞相清偿债务的局面实际上会收缩货币的数量，从而对价格水平产生一种根本的影响"②。通货紧缩会进一步吞噬投资者可能获得的预期利润，迫使债务无法偿还。可以说，债务结构质量的下降为危机的爆发创造了条件。

资本主义市场经济的不稳定性集中体现在投资决策预期的不稳定性、货币的内生性以及金融创新环境下投资者的行为三个方面。本部分重点解释货币内生性和金融创新环境下投资者的行为这两方面如何导致资本主义市场经济的不稳定性。信用的存在与资本主义市

---

① 费雪. 繁荣与萧条[M]. 北京:商务印书馆,2014:8.
② 费雪. 繁荣与萧条[M]. 北京:商务印书馆,2014:15.

场经济的不稳定性有密切联系。在现代市场体系下,信用的作用是使投资者能够突破现有资本的限制,从而使生产过程朝更迂回的方式转变。在关于信用与货币是外生性还是内生性的争论中,新古典宏观经济学与明斯基的分析模型存在显著的差异性。

在明斯基看来,货币金融系统具有天生的不稳定性和不完美性,暗含着系统性危机的种子。信用与金融机构之间形成了重要的反馈回路,银行并不是被动地适应借款者的信贷需求,相反,银行在整个过程中始终起着积极性的作用,它将根据主观风险评价来对信贷需求做出反应。"投资—融资—利润"模型着重研究信贷供应的顺周期变化引致危机的机制。基于债务契约的关系,在实际信贷操作中,银行在贷出资金时未必真正全部直接提供这些资金,贷款企业与商业银行之间通过融资承诺建立起合作关系,融资承诺具有良好的信用,并且在需要的时候能随时得到履行。① 由此可见,银行能够创造信用和私人货币。总的说来,复杂金融体系下的市场经济往往是由信用周期所带来的不确定性主导的。

对商业银行经营活动的思考,需要抛开新古典宏观经济学关于"货币供给完全由中央银行控制,商业银行处于被动的角色"的观点。明斯基尝试从企业家精神的视角重新审视商业银行在债权债务关系链中的二重性作用。一方面,商业银行受中央银行等相关机构的监管,并遵守相关的资产负债表要求;另一方面,作为逐利的经营主体,商业银行富有创新精神,在生存和发展的压力下,银行会努力避免中央银行的监管,通过金融创新的方式试图利用制度的一些漏洞来获取更大的利润。银行在融资方面发挥关键性作用的同时,也有可能放大内在的不稳定性。

从监管层面来看,商业银行尚处于接受央行监管的行列,商业银行的逐利行为在一定程度上还受到约束。然而,随着金融创新不断发展壮大的影子银行体系却基本不受央行的有效监管,其逐利行为对资本市场和债务结构将带来更大的不确定性,并引起人们对影子银行体系的债务违约风险和道德风险的担忧。在国内,影子银行融资的方向主要集中在房地产和部分产能过剩的行业。市场经济的不确定性除了与上述两方面的原因相联系,还与金融创新环境下投资者的行为密切相关。

最后,明斯基强调利润的重要性。明斯基指出:"只有在货币利润得以维持的时候以前的私人债务才能够被偿还,较低的工资和价格又导致较低的利润。换句话说,需要用于偿还私人债务的现金流只有在利润维持的时候才能够产生。"② 根据"价值归属"原则,生产过程中各阶段生产资本的价值实现,最终都取决于最终产品未来销售价值的实现。尤其是资本密集型的企业在进行各期投资时对不同利率情况下的资金需求是严重缺乏弹性

---

① 明斯基. 稳定不稳定的经济———一种金融不稳定视角[M]. 北京:清华大学出版社,2010:204.
② 明斯基. 稳定不稳定的经济———一种金融不稳定视角[M]. 北京:清华大学出版社,2010:158.

的,金融市场微小的变化往往对债务繁重的企业造成巨大的波动。对于投资者来说,生产过程被迫中断而产生的各类半成品相对于最终产品的预期利润来说没有任何意义,因为这意味着投资者的失败。从根本上说,资本主义经济体系最终必须依赖于收入—产出体系所创造出来的利润来保持其有效运转。

二、"投资—融资—利润"分析模型的政策主张

在政策原则的问题上,基于银行创造信用的经济现实,区别于新货币学派,经济政策制定者不能仅仅局限于货币供给数量的变化,我们应该更多地关注于投资组合的转换以及这种转换对经济协调发展的影响机制。我们需要进行一场关于制度和结构方面的"划时代改革",综合审视各类干预政策的特点,试图找出协调有效的既能解决流动性又能解决债务结构恶化问题的"政策战略"。这种"政策战略"是建立在以下经济理论的基础上,即"我们的经济是资本主义经济,具有复杂的融资结构,由于这种经济的内部运行程序而导致了不稳定"[①]。明斯基再次提醒我们,政府对市场的调控不能再仅仅局限于财政政策还是货币政策而发挥更大的作用,政府宏观调控的前提首先是承认市场经济内生的不稳定性,在此前提下,再关注具体的宏观调控措施是放大了还是削弱了这种内生的不稳定性。

"投资—融资—利润"分析框架的落脚点在于如何协调金融市场、货币政策和财政政策之间的关系。在极度复杂和相互关联的金融体系中,为了应对当前的金融危机,监管者必须关注债务结构的问题,并及时制订有效的信贷计划。长期看来,有效的政府调控需要关注就业层面。构建"人本社会",对于弱势工人来说,有效的政府刺激方案是鼓励企业借入更多资金来进行能够创造就业岗位的投资活动,企图通过增加劳动者的收入来提升整个社会的消费水平,以此带动经济体复苏。

明斯基强调"大银行"在抵御系统性风险方面的作用。最终贷款人的重要职能是央行通过有针对性地直接向问题银行发放抵押贷款的再融资方式,使问题银行能够抵御挤兑风险和防止所持资产价值大幅缩水,并以此来应对可能发生的金融系统性风险。在向银行供给资金的具体操作上,明斯基强调再贴现窗口的作用,以确保央行对成员银行的监督,以约束成员银行不负责任的冒险行为。明斯基不倡导公开市场操作和直接对股票市场进行干预,这对我国政府和央行如何处理股票崩盘方面具有一定的借鉴意义。政府并不负有保护投资者资产价值的义务和责任,而需要把政策着力点置于系统性风险的防御上。

---

① 明斯基.稳定不稳定的经济——一种金融不稳定视角[M].北京:清华大学出版社,2010:257.

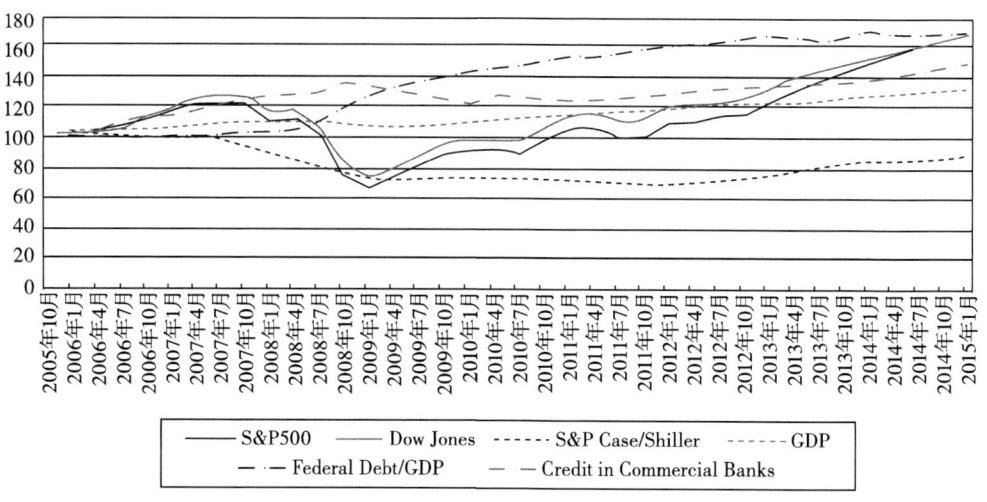

图1 美国资产价格指数、GDP 增长率、商业银行贷款和公共债务情况

注：作者计算，2005 年 10 月 =100。

资料来源：2005 年 10 月 =100S&P Dow Jones Indices LLC US. Bureau of Economic Analysis Federal Reserve Bank of St. Louis, US. Office of Management and Budget Board of Governors of the Federal Reserve System（US）

三、"投资—融资—利润"分析模型引起的进一步思考

第一，明斯基的"投资—融资—利润"分析模型深刻地揭示出金融市场的二重性问题。实体经济与金融市场的关系是一个矛盾的联合体：一方面，金融市场在为实体经济提供融资方面发挥着关键性作用，适当规模的信用资本能够突破投资者（债务人）现有资本的局限性，有助于企业的资本积聚和扩大再生产，即信用资本具有一定的扩张力；另一方面，信用资本是有边界的，我们必须明确，信用资本的增加根本不同于生产资本的增加，信用资本的积累与实际生产资本的积累完全是两回事。基于中国的具体国情，在产业结构调整上，政策的制定必须把就业和产业创新放在核心位置，依靠实体经济来支撑金融市场的发展，同时也借助于有效运行的金融市场为实体经济的发展壮大提供融资。

第二，明斯基"投资—融资—利润"分析模型有助于我们从动态过程的视角树立"市场经济内在不稳定性"的危机意识。我们必须承认以下事实：只要是市场，就必然会有波动，甚至有危机爆发的可能。随着中国市场经济体系的不断发展，融资体系（债务市场）越来越错综复杂，债务结构质量的好坏与中国的经济周期性波动的关系越来越紧密。

"企业与政府融资平台的债务出现违约或违约预期,将是中国债券市场的新常态。"① 存在债务市场,就存在借款者债务违约的可能性,即使是像美国这样发达的信用市场,经济稳定期每年的债券违约率也在1%~3%,这个幅度在健全的市场体系下是可以接受的,这也是市场竞争的必然结果。然而,政府所需要做出的努力是抵御债务违约连续性蔓延所带来的系统性风险。政府需要制定和执行一套有效的违约处理机制来规范和约束放款者不负责任的放款行为,通过有效的结构性调整来优化债务结构,以实现经济更平衡和更持续的发展。

第三,关注"经济运行机制"的思考,需要我们正确把握投资的长期性方面(即创造资本物)和投资的短期性方面(即维持有效需求)两者之间的动态关系。既需要关注债务结构的脆弱性,又要关注生产结构的协调性。基于资本异质性和互补性特征,要实现可持续的增长,必须依靠各个生产阶段资本之间的恰当比例。政府在对市场结构进行调节时,不能仅仅关注债权债务关系或流动性情况,更需要关注生产结构中各种资本之间的合理配置,努力做到在增加就业、提高债务结构质量和资源合理配置之间取得平衡。

第四,在经济学研究方法上,明斯基的"投资—融资—利润"分析模型使经济学家重新认识凯恩斯《通论》中对心理和社会因素影响的强调,并把研究方向重新聚焦于现实问题的处理上。在现实问题的研究上,宏观经济学家重新思考经济周期性波动的原因,并积极探索经济发展如何保持连续性的方法。通过"投资—融资—利润"分析框架,我们重新审视现代市场经济中的高投资和高利润是由什么因素驱动的,并思考这种增长模式是否具有可持续性。当前经济危机是结构性的,我们需要重视债务结构的质量而不是债务纯粹的数量对经济活动所造成的影响。因此,政府基于充分就业的考虑在对市场进行干预时,一旦投资的方向发生错误性改变,将导致资产价格泡沫、单向的富裕和不断循环发生的金融危机。"我们所面对的经济体系是内在不稳定的,而最根本的不稳定是'单向过度快增长'。"② 政府在考虑政策实施方向时,真正需要考虑的是社会发展的连续性。

四、结语

明斯基的"投资—融资—利润"分析模型继承了凯恩斯关于市场经济内在不确定性和投资融资理论的革新性思想,同时吸收了费雪的"债务—通货紧缩"理论和西蒙斯关于债务结构的理论,构建起一套研究市场经济运行的非均衡动态理论,着重分析了债务结构变迁如何影响经济运行的传导机制。在研究方法上,区别于基于一般均衡分析框架的宏观经

---

① 严弘. 违约将成中国债市新常态[EB/OL]. 金融时报中文网. http://www.ftchinese.com/story/001061889,2015-05-07.
② 明斯基. 凯恩斯《通论》新释[M]. 北京:清华大学出版社,2009:164.

济模型，明斯基反对"均衡"的静态分析方法，深刻地指出市场经济的实际运行是一个动态的过程，而不是均衡的某个点。市场过程是"处于一种均衡约束下的非均衡状态，而不是一种均衡状态"[①]。市场经济具有内在的不稳定性，即暂时的稳定最终是不稳定的，现实经济运行中的非均衡状态在正常情况下偏离均衡的程度有其上限和下限，一旦市场主体对经济的信心发生了根本性变化，逐利的意愿超越了某种极限，就可能发生经济过热或爆发危机。此外，对市场经济运行机制的思考，还必须兼顾长期和短期之间的关系。我们既要看到明斯基的分析框架在解释经济周期性波动方面的合理性，也需要关注经济结构的长期协调性，以此为理论基础提出有效的"政策战略"，才能实现经济的持续性发展。

---

① 方兴起. 美国霸权衰落时期的全球金融失衡[M]. 北京:中国经济出版社,2009:255.

企业家、企业家精神及完善激励企业家精神的制度环境

梁洪学[①]

（吉林财经大学马克思主义经济学研究中心）

党的十八大以来，习近平总书记在讲话中多次提到"企业家精神""企业家作用""企业家才能"，尤其是在党的十九大报告上还特别提出了"激发和保护企业家精神，鼓励更多社会主体投身创新创业"的要求。在新的历史时期，理解企业家及企业家精神进而在我国不断完善激励企业家精神的制度环境，具有十分重要的理论和意义。

一、已有的关于企业家含义和角色定位的理论阐释

18世纪中叶，"企业家"一词由康替龙（Cantillon）引入经济学理论，他把每一个从事经济行为的人，即按照固定价格购买而按不同价格出售商品的人称为企业家，并且认为企业家的职能就是承担风险。19世纪初，法国经济学家让·巴蒂斯特·萨伊是最先强调企业家的地位与作用，并赋予企业家以企业组织"协调者"角色的。萨伊认为，企业家是以获取利润为目的，把土地、劳动力、资本这三个要素结合在一起的第四个要素。

英国经济学家阿尔弗里德·马歇尔在1890年出版的《经济学原理》中比较全面地阐述了企业家的多种职能与作用，他从企业家作为企业组织的领导协调者、中间商、创新者，以及不确定风险承担者的角度来对企业家的含义进行阐释的，在马歇尔看来，企业家是生产要素卖方与产品买方之间的中间人，是使生产要素在企业中结合起来，形成产品并送到消费者手中这一组织化过程的中心。

19世纪30年代，经济学家熊彼特系统地论述了企业家的创新职能。他认为，企业家是对生产要素进行重新组合，即建立新的生产函数的人。其本质特征就是创新。作为这样的创新者不断地在经济结构内部进行"革命突变"，对旧的均衡体系进行"创造性的破坏"，从而推动经济的发展。熊彼特所说的企业家是与其创新职能紧密联系在一起的。熊

[①] 梁洪学，经济学博士，吉林财经大学马克思主义经济学研究中心副主任、研究员，经济学院教师。

彼特还认为，企业家不是发明家，他决定的是如何配置资源，以便利用发明，企业家也不是风险的承担者——承担风险是向其提供贷款的资本家的职能。哈耶克（Hayek）和柯兹纳（Kirzner）对熊彼特的观点则有保留地支持，他们赞同熊彼特否定资本对企业家起决定性作用的观点，认为资本并不是一个人成为企业家的必要条件；企业家的天赋才能使他找到获取资源控制的方法。但他们强调了企业家在获取和使用信息方面的作用。他们认为，企业家对利益机会很敏感，并随时准备通过套利型的经营活动来利用这些机会。柯兹纳在《竞争与企业家精神》中，将企业家定义为：具有一般人所不具有的、能够敏锐地发现市场获利机会的洞察力的人。高价买进，低价卖出。企业家这种典型的"中间商"逐利行为使市场逐渐趋于均衡，企业家成为市场的均衡器。

科斯把企业家视为企业内部配置资源的主体和权威。他指出："在企业外部，价格运动指挥着生产，它是通过一系列市场交易协调的。在企业内部，这些市场交易被取消，代替市场结构的是指挥生产的企业家。"对科斯而言，企业由于企业家这一权威的作用，可以节约市场的交易成本，企业家的指挥、组织能力决定了企业的边界；企业家的行动往往是为了降低交易费用，获得更大的利润。彭罗斯在《企业发展理论》一书中从企业组织的角度来考察企业家，认为企业家是指发挥"企业家服务"作用的人。所谓企业家服务，"是为企业的利益而引进和接受新概念，尤其在其产品、企业地位和技术上的重要变化等方面，对企业的经营做出贡献；物色新的经营者，从根本上改革公司的管理组织；筹集资金，定出发展计划，包括选择扩大发展的方法在内，为各项工作做出贡献"。企业家的服务是与经营者相对比而言的，后者是执行企业家的构想与提案及承担监督经营作用。彭罗斯用企业家服务来概括企业家在企业内、外的作用，实际上就是在讨论企业家在企业的生产性和交易性两方面的作用。可以说，彭罗斯较为深刻地抓住了企业家的本质，因为企业家只有与企业相联系时，才具有现实意义。

我国研究企业理论的著名学者张维迎认为，在私人企业制度下，所有者自己承担经营风险，自主从事经营管理，经营收入归己所有，所以他无疑是一个完整的企业家。但是在股份公司制度下，承担经营风险和取得经营收入的人主要是企业的所有者——股东，而从事经营管理的职责主要落在职业经理人身上。这表明，在所有权与经营权分离的公司制企业中，企业家的职能分解了。无论是只承担风险、取得收入而不从事经营的所有者——股东，还是只从事经营管理而不承担风险和取得经营收入的经理人，单独来看，他们都不是完整意义上的企业家，他们只有作为一个整体时才发挥企业家的职能。

二、对企业家精神的理解和归纳

上述学者对企业家含义和角色定位的分析可谓仁者见仁，智者见智，但他们在关于企业家所具有职能和特征的判断和识别,对我们认识与理解企业家精神有着极其重要的意义。

何谓企业家精神、怎样理解和诠释企业家精神呢?企业家精神是企业家这个特殊群体所具有的共同特征,是这个群体独特的个人素质、价值取向、行为方式以及思维方式和智慧模式的抽象表达和升华。企业家的效能有多方面的表现,如创新精神、冒险精神、敬业精神等,都可称之为企业家精神。我们可以通过企业家的职能和特征将企业家精神归纳为以下几个方面。

(一) 创新精神是企业家的灵魂,创新是现代企业进步与发展的灵魂

企业家所进行的创新是冒着承担着资本价值、时间、事业承诺或服务风险的自主性创新活动。企业家的创新精神体现为一个成熟的企业家能够发现一般人所无法发现的机会,能够运用一般人所不能运用的资源、能够找到一般人所无法想象的办法。企业家的创新精神体现在:引入一种新的产品;提供一种产品的新质量;实行一种新的管理模式;采用一种新的生产方法;开辟一个新的市场。

(二) 风险精神既是企业家的天性,又体现了企业家勇于承担的责任意识

无论是企业经营还是创业所进行的投资与创新活动都充满了不确定性的风险,这种不确定风险是二进位制的,要么成功,要么失败。一个企业的经营者要想成为一名杰出的企业家,必须有冒险精神,敢于承担前进征途上的一切风险。对一个企业和企业家来说,没有风险意识、不敢冒险才是最大的风险。

(三) 敬业精神体现了企业家职业操守的品质

"不懈于心"谓之敬业,敬业是一种责任,精益求精是企业家敬业之魂。对一个企业家而言,要把打造企业成功作为一种具有重要社会价值和庄严人生事业来做,将自己的全部热情、智慧和才能倾注于企业的生产和经营中,尽心竭力、精益求精,努力把企业做大、做好、做强。

(四) 合作精神体现了企业家的团队协作精神和"结网"干事业的能力

企业家的经济活动是其率领团队之集体行为,而非单纯的个体活动。尽管企业家在市场经济的大舞台上扮演主角色,但这一角色的演出成功与否,还取决于与团队其他成员良好的合作关系。真正的企业家是擅长与他人合作的,甚至要把这种精神扩展到企业的每一个员工。对外方面,也是如此,即少树敌,多交友,合作共赢。一个成功的企业家往往是有非常强的团队合作精神和"结网"干事业的人。

(五) 执着与坚守精神体现了企业家对事业追求的本色

企业家对事业的追求,不仅要有飞扬的激情,更要有"咬定青山不放松"的毅力和耐心。褚时健,因"经济问题"在1997年入狱,2002年以"戴罪之身"保外就医出狱后已是74岁的老人,但"老骥伏枥,志在千里",他在云南哀牢山上承包千亩荒地,开始种橙的二次创业,打造出了"中国褚橙"这一品牌。享有"美国汽车大王"之称的亨利·福特创业三次,前两次都失败了,但最终让福特汽车走进千家万户、享誉世界。所以说,如果没有坚强的毅力和恒久的坚守,就不可能成为成功的企业家。

成功打造一个企业需要企业家的毅力与坚守,企业基业的常青更需要有一颗执着的心。企业家在经济活动中要不断有所创新、有所坚持。那些世界著名的"百年老店",都是凭着创新和坚守发展起来的。因为企业的创新与发展,离不开企业家的执着与坚守,这种执着与坚守精神体现了企业家对产品质量的精益求精的态度和工匠精神。

三、完善激发企业家精神的制度环境

企业是市场的重要主体,企业家是企业的统帅和灵魂,企业和市场的健康发展依赖于创新实干的企业家精神,这种企业家精神是企业成长的原动力,也是当代社会一种甚为稀缺的宝贵资源和根本竞争力。

企业家精神和才能是制度和环境的产物,当环境和条件不具备时,它就无用武之地,只有当环境条件适宜时,它才能被激发出来,变成现实的资源和竞争力。例如,我国改革开放以来,企业家如雨后春笋般涌现和成长,产生出马胜利、张瑞敏、褚时健等一大批杰出企业家,其中根本的一点就在于我国实行了社会主义市场经济,企业家有了用武之地。目前,我国已经形成了一个比较好的有利于激发和弘扬企业家精神、鼓励企业家干事创业的体制机制环境。但我们也要看到,从进一步推进经济高质量发展的要求和标准来看,我国在激发和弘扬企业家精神的体制和政策环境方面仍存在不少问题,还需要通过深化改革和完善政策进一步改进。

当前和今后一个时期,进一步完善激发和保护企业家精神的制度和政策环境,可以从以下四个方面入手:

第一,完善产权保护制度,严格依法保护产权。要激发企业家创业、创新热情、弘扬企业家精神,首先得让创造财富、追求财富的企业家有良好和稳定的预期,而良好稳定预期的形成,关键在于对产权进行有效的法治保护。

产权制度是社会主义市场经济的基石,保护产权是坚持社会主义基本经济制度的必然要求。当前我国产权保护制度仍不完善,产权保护仍然存在不少薄弱环节和突出问题。如

公权力对私有产权保护不力，司法不公、不规范导致企业产权受到侵害，民营企业资产被违规查封扣押冻结等现象在一些地方时有发生。这不仅严重影响正常的市场经济秩序，也严重影响企业家的良好预期和企业家精神的充分发挥。

完善产权保护制度是推动经济持续健康发展的迫切需要。当前，我国经济发展进入新常态，经济增长由数量型向质量型转变，保持经济持续健康发展，必须进一步完善产权保护制度、织密产权保护屏障，坚持严格保护产权的政策长期不变。形成稳定、透明、可预期和法治化的保护产权的制度环境，才能稳定社会预期，增强社会信心，让企业家精神充分发挥出来，更大程度激发市场主体活力和社会创造力，增强经济发展的持久动力。

第二，要充分尊重和保障企业家的经营自主权。经营自主权是企业能够独立对自己生产和经营活动做出决策和管理的权利，企业自主经营是市场机制发挥作用的基础。没有经营自主权，企业家的作用就无从谈起，更不可能激发出企业家精神。在我国，违法干扰和侵害企业家经营权方面的问题依然存在。一些地方政府对企业的正常经营不当干预的现象时有发生，不仅给企业生产和经营造成困难和阻碍，也让企业合法的权益受到损害，甚至导致个别企业发生危机破产。例如，有的地方政府对环保整改后符合条件的企业，长期不准其生产经营。

第三，营造促进公平竞争的市场环境。公平的市场竞争是经济社会进步与发展的源泉。要营造更为公平的市场环境，就要给各经济主体以平等的市场地位。能否真正构建起各类经济成分公开公平公正参与市场竞争的环境，对于企业家精神的激发和弘扬可以说至关重要。为此，应厘清政府和市场的边界，让市场在资源配置中起决定性作用的同时，也要发挥政府"看得见的手"作用，全面实施市场准入负面清单制度，保障各类市场主体依法平等进入负面清单以外的行业、领域和业务。反对垄断和不正当竞争，反对地方保护，依法清理废除妨碍统一市场公平竞争的各种规定和做法，完善权利平等、机会平等、规则平等的市场环境。

只有在公平竞争的前提下，企业家的才能，重组要素的能力以及冒险精神、开拓市场精神、拼搏精神才能迸发出来。

第四，要大力营造良好的营商环境和鼓励创新、创业的文化氛围。让企业家精神竞相迸发，离不开良好的营商环境和鼓励创新、创业的文化氛围。尤其是宽容和善待创新、创业的挫折和失败，才能真正鼓励探索、激励成功，才会激发全社会的创新意识、创新精神。

政府在完善宏观调控，大力支持实体经济发展的同时，还要着力营造良好的社会环境，在全社会营造崇尚创新、宽容失败的文化和舆论环境。如果这些方面政策到位了、环境改善了，就会极大地扩展企业家创新创业的空间，也就能够激发其创新创业的积极性，让企业家精神在中国的大地上竞相迸发出来，从而更好地为经济高质量发展贡献力量。

中国利率市场化深化的制约因素和未来发展路径

何英 刘义圣[①]

(福建师范大学)

利率市场化是近年来货币政策研究和经济领域的热点研究问题。20世纪90年代中期之前,我国一直处于利率管制时期,商业银行的存贷款利率均由中国人民银行确定,浮动范围和浮动方法比较固定。长期的利率管制扭曲了市场的价格关系,不能实际反映市场的供需要求,削弱了利率在资源配置方面的功能。同时,随着我国金融市场逐渐发展、通货膨胀率上升,人们投资股票、债券、基金等可以获得更高收益时,银行存款的吸引力大大下降,利率管制的根基就发生了动摇。由此,放开利率市场的管制迫在眉睫。2015年10月,中国人民银行宣布对商业银行与农村合作金融机构等存款利率浮动上限全面放开。至此,中国存贷款利率管制全面解除,利率市场化进程趋于基本完成。利率市场化改革是通过政府逐步放松对存贷款利率的限制和管控,继而转向借助市场主导的作用以市场供求为基础自发地形成利率,以此来提高中央银行利率调控能力,增强宏观调控的有效性。

一、我国利率市场化程度的相关性分析

2015年10月24日,中国人民银行取消存款利率浮动上限,至此,我国对存贷款利率的管制在制度上实现市场化,因而被视为中国实行利率市场化改革的收官之际。而当前的现实情况是,2015年央行在制度上放开利率管制并没有实现彻底的利率自由化。也就是说,银行表内存款定价非完全市场化,导致其定价没有吸引力。再加上多元化金融理财业务的发展、互联网理财的兴起,存款分流现象愈加明显。我国利率体系仍然具有明显的"双轨制"特征,银行体系中的管制利率和银行体系之外的市场利率并存。

假定当前的基准利率只是政府为了达到经济增长与物价水平的特定目标而选择的政策工具,并不是市场利率。考虑到政府对经济的间接宏观调控始于改革开放初期,而SHI-

---

[①] 何英,福建师范大学经济学院;刘义圣,泉州师范学院中国经济研究中心,福建师范大学经济学院。

BOR 只是近年来才被确立为短期基准利率,因此,基于数据的准确性和可获得性,本文将央行基准利率以一年期的存款利率来代替,选取国内生产总值(GDP)和通胀率(InflationRate)这两个指标作为货币政策的目标进行分析。

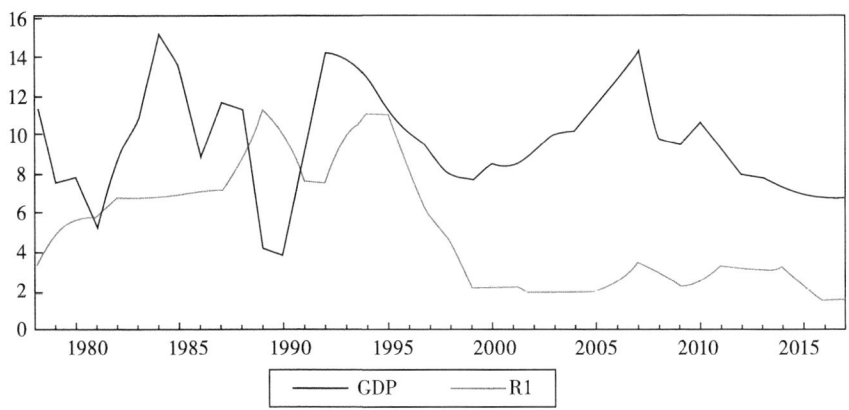

图 1　1978—2017 年一年期存款利率与 GDP 增长率

从图 1 来看,一年期存款利率在 20 世纪总体水平比较高,21 世纪总体水平比较低,1999 年大幅度下降以后再没有超过 3.5%(R1 表示一年期存款利率)。由于一年期的存款利率在一年内可能会存在多次浮动,对此,本文对数据进行了平均处理。从历年的利率和 GDP 整体走势来看,两者呈现反向变化的趋势,GDP 高的年份,利率反而较低。

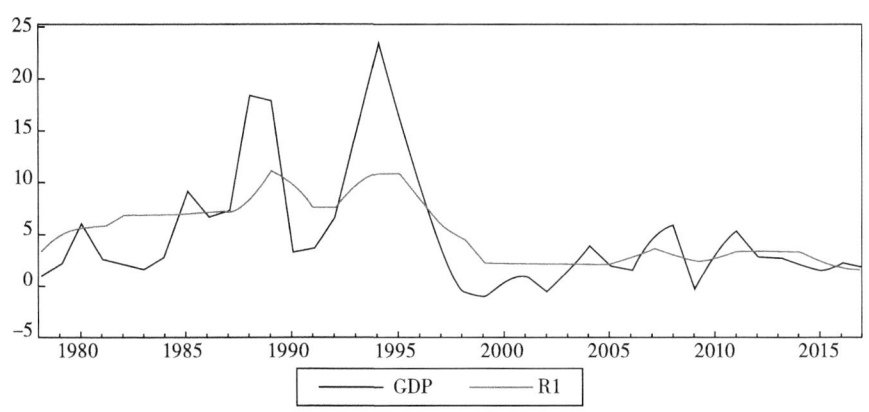

图 2　1978—2017 年一年期存款利率与通货膨胀率

如图 2 所示,和图 1 相比,两图存在着显著的不同。图 2 中,虽然一年期存款利率和通胀率的变动幅度存在一定的差异,但整体的变动趋势基本保持一致。这种现象比较容易理解,即当市场出现较高的通胀率时,央行通过调高基准利率水平从而达到抑制通胀的目的。从图中也可以明显看出,改革开放 40 年来,通货膨胀率的整体波动水平要高于一年期存款率,由此可以说明,基准利率的调节是被动的。但 1997 年以后,总体的通胀率都非常低，除个别年份以外几乎没有高于5%，这说明中国政府在应对通货膨胀问题上是富有成效的。同时说明，尽管近年中国宏观经济增长面临下滑趋势，但经济形势并没有1998年之前那么严峻复杂。

接下来，把上述三组时间序列数据进行单位根检验，发现GDP增长率在1%显著性水平上有一个单位根，但在5%与10%水平上并不存在单位根；同样，通货膨胀率在1%显著性水平上有一个单位根，但在5%与10%水平上并不存在单位根。而一年期存款利率三个显著水平上都有单位根，这也说明三者之间存在协整关系，结果如表1所示：

表1 三组序列单位根检验结果

		t – Statistic	Prob. *
GDP ADF检验		-3.626784	0.0130
GDP (-1)		-5.526938	0.0000
CPI单位根检验		-3.495601	0.0135
CPI (-1)		-5.147945	0.0002
利率单位根检验		-0.956021	0.7586
R (-1)		-4.889859	0.0003
检验标准值	1% level	-3.523035	0.013
	5% level	-2.945842	
	10% level	-2.611531	

再将一年期存款利率对通胀率和GDP进行相关性分析，结果显示，一年期存款利率与通胀率之间的相关系数为0.59，呈正相关关系，t检验值为7.38；而一年期存款利率与GDP之间的相关系数仅为0.02，因此两者之间几乎毫无相关性。最后，再将一年期存款利率对通胀率和GDP进行格兰杰因果检验，结果显示，一年期存款利率与通胀率两者之间存在因果关系，且通胀率是一年期存款利率的格兰杰原因；而一年期存款利率与GDP之前不存在格兰杰因果关系。

以上实证结果显示，若以一年期存款利率来代替央行的基准利率，则测算结果显示基准利率存在明显的非市场性。同时，基准利率调节经济增长的效果远远不如其对通胀率的调控效果，因此，央行基准利率是否需要发生变动紧盯通胀率更加合适。所以，尽管央行始终强调基准利率的设定需要金融市场的参与，强调设定良好的基准利率通过市场进行传递，但需要明确的是，目前基准利率还不能算是市场利率的结论是成立的。虽然说SHIBOR具有较强市场化性质的利率，但仍不能称为市场利率。这也间接证明我国金融市场对内开放的程度并不高。

通过分析可得，实际上，中国利率市场化的程度还没有达到像美国等发达国家利率市场化的程度。目前，中国在制度上为完全的利率市场化提供了良好的支持，但是在现实我国实行利率市场化的程度还远远不够，相应的配套机制还需要进一步完善。由此，我国还需坚定不移地继续推进利率市场化改革。

二、影响中国利率市场化进程的制约因素

我国的利率市场化历经了从同业利率市场化到存款利率市场化的过程，央行对利率的限制已经被取消，允许市场自由定价，但全面的放开并不代表着利率市场化改革的完成。目前，我国确立了价格型货币政策和宏观审慎政策的"双支柱"调控框架，货币政策框架也正由广义货币量为中介目标的数量型框架向以利率为中介目标的价格型框架转变。从名义上来说，中国的利率市场化已经基本"完成"。然而，从实际情况来看，目前中国利率体系中各环节的传导实际上均还存在一定的阻力，市场仍显有部分受管制的迹象，有许多价格之外的因素阻碍着市场定价。因此，我们有必要分析总结目前中国利率市场化进程中仍存在的桎梏，这些障碍便是未来进一步深化利率市场化的重点攻关对象。

（一）利率定价机制可能存在隐性管控

中国的贷款利率相较于基准利率的浮动程度并不小，在贷款方面，如果存在利率管制，则很有可能是以数量管制的形式存在。中国的存款利率则波动极少，一直维持着稳定的水平，反观放开后的大额外币存款利率，其波动频繁且波动空间较大。另外，除活期存款利率外，不同银行的各利率不约而同地体现出波动性低、相似性高的特点。由此，人民币存款利率仍然受到某种较强的隐性管控作用。这种隐性管控可能来自央行对市场利率自律定价机制的指导。由于银行之间的竞争可能会引发"存款大战"与高息揽储的恶性竞争，一方面会推高社会的无风险利率，另一方面会提升银行在资产端的风险偏好，从而对实体经济造成冲击。

目前中国的利率制度处于非常复杂的境地，一方面存在受央行管制的存贷款利率，另一方面存在完全市场化的货币市场利率，即"利率双轨制"。利率双轨制仍是中国货币政策的重要特征。尽管中国已基本取消存贷款利率浮动限制，但由于仍公布存贷款基准利率，商业银行利率定价对基准利率仍然存在很大的依赖性。因此，可以预期未来央行对市场利率自律定价机制的隐性引导仍将长期存在，这也将是未来利率市场化进程中最难攻克的"惊险"一环。

（二）人民币基准利率难以抉择

基准利率对一个成熟金融市场的发展和管理具有重要作用，央行需要以其为价格型货币政策的操作目标执行货币政策，金融系统和实体经济则需要以其为基础确定相互的资金

融通成本以及自身内部的资金转移定价。合适的基准利率的重要性不仅在于其可以作为操作目标,更在于央行需要通过其向市场传达货币政策思路、引导市场预期。在基准利率完全确定并获得市场认可之前,贸然推动利率完全市场化可能会造成市场机构无所适从。

与其他国家相比,我国的利率体系存在特殊性,当前的关键问题不是缺少基准利率的定价之锚,而是市场上的利率定价之锚五花八门,我们需要寻找一个理想可靠的利率锚。因此,未来在进一步推进利率市场化之前,培育受市场广泛认可的基准利率,努力打造单一基准利率体系应是央行的首要任务。

(三)金融机构结构不健康,银行业亟待转型发展

当前,中国金融机构的结构存在以下不足:首先,屈指可数的几家银行占据着决定性地位,而非银行金融机构规模有限;第二,银行是企业和政府的主要贷款资金来源,其他融资渠道能够提供的贷款规模有限;第三,银行坐拥着数量庞大的存款资产,是市场上的主要投资主体,其他投资渠道规模有限。体量的巨大差异不利于银行以外的直接金融市场健康发展,这一方面体现在非银金融机构的规模效应远远弱于银行,另一方面也在于银行过于庞大的资金难以进入其他市场(大规模的银行资金进入容量有限的市场会形成冲击)。这种不平衡现象不但会导致银行内外市场的利率传导受阻,影响利率市场化推进的效果,还会导致央行货币政策无法达成调控实体经济融资成本的目标。因此,推动银行外金融市场发展、推动直接融资渠道发展,是未来深化利率市场化改革中的必要环节。

三、中国利率市场化的未来发展路径

在目前利率市场化名义上已基本放开的背景下,继续深化改革面临的阻力主要是来自各类利率传导渠道上的不通畅问题。为了打通利率传导机制,政府和央行必须齐心协力,合力前进。例如,央行决定自 2018 年 10 月 15 日起下调存款准备金率 1%。央行下调存款准备金率这一重大举措不仅可以避免资金的闲置和浪费,提高资金的经济效益,使得市场上的货币供给增加,整个金融机构的资金规模扩大,有利于疏通货币传导机制,也有利于向实体经济输血。总体上看,我国金融市场化程度还不高,金融体系还不发达,但推进利率市场化改革、完善金融体系建设是我们的努力方向。为了进一步深化利率市场化改革,基于前述几点挑战,现提出深化改革的方向。

(一)调整改善金融机构结构,鼓励非银与直接融资发展

首先,大力扩展融资渠道,促进融资渠道多元化。标准化债券将是这个市场的核心,但目前中国的债券余额仍远远小于信贷规模,这需要金融市场逐步放开对债券发行的准入

限制，鼓励企业通过债券融资、鼓励投资者持有债券。其次，逐步提高非银行金融机构的规模，鼓励公众参与投资。鼓励居民逐渐将储蓄从单一的银行存款转向多元化的投资方向，推动债券基金等金融产品的发展，逐渐让基金、保险、信托等成为直接融资市场中的重要角色。最后，打通银行内外市场的分隔，推动交易所市场的"扩容"，建立方便快捷的跨市场流通、交易、转托管机制，打通两个市场之间的交易障碍。

健全以商业性金融、开发性金融、政策性金融、合作性金融分工合理、相互补充的金融机构体系。调整优化国有银行、股份制银行、城商行、农商行、外资行、民营银行及村镇银行的结构体系。健全多层次的银行机构体系，进一步明确机构的功能定位。推进各类银行机构和金融业态的合理分工，联动互补，协调发展。

（二）培育市场基准利率体系，培育基准收益率曲线

从我国现实出发，还需要倚重 7 天回购定盘利率和 3 个月 SHIBOR 两个基准利率品种，同时要积极培育贷款基础利率和国债利率等基准利率品种，满足市场对基准利率的多方面需求。但是，我们应该致力于打造单一基准利率体系，以建立可靠理想的基准利率，有利于形成更紧密的金融市场体系。此外，在利率市场化进程中，培育基准收益率曲线是改革过程中一个举足轻重的步骤，同时也是利率市场化的首要要求。在市场化基准利率逐步确定的过程中，市场收益率曲线将越来越完备，利率市场化也将继续深化。

（三）推动利率"双轨制"转向"一轨制"，疏通利率传导机制

目前存贷款基准利率和市场利率"两轨"并存，使得利率传导机制存在障碍，中央银行的利率调控尚不能通过市场利率体系之间的联动传导至整个经济体系。实现利率市场化必须要有一个合理的市场利率作为参照系，即"两轨合一"的收益率曲线所代表的市场利率，利率的走势由市场的供求决定。"两轨合一"将会导致居民存款流向货币基金，同时降低了银行负债的同业占比，使得银行资金的稳定性提高，成本下降。基于央行近期的举措，我们可以发现央行已经为推进"两轨合一"进行了一系列潜移默化的行为。

为了推进"两轨合一"，应大力发展直接投融资市场，通过不断推动资产证券化发展，发展信用债券市场和大额存单市场，规范存款创新产品发展，打通两个市场资金的有序流动。规范市场参与者行为，不仅要规范国有企业、地方政府投融资行为，还要加强投资者保护和教育力度，引导投资者正确认识风险与收益，避免非理性投资，维护存贷款和货币债券市场利率秩序，推动两个市场发展的协调运行。

(四) 加强利率调控体系建设，进一步培育金融机构定价能力

央行不断完善政策利率市场化调控体系机制，通过建立健全利率走廊引导存贷款利率和货币债券利率的有效传导。完善利率走廊机制有助于引导市场利率平稳运行。因此我们有必要进一步加强利率走廊机制建设，明确目标政策利率，适时调整公开市场操作利率，稳定银行流动性和利率预期，为利率"两轨合一"创造有利条件。

利率市场化为整个经济社会提高了经济效益，也使得利率波动的范围与幅度加大，利率风险加剧，要求银行建立科学有效的资金定价机制和风险防范机制。通过利率市场化建立健全由市场供求决定的利率形成机制，央行运用货币政策工具引导市场利率，金融机构在竞争性市场中进行自主定价，从而实现资源的合理配置，增强风险定价能力。

金融发展质量：动力、过程和结果

成春林　刘海瑞[①]

（南京师范大学商学院）

一、"质量"概念的演变：内涵与外延扩展

质量最早是物理学中的一个基本概念，表示物体中所含物质的量。之后，质量又被用来表示产品或工作的优劣程度。下面将从内涵变化和外延扩展两个方面考察"质量"概念的演变，作为界定金融发展质量的理论基础。

（一）"质量"内涵

自从有了商品生产出现以后，"质量"一词就被管理学借鉴和吸收，并成为企业管理中一个非常重要的概念。在市场竞争日益激烈的趋势下，原先卖方主导的市场转变为买方主导，制造商发现符合标准的产品不足以确保他们在市场中占据有利地位，因而开始从顾客的角度去看质量。

（二）"质量"外延的扩展

随着时代的变迁，人们越来越重视质量的价值与作用。国际标准化组织在1986年发布的ISO8402对质量的解释是"产品或服务满足规定或潜在需要的特性和特性的总和"，这里质量的载体是产品或服务。随后在1994年制定的ISO8402中，"质量"又称品质，它是"反映实体满足规定或潜在需要能力的特性之总和"。这一定义把质量的载体由原先的产品或服务调整为实体，实体包含的内容广泛，既可以是人、产品、服务和活动等单独事物，亦可以是多项事物的组合。可见，质量概念的适用范围已变得更加宽广。

[①] 成春林，南京师范大学商学院副教授，硕士生导师，研究方向：金融发展、空间经济学；刘海瑞，南京师范大学商学院硕士研究生，研究方向：金融发展。

金融发展同样有质量可言。学术界对金融发展质量虽有所涉及，但却不能给人以直观明确的解释，存在一定的片面性和局限性。因为我们在使用广义的质量概念时，对其内涵与外延缺乏深刻、系统的认识，拘泥于现象本身。

二、金融发展质量：定义与模型

金融发展质量进行定义有三个难点：第一，金融发展质量是一个复合概念。它包含了"金融""发展"以及"质量"，内容丰富，难以准确把握。第二，金融自身在不断变化和发展。在早期，可以把金融理解为"银根"或资金融通，但在传统金融向现代金融变迁的过程中，金融的含义、构成、特征、功能都在不断变化，很难找出一个较为统一的概念。第三，即使处于同一历史阶段，人们也可能因为学术背景、认识角度、所处的经济金融环境等的不同对该概念存在较大的认知差异，很难形成统一的观点。

把握金融发展质量的关键在于正确理解金融发展的"顾客"及其需求。对于金融发展而言，谁是"顾客"？"顾客"的需求又是什么？金融发展的最终目的是促进经济发展，提高人们的福利水平，而不在于自身的发展。显而易见，金融发展的"顾客"就是指经济，即经济是金融服务的最直接对象。与此同时，"顾客"的需求就是经济的可持续发展。由此，可以给出金融发展质量的定义：金融发展的优劣程度，即金融发展满足经济可持续发展需要的程度。满足的程度越高，就意味着金融发展质量越高，而这主要体现在金融在发展过程中所表现出来的创新性、稳定性、协调性、有效性、普惠性和持续性等六个方面的优劣程度，构建的金融发展质量概念模型如图1所示。

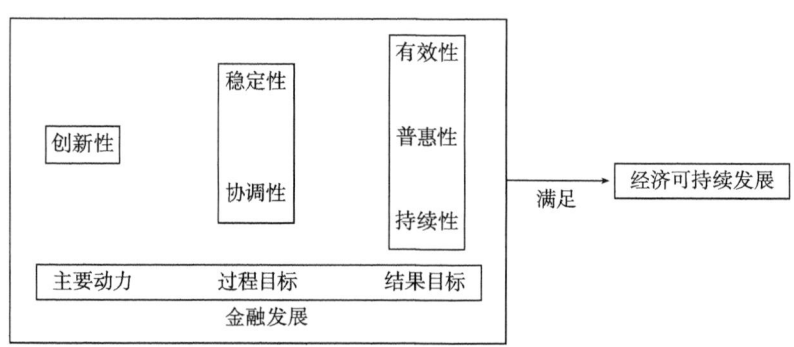

图1 金融发展质量概念模型

其中，金融发展的动力对应金融发展的创新性，金融发展的过程对应金融发展的稳定性与协调性，金融发展的结果对应金融发展的有效性、普惠性和持续性。可以概括为"三个维度、六大属性"。高质量的金融发展是一个多维度的概念，包括一个地区金融创新能力的增强、金融风险水平的降低、金融协调度的提高、金融排斥程度的减缓、金融效率的提升和金融持续能力的增强等方面的内容，是一个地区金融和经济结构以及结构内部不断优化和协调发展的过程。

三、金融发展质量六大属性

金融发展质量内涵丰富，因此其属性也是多方面的。本文认为金融发展质量应包含创新性、稳定性、协调性、有效性、普惠性和持续性等六大属性。这也将成为后续构建金融发展质量指标体系的重要依据。

（一）金融发展质量的动力维度：创新性

陈岱孙、厉以宁（1991）将金融创新定义为：在金融领域内建立一种新的生产函数，是由不同金融要素构成的新的组合，目的在于通过创造性的金融活动获取更多的收益。它涵盖了多方面的内容：新的金融产品、新的金融机构、新的金融市场、新的金融环境、新的金融技术以及新的金融管理制度等。其实，金融业的发展始终伴随着源源不断的创新，其需要通过金融创新来增强市场开拓能力，增加盈利渠道，提高经营效益。一般而言，仅仅依靠数量扩张并不能使金融发展发生质的变化，只有通过金融创新才能解决金融发展中的诸多矛盾，经济发展的新需求才能得以满足，金融发展水平才有可能被推上一个更高的层次。从金融发展理论的角度看，金融创新不仅能推动金融机构和金融市场运作效率的提升，而且能促进金融制度的变革和结构的优化，还能进一步增强金融产业的发展能力，强化金融在社会经济生活中的作用和地位。所以说，金融创新是金融发展的动力，推动着金融发展层次提升。

（二）金融发展质量的过程维度：稳定性与协调性

一切事物，只有经过一定的过程，才能实现自身的发展。金融稳定是一个动态的概念，需要将其纳入金融发展的过程中来探讨和分析。金融发展对金融稳定既会产生有利的影响，也会产生不利的影响。从有利的方面看，金融发展过程中会有大量金融机构和金融工具的出现，金融业能够产生规模效益，同时，金融创新涌现出的新技术、新交易、新服务能够迅速被金融机构采用，竞争压力的加大也迫使金融机构不断加强内部管控，这些都通过提高金融机构的运行效率为金融稳定创造了条件。金融发展促进了衍生金融市场的迅速发展，丰富了金融产品品种，有利于金融机构实现风险分散。加上金融监管技术和手段的成熟，金融稳定性进一步得到提高。从不利的方面看，政府不断推进金融深化和放松对金融的管制，促使金融机构的业务相互交叉，渗透程度越来越深，这无疑会加剧市场竞争，从而导致金融机构承担更多的风险，不利于金融稳定的实现。与此同时，金融发展呈现出混业经营的趋势，但由于缺乏相应的金融监管经验，加上监管范围的扩大、监管对象以及表外业务的增多，容易出现多头监管和监管漏洞，导致金融监管失效。资本市场的迅速发展使衍生金融产品层出不穷，可用来转移或分散风险，但分散的只是个体风险，金融体系总的风险并不会减少，其拥有的杠杆效应反而会使金融风险加大，严重危及金融的稳定性。

协调是一个动态的逐渐改善的过程，其目的在于实现系统优化，提高效率。金融协调不是一种结果，而是一种过程。在已有的文献中，多数学者采用孔祥毅（2002）对金融协调的定义：以经济发展中存在的规模报酬递增和互补性作为假定前提，以金融发展效率为中心目标，结合动态、系统的分析方法，研究金融及其构成要素变化发展的规律，分析其风险、成本、收益的运动，以此揭示金融与其构成要素、经济增长、社会协调发展等相互之间的作用规律，进而构建相对应的金融协调运行的政策体系，促进经济与金融的健康、稳定、有序和高效发展。金融协调可以分为两个层面：一是内部协调，包括金融产品、金融市场、金融组织、金融制度、金融监管主体的协调等；二是外部协调，即金融、经济、社会三大系统的协调。这两个层面的金融协调可以通过网络、市场机制以及计划和行政制度三种方式来实现。可以发现，金融协调符合当代金融生态发展的要求，也适应金融全球化下各金融主、客体以及金融中介等要素的流动和融合。因此，从金融发展的过程目标角度看，金融发展质量还包括另外两个属性——金融发展的稳定性和协调性。

（三）金融发展质量的结果维度：有效性、普惠性和持续性

金融发展的基本目标指明了金融实践活动的目的和方向，也明确了金融在经济发展中的使命，成为金融发展的方向。主流经济学理论假设经济体中的金融资源总量取决于外生性禀赋，故将货币供给看成外生变量，金融的功能在于缓解信息不对称，降低交易成本，提高资源配置效率，从而实现经济增长。相反，后凯恩斯货币理论认为货币供给是内生性的，金融系统的作用在于利用货币乘数创造出充足的信用货币刺激有效需求来推动经济的增长。具体来讲，金融系统通过发挥信用创造功能，增加经济体中的金融资源数量，满足企业的资金需求，企业通过资本积累和技术创新实现有效的生产，给经济带来实质性的增长。

消除贫困是中国全面建成小康社会最艰巨的任务。根据国内外学者取得的理论成果，推动金融发展与贫困减缓有两个基本渠道：直接作用和间接作用。间接作用是指金融发展通过经济增长方式作用于贫困减缓，观点主要集中在两个方面，即"涓流效应"和"亲贫性增长"。金融发展能够促进经济增长，在市场机制调节的作用下，经济增长带来的收益会自动地从高收入群体逐渐流向低收入群体，使低收入者受益，从而摆脱贫困，这就是

"涓流效应"。此外，政府还可以采取一些措施，如调节收入分配政策、提供失业补贴等，对经济增长收益进行再分配，更多地惠及低收入者。通常情况下，无论是高收入者还是低收入者都能享受到经济增长带来的收益，但两者获得的收益比例是不同的，"亲贫性增长"指的就是低收入者比高收入者获得更大比例的经济增长。直接作用是指金融机构向低收入人群提供金融产品以及储蓄、信贷支持、保险和企业融资等金融服务，扩宽他们的信用渠道，提高预期收入水平，进而减少贫困。普惠金融基于成本可担的前提，向欠发达地区和低收入群体拓展金融服务，来增加金融服务的有效供给。

不可持续性问题随着经济的快速增长日益严重，金融发展可以通过多种方式来改善目前这种严峻的形势。由于金融特有的资金融通、资源配置和风险规避以及公司治理等功能，金融才开始逐渐与环境保护和资源节约相联系。金融产品和服务的有效供给，一方面能推动经济社会发展，另一方面能实现金融行业自身的健康、平稳、高效发展。从当前实践来看，可将其分为以下两个方面：一是针对环境友好型企业或机构，为他们提供相应的金融产品和服务。如绿色产业基金、绿色债券、绿色信贷和绿色保险等；二是利用金融市场及金融衍生产品限制温室气体排放，主要有温室气体排放权交易市场和碳排放权期货、期权等。可持续金融的出现弥补了传统金融的不足，强调金融机构应通过自身实践活动引导社会经济主体重视节约自然资源、加强环境保护、维护生态平衡。因此，从金融发展的结果目标角度，金融发展质量还应具备三个属性——金融发展的有效性、普惠性、持续性。

四、总结

改变金融发展理念，从以往的"数量增长"转向"质量提升"，从而实现经济更有效率、更加公平、更具韧性、更高质量、更可持续的发展。社会经济满足的程度越高，就意味着金融发展质量越高，而这主要体现在金融在发展过程中所表现出来的创新性、稳定性、协调性、有效性、普惠性和持续性等六个方面的优劣程度，它是一个内涵十分丰富的概念，具有多方面的特征。

第一，把握了金融发展的本质。金融绝非天然就有，而是经济长期发展的客观结果和需要。金融与经济关系紧密，一方面经济对金融起着引导、制约和决定作用，经济的发展能够助推金融向更高层次演进，另一方面，金融的发展又能够进一步助推经济部门产出的增长和产业结构的调整，并影响着经济发展的效率。这表明金融发展的本质在于经济发展。金融发展过程可以看作是一个人们不断地探索并提升金融功能，满足经济的多样性发展需求的过程。对金融发展质量的定义直接构筑在满足经济的可持续发展需求之上，既指明了金融发展的最终目的，又强调了经济可持续发展的重要性，准确把握了金融发展的本质。

第二，区分了金融发展的目的和手段。长期以来，金融规模扩大一直被视为金融发展的主要含义，又把金融规模扩大归结为金融机构存贷款或者金融资产总量逐渐增长。金融主要服务于实体经济，在金融发展过程中理应更多地关注经济发展，满足经济的多样性发展需求，从而最终有力促进经济的健康平稳运行，这才是金融发展的目标所在。我们的定义将经济置于首位，明确了经济的可持续发展才是金融发展的最终目的，不仅将金融发展的目的和手段区分开来，还将金融发展的方向和最终目的直接联系起来，有助于更好地指导金融发展的实践。

第三，融入了可持续发展理念。可持续发展理念强调经济、社会与生态环境三个系统的协调发展，颠覆了以往传统的成本—效益、效率—公平等二元分析方法，为金融发展理论和金融实践活动带来了开创性的思想启示。质量是可持续发展的应有之义。将金融发展重心由数量向质量转变是追求金融可持续发展的内在要求，金融发展质量的界定强调了金融发展对经济可持续发展需求的持续满足，决定了金融发展路径必须统筹好"持续发展"与"发展"的关系，在追求经济增长的同时要考虑社会进步与环境保护，这一点在金融发展质量六大属性中体现得更为明显。

农业内卷化的突破与我国现代农业的发展：一个框架分析

赵红梅 赵红杰

（山西财经大学）

党的十九大提出实施"乡村振兴"战略，要加快推进农业农村现代化，发展现代农业。我国农业的主要国情是人多地少，据第三次农业普查数据，小农户数量占到农业经营主体98%以上，小农户经营耕地面积占总耕地面积的70%[①]。可见，大量小农户在我国以前、现在和将来一段时期仍会是农业经营的主体，这一方面保证了农业生产中的"人口红利"，另一方面使得农村土地规模化经营难度加大，农产品品种结构不合理、产业低级化，资金、技术等要素的融入受限，技术创新、制度创新难以持续，致使"农业内卷化"问题依然存在，现代农业的发展受阻。因此，如何引导小农户突破"农业内卷化"，和现代农业发展有机衔接，成为建设农业现代化的一个重要任务，也是理论中一个需要研究的重要课题。

学者们对发展现代农业和农业内卷化问题从多个层面进行了分析，综合大家的观点，可以看出，小农户经营长期存在是我国农业发展的一个现实，是"农业内卷化"现象的一个主要特征和表现，也是阻滞现代农业发展的一个因素。本文以"农业内卷化"现象为切入点，通过分析其在我国的变化与突破，探究积极引导小农户走出内卷化、合理配置生产要素的路径，搭建一个现代农业发展的思路框架，为实行农业现代化提供一定的理论支持。

一、我国"农业内卷化"的形成、变化与突破：历史回顾与分析

（一）"农业内卷化"的内涵

"内卷化"又译为"过密化"，最早是由美国人类学家戈登维泽提出，后由吉尔茨

---

① 新华网. 全国98%的农业经营主体仍是小农户[EB/OL].[2019-3-1], https://baijiahao.baidu.com/s? id=1626800793084469847&wfr=spider&for=pc.

(Clifford Geertz)引入农业经济领域的研究中形成"农业内卷化"的概念和模式。20世纪八九十年代,黄宗智借鉴吉尔茨的思想,通过对我国长江三角洲和华北地区小农经济的研究提出了小农经济"内卷化"理论。概括而言,"农业内卷化"是农业系统内部的要素在外力扩张受限条件下,经济陷入模式刚化、停滞不前的一个现象。它是指在资本、土地等资源要素受限的条件下,劳动力要素持续投入到农业生产中,替代资本、技术等要素去获取收益,使农业陷入生产精耕细作的路径依赖,发展被锁定呈刚性停滞的过程。主要表现为两个特征:其一,农业生产中劳动力的过度投入;其二,农业内部各种要素配置固化,生产效率低下,难以向更高模式发展。前者是后者形成的条件。只要农业生产中过剩要素找不到突破口,"内卷化"现象就会长期存在,农业经济就只能在要素固化状态下低水平发展并自我强化。

(二)农业内卷化的形成和变化:发展传统农业

1949年前,中国处于典型的"小农经济"为特征的传统农业社会,"农业内卷化"现象严重。由于整个经济以农业为主,土地、劳动力是农业生产中最主要的两大生产要素,小农户拥有的劳动力转移渠道非常较窄,使得家庭成员(包括妇幼)只能选择到有限的农地中从事农业生产以提高家庭收入,形成了"生产家庭化"。这种状态持续下去,会逐步呈现出对节约劳动的农业资本化和农业规模效益的抵制,以及类似的家庭手工业生产对原始工业和现代工业中节约劳动的资本化的抵制。[①] 可见,正是农业中劳动力投入的"过密化",致使千百年来的农业技术水平没有多少变化,劳动生产率无法进一步提高,农业生产模式刚化,农业收入一直在低水平状态下徘徊,农业处于一种"有增长无发展的内卷化"[②] 状态。只要没有外部冲击或内部的突破,"农业劳动力的内卷化"会日益加重。

新中国成立到改革开放前,我国传统的农业社会发生变化。在重工业赶超优先发展战略的指导下,通过人民公社制、户籍制、统购统销制的约束,阻碍了农村劳动力的流动,随着我国生活水平、医疗条件的提高,快速增长的农业劳动力只有被禁锢在有限的农地上长期从事农业生产,别无出路,农业再次陷入"内卷化"困境,只不过呈现为"集体农业内卷化"。此时的"农业内卷化"不仅仅表现为劳动力的内卷,甚至农业经营方式、农民的经营理念、农村组织形态、农业产业和土地制度等均陷入了内卷化,特征十分典型:农业生产仍以劳动力为主要要素,劳动力流出受限,新要素难以进入,经营方式单一,劳动生产率低下,农产品产出增长低,农业产业低水平发展,制约了工业和其他产业的发展。

---

① 黄宗智. 发展还是内卷? 18世纪英国与中国[J]. 历史研究,2002(4):49-176.
② 黄宗智. 长江三角洲小农家庭与乡村发展[M]. 北京:中华书局,2000:15-17.

(三) 农业内卷化的突破：发展现代农业

改革开放之始，农村全面实行家庭联产承包责任制，极大地解放和发展了农业生产力，城乡关系得到改善，孕育并形成了突破"农业内卷化"的各种制度和条件。

1. 家庭联产承包责任制释放了农民和农业的活力

家庭联产承包责任制取代了人民公社制度下的集体化经营，极大地提高了农民从事农业生产的积极性和农业生产效率，粮食产量大增，农民收入提高，这在很大程度上冲击着"农业内卷化"的生产低效特征，同时也诱致出大量农村剩余劳动力，这为突破内卷化提供了条件，也为实现产业化和规模化经营，发展现代农业奠定了基础。

2. 工业化、城镇化的发展引导了农业劳动力的流动

改革初期，乡镇企业异军突起，吸引了大批农业劳动力就地转移，开启了突破"农业内卷化"的信号。但此时的户籍政策仍限制了农户流动距离，甚至也抑制小农户跨行业流动。随着工业化与城镇化的进程加速，一方面吸引了大批农业劳动力的异地转移，为剩余劳动力真正走出"农业内卷化"提供了流动通道，另一方面提高了工业、城市对农业的反哺力度，带动了农业的市场化、组织化发展，迈向现代农业。

3. 各种政策作用优化了农业要素的重新配置

随着十几年连续若干个"中央一号"文件和相关农业政策作用的发挥，土地流转加快，城乡二元差距日益缩小，在农业劳动力转移的基础上，农业内部生产要素的配置结构发生变化，农业主体小农户呈现出兼业化、服务化、规模化演化特征[1]。农业生产不再是通过在土地上投入大量劳动力来减缓农业边际劳动生产率的下降，取而代之以资本、技术等要素的投入，通过技术进步和制度创新，优化农业生产要素的配置，提升农业生产率，优化了农业产业结构，最终在突破"农业内卷化"的同时，带动了农业的科学化、集约化向现代农业转型。

总之，"农业内卷化"的破解是以锁定在农业的劳动力流出为突破口，在走出"农业内卷化"的同时，也迈向了农业的现代化。

二、我国现代农业发展的现状与障碍

（一）现代农业的特征

从农业发展史看，现代农业是农业的最新阶段。相对于传统农业，现代农业是合理利

---

[1] 芦千文,石霞. 小农户与现代农业的有机衔接[J]. 社会科学动态,2018(12):43-46.

用现代生产要素配置发展的一种新农业，是用现代工业装备、现代科技武装、现代组织管理方法来经营的一种社会化、商品化农业，是国民经济中有较强竞争力的现代产业，是农工贸紧密衔接、产加销融为一体、多元化的产业形态和多功能的产业体系。2007年，"中央一号"文件明确指出现代农业的衡量指标是现代物质条件、现代科学技术、现代产业体系以及现代经营形式，因此，现代农业的主要特征体现为市场化、规模化、科技化、产业化、组织化和社会化①。

（二）"农业内卷化"的残余阻碍现代农业的发展

面对"大国小农"的国情，中国政府一直探索实现农业现代化的路径。改革开放40年来，现代农业发展的步伐加快，但是联产承包责任制又造就了一批分散的小规模的小农生产经营单位。随着时间的推移，分散、细碎化的家庭生产模式日益滞后于农村生产力的快速发展，以传统小农户为特征的"农业内卷化"困境仍然存在，农业中的生产、市场、技术、组织、产业等仍处于弱势地位，成为实现农业现代化的障碍。

1. 生产规模化经营难以形成

现代农业要求实现规模化经营，但是承包到户的土地呈现细碎化特征，经营方式以小农户分散经营为主。虽然土地流转对土地规模经营起到一定的促进作用，但由于保障有限的租赁制、小农户的自主意愿和利益分配等因素的影响，规模化经营的进程比较缓慢，使得分散经营状态下的劳动、资本、技术、管理等要素投入有限且配置低效，极易再次陷入"内卷化"，导致农业生产效率低下，阻碍农业现代化的发展。

2. 市场经营风险难以抵御

现代农业要求实现市场化、商品化，但是面对市场中的涉农企业、家庭农场、农业合作社等产销大户，小农户势单力薄、信息有限，难以根据市场需求调整产品结构，成为市场风险的转嫁对象。同时小农户实力弱，与市场交易的规模小且零散，高企的交易成本阻碍了现代要素的投入，制约了农业生产方式的转变，难以获得现代农业生产性服务，生产有可能陷入低水平重复发展。

3. 农业产业化水平难以提高

现代农业要求实现产业化，但是小农户的分散经营和生产的盲目性，生产多被挤压在收益低的种植业环节，生产结构层次低，难以和现代农业的产业链衔接。同时，分散小农户的农地要素投入随意且差别大，不易于实现标准化生产、序列化加工、品牌化营销、批

---

① 徐序初. 合作社是小农户和现代农业发展有机衔接的理想载体吗？[J]. 中国农村经济,2018(11):80-94.

量化供应，难以融入种养加、产供销、贸工农一体化的现代农业经营格局，难以借助现代农业发展的契机实现农业价值增值。

4. 农业科技发展缓慢难以普及

现代农业要求实行科技化，拥有先进技术是实现农业现代化的基础。但是长期以来，我国各种农业技术的推广应用往往只考虑适用大机械、大面积的农业大户的需求，而忽略了广大小农户的诉求。弱小的小农户土地分散，投资能力有限，对先进技术只有"望而却步"，多采取低水平的传统方式进行生产，农业技术的应用与推广不利，技术创新动力缺乏，生产效率低下，极大地限制了现代农业的发展。

5. 农民合作组织机构难以运营

现代农业要求实现农民的组织化、企业化。农民的联合与合作就是要在组织内部进行分工协作，但是将单打独斗的小农户组织起来，经常无法避免由激励机制不健全和信息不对称导致的逆向选择和道德风险行为，弱化了小农户与新型农业经营主体之间的有效联结机制，以小农户合作为基础的农民组织机构和制度框架也难以持续运营，现代农业发展的主要路径受到阻滞。

6. 小农户的能力发展难以持续

实现农业现代化的主体是具有自我发展能力的现代小农户。随着我国工业化和城镇化的快速发展，农村劳动力有了转移通道，非农生产收入吸引大量的农户外流获取更高的收益，兼业经营成为普遍现象。通常外流的多是青壮年和知识、技能高的小农户，留守小农户的受教育程度普遍偏低，对现代经营方式、方法等新事物的接受能力不足，这导致农业经营粗放问题日益严重，小农户发展面临着"有产品没产业、有人没有人力资本"的窘迫局面。这极大地限制了小农户发展现代农业的机会，与我国农业农村现代化的发展目标背道而驰。

三、走出"农业内卷化"，发展现代农业：一个框架思路

（一）主要观点

通过前述分析，可以得出以下观点：

第一，"农业内卷化"主要是劳动力投入"过密化"，是因为农业劳动力转移受限，过度投入于农业替代资本和技术等要素，造成农业的生产要素配置固化，生产低效、低水平发展的过程。传统农业中的内卷化主要表现为"劳动力内卷化"，随着时间的推移，还表现为农业经营方式、组织形态、产业方式、经营理念的"内卷化"。

第二，陷入"内卷化"困境的原因是多方面的，既与农业中土地细碎、农户小规模经营有关，也与工业化、城镇化的发展程度和土地制度等有关。突破内卷化就是要突破小农经济的束缚，克服小农经济的缺陷，"内舒"和"外展"相结合，让庞大的农村劳动力释放出活力，让农业生产要素优化配置，走向现代农业。

第三，"大国小农"是我们的基本国情和农情，小农户长期存在将贯穿我国农业现代化的整个过程。现代农业以标准化、规模化、产业化、组织化等为特征，而小农户的规模化经营能力弱、生产具有盲目性、产业化水平低、组织化程度低等特征是"农业内卷化"的主要表现，也是阻碍现代农业发展的因素。因此走出"农业内卷化"，让"小农户与现代农业发展有机衔接"，成为推动传统农业向现代农业转型发展的主要动力。

（二）对策和建议

我国发展现代农业是在小农户基础上实现农业现代化，小农户是农业现代化发展不充分的集中体现。走出"农业内卷化"，从"内舒"和"外展"多个层面发挥小农户的经营优势，增强其内生发展动力，是发展现代农业的关键之路。

第一，引导小农户有序流动和成长，增强小农户的内生发展动力，清除农业内卷化残余。加快城镇化有序发展，深化户籍制度改革，建立城乡人口、资本、土地等要素的双向合理流动机制，推动城乡人口合理流动与有序分布，优化乡村人口结构和素质；推动并完善小农户和新型农业经营主体的利益联接机制，通过多种途径提升新型农业经营主体对小农户的带动作用；提升小农户的自我发展能力，一方面通过政府政策、基础设施改善以及相关服务的完善等让小农户有主动发展的意愿，另一方面通过搭建技能培训等平台、新技术的推广和培训、现场指导等精细化服务，改善小农户经营的低水平状态，改善经营观念，提升小农户素质，培育新型职业农民。

第二，构建小农户发展的支撑体系，健全和创新社会化服务水平，有机衔接现代农业。依托现代农业产业，立足小农户经营的特点和需要，从生产、经营等多个环节和链条上引导农业经营主体参与到农业生产中，找准定位，逐步融入现代农业的产业体系中；在保障农民土地权益、尊重农民意愿的基础上，搭建服务平台，指导小农户分化为不同性质的农业经营主体并将其引入企业化管理模式；通过组织化路径，诸如农民专业合作社、农业产业化龙头企业、各类技术或农民协会等服务组织，引导、规范小农户发展并提供全方位的综合性社会服务，带动小农户参与到现代农业的分工协作体系中；健全社会化服务体系，从土地流转、农业技术的应用、社会化管理等方面入手，通过各种服务平台，促进各类专业性服务的规模化，增强对小农户的全方位服务水平和质量，激发小农户和现代农业衔接的产业活力。

/第四部分/
国际经济问题研究

警惕洋教条借贸易摩擦掀起的新自由主义恶流

贾根良

（中国人民大学）

笔者在2009年曾写到，新自由主义在新兴经济体中退出历史舞台要大大迟于发达国家。美中贸易摩擦的爆发不仅证明了这一点，而且表明：新自由主义洋教条正在借美中贸易摩擦之机在中国掀起前所未有的泛滥狂潮。这种洋教条将美中贸易摩擦归罪于"十九大"的大政方针，归罪于"中国制造2025"及其政府干预，主张对美国彻底投降，但这种洋教条并不知道美国"先进制造业计划"在政府干预上比中国更深入和更具体。在美国抛弃对外关系的新自由主义并保护本国市场的同时，洋教条却主张"以进一步对外开放迎接中美贸易摩擦"（其实质是单方面对美开放），主张"对美国彻底敞开大门"，主张继续进一步对美元霸权和国际垄断资本实施金融开放。在这方面的一个具体表现就是，在"中兴事件"爆发和美中贸易摩擦正酣之时，却出现了"中国邀外资共造世界级芯片产业，美媒：这一举动令人意外"的报道，这说明就连美国人都对这种买办思维惊诧莫名。这种洋教条还将民营经济因外需大幅下降和外资在价值链中高端对其转型升级的全面压制而导致的困难嫁祸于国有企业，主张取消所有制分类，主张取消中央政府对资源配置的领导作用，主张全面实施私有化、市场化和自由化，这实质上就是要从根本上否定社会主义基本经济制度，走改旗易帜的邪路，诱使中国放弃独立自主的改革开放道路，将中国经济变成美国的殖民地。

这种洋教条在中国改革开放的过程中经历了诱发、接受和流行的三个阶段。

第一个阶段是20世纪80年代因错误认识为洋教条提供土壤的诱发阶段。早在20世纪80年代初中期，由于将新中国成立后30年因高度集中计划体制的僵化和频繁的政治运动导致中国技术进步落后于西方发达国家归罪于独立自主、自力更生的发展道路，从而导致了"自力更生"被当作落后的东西而抛弃（至今许多国人仍不了解：美国、德国、日本和韩国等大国的崛起走的都是独立自主、自力更生的发展道路），完全依靠"引进"来实现技术进步被当成"改革开放"的"正确"道路，汽车工业走上组装外国产品的道路、大飞机下马、国防工业被严重削弱和放弃集成电路的研发等一系列事件就因这种错误的认识而相继发生。因此，"中兴事件"的爆发在30多年前就已命中注定：由于我国在1984—1985年彻底放弃集成电路的研发和大力削弱国防工业，导致中国集成电路命运的"黄金二十年"就这样被完全错过了！"一失足成千古恨，再回头已百年身！"30多年后，集成电路已从中国有可能实现技术经济"蛙跳"的前沿产业变成了传统产业，现在再实现技术追赶是何等艰难！

20世纪90年代是洋教条发展的第二个阶段，这是一个全面接受"比较优势"的洋教条和新自由主义日益流行的阶段，从而导致了"以市场换技术"的全面推行和"用开放倒逼改革"口号的流行。"以市场换技术"的结果必然是"赔了夫人又折兵"，使中国巨大的国内市场成为国际垄断资本支配中国经济的乐园；"用开放倒逼改革"的思维是丧失中国特色社会主义"四个自信"的突出表现。

洋教条发展的第三个阶段是中国改革开放的顶层设计被新自由主义洗脑，标志性的事件就是世界银行原行长佐利克在2010年主导完成的研究报告——《2030年的中国》。该报告提出"政府需要退出对生产、分配和资源配置的直接参与"，在其英文版中主张"国有企业产出占全国GDP的比重，应从2010年的27%减至2030年占10%"。仅以政府的经济作用而言，如果读一读笔者的《开创大变革时代国家经济作用大讨论的新纲领》，那么，美国历来在发展中国家推行的"按美国所说的去做，不能按美国所做的去做"的目的不就昭然若揭了吗？

美国的保护主义本应是对中国新自由主义（自由竞争、自由贸易等）洋教条的沉重打击，但在中国反而成了其泛滥的温床，成为中国国内买办利益集团与美国反华势力里应外合的契机，造成这种状况的重要原因之一就是在中国长期流行的买办主义文化和买办主义经济学，外因通过内因起到了决定性作用。例如，在我国长期流行的"在华外资企业是中国企业"这种谬论不仅无视最基本的常识，侮辱中国经济学家的智力，而且是在为近代史上中国的买办文化和买办资本主义发展道路招魂。历史常识告诉我们，帝国主义列强正是通过《马关条约》使其在华直接投资（资本输出）取得了法律上被认可的地位，从而导致了旧中国殖民化程度的进一步加深。按照中国新自由主义"在华外资企业是中国企业"的洋教条逻辑，甲午战争和《马关条约》岂不是中国经济发展的福音？中国革命岂不成为历史的虚无？

20世纪90年代末以来，这种洋教条在中国野蛮生长，一直没有得到绝大多数人的正视和抵制，从而最终导致了新自由主义因美中贸易摩擦在中国得到了进一步泛滥，这不仅使我国再次丧失了转型升级的重大历史机遇，而且使美国战略家有可能达到对中国挑起贸易争端的真正目的——将贸易争端作为中国新自由主义泛滥的强大推手，通过中国国内的买办利益集团将中国推向其经济殖民地的深渊。打掉"中国制造2025"并不是美国对华挑起贸易争端的最终目的，通过中国国内的买办主义势力掀起新自由主义泛滥的狂潮，打掉中国国有企业，将中国国内市场彻底演变为外资和美元霸权支配的天下才是其真正的最终目的。中国买办主义势力掀起的这种新自由主义狂潮本质上就是要迫使中国走上买办资本主义的发展道路，走上拉丁美洲的外围资本主义发展道路。曾记否？从鸦片战争一直到中国共产党诞生之前，难道不正是当时信奉自由主义教条的买办资本主义发展道路使中国陷入了被帝国主义列强的百般奴役之中吗？

2019年是五四运动100周年和新中国成立70周年。在五四运动100周年即将到来之际，笔者要指出，长期以来，我们总是说五四新文化运动有两面大旗，这就是民主和科学，但笔者认为这种理解是非常片面的。很显然，五四新文化运动当然包括1919年5月4日爆发的反对帝国主义列强和要求严惩北洋买办官僚的伟大爱国主义运动。青年学生们打出的"誓死力争，还我青岛""收回山东权利""拒绝在巴黎和约上签字""废除二十一条""抵制日货""宁肯玉碎，勿为瓦全""外争主权，内除国贼"等口号在本质上是什么？它难道不是要求民族独立和"挺起中国脊梁"的中国民族主义意识的大觉醒吗？它难道不是五四新文化运动的最强音吗？

正是中国民族主义意识的这种大觉醒才将发端于《新青年》杂志创刊的五四新文化运动推向了高潮。因此，五四新文化运动还有一面值得大书特书的旗帜，这就是"中华民族"，这是一面挽救民族危亡的大旗。如果我们对五四新文化运动的理解缺席了这面大旗，就无法理解反对帝国主义作为中国革命的巨大推动力。如果没有民族和国家的独立，哪会有中国人民的民主和科学？正如郭沫若1978年在"全国科学大会闭幕式上的讲话"——《科学的春天》中指出的，"在旧社会，多少从事科学文化事业的人们，向往着国家昌盛，民族复兴，科学文化繁荣。但是，在那黑暗的岁月里，哪里有科学的地位，又哪里有科学家的出路！科学和科学家，在旧社会所受到的，只不过是摧残和凌辱。封建王朝摧残它，北洋军阀摧残它，国民党反动派摧残它。我们这些参加过'五四'运动的人，喊出过发展科学的口号，结果也不过是一场空"。因此，在笔者看来，五四新文化运动有三面大旗而不是两面，这就是"民族、民主和科学"，而且"民族"是第一面大旗。在此，笔者郑重地对中国社会科学界、知识界等提出建议，在2019年纪念五四运动100周年时，将"民族、民主和科学"作为五四新文化运动的三面大旗来纪念。

各位代表和同学们，中国共产党在诞生之后不到两年就提出了"废除不平等条约"的政治主张，得到了全国人民的热烈响应。显而易见，中国共产党是中国近代史的必然选择。1949年之前，共产党和国民党之争的焦点之一就是中国应该走共产党的独立自主发展道路，还是走国民党的买办资本主义发展道路？在目前的中国，新自由主义和买办主义的合流已经对我国改革开放的事业造成了巨大损害。但是，中国人民决不答应洋教条所鼓吹的买办资本主义发展道路，中国共产党的肌体也决不容被买办主义的病毒侵袭。因此，我们必须高度警惕中国的买办主义势力借美中贸易摩擦之机在中国掀起的新自由主义泛滥狂潮。为此，我们必须高举五四新文化运动"民族、民主和科学"的三面大旗，清除买办主义势力和新自由主义洋教条在中国的恶劣影响，这是中国共产党人向五四运动100周年和新中国成立70周年最隆重的献礼！

从危机后美国产业兴衰看贸易摩擦终极目标及我国对策

程伟力[①]

(国家信息中心)

一、制造业拖累经济增长,至今尚未恢复到十年前水平

美国次贷危机导致其制造业遭受重创,2008 年和 2009 年按不变价计算的总产值分别下降 4.6% 和 13.7%,2010 年之后始终处于缓慢复苏的状态,2017 年制造业总产值比 2007 年还低 2.9%,而同期 GDP 则在 2011 年就超过了 2007 年。

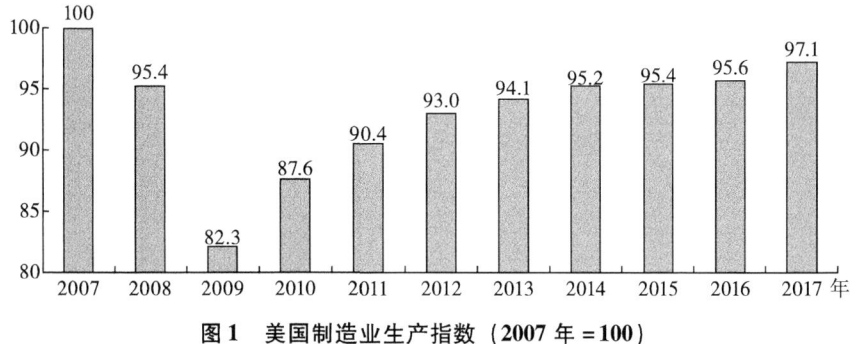

图 1　美国制造业生产指数 (2007 年 =100)

资料来源:美联储. https://www.federalreserve.gov/data.htm,2007—2017.

按照美国统计口径,制造业分为耐用品和非耐用品两大类,其中非耐用品的复苏更为乏力,2017 年的总产值比 2007 年还低 8.6%。从非耐用品的九个细分行业来看,只有食品、饮料及烟草制品这一行业产值比 2007 年增长了 4.9%,其余的八个行业均未恢复到十年前的水平。

---

① 程伟力,国家信息中心经济预测部副研究员,经济学博士,主要研究方向为世界经济和统计学。

表1 美国非耐用品产值指数（2007年=100，不变价）

	2007年	2008年	2009年	2016年	2017年	增幅（%）
非耐用品总产值	100	94.1	86.8	90.1	91.4	-8.6
服装和皮革制品	100	80.6	59.4	43.9	40.8	-59.2
其他非耐用制品	100	91.1	76.2	53.1	49.9	-50.1
纺织品及其产品	100	87.9	69.7	74.4	73.5	-26.5
印刷和相关支持活动	100	93.6	78.4	75.2	75.0	-25.0
化工产品	100	92.5	83.5	83.4	84.4	-15.6
纸制品	100	95.8	85.4	85.7	85.4	-14.6
塑料和橡胶制品	100	90.6	75.7	93.0	93.5	-6.5
石油和煤炭产品	100	95.6	94.3	96.3	98.5	-1.5
食品、饮料及烟草制品	100	97.2	96.5	102.4	104.9	4.9

资料来源：美联储. https://www.federalreserve.gov/data.htm, 2007—2017.

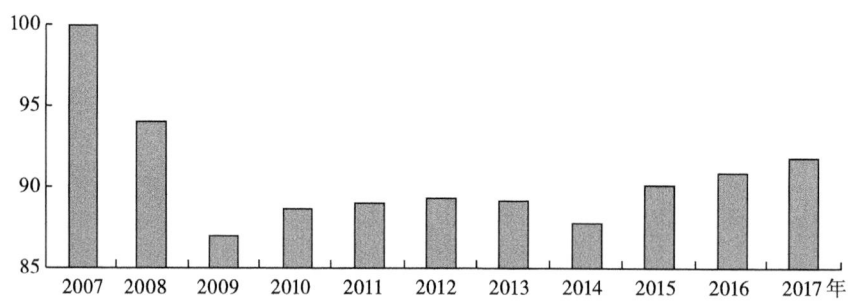

图2 美国非耐用制造业生产指数（2007年=100）

资料来源：美联储. https://www.federalreserve.gov/data.htm, 2007—2017.

耐用品制造业复苏状况明显好于非耐用品，2017年产值比2007年提高了2.9%。其中，计算机和电子产品、汽车及零部件、航空航天及其他运输设备这三个行业产值比十年前分别提高了42.%、20.7%和7%。初级金属制品主要包括铁和铝等产品，受房地产复苏的影响，近年复苏相对较快，成为特朗普挑起贸易争端的首选产品。

表2 美国耐用品产值指数（2012年=100，不变价）

	2007年	2008年	2009年	2016年	2017年	增幅（%）
耐用品总产值	103.0	99.4	80.7	104.1	105.9	2.9
家具和相关产品	142.1	128.3	93.1	105.8	105.5	-25.8
非金属矿物制品	139.7	123.4	93.0	112.3	116.3	-16.7
木制品	139.2	119.0	90.9	116.5	121.1	-13.0
加工金属制品	114.9	110.8	85.2	97.6	100.0	-13.0
电气设备、用品和部件	118.4	113.9	89.5	104.0	105.4	-10.9

续表

	2007年	2008年	2009年	2016年	2017年	增幅（%）
其他耐用品	105.9	107.7	99.8	100.5	97.1	-8.3
初级金属制品	104.0	104.2	77.5	93.7	96.3	-7.5
机械	97.1	94.5	73.5	87.7	93.1	-4.1
航空及其他运输设备	96.3	98.2	89.4	104.8	103.1	7.0
汽车及零部件	106.3	85.1	62.3	128.4	128.3	20.7
计算机和电子产品	79.6	85.7	76.2	110.5	113.7	42.7

资料来源：美联储．https：//www.federalreserve.gov/data.htm，2007—2017．

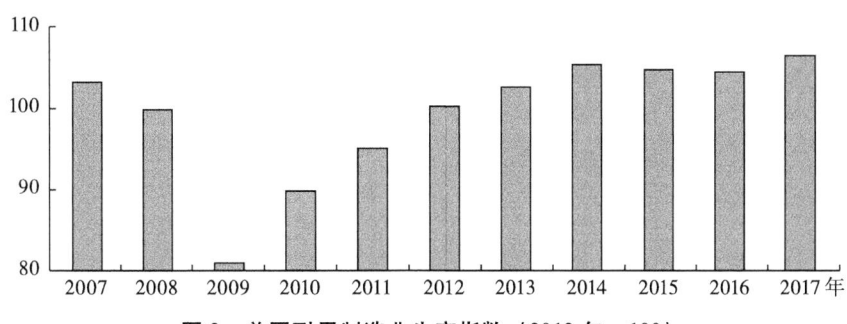

图3　美国耐用制造业生产指数（2012年=100）

资料来源：美联储．https：//www.federalreserve.gov/data.htm，2007—2017．

从以上数据可以看出，美国制造业20个细分行业中只有4个行业产值恢复到了金融危机前的水平，其中计算机和电子产品、汽车及零部件、航空航天及其他运输设备是美国的优势行业，食品、饮料及烟草制品则与美国充裕的国内供给有关。由此可见，奥巴马制造业振兴计划基本无效。

二、农业在经济中比重很低，但对国内外市场均存在较大影响

最近20年来，美国农业增加值占GDP的比重一直维持在1%左右，从总量上看似乎处于无足轻重、可有可无的地位。其实不然，"无粮则乱"的道理同样适用于美国。

从图4可以看出，按可比价格计算，2007年种植业增加值比2006年下降15.9%，从而形成了以粮食和食品为先导的通货膨胀，这一趋势迅速向全球扩散，2007年中国也出现了21世纪以来最为严重的物价上涨。2009年是美国次贷危机最严重的年份，绝大多数行业产值大幅下滑，但种植业增加值则提高了15.9%，充足的粮食供给维护了社会的安定，对民生的冲击远远低于"大萧条"时期。2011年和2012年种植业再度减产，其中2012年增加值比2009年下跌了14.7%，由此导致全球粮食价格暴涨。2016年，美国经济增速只有1.6%，但种植业增加值却提高了10.7%，对抑制经济下行做出了积极贡献。

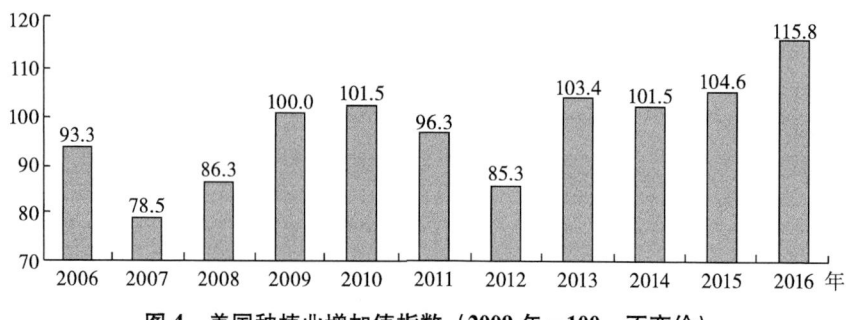

图 4　美国种植业增加值指数（2009 年 =100，不变价）

资料来源：美国经济分析局. https：//www. bea. gov/industry/gdpbyind_ data. htm, 2006—2016.

三、能源独立战略取得积极成效，油气"四两拨千斤"作用凸显

谷贱伤农，油贱同样会伤及国民经济。2015 年国际油价大幅下跌，尽管产量仍然在增加，但以现价计算的增加值减少了 1320 亿美元，直接导致名义 GDP 下降 0.8 个百分点，采掘业增加值占 GDP 的比重由 2014 年的 2.8% 下降到 1.8%，2016 年下降到 1.4%。2017 年以来随着油价的上升，油气开采以及炼油行业的投资不断增加，有效促进了新能源产业的发展，在此背景下 2017 年经济表现良好。

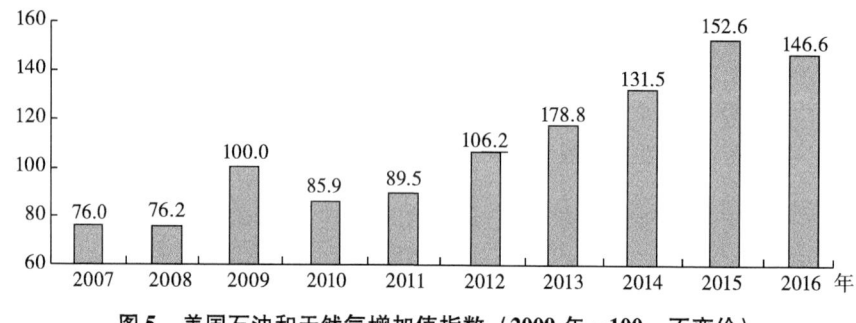

图 5　美国石油和天然气增加值指数（2009 年 =100，不变价）

资料来源：美国经济分析局. https：//www. bea. gov/industry/gdpbyind_ data. htm, 2006—2016.

与此同时，油气产业也拉动了运输和储存业的快速增值增长。美国运输和仓储业可以分为 8 类子行业，其中航空、铁路、货车、旅客及其他运输等 5 个行业 2016 年的增加值与 2007 年相比是下降的，尤其是铁路运输和陆地客运。而水路运输、管道运输、仓储和保管 3 个行业分别实现了 39%、26.2% 和 59.3% 的增长，显然，这三个行业主要是石油和天然气所带动的。

表3 运输和仓储业增加值指数（2009年=100，不变价）

	2007年	2016年	增幅（%）
运输和仓储业	108.9	114.0	4.7
航空运输	117.1	116.2	-0.8
铁路运输	109.4	98.6	-9.8
水路运输	70.9	98.5	39.0
货车运输	118.6	116.5	-1.8
中转和陆地旅客运输	112.0	101.4	-9.5
管道运输	110.1	139.0	26.2
其他运输和支持活动	105.7	103.7	-1.9
仓储和保管	94.9	151.3	59.3

资料来源：https：//www.bea.gov/industry/gdpbyind_data.htm，2006—2016.

四、金融、房地产以及建筑业是美国经济稳定的核心力量，但房地产增加值存在严重虚拟成分

金融和保险又可以细分为四类行业：一是联邦储备银行、信贷中介和相关活动，二是证券、商品合约和投资，三是保险公司和相关活动，四是基金、信托和其他金融工具。2013年之前，基金、信托和其他金融工具保持平稳增长态势，但2014年增长72%，主要原因是当年的量化宽松政策及经济相对走强吸引了大量国际资本以基金、信托等方式流入美国。

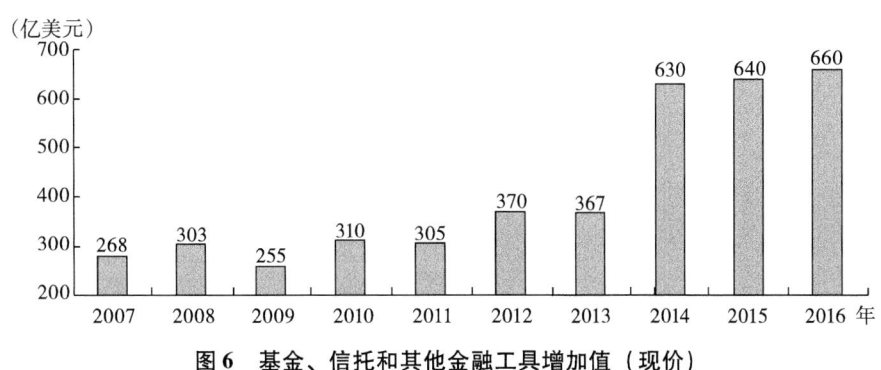

图6 基金、信托和其他金融工具增加值（现价）

资料来源：美国经济分析局，https：//www.bea.gov/industry/gdpbyind_data.htm，2006—2016.

房地产的繁荣的确对美国经济做出了积极贡献，但如此高的贡献却令人怀疑。事实上，这与美国GDP核算方式有关。与我国相比，美国房地产增加值中多了一项"虚拟租金"。自有住房自住是不需要缴纳租金的，也和GDP无关，但在美国GDP核算中则视同缴纳，并计入房地产增加值，这一做法无疑大大抬高了房地产经济增长的贡献。

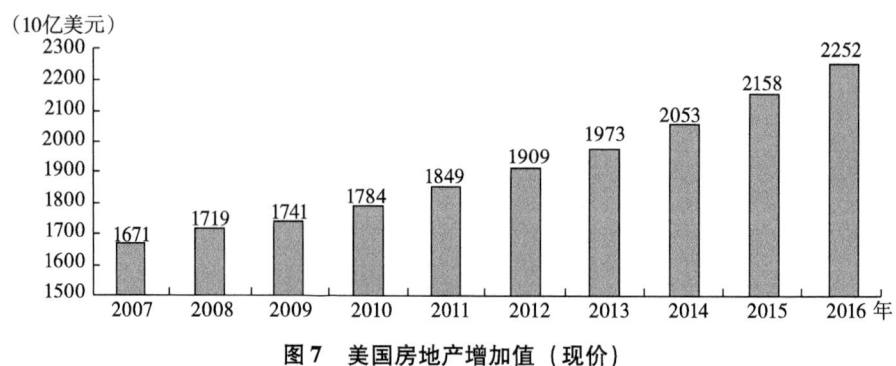

图7 美国房地产增加值（现价）

资料来源：https://www.bea.gov/industry/gdpbyind_data.htm，2006—2016.

与房地产荣辱与共的是建筑业。2006年，建筑业增加值占GDP的比重高达5%，次贷危机爆发后建筑业持续衰退，2011年占GDP的比重下滑到3.5%，2012年开始快速复苏，2017年上升到4.3%，增加值也上升到8280亿美元。

五、服务业仍然是美国发展的主导力量，但增量主要来源于少数行业

按照美国统计口径，服务业分为十大类，从表4可以看出，批发与零售贸易、信息业、其他服务业和政府这五大部门的增加值占GDP比重是稳定或者是降低的，这些部门在经济中的比重超过30%，但并非拉动经济增长的主导力量。2016年，其他五大部增加值占GDP比重为51.5%，比2007年提高了3.5个百分点，但增量主要来自少数行业。

（一）专业和商业服务业是最大的生产性服务业

专业和商业服务业分为三类：一是专业、科学和技术服务，二是公司和企业管理服务，三是行政和废物管理服务，专业、科学和技术服务进一步细分为三个行业。从表4可以看出，计算机系统设计和相关服务以及专业、科学和技术服务杂项两个细分行业增加值占GDP比重分别提高了0.3个和0.4个百分点，公司和企业管理服务提高了0.2个百分点。2010—2016年，这三个细分行业增加值增速分别为7.0%、2.8%和5.1%，远远高于GDP增速，成为促进经济复苏的重要力量。

表4 专业和商业服务占GDP比重及变化（现价） （%）

		2007年	2016年	增减
专业、科学和技术服务业	法律服务	1.5	1.4	-0.1
	计算机系统设计和相关服务	1.2	1.5	0.3
	专业、科学和技术服务杂项	4.0	4.4	0.4

续表

	2007 年	2016 年	增减
公司和企业管理业	1.8	2.0	0.2
行政和废物管理服务业	3.0	3.2	0.2
合计	11.5	12.5	1.0

资料来源：美国经济分析局，https://www.bea.gov/industry/gdpbyind_data.htm，2006—2016.

（二）人口老龄化导致医疗及护理服务快速增长

2016年门诊保健服务以及住院、看护和家庭护理设施增加值占GDP比重比2007年提高了0.8个百分点，达到了6.8%。与此同时，社会救助业也提高了0.1个百分点。2007年之前，美国门诊服务增加值在20世纪90年代是有增有减的，但2007年以来则出现直线上升的趋势，这说明人口老龄化和贫困成为拉动美国经济增长的另类动力。

表5 教育服务、卫生保健和社会救助业占GDP比重（现价） （%）

	2007 年	2016 年	增长
教育	1.0	1.1	0.1
门诊保健服务	3.1	3.6	0.5
住院、看护和家庭护理设施	2.9	3.2	0.3
社会救助	0.6	0.7	0.1
合计	7.6	8.6	1.0

资料来源：https://www.bea.gov/industry/gdpbyind_data.htm，2006—2016.

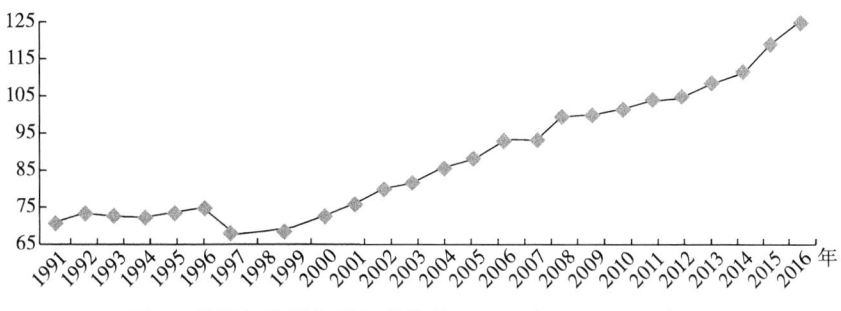

图8 美国门诊服务增加值指数（2009年=100，不变价）

资料来源：美国经济分析局，https://www.bea.gov/industry/gdpbyind_data.htm，2006—2016.

六、高科技贸易长期处于逆差状态

根据美国商务部普查局的统计口径，高新技术包括生物技术、生命科学、光电、信息及通信、电子、柔性制造、先进材料、航天、武器、核技术等10行业。2002年之前，美国高科技产品贸易处于顺差状态，之后则一直处于逆差状态，且总体上处于上升趋势，

2017年达到1103.8亿美元。

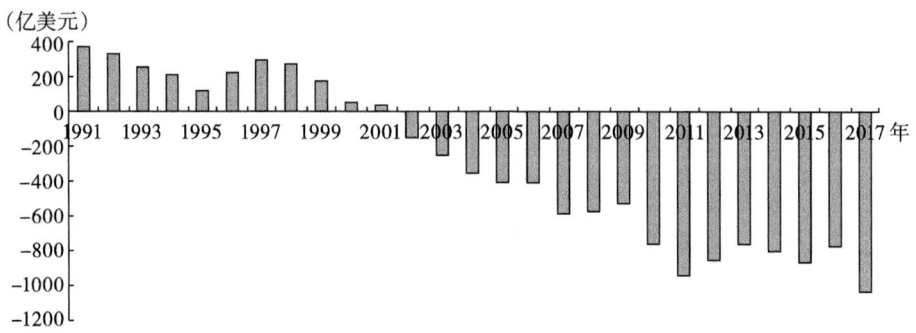

图9 美国高科技贸易盈余（现价）

资料来源：美国商务部. https://www.commerce.gov/economicindicators, 1991—2017.

2017年，美国航天、柔性制造、电子和武器四个行业对全球贸易顺差分别为824亿美元、64亿美元、49亿美元和32亿美元，先进材料基本平衡。信息及通信、光电、生命科学、生物技术、核技术这五个行业对全球的贸易逆差分别为1650亿美元、183亿美元、161亿美元、71亿美元和7亿美元。

从与中国的贸易来看，美国对中国的逆差主要集中在信息及通信、光电这两个行业，分别为1510美元、47亿美元，武器和先进材料只有1亿美元的逆差。美国对中国的顺差主要体现在航天、电子、柔性制造、生命科学、生物技术这五大行业，分别为153亿美元、16亿美元、16亿美元、8亿美元。

表6 2017年美国及中美高科技贸易 （亿美元，现价）

	美国对全球贸易			美国对中国贸易		
	出口	进口	顺差	出口	进口	顺差
航天	1319	496	824	163	10	153
柔性制造	201	137	64	30	13	16
电子	462	412	49	61	45	16
武器	41	9	32	0	1	−1
先进材料	28	28	0	3	4	−1
核技术	10	17	−7	2	0	2
生物技术	190	261	−71	10	2	8
生命科学	296	457	−161	37	26	11
光电	48	230	−183	6	53	−47
信息及通信	944	2594	−1650	45	1555	−1510
合计	3539	4643	−1104	357	1711	−1354

资料来源：美国商务部. https://www.commerce.gov/economicindicators, 2017.

七、对美国经济形势的基本判断

（一）当前美国经济面临的突出问题

一是奥巴马"再工业化"政策基本上没有成功，特朗普新政加剧掣肘因素。再工业化政策无效的原因在于缺乏产业工人，持续了几十年的去工业化已导致大量工人流失，未来美国再工业化必然面临人力资本短缺的难题，特朗普限制移民的新政进一步加剧了这一矛盾。二是内在经济发展动力明显不足，服务业发展存在依赖外需的迹象。从上文分析可以看出，美国不仅制造业增长乏力，服务业发展动力也不足，依赖外需的迹象明显。三是优势产业没有发挥主导作用，劣势产业继续下行。高科技产业本来是美国重要的优势产业，但长期处于贸易逆差状态，且有不断扩大的趋势。与此同时，传统的劳动密集型制造业仍然没有恢复到10年前的水平。

（二）贸易摩擦将对美国经济造成负面冲击

一是贸易摩擦将直接打击风雨飘摇的美国传统制造业。特朗普挑起贸易争端首选钢铁和铝，众所周知，这是传统制造业必备的原材料或中间产品，贸易摩擦尚未开始，美国国内钢铁和铝制品率先涨价，这将直接提高几乎所有制造业的直接成本，从而进一步削弱制造业的竞争力。与此同时，基础设施建设离不开钢铁和铝，美国的基础设施建设计划同样受到严重冲击。二是打击中国先进制造业将抑制美国高科技产品发展。美国的量化宽松货币政策没有导致高通货膨胀的原因之一是进口商品价格的下降，2012—2016年进口商品的价格逐年下滑，这为宏观经济的复苏创造了良好的环境。特朗普挑起的贸易争端将直接提高进口商品价格，从而加速国内通货膨胀，抑制国内经济增长。

八、对策建议

从以上分析可以看出，在传统制造业领域，美国不具备挑起贸易争端的实力，通过少量的人员控制中国金融市场、通过金融手段控制中国高科技企业才是美国挑起贸易争端的终极目标。在这一判断下，我国一方面应做好打持久战的准备，另一方面应高度重视金融与产业安全。

（一）加强货物贸易领域反制，做好其他领域反制预案

在货物贸易领域，可以考虑进一步加强反制措施。一是减少大豆、小麦和玉米进口，扩大自巴西、俄罗斯等国的进口；二是减少生物科技、生命科学等高科技领域的进口，扩

大自欧洲和日本的进口。三是对油气进口采取"欲擒先纵"措施，当前可以进一步扩大从美国的进口规模，从而可以在必要的时候大幅减少进口。在贸易摩擦升级的条件下，可以考虑服务贸易领域的反制措施。

（二）实施对等开放战略，增加我国谈判筹码

当前美国要求进一步开放我国金融、通信等行业，但是，这种开放并非是对等的。我国大型银行上市的时候均无一例外地引进了国外战略投资者，但美国当局不仅阻碍中资银行或企业收购美国金融企业股份，对其他国家也并非完全开放。

（三）警惕贸易摩擦终极目的，高度重视金融和产业安全

笔者认为，通过高科技讹诈，促使中国开放金融市场，通过金融市场控制中国产业才是美国挑起贸易争端的终极目的。具体的案例可能更能说明问题，以中国龙源电力集团股份有限公司为例，上文所述的摩根大通银行为该公司的第二大股东；摩根大通银行的第五大股东 T. Rowe Price Associates, Inc. 是龙源电力的第四大股东；摩根大通银行的第三大股东贝莱德集团是第五大股东；龙源电力第六到第二十七大股东均为摩根大通银行的股东或关联公司。由此可见，如果进一步开放金融市场，美国金融机构完全可能实现通过金融手段控制中国产业的目的。这一现象已初见端倪，如果进一步蔓延，中国的金融和产业安全将毫无保障，而不是中兴通信一家公司部分产品停产的问题，对此我国需要高度警惕！

中美经济健康发展路径刍议

王勇①

（中国民航大学马克思主义学院）

一、如何认识当前的美国经济

美国经济的确是处在全面复苏与繁荣之中。2018 年美国第二季度的经济数据表明，其经济的年化增长率达到 4.1%，表现十分抢眼，远远超过 2008 年金融危机爆发以来 2% 左右的平均水平，同时失业率也降至 4% 以下。而探究其增长强劲的原因，我们认为主要有以下几个方面：第一，金融危机爆发以来大规模宽松和刺激政策的作用。危机爆发后，美联储在短短 18 个月内，把联邦基金利率从 5.26% 降到几乎为零，并维持该水平长达 6 年之久。美联储虽在 2015 年末进行了首次加息，但至今仅加息 6 次，联邦基金利率从危机时的近零水平，只升至 1.75%~2% 的水平，加息速度和力度远低于政策理论值。同时，美国于 2008 年 10 月、2010 年 11 月和 2012 年 9 月先后启动了三轮量化宽松政策，在 2014 年 10 月美国的 QE 计划全部停止之时，美联储总共购买了 4.5 万亿美元的资产。量化宽松政策在弥补流动性稀缺和刺激经济复苏方面起到了积极作用。第二，现有宏观政策依然对经济进行着较强刺激。超过 4 万亿美元的资产负债表瘦身计划在 2018 年才刚刚实施，未来两年资产负债表总规模可能仍然超过 3 万亿美元。这意味着美联储在部分国债和机构抵押贷款支持债券到期后可能会继续买入，向市场注入流动性，压低市场利率，促进企业投资和居民消费，保持对美国经济的刺激作用。第三，美国总统特朗普推动的大规模税改计划落地。一方面，征税流程复杂、多漏洞的问题得到了一定程度的修补和完善。另一方面，将减轻美国家庭尤其是中产家庭的税收压力，降低企业所得税率，提高美国企业的国际竞争力，实现海外数万亿美元的回流，从而促进经济增长，创造数以百万计的工作岗位。第四，特朗普强硬的贸易政策令贸易需求非正常提前释放。为规避特朗普高额关税以

---

① 王勇，博士后，中国民航大学马克思主义学院教授，副院长，研究方向：马克思主义政治经济学。

及赶在新政策生效之前进入美国市场,国际资本加大了对美投资,进出口商加大了从美国进口商品,美国对外贸易赤字减少。但同时也要清醒地看到,从中长期来说,美国经济还面临相当多的问题,下行压力不容小觑。首先,当前美国经济的良好表现是2008年金融危机爆发后政府多项"救市"政策共同且累积作用的结果。而一旦这些政策退出或不再发挥效力,伴随着经济周期的运行,复苏和繁荣期将很快结束。其次,一般来说,经济增长是一个自然增长过程,从本质上说离不开人的增长及其实践能力的提升。再说得具体些,经济增长的动力其实就来自三个方面:劳动投入的量、劳动投入的质和协调不同劳动之间相互关系的能力。① 而从目前来看,在美国劳动投入的质(以技术水平和劳动生产率为代表)是比较高的。但由于人口老龄化等问题,劳动投入的量是不足的,于是就要靠大规模的机械化来弥补,由此会造成利润率下降,进而影响企业自身的投资和工人工资的上涨。因此,虽然此前美国的私人投资和私人消费均实现了快速增长,但是否能在无政府刺激的条件下继续保持,独力支撑美国经济,没有人敢抱太大的期望。再次,在这种情况下,协调不同劳动之间相互关系的能力是比较差的,也就是说,实体经济与虚拟经济之间容易出现更严重的失衡。美国金融市场泡沫化趋势已经非常明显,一旦失去企业高盈利的业绩支撑,过度金融化和由于政府债务增加而造成的投资减弱会造成债券市场长短收益率倒挂,美元走强,从而使社会劳动在不同行业部门之间的分布比例失衡。最后,贸易保护主义、逆全球化政策将给今后的美国经济带来巨大风险。其一,限制进口的单边贸易保护主义政策并不能缩减贸易逆差;相反,伴随美国财政赤字扩张、私人储蓄下降、利率水平上升和美元汇率走强,美国贸易逆差将继续扩大。数据显示,美国2018年6月货物和服务贸易逆差环比增长7.3%,为4个月来贸易逆差首次扩大。当月贸易逆差增至463亿美元,高于前一个月修正后的432亿美元。其二,将使美国经济增速减缓。美国经济分析局的统计显示,特朗普上台后,2017年国外对美国的直接投资下降了1200亿美元,降幅为32%。随着其贸易保护主义政策的持续,其他国家必然会做出反击,美国经济将进一步受损。据英国央行估算,美国的GDP有可能因此削减达5%,全球GDP可能放缓2.5%。

总的来说,在短时间内美国经济还处于上升期,但经济增长放缓早已成为其长期发展趋势。

二、如何认识当前的中国经济

在习近平新时代中国特色社会主义经济思想指引下,中国经济保持了总体平稳、稳中向好态势。主要宏观调控指标处在合理区间,经济结构持续优化,防范化解金融风险取得

---

① 王勇. 略论中国经济增长的新动力[J]. 海派经济学,2016(3).

初步成效，生态环境改善，人民群众的获得感、幸福感、安全感不断增强。

首先，劳动投入的量也就是就业人口的数量。改革开放以来，我国的经济增长率能够在很长一段时间里保持接近两位数的水平，一方面得益于劳动年龄人口的持续增长；另一方面在能够保证较充分就业的前提下，人口红利延缓了资本报酬递减现象的发生，劳动力从低生产率部门（农业）向高生产率部门（非农产业）的转移还带来了资源配置效率的提高。当前，为积极应对人口老龄化，一方面我们提出要完善人口发展战略，全面实施一对夫妇可生育两个孩子的政策。而且，通过改革等手段进一步提高劳动年龄人口在二、三产业的比重。据统计，2017 年末全国就业人员有 77640 万人，其中城镇就业人员 42462 万人。全国就业人员中，第一产业就业人员占 27%；第二产业就业人员占 28.1%；第三产业就业人员占 44.9%。全国农民工总量 28652 万人，比上年增长 1.7%。另外则积极促进就业。2017 年，全国城镇新增就业 1351 万人，同比增加了 37 万人，城镇登记失业率为 3.9%，比上年末下降了 0.12 个百分点。城镇失业人员再就业人数 558 万人，就业困难人员就业人数 177 万人，比 2016 年增加了 8 万人。全年全国共帮助 5.1 万户零就业家庭实现每户至少一人就业。

其次，劳动投入的质简单来说就是劳动生产率。劳动生产率的提高是释放一个国家经济潜力的关键所在，是经济增长持久不衰的源泉。那么，劳动生产率的提高又是由什么决定的呢？一般认为有 5 个因素，分别是劳动者平均熟练程度、科学技术的发展程度、劳动组织和生产管理的好坏、劳动工具有效使用程度和原材料等方面的利用程度、对自然资源和自然力的利用程度。其中，中国人力资本水平不断提高，保持着世界人力资源优势。2017 年，中国劳动年龄人口平均受教育年限为 10.50 年，比 2015 年提高了 0.27 年。中国总人口教育资本（指劳动年龄人口与平均受教育年限的乘积）为 94.71 亿年，虽然受人口红利下降的影响有所减少，但是占世界总量的比重仍居首位。2017 年，企业研发投入占我国研发经费总量的 78.5%，企业已成为研发投入的主体。研发投入的不断增加、高等教育规模的扩大、科研人员数量和质量的提升，推动中国科研投入带来惊人的回报。中国对世界高质量科研的总体贡献居全球第 2 位，仅次于美国；国际科技论文占全球比重已经上升到 20.2%，稳居世界第 2 位；发明专利申请量和授权量居世界首位，有效发明专利保有量居世界第 3；最新世界创新指数排名中，我国已经由 2013 年的 35 名上升到 2017 年的 22 名，是前 25 名中唯一的非高收入经济体。①

最后，协调不同劳动之间相互关系的能力。作为经济增长的动力，除了劳动力及其素质技能的自然增长，在社会化大生产中还有一个不可或缺的因素，就是社会对不同行业部

---

① 参见国家统计局《2017 年全国科技经费投入统计公报》。

门间劳动分布比例关系的调节。党的十八大以来,习近平总书记将马克思主义的经济增长理论与中国经济的具体形势相结合,创造性地提出了供给侧结构性改革思想。针对中国经济存在的具体问题,进一步提出,为了更好地实现产业均衡,解决供给结构错配问题,要从生产端入手,实现"三去一降一补",即去产能、去库存、去杠杆、降成本、补短板。这些做法从实质上讲就是要调整不同社会劳动之间的分布比例。2016 年,供给侧结构性改革初见成效:钢铁去产能 4500 万吨、煤炭去产能 2.5 亿吨的任务提前完成;不同地区立足自身实际,以扩大有效需求、打通供需通道等方式消化库存,全国商品房待售面积减少;市场化、法治化债转股等措施陆续出台,签订市场化债转股框架协议规模超过 1000 亿元;全面推开"营改增"试点,全年减税超过 5000 亿元。同时,先后取消或下放国务院部门审批事项 618 项,全面消除非行政许可审批事项,清理中央指定地方实施的审批事项 230 项,清理规范行政审批中介服务 303 项。多措并举降低企业成本约 1 万亿元;先后安排了 3 批专项建设基金,集中力量加大对脱贫攻坚、基础设施建设、产业升级改造等补短板重点领域投入。① 2017 年,中国经济再上新台阶,消费对经济增长的贡献率上升至 60% 以上。经济增长新动能加快培育,产业融合不断深化,新技术、新产业、新业态快速发展,高技术产业和装备制造业保持高速增长。截至 2017 年底,中国高铁里程达到 2.5 万千米,占世界高铁总里程的 66.3%。而互联网、大数据、人工智能的发展速度也是全球领先,其中中国的移动支付占比 82%,高于美、德、日等发达国家。同时,在中高端消费、共享经济等领域已产生出新的增长点。② 总之,供给侧结构性改革思想实施近 3 年来,我国经济的下行压力得到缓解,经济运行企稳得到进一步增强,经济转型正逐步从"降速"阶段转向"提质"阶段,稳中有进、稳中向好在持续发展。

但在这亮丽成绩单的背后,也要看到我国经济运行面临的新问题新挑战,如国内结构调整正处于攻关期,新旧动能转换还需要一定时间,基建设施投资和消费支出的增速有所下滑,创新引领发展的动力还不够强劲。面对新问题新挑战和稳中有变的新形势,中国该如何应对?中国经济如何沿着一条健康发展的路径走下去?

三、如何实现未来经济持续健康发展

第一,要加快实现农业现代化,实施好乡村振兴战略。因为农业是人类社会生产活动的起点,也是人类社会从农业文明走向工业文明、走向现代科技文明的基石。具体来说,一方面要通过加快农村的土地流转,发展多种形式的规模经营,建立集约化、专业化、组

---

① 发改委副秘书长:全年钢铁煤炭去产能目标任务提前超额完成[EB/OL]. http://finance.sina.com.cn/roll/2016 - 12 - 12/doc - ifxypizk0279380.shtml.
② 李伟. 解读十八大以来宏观经济政策新框架[J]. 瞭望,2017(33).

织化、社会化相结合的新型农业经营体系，来进一步提高农业劳动生产率，增加农民收入，提高农民的获得感和消费能力，提高农业种植的科学化水平。另一方面要伴随着农村的土地流转来推进我国的城镇化进程。

第二，要进一步提高劳动者的素质和技能，增强创新力、发展新动能。美国挑起贸易争端实际上是一场针对中国一系列高科技行业的阻击战，根本目的在于阻止中国产业升级和技术进步，继续维持美国高技术产业在全球的领导地位。因此，对我们来说，一方面要"始终高度重视提高劳动者素质，培养宏大的高素质劳动者大军"[1]，加快对职业教育、城乡义务教育的改革，同时在企业中建立和完善提高劳动者技能和素质的激励机制、传导机制、竞争机制。另一方面要进一步深入领悟习近平总书记关于"市场换不来核心技术，有钱也买不来核心技术"的科学研判，加强党中央对科技工作的集中统一领导，形成推动攻克关键核心技术的强大合力和攻坚体制，充分发挥我国社会主义制度的优势，充分发挥科学家和企业家的创新主体作用，培养一大批能够把党和国家科技政策贯彻落实好的组织型人才，发扬光大"两弹一星"精神[2]。高新技术企业要有"板凳要坐十年冷"的定力，通过自主创新牢牢掌握关键核心技术，变被动为主动，突破发达国家占领的制高点，主导国际产业链。

第三，要调节好不同社会劳动之间的分布比例关系，补齐经济发展中的一些短板。要扶植那些国家经济发展所需要的，但为保证国家建设其利润率水平还低于平均利润率的行业和部门，如农业、服务业、民生建设、社会保障等等。由于这些行业或领域存在短板，反过来无法对那些过剩产能行业产品形成有效需求，也造成了大量工业产品积压，价格下行压力不断加大，企业普遍经营困难，亏损日益严重。因此，要大力加强基础设施、战略性新兴产业和现代服务业建设，增加公共产品和服务供给，在压缩原有过剩产能的情况下，提高技术进步和创新能力。要强化深度贫困地区的脱贫攻坚工作，推动精准扶贫、精准脱贫各项政策措施落地生根。

第四，以进一步开放应对贸易摩擦的负面冲击。中国作为过去几十年发展最快的新兴经济体和发展中国家，成功的秘诀之一就在于始终不渝地坚持了对外开放，就在于自觉地融入全球化进程之中。因此，即使在美国大力推行贸易保护主义、强行挑起贸易争端的今天，中国进一步开放的决心也不应动摇。具体来说，首先要坚定不移地发展全球自由贸易和投资，在开放中推动贸易和投资自由化、便利化，旗帜鲜明地反对保护主义。其次，要摒弃旧的经济全球化"赢者通吃、弱肉强食"的错误理念，倡导让全球经济发展更加平

---

[1] 习近平. 在庆祝"五一"国际劳动节暨表彰全国劳动模范和先进工作者大会上的讲话[N]. 人民日报，2015-04-28.

[2] 程恩富. 在对外经济博弈发展中增强自信[N]. 光明日报，2018-08-07.

衡、发展机会更加均等、发展成果人人共享，倡导通过交流互鉴来解决制度、政策、标准不对称等问题。再次，要推动全球基础设施互联互通，加大对基础设施项目的资金投入和智力支持，推动各方实现互利共赢。最后，要保护好全球生态环境，推动经济、社会、环境协调发展，实现人与自然、人与社会的和谐相处。总之，中国的对外开放以构建人类命运共同体为己任，以更加开放深化自身改革，同时助推世界经济走上强劲、可持续、平衡、包容的增长之路。

论全球化与反全球化趋势并存的根源
——兼论英国脱欧的原因与后果

白瑞雪[①]

（北京师范大学）

一、当前经济全球化的本质

全球化在地球上生命诞生之初就开始了。诞生于同一个星球，为了生存共享资源，这是生命生存的本能决定的。最初只是物种的扩散和迁移，在人类社会出现后，就从简单的生物扩散迁移的全球化进入到了有意识的人类社会、经济、信息的全球化过程中。伴随着人类的发展，经济作为社会发展的基础，影响着人类生存发展的进程，也体现着人类特有的全球化表现。人类的经济交往活动在突破地域限制的过程中，不断实现社会生产总过程的全球扩展，加速着人类社会全面全球化的进程。经济全球化也是社会生产力和生产关系的全球化。

（一）有效需求不足推动经济全球化

资本主义经济制度运行过程中，社会总需求与社会总供给之间的矛盾如同衔尾蛇一般的循环，体现着资本主义经济的特性。社会总需求小于社会总供给是有效需求不足的表现形式。

从社会总需求的角度看，占消费人口主体的劳动者的收入水平决定社会总购买水平。然而，资本家购买劳动力是为了生产剩余价值和追求利润最大化，在劳动力市场上就表现为尽可能地压低工人工资，将工资限制在劳动力价值的水平上。这导致劳动者再生产的大部分需要（甚至维持基本生活的需要）得不到满足，从而制约了社会有效需求[②]。从社会总生产的角度看，资本对利润的无限追求导致生产资料生产的不断扩大，促使社会供给不

[①] 白瑞雪，北京师范大学副教授，硕士生导师，理论经济学博士后。
[②] 白瑞雪，白暴力：资本—雇佣劳动制度中社会消费需求被约束并向下运行的趋势[J]. 福建论坛（人文社会科学版），2010（11）.

断增长。于是，社会总供给越来越大于社会总需求，由此形成了生产相对过剩与有效需求不足的矛盾。马克思在《资本论》中指出："工人的消费能力一方面受工资规律的限制，另一方面受以下事实的限制，就是他们只有在他们能够为资本家阶级带来利润的时候才能被雇用。一切真正的危机的最根本的原因，总不外乎群众的贫困和他们的有限的消费，资本主义生产却不顾这种情况而力图发展生产力，好象只有社会的绝对的消费能力才是生产力发展的界限。"①

在一个国家中，虽然生产规模的扩大可以暂时脱离社会消费需求的限制，仅仅依靠生产资料生产的扩大就可以实现。但是，社会需求最终还是取决于社会消费能力。所以，资本主义制度的对抗性关系，虽然有可能促成消费在绝对数量上的增加，但相对于生产规模而言，这种消费需求数量上的增加是远远不够的。这就内在地决定了资本主义经济加速扩张的生产规模对加速扩张的市场的渴求。在交通、信息流动成本低廉的现今世界，当国内的有效需求不足无法消除时，会在他国寻求市场扩张，继续对利润的追求，这就是全球化的根源和动力。

（二）资本相对过剩与投资需求不足

当资本主义发展到垄断阶段之后，资本输出逐渐取代商品输出成为资本全球化的主要推动力量。"对资本来说……它的本性是要经常地越出自己的界限。资本的合乎目的活动只能是发财致富，也就是使自身增大或增殖。"② 由于资本的增殖本性，资本必须进入循环以保持其活性。在垄断资本主义条件下，有效需求不足是无法避免的。投资可以在一段时间内缓和资本凝滞的状况，但是投资仍会被最后的总需求饱和限制，从而导致投资需求不足。凯恩斯指出，"一切资本投资，迟早总要变成负投资，故如何使新的资本投资，常常超过资本负投资，以弥补净所得与消费之罅隙，乃成为一个大问题，——而且此问题随资本之增加而愈来愈大……每次我们以增加投资取得今日之均衡，便增加取得明天均衡之困难"③。

列宁指出了资本相对过剩和资本全球化的原因："只要资本主义还是资本主义，过剩的资本就不会用来提高本国民众的生活水平（因为这样会降低资本家的利润），而会输出国外，输出到落后的国家去，以提高利润。……其所以有输出资本的必要，是因为在少数国家中资本主义已经'过度成熟'，'有利可图的'投资场所已经不够了（在农业不发达和群众贫困的条件下）。"由此可见，资本过剩也是一种相对过剩。同有效需求的相对不足

---

① 马克思．资本论（第三卷）[M]．北京：人民出版社，1975：548．
② 马克思，恩格斯．马克思恩格斯全集：第46卷（上）[M]．北京：人民出版社，1979：225－226．
③ 凯恩斯．就业利息与货币通论[M]．徐毓枬，译，北京：商务印书馆，1977：92．

一样，资本的相对过剩也是基于资本主义对利润的无限追求。因此，资本全球化是符合资本增殖本性的，是缓解资本相对过剩与投资需求不足矛盾的重要途径，是资本主义生产方式的内在要求。资本的全球化进一步推进了经济全球化的演化过程。

（三）世界市场和廉价原料的争夺

除了缓解投资需求不足的矛盾，资本全球化的另一方面是资本主义国家对世界市场和廉价原料的竞争。

资本主义发展到垄断阶段之后，资本主义国家内部的生产过剩和资本过剩都发展到了很高的程度，能否占据更多的、更有利的世界市场就是体现和影响一个资本主义国家经济发展的重要因素。"资本输出的利益也同样地在推动人们去夺取殖民地，因为在殖民地市场上，更容易（有时甚至只有在那里才可能）用垄断的手段排除竞争者，保证由自己来供应，巩固相应的'联系'等等。"① 对世界市场的占有，可以有更大的空间缓解国内日趋尖锐的经济矛盾；在其他国家和地区获取了廉价、优质的原料，就可以降低生产成本，提高利润率，保证资本的增殖。"投在殖民地等处的资本，它们能提供较高的利润率"② "资本主义愈发达，原料愈感到缺乏，竞争和追逐全世界原料产地的斗争愈尖锐，抢占殖民地的斗争也就愈激烈。"③

（四）缓解资本主义制度的内在矛盾

资本要求增殖的本性决定了资本在运动过程中要不断增大自己，积累自己。然而"在资本主义生产方式内发展的、与人口相比显得惊人巨大的生产力，以及虽然不是与此按同一比例的、比人口增加快得多的资本价值（不仅是它的物质实体）的增加，同这个惊人巨大的生产力为之服务的、与财富的增长变得越来越狭小的基础相矛盾，同这个日益膨胀的资本的价值增殖的条件相矛盾"④。由此，生产相对过剩、人口相对过剩、资本相对过剩等一系列尖锐矛盾造成的社会问题日益突出。资本在国内实现增殖的环境相对恶化的条件下，会不遗余力地开辟新的市场，为其相对过剩产品和资本找到得以实现的市场，从而在一定程度上缓解资本主义社会中资本生产相对过剩、资本相对过剩的状况，在一定程度上缓解国内资产阶级与雇佣劳动者阶级间的矛盾；资本全球化开辟了国外市场，扩大了资本家的活动场所，拓展了他们获取利润的空间，资本家间的矛盾也因此而有所缓和，从而为

---

① 列宁. 帝国主义是资本主义的最高阶段[M]. 北京：人民出版社，2015.
② 马克思. 资本论：第三卷[M]. 北京：人民出版社，1975：265.
③ 列宁. 帝国主义是资本主义的最高阶段[M]. 北京：人民出版社，2015.
④ 马克思. 资本论：第3卷[M]. 北京：人民出版社，1975：296.

维持本国的经济发展和社会稳定起到了一定作用。

二、反全球化趋势——英国脱欧的根本原因

(一) 资本主义经济全球化的边界

在原来的社会主义和资本主义两大对立格局中,两大经济具有不同的特征。社会主义经济的特征是短缺经济,总是存在供给不足。资本主义经济的内生矛盾是生产相对过剩或有效需求不足。在这种情况下,资本主义国家可以通过向社会主义经济体输出商品来缓解自身的矛盾。

但是,随着苏联解体和东欧剧变,资本主义在全球得以扩张,许多经济体都采用了资本主义生产方式或者在很大程度上受到资本主义生产方式的影响。资本主义的内在矛盾也在不断扩张。正如马克思所说:"资本主义生产方式不仅以劳动者与劳动条件相分离的历史过程作为前提;资本主义生产还以越来越大的规模在生产这种关系并使之日以尖锐化。"[1]

(二) 反全球化趋势

由以上分析可见,当资本主义经济的内在矛盾遍布全球之时,就是资本主义经济没有任何回转余地之时,那么,面临的路只会有一条,就是崩溃和社会制度的革命。因此,在地球资源尚有余地、扩张范围尚有余地的情况下,出于对资本主义自身利益的保护,发达资本主义国家会首先出现反全球化的举动。2016年的英国公投和美国新任总统特朗普的"本土主义"正是佐证。

有趣的是,现在反全球化态度最为明显的国家,正是最初大力推行全球化的国家,其国内参与全球化的程度已经很高。除了英国脱欧的进程,2017年2月,法国极右翼政党领导人马琳·勒庞在总统竞选中承诺,如果她当选总统,她的政府将打击外国人和全球化的力量。她提出一项计划,要让法国退出欧元区,对外籍劳动者征税,设立贸易壁垒,以及遏止"不受控制的移民"。[2]2017年3月25日,意大利《罗马条约》签署60周年纪念日出现大规模的游行示威活动,以表达民众对欧盟政治经济形势的不满。更为有趣的是,对英国退欧支持者的分析[3]和美国新任总统特朗普竞选时的支持者的分析可以得出一致的指向:从事着技术含量低的中年劳动者居多,受教育水平为高中及以下,面临着全球化带来

---

[1] 马克思,恩格斯. 马克思恩格斯全集[M]. 北京:人民出版社,1979:159.
[2] 法国极右政党领导人勒庞启动总统选战,承诺退欧[EB/OL]. 中国新闻网(北京),2017-02-06.
[3] 丁纯. 英国退欧和欧洲的前途[J]. 欧洲研究,2016,4:17-25.

的冲击和失业的风险。无论是从年龄分析还是从受教育程度和职业分析，我们都可以看到反全球化借助的力量，恰恰是能够缓解有效需求矛盾中消费的那一部分人——产业工人。这一点更证明了反全球化的实质意义，即缓解资本主义内在矛盾的需要。

三、社会主义的发展

在经济全球化和反全球化的波动过程中，社会主义经济不断发展着。我国始终坚持公有制经济和按劳分配为主体，这保证了我国社会生产目的在根本上是为了满足广大人民群众的需要，同时保证了政府对市场的宏观调控对市场本身的缺陷的缓解，避免了有效需求不足的矛盾，还保证了社会消费增长以及社会有效需求的增加，进而保证了国民经济的增长。在看到我国社会主义经济体制优势的同时，也要居安思危。面对全球化和反全球化的趋势，从其本质上进行分析，我国社会主义发展应对策略主要包括如下三方面：

（一）强基固本，提高内需

面对全球化与反全球化的冲击，我国首要的应对方式就是保证国内市场的发展，加固国内经济的基础。提高内需，首先要提高人民购买力。2000—2014年，我国居民消费率下降9%[1]，反映了内需方面调整的需要。因此，改革收入分配制度，增加劳动人民收入，增强购买力，是应对的有效方法。

同时，2015年，我国人民境外消费总额1.5万亿元，消费对象也由奢侈品类转向了日用消费品[2]。我国的社会主义性质保证了我国的社会生产目的在根本上是满足广大人民群众的需要，因此，从供给侧结构改革入手，淘汰低端产品，生产出符合人民需要的优质产品，促使消费结构升级，也是有效发展内需的方式。

（二）加强我国企业对外竞争力

在社会主义市场经济中，劳动生产率的提高不但受经济规律的影响，也受到国家的调控和指导。这样的制度基础既促进效率提高，又能兼顾社会公平。在现今的经济状态下，劳动生产率的提高主要集中在：①企业机制改革，完善企业管理和激励机制；②增加企业科技投入，推进技术革新；③提高工人素质，促进技术进步和资源优化配置。如此，在加强企业对外竞争力的同时，也进一步推动我国社会生产力的整体发展和我国社会主义的发展。

---

[1] 徐文舸. 国内总储蓄率高企及居民消费率下降的分解与探究[J]. 社会科学研究，2017,1:22-28.
[2] 金晓彤，黄蕊. 技术进步与消费需求的互动机制研究[J]. 经济学家，2017,2:50-57.

(三) 熟悉了解现有国际贸易规则，增加国际市场占有率

全球化的发生发展，促使了一系列国际贸易规则的产生。自 GATT/WTO（关税及贸易总协定/世界贸易组织）以来，TPP（跨太平洋伙伴关系协定）、TTIP（跨大西洋贸易和投资伙伴关系协定）、RCEP（区域全面经济伙伴关系协定）、DDA（WTO 多哈发展议程）、TISA（服务贸易协定）、EGA（环境产品协定）等新贸易协定在不断地讨论和发展中。这些贸易协定力图推动全球化进程，扩大国际市场，必然要消除减少贸易与投资壁垒。现今，因为反全球化趋势的出现，美欧贸易战略开始由全球化多边框架转向反全球化的双边、区域协定，试图提高经贸标准，重构全球经贸规则。

然而，一个贸易规则的确立需要在不同的国际平台流动，并不以某些国家的意愿为结果。在此过程中，我国需要坚持互惠、共赢的原则，维护多边贸易体制，同时积极参与新规则的制定。在未来的贸易规则参与和制定过程中，还需要进一步关注贸易产品和服务清单的设定，保护我国企业的发展，防止贸易欺诈，发挥我国竞争优势，不断增加国际市场占有率。我国需要把握反全球化对世界经济格局改变的契机，增强国力，扩大发展空间，进一步推进社会主义的发展空间。

新自由主义的民生困局
——以奥巴马医改为例

杨静[①] 金轲[②]

(中国社科院 中国财政科学研究院)

一、新自由主义的民生思想

20世纪70年代凯恩斯主义者们面对经济出现"滞胀"束手无策之时,新自由主义应运而起,成为西方经济学的主流思想。

新自由主义主要有四大学派,分别是以哈耶克为代表的奥地利学派、以弗里德曼为代表的芝加哥货币学派、以布坎南为代表的公共选择学派以及以科斯为代表的芝加哥新制度经济学派。

其中,奥地利学派民生思想以哈耶克为代表。哈耶克认为福利国家制度是对自由的侵犯,"政府的许多新的福利活动之所以对自由构成威胁,是因为尽管它们表现为纯粹的服务活动,但他们事实上意味着政府在行使一种强制权力,而且是以政府在某些特定领域内要求享有排他性权利为基础的"[③]。哈耶克对具体民生领域里的制度措施也持批判态度,他反对国有医疗制度,认为人们对医疗的需求不客观。

货币学派的民生思想主要以弗里德曼的社会福利思想为代表。弗里德曼认为民生保障的目的在于捍卫"经济自由"与"过程公平"。在具体的民生领域,弗里德曼对一系列具体的社会福利制度提出批评:在收入分配领域,他认为累进税制度在扭转收入分配失衡方面产生的影响较小,一方面因为"(累进税制度)使税收前的分配更为不均等",另一方面则因为"(累进税制度)造成立法上的和其他的条例来回避税收"[④]。在养老领域,他将该制度拆分为三部分——收入再分配、养老金机构国有化与强制购买养老金,并对每一部分单独做出批

[①] 杨静,中国社科院马克思主义研究院研究员。
[②] 金轲,中国财政科学研究院硕士研究生。
[③] 哈耶克. 自由宪章[M]. 杨玉生,冯兴元,等,译. 北京:中国社会科学出版社,2012:403.
[④] 米歇尔·弗里德曼. 资本主义与自由[M]. 张瑞玉,译. 北京:商务印书馆,2009:185.

判——如指责对老年人不论贫富给予相同养老金是"毫无原则的再分配"①,认为养老金机构国有化优点过于微小,而强制购买养老金"剥夺了我们对我们相当大部分收入的控制"。

公共选择学派的民生思想集中体现在以布坎南为代表的理论中。布坎南提出了"宪政改革"以解决"政府失灵",强调资源的配置要基于"集体同意"或"交易原则",而非为了"配置最优"这一目的。

新制度经济学派认为保障民生的目的在于解决外部性问题,但对民生的保障不一定要通过政府来进行。科斯对于庇古提出的"只有政府才能解决市场失灵"的观点提出了有力的回应,指出产权明晰的条件下通过产权的划定可以避免外部性、公共物品供应不足等市场失灵问题,认为这种解决方式的交易成本可能比政府制定民生政策的解决方式更低,而且取得的成效更全面。

二、美国的民生困局与奥巴马医改的失败

新自由主义的民生思想对以美国为代表的资本主义国家解决民生问题的立场、方法以及政策产生了巨大的影响,并在民生实践中得以贯彻执行。然而,这些国家的民生问题并没有得到有效的解决,反而陷入了一系列的民生困境。有关调查显示,"从规模性收入差距、功能性收入差距及代际收入流动性三个方面来衡量,20 世纪 80 年代以来美国的收入不平等程度均有上升"②。具体以反映贫富差距最为直观的基尼系数为例,1980—2008 年,美国基尼系数呈现不断上升的态势,见图 1。

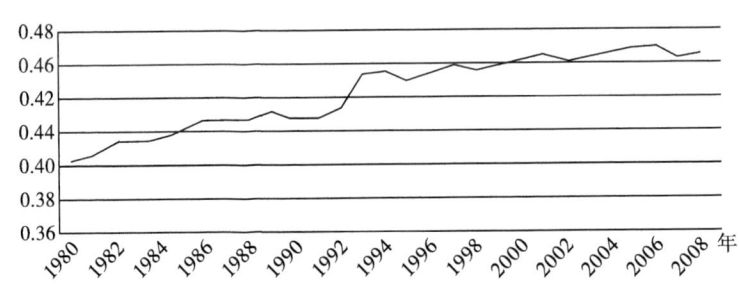

图 1　1980—2008 年美国基尼系数变化

资料来源:Wind 数据库。

与此同时,在保障人民生活水平的公共物品供给这一领域,美国出现了严重的供给不足,其中以医疗保险领域的供给不足为甚。1996—2008 年,美国医疗保险未覆盖人群比例始终在 13% ~15% 的高位徘徊,且呈现出不断上升的态势,如图 2 所示。

---

① 米歇尔·弗里德曼. 资本主义与自由[M]. 张瑞玉,译. 北京:商务印书馆,2009:199.
② 胡莹. 新自由主义时期美国的收入差距分析及其对我国的启示[J]. 马克思主义研究,2017(9):40 - 50.

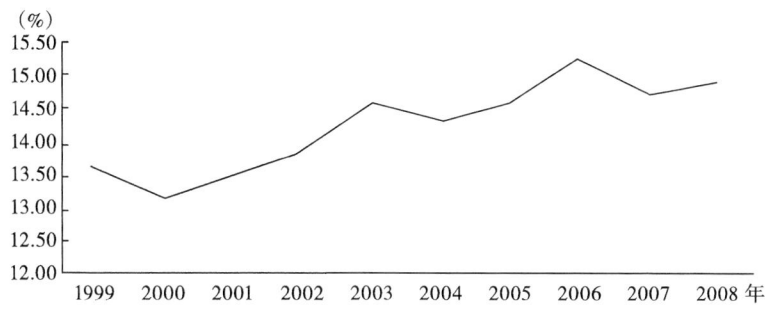

图2　1999—2008年美国医保未覆盖人群比例

资料来源：Wind数据库。

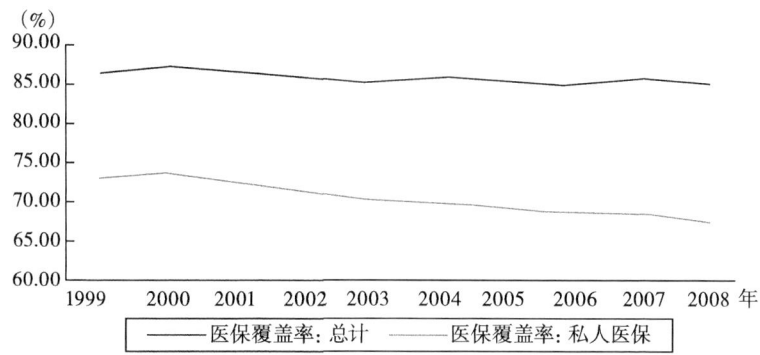

图3　1999—2008年美国医保总覆盖率及私人医保覆盖率

资料来源：Wind数据库。

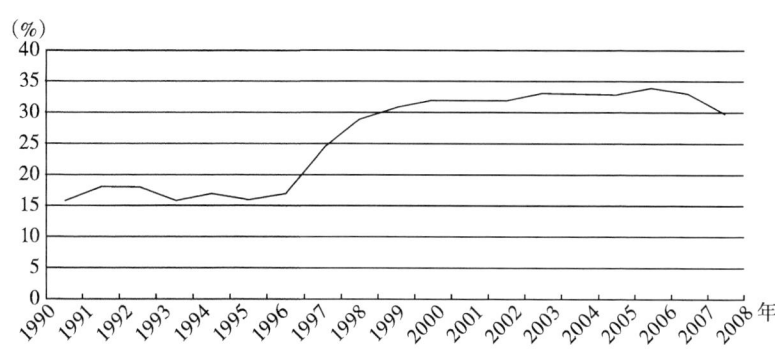

图4　美国健康保险支出占家庭收入比重

资料来源：Wind数据库。

从图3可以看出，2008年以前，美国的医疗保险体系几乎完全由市场化的私人商业保险覆盖，医疗保险这一公共物品的供给严重依赖市场。与此同时，美国商业保险及医疗保险覆盖率呈现出不断下滑的态势。从图4可以发现，美国健康保险支出占家庭收入比重的大幅增加后居高不下，成为医疗保险覆盖率下降的直接原因。

美国政府试图不断增加民生投入扭转民生困局。近二三十年美国的民生投入呈现出不断增加的态势。同样以医疗领域为例,1980—2008 年,美国政府在医疗领域的经常性支出增长如图 5 所示。

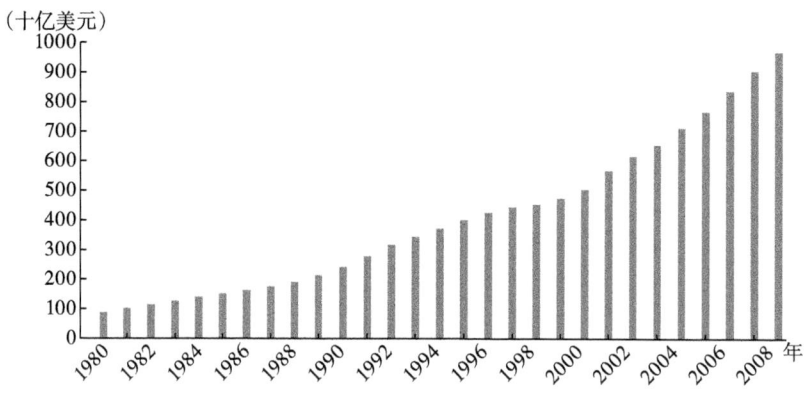

图 5　美国政府医疗领域经常性支出

资料来源:Wind 数据库。

从图 5 可以看出,美国政府每年在医疗领域的投入不断增长,2008 年政府支出甚至接近 1980 年的 10 倍。但是美国依然存在着之前提到的医疗保险公共品供给不足的严重问题,美国人每年在医疗领域的开支依然巨大,且每年不断增长,全国医疗卫生支出占 GDP

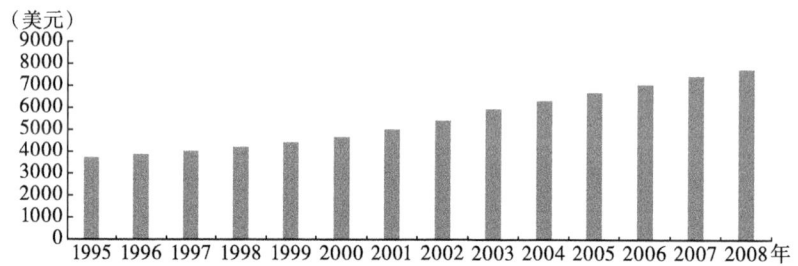

图 6　1995—2008 年美国人均医疗卫生支出

资料来源:Wind 数据库。

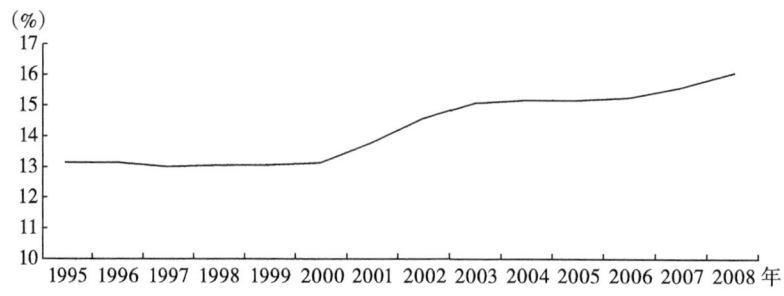

图 7　1995—2008 年美国医疗卫生支出占 GDP 比重

资料来源:Wind 数据库。

比重也在不断上升（见图6、图7）。但是，20世纪80年代以来，美国的人均预期寿命增长很慢，在世界主要发达经济体中的排名逐渐由中游下滑至末尾，这些在很大程度上体现出政府的高额医疗投入效果不佳，甚至可以说效率低下。

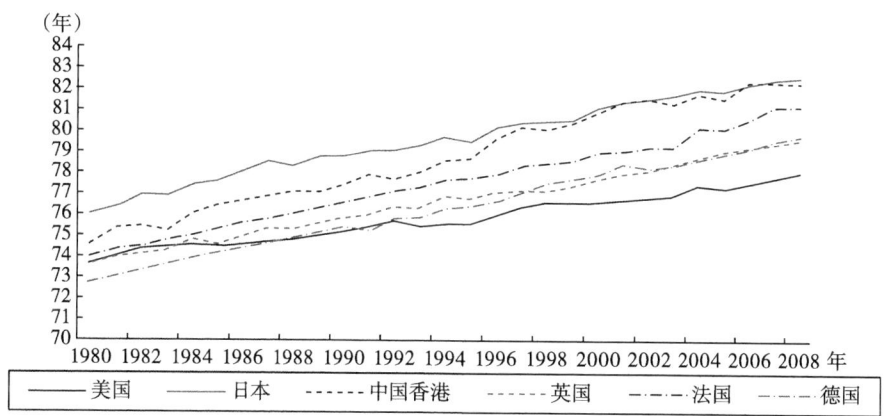

图8　1980—2008年主要发达经济体出生时平均预期寿命对比

资料来源：Wind数据库。

美国在收入分配、公共物品供给以及政府公共开支三个方面出现的民生困局具有内在统一性。贫富差距的逐渐拉大使得对公共物品存在巨大需要的人数逐渐增多，而公共物品供给的市场化促使保险公司等市场主体不愿意为贫困人口提供其所需的公共物品，进一步恶化了公共物品的供给。"与新自由主义观点相矛盾的是，市场工具并没有带来更高的效率。目前的医疗保健市场为美国人花费的资金提供的是低价值的服务"[①]。

2010年3月23日，奥巴马签署了名为《美国大众卫生保健法案》的医疗改革方案。新的医疗法案的主要内容包括：一是在原有商业保险的基础上，扩大医疗保险的覆盖范围，为3200万没有医疗保险的人提供政府医疗保险（包括为65岁以上老人和残障人士提供的联邦社保基金医疗保险以及为低收入家庭提供的州政府医疗补助），将医疗保险的覆盖率提升到95%，并将更多的医疗项目纳入医保范围；二是一定程度上加强医疗保险领域的政府干预，创立医疗保险费率管理局，负责保险公司保费政策的监管并对各保险公司保险费率调整进行监督和评估；三是政府通过提高针对高收入群体的个人所得税和高额保单的消费税来筹集医疗保险资金。

奥巴马医改前后，美国的医疗保险制度发生了一定的转变，主要体现在以下几个方面：

---

① C Wendt, R Minhas. The power of ideas – can Obama's healthcare reforms change the U. S. health system [J]. *International Journal of Clinical Practice*, 2010, 64 (4): 423–425.

表1 奥巴马医改前后美国医保制度的变化

医保制度	医改前	医改后
医保体制	商业保险	商业保险+联邦医疗保险（Medicare）+联邦政府与州政府合作提供的医疗补助（Medicaid）
管理体制	商业保险公司管理	联邦政府+州政府+商业保险公司分别管理
资金负担主体	个人自行负担+企业主协助缴纳	个人自行负担+企业主协助缴纳+保险费+新设消费税+医疗补助上涨税+保险商品消费税
参保方式	个人自愿参保	义务参保（拒绝参保需缴纳罚金）
保险公司歧视	保险公司可以拒绝高风险人群入保	保险公司不能拒绝高风险人群入保

从医改法案的内容和变更后的医改方式来看，奥巴马医改依然是以新自由主义民生思想为指导的。一方面，联邦及州政府只为低收入家庭、老年人和残障人士提供医疗保险，体现的正是奥地利学派"有限保障"的思想；另一方面，对于收入正常的中产阶级而言，医疗保险这一公共物品的主要供给者依然是市场化的商业保险机构，与新制度经济学派主张将公共物品的供给市场化的要求不谋而合。

医保方案通过以后，美国保险未覆盖率快速下降，2015年下降到低于10%的水平，2016年进一步下降到8.8%。① 但是，坚持新自由主义取向的奥巴马医改在执行过程中遇到了来自三大利益集团的阻力，最终导致其无力化解民生困局，并遭到新任美国总统特朗普的坚决反对与废除。

第一，奥巴马医改遭到了来自美国医疗体制内既得利益集团的阻力。在美国原有的医疗体制下，医生、药品生产商、医疗器具供应商均为既得利益者。他们通过游说国会议员等方式等抵制对于医疗体制本身的改革，而在公共选择学派倡导的多数同意原则影响下，这些议员对医疗体制改革的反对使医改只能局限在医疗保险这一领域。高额的治疗费用、药物及医用器材费用并没有因为医改而得到削减，反而被既得利益者用来当作赚取美国政府医疗卫生支出的工具。同时，由于高额利润刺激，许多制药商将研发基地设在美国本土，随着新药开发难度的增加，新药成本更高，追求的利润也就更大，最终导致新药价格居高不下，高额的药价无论对于个人、商业保险公司及政府而言都是沉重的负担。随着医保覆盖率的上升，人均医疗卫生支出也在急剧增加。

第二，奥巴马医改遭到了来自中小企业主和中产阶级的阻力。一方面，奥巴马医改方案提出，"雇佣50人以上的企业则被要求强制给所有雇员上保险并承担保险的费用，如果企业不为员工购买保险，那么公司将在60天内面临每一个没有上保险的人400美元的惩

---

① 数据来源：Wind数据库。

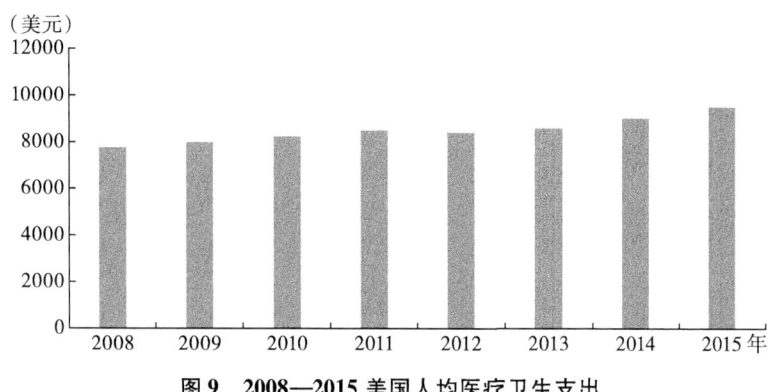

图9 2008—2015美国人均医疗卫生支出

资料来源：Wind 数据库。

罚，这一惩罚将在60天后变为每人600美元"①。这对于中小企业而言是一个不小的负担，一些中小企业甚至为逃避缴纳保费或罚款，只给员工提供临时岗位与合同，一些美国青年被迫打多份零工、短工来维持生计；另一方面，对于中产阶级而言，他们如果不为自己参保，那么将面临惩罚性的税收，这笔税收对于他们而言大大增加了生活成本，如果他们选择参保，由于奥巴马医改中的标准医疗合同覆盖了很多中产阶级不愿意参加的医疗项目，所以"奥巴马计划提出的规则将减少消费者的选择，（因为）其中一些人宁愿购买比国会要求的更少（或更多）医疗保健"。②

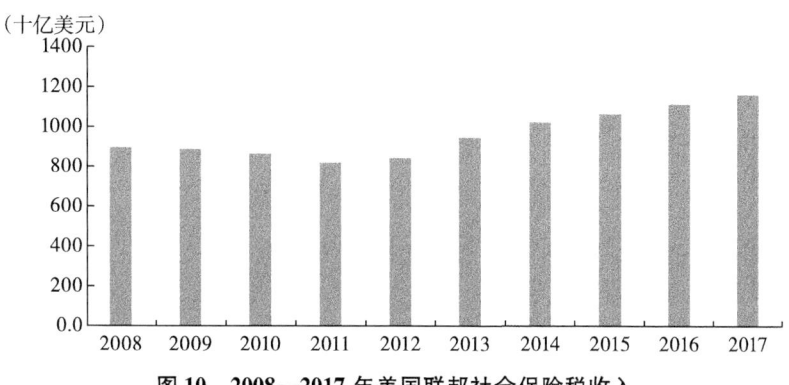

图10 2008—2017年美国联邦社会保险税收入

资料来源：Wind 数据库。

第三，奥巴马医改遭到了来自保险公司的阻力。奥巴马医改对保险公司提出了若干限制，包括禁止背景调查、价格歧视等等。保险公司需要给众多慢性病患者等提供医保，成

---

① 陈莹，王明远，唐盟. 特朗普医疗保险改革述评[J]. 地方财政研究，2017(11)：105-112.
② Joseph R. Antos. Symptomatic Relief, but No Cure — The Obama Health Care Reform[J]. *The New England Journal of Medicine*, 2008, 359: 1648-1650.

本大幅上升，因而在开始阶段对奥巴马医改持有抵触态度。但奥巴马医改中有要求全部不符合政府医保要求的人购买商业保险，否则对不买保险者课以罚金的条款。"尽管有一些条款可以限制保险公司最严重的滥用行为，比如排除那些拥有现有保险条款的人，但法律中没有任何条款可以阻止保险公司提高保费"。[①] 与此同时，政府成立的公立保险公司也未能起到提供廉价医疗保险的兜底作用，甚至在一些州出现公立保险公司出租给私人保险公司运营的情况。

此外，以奥巴马医改为导火索激起了绝大多数中产阶级（其中包含很多海外华人）的反对，最终导致民主党输掉了2014年国会中期选举和2016年的总统大选。奥巴马医改也随着特朗普的上台而遭到废除。

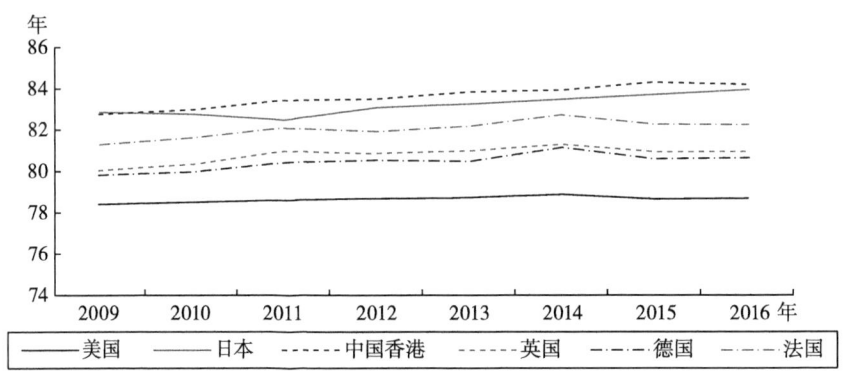

图11　2008—2016年主要发达经济体出生时平均预期寿命对比

资料来源：Wind数据库。

奥巴马医改内容和最终结果足以证明，新自由主义民生思想指导下的美国民生改革依然坚持维护了其所谓的"过程公平"，坚持公共物品市场化供给为主的原则，只对老年人等弱势群体提供"有限保障"等的改革方案，根本无法有效地解决民生问题，也无法帮助美国走出民生困境。不难看出：首先，发达资本主义国家至今还没有摆脱新自由主义思想的桎梏，即使是试图扩大政府干预的奥巴马医改政策，最终也沦为大制药商和大保险公司敛财的新方法。其次，新自由主义民生思想突破不了"有限保障""最低保障"的原则，就无法实现公共物品的全民共享，公共物品供给效率无法得到有效提升。再次，新自由主义民生思想所提倡的公共物品"市场保障""市场供给"绝非解决民生公共物品供给的"灵丹妙药"，市场化的公共物品供给一方面满足不了弱势群体的基本需求，另一方面也容易给中产阶级中相对弱势的群体带来巨大的经济压力，迫使他们放弃对公共物品的需求并

---

① Marcia Angell. Obamacare Confronts a Fiscal Crisis：Why the Affordable Care Act Doesn't Add Up[J]. *New Labor Forum*，2013，22(1)：44-46.

只能依靠自己对抗相关风险,两大弊端使得市场化供给公共物品的方式无法从根本上解决民生供给不足以及共享不均等问题。

三、新自由主义的民生困局对中国的启示

新自由主义民生思想指导下美国遭遇的民生困局并不令人意外。其根本原因在于,新自由主义并不能够消除资本主义社会的基本矛盾——即生产社会化与生产资料私人占有之间的矛盾,从而不具备从根本上解决民生困局的经济基础,更无法阻挡资本追求利润的最大化。新自由主义的民生困局以及奥巴马医改的失败至少可以为新时代我国建设"人民满意的服务型政府"提供三点启示:

(1) 要旗帜鲜明地反对西方新自由主义民生思想,同时加快新时代中国特色社会主义民生理论的构建。西方新自由主义民生思想认为,政府的目的应限于产权保障等方面,公共物品的供给应通过市场模式进行。

(2) 要破除新自由主义民生公共物品"市场供给""有限保障"的观念,理顺政府与市场的关系,使市场在资源配置中起决定性作用的同时,更好地发挥政府作用,构建民生型政府将"建设人民满意的服务型政府"落到实处。

(3) 要打破公共物品供给依赖"私人企业"的观念,必须坚持和完善我国社会主义基本经济制度和分配制度,毫不动摇地巩固和发展公有制经济。政府在民生方面发挥作用不只意味着财政资金对民生的投入,更应当关注财政资金的使用——因为公共物品的提供者大多数还是以各类企业为代表的市场主体。

金融自由化是怎样掠夺财富的？
——2008 金融危机十年祭

方建国[①]

（福州大学）

2008 年的世界金融危机已经过去了 10 年，它对世界所造成的巨大冲击使今天世界经济仍处在艰难的复苏中。"前事不忘，后事之师"，10 年中，有许多的事例和数据可以用来说明问题和为我们进行必要的反思奠定基础。10 年来不断有对此次金融危机进行反思的文献出现，仅就我国学术界来说，从 2007 年开始学者们最初还只是从"次贷危机"的角度来认识金融危机，后来逐渐深入认识到这不仅是一场资本主义市场失灵和资本贪婪本性而导致的危机，而且深刻认识到这是新自由主义的破产和马克思主义复兴的开始。这些研究的主题和方向比较集中，本文将以它为主线来梳理国内外文献，限于文章的篇幅和主题，在此只做一个旅程式的回顾。

一、文献回顾

（1）金融危机是金融资本衍生品泛滥的危机，必须通过有效的管制来阻止这种"赌场资本主义"危害再生。金融部门的过度增长不可避免地是当前危机的根源或直接原因（letto - Gillies，2010）。金融投机商人通过投机取巧（或各种莫名其妙的金融工具和衍生品）或剥夺或控制了大部分实业家的资本（Stiglitz，2010）。资本大量流入金融投机领域，如股票、债券、期货、货币、债务（抵押贷款）等等，创新和维护这些金融资产并且从中获利的就是金融机构。银行家的集体失职加上从抵押贷款的赌博游戏中赚钱的贪婪本性，以及监管者和政客不顾一切地为这种不负责任的豪赌提供支持，这些无疑都是促成 2007—2008 年全球金融危机的原因。这种病态的市场经济是"赌场资本主义"，西方经济学家习惯称之为"经济金融化"。

（2）金融危机是"放任自由"经济体制的必然结果，因而也就宣告了新自由主义

[①] 方建国，福州大学经济与管理学院经贸系教授。

"信任危机"。金融危机发生以后，关于要么阻止危机或要么减缓危机的合适的政策反应和机构的讨论，被置于一个更广阔的资本主义制度的相对优势和缺陷的不间断讨论中。一部分流行文献认为资本主义要么是直接破坏性的要么需要通过民主政治制度来控制和管制（Klein，2007；Krugman，2009；Stiglitz，2009），而另一部分要么高度怀疑资本主义制度的能力，要么强调自我管制市场的放任的一面（e. g. Norberg，2003；杨春学、谢志刚，2009；刘迎秋，2009；Pennington，2011；刘晓辉、罗文东，2011；Grant，2014）。

（3）金融危机再一次暴露了资本贪婪和资本主义剥削制度的本性。金融危机形成的根源在于资本追求利润的贪婪本性（王伟光，2009；孙承叔，2010），如果资本贪婪的本性得不到有效的克制和抑制，资本主义经济危机还会再次爆发。杨奇才、韩文龙（2013）以小布什执政期间由于"减税"以及军费和社保支出增加等原因导致政府赤字不断膨胀为典型事例，通过技术性的分析推断美国市场化利率不稳定将可能再次引发"次债危机"。

（4）用马克思理论分析金融危机是虚拟经济脱离实体经济所造成的危机。根据马克思的说法，虚拟资本是有益于资本主义的，但它不创造价值，只有人类劳动才能创造价值。最近危机就是被大量以极端的虚拟资本形式的投资给恶化（朱炳元，2010；何秉孟，2010；刘诗白，2010；周肇光，2010；Cooper，2015）。而这种虚拟资本是资本主义进入金融资本主义的一个必然结果（刘晓欣，2011；孙承叔，2010；马锦生、何自力，2013），金融机构赚取的巨额收入没有带来等量的真实价值，大部分来自赌博或类似赌博的活动，与实体经济的联系很少（维托·坦茨，2014），正是资本主义金融化、去工业化、劳资矛盾加剧和全球经济失衡导致了2008年金融危机的爆发（乔晓楠、何自力，2016）。

（5）集中对金融危机引发的经济、政治和社会的后遗症进行了反思。首先，金融危机对世界经济造成的冲击，影响到经济的各个层面。特别是对我国的国际贸易（朱炳元，2010）、对产业结构（朱炳元，2010；梅冬州、崔小勇；2017）、对企业的市场绩效（连立帅等，2016）、对国内和国际收入分配结构（赵奉军、高波，2010）造成了一定程度的冲击。其次，对国际政治格局的影响。赵奉军、高波（2010）认为金融危机深化了发达国家和新兴工业化国家之间的不平等，这必然会对国际政治格局造成一定的影响。郑振清、巫永平（2014）认为，2008年全球金融危机带来的经济衰退，对世界各地区的政治变迁产生了不同的影响。最后，国内学者张雄（2010），杨明伟（2013），吕薇洲、邢文增（2013）等和国外一些有识之士包括许多西方学者，他们中的许多人认为，"资本主义制度出了问题"，影响了资本主义的意识形态和价值观念在全球扩张的进程，激化了资本主义国家的社会矛盾并引发了社会动荡，因而解决当今世界的许多问题，可以从马克思主义中找到答案。

上述文献对资本主义金融危机的原因、特征、影响进行了深入分析和总结,发现专门讨论"金融自由化是欧美发达国家进入金融资本主义阶段的一个新的剥削手段"的文献还不多。因此,本文着重揭示这种剥削方式的新的特质。

二、金融危机仅是一场不增长的危机吗?

(一) 隐秘了财富的大掠夺

2008年金融危机出现了与传统经济危机所不同的情形——而这种情形却往往被人们忽视——金融机构通过贷款鼓励消费,而不是鼓励生产,加上不断参与其中的名目繁多、错综复杂的金融产品,资本虚拟化现象日益严重,从而实现了一些资本不通过生产去占有剩余价值而增殖财富,而是通过金融衍生品来转移和掠夺财富。对于大多数处于财政金融部门高层的人来说,他们什么也没有做,什么也没有改变,全球对冲基金资产的价值却在2013年第一季度从\$122bn上涨到\$2.4trn,私募股本企业变大了,2012年它管理下的全球总资产超过了\$3.2trn——自2000年以来连贯12年持续上涨(Shaxson,2013)。2014年仍有大量的资本流向金融行业,这是以牺牲实体经济为代价的。对冲基金和私人股权公司吸收了大量的佣金——它本来可以用作生产——就此而言,金融资本主义就是"零和的资本主义",是比垄断资本主义更腐朽、更没落的资本主义。

所以,人们往往注意到金融危机表面上的直接的危害,却忽视了隐秘的财富掠夺——一种新的资本剥削方式——金融自由化实践了这种剥削:①通过抵押贷款、次级房贷等形式实现了财富从穷人向富人的转移;②通过金融衍生品对冲基金、抵押风险等方式实现了财富从实体经济向虚拟经济的转移。

(二) 引发了理论的大地震

对于2008年的金融危机,凯恩斯主义似乎底气十足,学术争论和理论探讨更倾向于批评新自由主义,而有意无意地把马克思主义经济学拉入国家干预的战线上,大有从属于凯恩斯主义和与之"同流合污"之势。但是,在这场论战中,以马克思主义为方向的观点虽不是主流,但其方法的独特和分析的深入,观察的深邃和观点的犀利,足以形成振聋发聩的效果。因而,不能被忽视,有必要对这些文献进行必要的梳理和分析。

从本质上来说,指责资本主义市场失灵而导致危机从而归咎于新自由主义理论的失败,结果回到凯恩斯的国家干预上来,并且把马克思归属于国家干预的理论范畴,这种做法不仅没有找到资本主义金融危机的病根,反而回到了市场失灵就国家干预、新自由主义失败就凯恩斯主义,反之亦然——这样的逻辑和实践的怪圈,更是把马克思主义关于危机的本质的认识和凯恩斯的国家干预理论简单地混淆起来。因而,所有资本主义国家的政治领导人都在承诺他们的政策将会防止危机的再次发生,但危机却一再地发生。为何承诺与现实的落差会如此之大?关键在于资本主义金融危机实质上脱离了"劳动创造价值"的实体经济——这是创造经济增长和就业的本源力量,而资本主义的阶级结构并没有产生变化,少数人剥削多数人的利益格局仍是资本主义的主要矛盾。当人们以疯狂的心态来追逐财富,而不是通过生产劳动来创造和积累财富的时候,危机必然会出现在这种财富的幻想中。而现实中危机来临之时,减产、失业和衰退而导致的财富减少,沮丧和失望的情绪使人们不断地反对资本主义,转而寻求一种替代性的非资本主义方式来组织他们的经济。

三、虚拟资本成为掠夺财富的新的剥削工具

虚拟资本是一把"双刃剑":一方面,虚拟资本虽不是现实的社会财富,但它通过股票的发行和公司债券的出卖,可以把社会资本集中到大型股份公司手中,从而促进大规模的社会生产的发展;另一方面,在资本主义的发展过程中,虚拟资本有日益膨胀的趋势,资本所有权与资本职能的进一步分离,加剧了投资、欺诈和掠夺,反映了资本主义寄生性的加深。2007年美国次贷危机爆发,引发了2008年世界性的大危机,有价证券急剧贬值,甚至成为一钱不值的废纸,投机性的金融机构、空头公司大批破产,从而引发了经济地震和社会动荡。

资本的贪婪本性使它为了追求最大化利润,一有机会就进行投机。股票、债券、期货、债务(抵押贷款)以及复杂的金融工具都是金融资本,它们基本上就是纸张、塑料和电子资产(约翰·格拉夫、戴维·巴特克,2012),它们本来不创造价值,所以金融市场创造的收入大部分来自赌博或类似赌博的活动,这些活动主要是将收入从"输家"向"赢家"再分配。"输家"通常是养老金、市政府、大学和个人,这些主体对他们的投资或基金管理人的投资了解不多。一些"赢家"通过提供社会本来并不需要的产品和服务获取收入,制造虚假需求和人为泡沫。从英美国家来看,金融市场化的改革方案很受金融机构的喜爱,因为这个方案把大部分损失分摊给整个社会,而将大部分收益留给金融机构。

四、国际"最后贷款人"在危机中扮演着什么角色?

国际货币基金组织等金融机构在扮演"最后贷款人"角色的时候,往往带有附加条件:受援助国需要遵守协约进行市场化、私有化改革。在过去,这对金融危机起到了推波助澜的作用;在危机中,也没有对受援助国家起到十分明显的起死回生的帮助,还有乘人之危、趁火打劫的嫌疑。它要求被援助国家进行市场化改革和协助管理受援国的国家财政

的条款，目的是将世界所有国家都纳入以欧美为中心的货币体系和价值体系中来（也就是我们常说的"西化"）。例如，当白俄罗斯接受 IMF 的帮助时，也接受 IMF 更加私有化的条件；同时接受了来自 EEC 的帮助，EEC 要求它出卖一些国有企业给俄罗斯。所以，当它接受 IMF 和 EEC 的贷款帮助时，就意味着它同意出卖一些国有企业给俄罗斯和进一步私有化一些企业，也同意改革金融、预算和税收政策，并重点在白俄罗斯和其他 EEC 国家之间实行宽松的关税。

就白俄罗斯来说，国际货币基金和欧亚经济共同体的反危机基金提供了两次重要的流动资金来平息金融危机效应。他们的要求意味着白俄罗斯快速地脱离苏联时代的财政金融政策，而更靠近西方资本主义邻居的自由政策。但这些政策的执行失败深深地危害到它的复苏。研究白俄罗斯陷入和走出金融危机的路径，直面马克思主义文献提出改变执政政策的可能性，最后贷款人充当了保护国家不被卷入金融危机的一个关键因素。但现实情况却是，白俄罗斯面临着艰难的抉择，如果既忽视贷款条件上对最后贷款人的承诺又忽视马克思主义提议的复苏承诺，那么白俄罗斯离复苏也真就越来越远了。

五、结论与启示

由于凯恩斯经济学无法解释和解决 20 世纪 60 年代末资本主义国家出现的"滞胀"问题，因而在过去 30 年中，新自由主义经济学复兴并甚嚣尘上，在新自由主义思想的熏陶下，发达国家金融自由化运动促成了经济与资本的金融化，进一步推动资本主义从工业资本主义进入金融资本主义阶段。在这一进程中，经济与资本的"金融化"对资本主义国家的政治、经济和社会产生了巨大的影响。

第一，它不仅使资本主义的"获利方式"发生了变化，大规模出现的虚拟资本使得垃圾债券、恶意并购和金融高管薪酬大幅增加同时出现。第二，在市场经济中，许多的金融产品本身应该是具有一定的合理性的，但是如果方向把握不准的话，它就可能充分暴露出市场竞争机制的弊端。第三，虚拟经济导致的金融危机让人们深切地感受到什么是"最痛苦"，劳而无获、被无端剥夺就是最痛苦。

从此，我们得到几点启示：

第一，中国的金融改革过程中，政府要牢牢地把握领导权、监管权，特别是要划清和控制好私有资本的边界，鼓励私人资本的投资而不是投机。第二，过度刺激消费的政策不可行。凯恩斯的国家干预理论在需求管理方面被过度地使用，使美国变成了一个严重地依赖于消费的国家。20 世纪 70 年代开始，美国经济进入"滞胀"阶段，过度或超前消费使储蓄率低从而使资本生成力不足，进一步影响到资本有机构成的下降，从而导致了劳动生产率下降，最终使美国经济停留在"滞胀"中 20 多年迟迟得不到复苏。第三，全球化的金融剥削使国际社会进一步地分化,从而埋下了世界冲突的种子。虚拟资本的全球化和国际最后贷款人制度的国际化,使得它们的私有化、市场化和自由化主张横行天下,从20世纪70年代拉丁美洲国家深受其害开始,它们传输给经济落后国家的只是所谓的"价值观",而不是实惠的经济振兴。

全球价值链的深度嵌入带来技术进步了吗？[①]

宋宪萍[②] 贾芸菲[③]

（北京理工大学）

一、嵌入全球价值链对技术进步的作用机理

（一）全球价值链的初步嵌入与技术进步幻象

一是由于发展中国家"加工车间"的国际分工地位，跨国企业会设计各种包括技术标准、专利授权、质量、交货、库存及价格、环保等参数，通过严格的筛选机制和规范的行为准则来纵向约束发展中国家参与其价值链体系的本土供应商，从而控制供应商的利润空间、技术赶超节奏和价值链攀升进程，发展中国家因此往往侧重于营造低成本、低税率的区位环境，竞争低层次的国际外包业务。由于产品无差别，代工市场较低的进入壁垒和学习效应迅速吸引了大批企业的蜂拥而入，激烈的竞争使代工企业无法形成有效的内部规模经济，其结果直接导致代工产业领域的租金迅速耗散，无暇形成内生性的技术创新。二是对发包企业市场需求信息的严重依赖。在寻获市场需求和外包订单方面，由于跨国企业具有需求的大数据信息优势，对于需求规模和需求层次的精准把握而带来的巨大收益回报空间的正反馈互动机制，使跨国企业的订单像个"指挥棒"一样，牢牢控制着发展中国家。发展中国家供应商很容易对跨国企业产生过度依赖，缺少对企业未来的独立判断和规划，受制于跨国企业订单承诺的易变性和脆弱性，为了做到"买方零库存"，完全依赖跨国企业对市场信息的把握，无法直接触碰到有效的市场信息。三是对劳动力逆向配置的严重依赖。发展中国家进口零部件多用于简单的加工组装活动，发展中国家的劳动力所从事的是一种低端的、孤立的、片断化生产劳动，这些劳动密集型生产环节、标准化的简单操作增

[①] 国家社科基金重点项目(18AJL003)。
[②] 宋宪萍，北京理工大学人文与社会科学学院教授，主要从事政治经济学研究。
[③] 贾芸菲，北京理工大学人文与社会科学学院硕士研究生，主要从事政治经济学研究。

加了对低素质劳动力的相对需求，大量临时工、兼职工被雇佣，边缘工人或弹性工人日益增多，引发了劳动力的逆向配置，这种单向度的"局部工人"完全缺乏创新动力。所以，虽然多年来随着中国初步融入全球价值链的完成，表面看似暂时引起产业结构升级，出口贸易结构逐步从以劳动密集型产品出口为主过渡到以资本和技术密集型产品出口为主，但这一转变并不是由于中国自主创新水平提高带来的，并没有嵌入到产品内分工的高端环节，在代工中更多的是模仿而不是创新，承接外包的产品性质没有变化，而只是将中国企业从事的生产工序从劳动密集型产品生产中的劳动密集型生产环节，转变为资本和技术密集型产品生产中的劳动密集型生产环节，所处外包工序仍以加工装配类为主，产品附加值并没有得到实质性增加。

（二）全球价值链的深度嵌入与技术进步悖论

技术进步是自然属性和社会属性的统一结合体，技术进步的实际使用者决定了技术进步的实际应用效果。"手段只有处于目标范围（goal - horizon）之中的目标之间时才是中性的，而手段就是被设计用来服务于这种目标范围的"。一旦代工企业有可能更进一步攀升到价值链高端，就会触及发达国家的大生产商与大购买商的利益，这些跨国公司或集团将会不遗余力地打压代工企业，不再主动地进行技术转移与溢出，甚至因其一对多的模式会以终止合作选择其他代工企业等为要挟，直接抑制代工企业的技术进步。这种"技术进步悖论"主要来源于：一是跨国企业的战略隔绝机制。隔绝机制是指全球价值链中的旗舰企业所具有的使其他企业难以获取、难以复制的特性。随着发展中国家的深度融入，旗舰企业为了保持自己的竞争优势和在价值链中的高端位阶，越是努力维持在全球价值链中的研发、设计、品牌和渠道方面的优势，并形成基于各种战略隔绝机制的特定组织常规、运营指令和资源筛选，确保其他国家、产业和组织绝对不会触及旗舰企业的根本利益。二是跨国企业的碎片化工序管理。跨国旗舰企业将生产过程碎片化，将劳动密集型的工序环节外包出去，充分地利用了国别间的要素价格差异，融入越深，通过品牌控制、技术封锁等手段，凭借市场势力剥夺的下游企业消费者剩余就越多，这是全球价值链超额利润的根本来源。当后发国家深度嵌入后就会发现，仅仅依靠劳动要素的廉价供给获得的经济利益相当有限，被动接受全球价值链的"嵌入"过程，是后发工业国沦为"世界车间"的管理枷锁。三是跨国企业的空间化重塑。随着全球价值链的深度融入，跨国企业凭借嵌入广域、多元的异质动态网络，塑造有利于自身发展战略意图的新的全球产业空间疆域，构建资本话语权，使自身的权力得以不断强化。

(三) 技术创新的锁定效应和分工固化风险

在深度嵌入的过程中，技术悖论只是一个客观事实，我们需要更深入地理解深度嵌入的本质。当今以资本、劳动和技术等生产要素在全球范围内跨空间重组为特征的新一轮经济全球化，所意在建立或维护的全球"生产流水线式"全球价值链，实质上仍然是一个有中心和外围、有主导和依附关系的国际劳动分工体系。一方面，跨国公司凭借资本优势，积极推动后发国家市场换技术，通过套牢、锁定代工企业，建立稳定的价值体系，寻求包括"低成本、高质量、弹性供应"等多维的关系绩效。全球价值链是发达国家跨国公司在新一轮全球价值体系重构中所构建的价值攫取工具，是发达国家跨国公司全球战略意图与核心竞争力的组织载体，因此对后发国家产生主观的"锁定效应"；另一方面，发展中国家长期代工所积累的生产制造能力，使得代工企业自身也形成了路径依赖，由于多数企业通过贴牌代工的方式融入全球价值链，代工企业只需按照跨国公司的外包订单要求，从事简单的生产加工，完全不用考虑价值链两端的研发设计和营销服务等环节，陷入被动等待订单的依附型状态，后发国家也产生了客观的"锁定效应"。一旦发展中国家有意摆脱这种"锁定效应"，跨国公司必然通过反倾销、技术壁垒、专利与知识产权等各种手段来遏制代工者的模仿性技术学习追赶，抑制代工者自主创新能力的形成。这样，当发展中国家依赖初级要素深度嵌入到国际分工与贸易中时，也就被牢牢锁定在全球价值链生产成本降低型的生产模式和技术路径的低端环节，甚至还可能导致贸易条件恶化和福利水平下降，形成路径依赖的恶性循环，固化分工地位。

二、技术进步及全球价值链嵌入程度的测算方法

(一) 技术进步的测算方法

一般用来衡量技术进步的指标是全要素生产率，常用的计算全要素生产率的方法有3种：索洛残差法、潜在产出法和隐性变量法。索洛残差法运用的前提条件是完全竞争、规模收益不变并且要保证希克斯中性，在现实工业经济中是不能满足的。并且在具体的估算过程中，索洛残差法利用资本存量来代替资本服务，没有考虑到投入的资本设备的不同而导致的生产效率的不同，一些学者认为索洛残差法存在理论性缺陷与根本性错误。而潜在产出法将经济增长的原因归于技术进步，技术效率的提升与要素投入的增加，最终估算出的全要素增长率由技术进步率与能力实现率两部分构成，并不能用来对技术进步进行估算。因此，本文将利用隐性变量法来对技术进步率进行估算。隐性变量法把全要素生产率视为一个隐性变量，借助状态空间模型来估算全要素生产率，它将全要素生产率视为一个

独立的变量，减少了测算误差的影响。隐性变量法在估算时，会首先进行模型设定检验，来避免出现虚假回归的可能。在进行协整检验后，发现产出与劳动力、资本存量之间不存在协整关系，此时我们就可以利用三者的一阶差分序列建立回归方程。利用柯布—道格拉斯生产函数建立观测方程：

$$\Delta ln(Y_t) = \Delta ln(TFP_t) + \alpha \Delta ln(K_t) + (1-\alpha)\Delta ln(L_t) + \varepsilon_t$$

接着假设全要素生产率的增长率即 $\Delta \ln(TFP_t)$ 遵循一阶自回归，状态方程可列为：

$$\Delta ln(TFP_t) = \rho \Delta ln(TFP_{t-1}) + v_t$$

其中：$K_t = \frac{I_t}{P_t} + (1-\delta_t)K_{t-1}$，$K_0$ 取统计年鉴中最早一年的资产投资值，取折旧为 5%，即可得出每一年的资本存量，P_t 为第 t 年的价格指数，I_t 为第 t 年的名义投资，Y_t 为第 t 年的实际 GDP，ε_t 为白噪声，$-1 < \rho < 1$。在已知测量方程与状态方程以后，通过极大似然估计即可计算出全要素生产率增长率，进而求出全要素生产率，全要素生产率即为技术进步率。本文数据来源于《中国工业经济统计年鉴》以及《中国统计年鉴》，鉴于可获得的年份数据较少，因此我们将各行业分为劳动密集型、资本密集型、技术密集型，分类别一起进行极大似然估计，估算出 α 的值，进而求出 TFP。

（二）全球价值链嵌入程度的测算方法

因为垂直专业化分工理论与全球价值链理论的研究根本是一致的，因此大多数学者都采用垂直专业化指数来对全球价值链的嵌入程度进行测算。本文采用 Hummels（2001）提出的投入产出表的方法（VSS）来对 GVC 嵌入程度进行测算。

这一方法的基本原理是：

$$VS_i = \frac{行业 i 进口中间投入 \times 行业 i 的出口}{行业 i 的总产出}$$

$$VSS_i = VS_i / 行业 i 的出口 = \frac{行业 i 进口中间投入}{行业 i 的总产出}$$

其中，VS_i 为行业 i 的垂直专业化数量，VSS_i 为行业 i 的垂直专业化比重，用 M_{ij} 表示行业 i 进口的行业 j 的中间投入，X_i 表示行业 i 的出口，Y_i 表示行业 i 的总产出，假设有 n 个行业，由此可以进行以下运算求出各行业垂直专业化比重：

$$VSS = \frac{VS}{X} = \frac{\Sigma VS_i}{\Sigma X_i} = \sum_{i=1}^{n}\left(\frac{X_i}{X} \times \frac{VS_i}{X_i}\right) = \sum_{i=1}^{n}\left(\frac{X_i}{X} \times VSS_i\right)$$

$$VSS = \frac{1}{X}\sum_{i=1}^{n}\frac{X_i}{Y_i}(\sum_{j=1}^{n}M_{ij}) = \frac{1}{X}\sum_{i=1}^{n}\sum_{j=1}^{n}\frac{X_i}{Y_i}M_{ij}$$

三、我国工业全球价值链嵌入程度与技术进步关系测算

综上所述，可以建立以下分析模型：

$$TFP_{it} = \alpha + \beta_1 GVC_{it} + \beta_2 GVC_{it}^2 + cjzd_{it} + dhygm_{it} + elzzl_{it} + fIPP_t + gwj_t + u_i$$

其中，TFP 为被解释变量，行业嵌入程度 GVC_{it} 为解释变量。接着对控制变量进行解释，$hygm_{it}$ 为行业的产业规模，jzd_{it} 为行业集中度，$lzzl_{it}$ 表示流动资产周转率，IPP_t 表示知识产权制度环境，wj_t 表示金融危机。

因为每个行业仅有十年的数据，通过计算，如将各行业劳动者数量除以行业企业个数，从而将各个行业分为劳动密集型、技术密集型、资本密集型，并进行分类回归分析。其中，劳动密集型行业包括煤炭开采和洗选业、纺织业、纺织服装鞋帽皮革羽绒及其制品业、木材加工及家具制造业等，技术密集型包括石油和天然气开采业、通用、专用设备制造业、通信设备、计算机等，资本密集型包括造纸印刷及文教体育用品制造业、化学工业、非金属矿物制品业等。数据拟合结果如下：

表1 数据拟合结果

行业类型		系数	T值	P值	显著性
劳动密集型	β_1	618.428	4.201	9.64e−05	***
	β_2	−3030.633	−3.958	0.000215	***
	c	364.149	5.618	6.6e−07	***
	d	10.515	2.848	0.00618	**
	e	2.630	2.949	0.004645	**
	f	47.65	2.014	0.04880	*
	g	—	—	—	不显著
资本密集型	β_1	82.5530	3.376	0.001592	**
	β_2	−194.9945	76.1345	−2.561	*
	c	—	—	—	不显著
	d	−20.4525	−3.143	0.003068	**
	e	3.9666	3.747	0.000539	***
	f	14396	3557	0.000883	***
	g	1.3303	2.270	0.0279	*

续表

行业类型	系数	T值	P值	显著性
技术密集型	β_1	2.195	4.149	0.000139	***
	β_2	—	—	—	不显著
	c	0.905066	1.923	0.61069	*
	d	-2.3889	-1.725	0.0911	*
	e	0.905066	4.090	0.000186	***
	f	—	—	—	不显著
	g	—	—	—	不显著

由结果可知，劳动与资本密集型行业呈倒U型，即在倒U型的前半部分为技术"幻象"阶段，后半部分为"技术进步悖论"阶段，而技术密集型行业目前的情况为技术水平随GVC嵌入度加深仍在不断进步。由拟合所得结果可以估计，劳动密集型行业在达到0.102左右、资本密集型行业在达到0.212左右的时候，技术进步率达到峰值，嵌入过度符合我们前面所述"代工—出口—微利化—品牌、销售终端渠道与自主创新能力缺失—价值链攀升能力缺失"的非意愿恶性循环的风险放大发展路径。且由此可以看出，劳动密集型行业中的纺织业、纺织服装鞋帽皮革羽绒及其他制造业、木材加工及家具制造等行业，资本密集型行业中的化学工业、金属冶炼及压延工业等行业嵌入过度，面临着分工固化的风险。

四、总结与启示

通过实证分析对以上理论进行验证以后，根据研究结果很容易可以看出，多个行业全球价值链的嵌入状态与技术进步呈负相关关系，全球价值链的深度嵌入并没有带来技术进步，如纺织业、木材加工及家具制造业、化学工业等行业。因此我们应该彻底转变经济增长模式，依靠内生动力和源泉，寻获新的市场，努力打造国家创新链，避免陷入被俘获境地。至于技术密集型行业，尽管实证分析得出技术进步率与全球价值链嵌入程度仍呈正相关关系，但技术密集型行业是我国产业转型升级的关键，在未来进一步嵌入过程中更应未雨绸缪，借鉴其他行业的经验教训，注意风险的防控，加强资本的积累，内部挖潜，构建基于内需的科技"创新链"，进行自主科技研发来避免陷入非意愿恶性循环的风险放大发展路径之中。

中西古代城市体系的历史演变与路径选择研究[①]

柴毅[②]

(云南大学)

一、引言

城市化体系是一个国家或地区各种规模、各种类型城市的空间分布结构的有机整体。城市化是在工业革命后发展起来,而城市则由来已久。有数量众多的城市存在,也就产生了城市体系。本文的城市体系是指一个国家或地区各种类型城市的地域分布、空间布局的有机整体。具有以下几个特征:数量众多或规模较大,城市职能具有一致性或选择性、整体性。城市体系确立后既有发展与扩大经济发展与政治统治的职能,也有抑制与均衡的职能。学术界对城市体系的研究集中在城市发展规模(王小鲁,1999;简新华,2010),城市体系演变(徐正元,2004),城市化与工业化关系(金熠、陈钊、陆铭,2006),城市体系发展模式(叶克林,1986;任寿跟,2005;魏后凯,1998;洪银兴,2000),城市体系个别特征分析如电力(何晓萍,2009)、户籍制度(陆益龙,2008)等。对城市体系的研究仍然是集中在现当代,这为本文提供了一个视角,即从历史上对中西城市体系进行对比,找出两种体系发展模式的不同之处。本文的时间上限欧洲截至工业革命,中国截至鸦片战争。

二、中欧古代城市体系的历史演化与模型构建

城市体系依赖于城市的数量与功能。中国古代的城市在产生演化过程中受到以下四种

[①] 本文受国家社科一般项目"先秦时期城市经济发展思想研究"(17BJL024)、云南省社科联创新项目"中国特色社会主义政治经济学的中国经济思想来源研究"(CXTD2018008)与"习近平新时代中国特色社会主义经济思想的传统渊源研究"(CXTD2018019)资助;云南大学一流大学建设"中国特色社会主义政治经济学教学科研队伍建设"(C176210205)与"区域合作理论创新高地"项目(C176240103)的资助。

[②] 柴毅,云南大学经济学院讲师,研究方向:经济思想史。

因素的影响,即地理禀赋(d)、政治制度(z)、经济体制(j)与思想文化(s)。用城市(C)表述为$c=f(d,z,j,s)$。地理禀赋(d)是指以自然地貌为主要特征的因素,包括气候、土壤、水分、地溶地貌等。地理禀赋因素可以看成是"硬因素",表示在一段时间内变化不大或无法改变或改变不大。如气候、土地与水分等决定了生产何种农作物,而农作物的数量与耕地的面积成比例(在技术水平不是很高的前提下)。政治体制是指以皇权(王权)为中心、文官体制作为辅助运行的政治制度,其特点是具有很高的稳定性及皇权(王权)至上,以郡县制度和文官制度作为辅助表。经济体制是为了满足人们的生存、生活需要,迎合统治需要而提供物质基础的工具。经济体制产生后具有相对独立性,并反馈于政治体制。思想文化(s)一般涉及两个方面:以儒墨道法等为主的宏观道德伦理、以道德伦理约束下形成个人及小区域的微观风俗习惯。思想文化表现出的特点是微观思想依赖于宏观思想,道德伦理约束风俗习惯。

中国的城市发展过程中,政治架构的特征尤为明显。城市在产生的源头时期,如先秦之前,受到了地理因素的限制,在人与自然的竞争中,人往往处于劣势。而当政治制度建立后,经济体制、思想文化都围绕着政治制度进行构建。所以,中国古代的城市体系首先体现的是政治架构,即城市首先是政治统治中心。

欧洲古代城市体系也受到地理禀赋(d)、政治制度(z)、经济体制(j)与思想文化(s)的影响。用城市(C)表述为$c=f(d,z,j,s)$。地理禀赋(d)与中国古代的含义一致。西方的政治制度(z)因其文官制度建立晚,所体现的政治制度的含义比较模糊,政治制度往往与宗教相结合,而西方政治制度(文官制度)的完全建立已经到了中世纪末期。经济体制的产生则依附于宗教而独立运行,满足人们的生存、生活需要,提供物质基础的工具,其本身具有独立性、规律性与反作用性。思想文化(s)则是依赖于宗教信仰而建立的道德标准与文化,本身具有矛盾性与精神垄断性。欧洲的城市体系的发展过程,思想文化的作用尤为明显。表现为$s=f(z,j,d)$。这主要是在城市产生初期,欧洲的地理禀赋比较独特,名族众多,语言各异,思想信仰成为统一与遏制的工具。因此,西方的城市以文化特征为主,具有广场、教堂等公共设施作为标志。

三、中欧古代城市体系的路径选择

从上述模型构建来看,虽然有共同的影响因素,但中欧在城市体系路径选择时却有明显的不一致。中国城市体系在演化发展过程中具有明显的"政治架构性",而西方城市体系的演化则具有"思想架构性"的特点。而政治架构性的突出表现是具有稳定性,而思想文化架构性的特征是具有流动性。

中国古代的城市体系选择路径为地理禀赋为主时期(先秦以前)—政治制度与经济制

度共促期（秦—宋）—政治抑制而经济发展期（宋—鸦片战争）。先秦以前，政治体制处于产生时期，诸子百家的思想一方面是对自然界的解读，如庄子的神秘哲学、老子的"道法自然"等；一方面是对人性的诠释，如人性本善与人性本恶。一方面对皇权（王权）的解释——进而产生了伦理约束的雏形；一方面对政治体制进行构建，如官僚体系与郡县制制度。秦—宋时期，政治体制已经形成，以君权为主的政治体系一方面有了文官体系与郡县制度的"硬"保证，另一方面有"外儒内法""外儒内杂"的道德伦理约束"软"保证。经济因素的规律性已经显现，一方面农本生产关系向外扩张，政治制度随生产关系和国土面积而扩大，新兴城市兴起；另一方面当土地兼并严重、税费高、人们困苦不堪、矛盾无法调和之时，新兴朝代的更迭也孕育而生，新一轮的周期出现；解决前朝危机（休养生息）—发展与维系本朝统治（培育矛盾）—政治矛盾与经济危机出现（矛盾积聚）—矛盾无法调和（危机爆发）。宋—清时期，政治与经济体制的扩散已经完成，政治体制表现在新兴民族矛盾与中原文化的互融，两种治理体系碰撞，元时期的等级制度与军事制度在一定程度上掩盖了当时两种政治治理体制的矛盾，行省制度的建立使郡县制度更加完善。明、清时期政治体制的抑制与均衡的作用更加明显，思想文化方面虽然有新兴元素的出现如"理学""启蒙思想"，但仍不能改善其约束性。

欧洲古代的城市体系的发展路径为地理禀赋时期—思想文化与政治共促时期—思想抑制期—政治与经济发展期。在城市发展的源头时期，城市体系与中国古代一样，地理因素占据重要的原因。地理因素在西方则体现了不同的结果——多民族、多国家的出现。在缺乏统一的政治集权下，维系各个国家只能依靠宗教文化，宗教在处理人与自然界之间充当着"中间人"的角色，为思想文化功能提供了基础。当宗教统治确立后，君权与神权之间的关系日益微妙，国君需要宗教给自己披上神圣的外衣，宗教也要依靠国君来维持统治。当宗教日益强大，在人的观念中约定俗成之时，思想约束就成为统治的工具，在这一时期思想抑制（中世纪）使得城市之间成为欧洲的思想文化中心，也为后期的宗教思想解放打下铺垫。宗教改革、文艺复兴在解放思想的同时，也过渡到了政治与经济发展期。

四、两种演化体系的历史剖析

（一）城市起源与变迁的演化

中国的城市体系以政治功能性为主、经济功能性为辅助。而欧洲的城市体系则以思想文化的功能性为主，经济功能性为辅。"城"具有政治性。表现在①防御性：《墨子·七患》曰"城者，在以自守也。"②震慑性：《说文解字》讲"城，以盛民也"。③居住性：《吴越春秋》曰"筑城以卫君，造城以居民"。④军事性：成为战争的目标。"争城""守城""屠城"等都是说明城市而非乡野是争夺的目标。"市"具有经济性,表现为:①集市——以便于民。"王城中的市,每天三次,朝市在早上,以商贾间的买卖为主,大市在日中,以一般消费者为主,夕市在傍晚进行,以贩夫贩妇为主"。① ②固定的市——以便于国。固定的市的功能是以联络为主,经济为辅。固定的市建筑在王城与诸侯国内,还建筑在交通要道上。"凡国野之道……五十里有市,市有候馆,候馆有积"。② 此时的市在功能上面起到了联系王国与诸侯国的作用。③军市——以便于战。《商君书·垦令》记载"令军市无有女子,而命其商人自给甲兵,使视军兴"。可见,军市是由军队设立的并管理的,最主要的目的是应付战争。"城"体现的政治性与"市"体现的经济性在修建之时更要体现"自然性"。③ 随后政治制度成为中国城市变迁的载体,而思想文化、经济功能甚至在一定条件下的地理因素也要随着政治制度的需要而加以改变。

欧洲城市体系则体现在思想文化——宗教的影响下。古希腊人对城市的定义:城市是一个为着自身美好的生活而保持很小规模的社区,社区的规模和范围应当使其中的居民既有节制又能自由自在地享受轻松的生活。④ 公元前5世纪前后,雅典成为希腊宗教与公关活动的中心,而城市体现出公平与平等的居住条件。宗教思想与宗教理论逐渐成为社会公关活动的中心体现,古希腊时期的思想、道德、文化既适应着宗教伦理的确立,也在融合着相关因素。

(二) 城市特征与功能的传承

中国城市体系具有稳定性,且伴随着经济体制的扩大而扩散。欧洲城市体系具有竞争性,伴随着宗教约束与政治独立而选择。

中国的城市体系凸显稳定性。这种稳定性与当时的政治制度——文官体系有着很大的关系。当国家建立后,郡县制保障了国家统治的长久性。郡县制体现的是皇权权威,为皇权的稳定提供了"制度保障",而与郡县体系相对应的文官制度也在不断地发展,进而一方面适应郡县体系,另一方面完善皇权统治。当这种体系确立稳固后,经济体制的功能随之而来。对内表现在城市本身需要运转,需要满足城市本身的物质需要。对外表现在为了维持运转而不断地扩大其经济功能。伴随农本生产关系的扩散、城市数量的增多、城市经济的增长,城市职能逐渐丰富,城市对乡村的经济集聚日益扩大。

欧洲的城市体系凸显竞争性。由于地理与人口的制约,大规模发展种植业与手工业条

---

① 胡寄窗. 中国经济思想史(上)[M]. 北京:上海人民出版社,1978:37.
② 周礼·地官·遗人.
③ 柴毅. 中国古代城市产业发展思想研究[M]. 北京:人民出版社,2017.
④ 张京祥. 西方城市规划思想史纲[M]. 南京:东南大学出版社,2005:7.

件有限。此外，很早就产生了城市之间的竞争，生产同一产品的城市面临的经济竞争使城市间更具活力。这种活力是在自然资源基础上形成的经济效益。因为缺乏完善的文官体系，城市或以城市为主的国家间权力象征以是否被宗教承认作为标准，这为日后宗教与君主之间的斗争打下了基础。

（三）城市地域与职能的变迁

中国的城市体系以政治约束为主、地理约束为辅。欧洲的城市体系则以地缘因素为主、经济功能为辅。中国城市范围受政治统治需要，随着郡县体系的推行，层级划分行政区域模式也就确立。行政地域一旦确定，就具备了稳定性，除非受到战争或不可抗力的情况，不会变动。城市地域确定后，文官体系开始发挥作用，代替国君（皇帝）统治地方，征收税费、维护稳定，而为了达到上述目标，发展农业，赈灾防患则必须依靠本地的地理条件进行相应调整。

而欧洲的城市体系首先受到的是各种不相同的地理条件的限制，各地发展的产业各不相同，最初的物物交换为本地区发展产品提供了动力，而其他产品则是通过交换完成。这是一种横向的划分体系，是以国家为单位、在宗教体系下的横向标准。

五、结论

（一）地理禀赋为中西城市体系在源头上提供了视野

中国古代多平原（黄河流域），土地肥沃而西方则多丘陵、少平原。中国古代的地理因素为农业发展提供了很好的发展条件，而古希腊则在很早时期就进行贸易。中国古代的争霸等斗争只是针对统治者，可以占领其领土继续统治，而西方则无须如此，残暴的屠杀与掠夺已是更为有效的获取资源的方式。地理禀赋的共性为形成同一民族、共同的语言提供条件。而欧洲的地理禀赋则更容易形成多民族、多语言，也为竞争打下了基础。因此，中国的城市体系体现出的是共同性与整体性，而欧洲城市体系则体现了竞争性。

（二）统一市场与分割市场的确立使得中国倾向于稳定欧洲倾向于竞争

政治制度主要表现在郡县制与文官制度，使得中国古代较早形成了内部市场。同一时期经济结构与治理结构相同，货币、税收等都是为同一皇权体系服务，重农抑商成为首选。早期欧洲国家林立，各个国家的发展程度很不相同，农奴社会与奴隶社会等国家并存，资源有限而需求不同，导致了国家间的贸易交流与文化交流具有竞争性，如何获取更大的资源也让西方社会更早于中国去思考。

（三）政治功能化与宗教思想化深入中西社会阶层并起到主导作用

从两者模型我们可以看出 $z = f(j, s, d)$，$s = f(z, j, d)$，一个以政治体制为主，一个以思想文化为主。而政治体制本身具有可描述性与可普及性，具有稳定性。而思想文化则是建立在对宗教思想的解读上，而对宗教的解读受到教义与教理的限制，宗教内部之间具有竞争性，导致思想文化具有相对的流动性。

（四）生产关系的连续性与停滞性在中欧社会体系明显不同

中国社会的城市体系在治理功能上具有明显的生产的连续性，城市具有明显的政治与经济共同体。而欧洲城市体系因受到地域限制，各个市场之间是分割开的，不同国家间的经济发展模式具有差异性，因此就政体而言，生产关系在城市之间具有差异性和停滞性。

（五）两种发展模式对"人权"的思想反思

中欧的道德思想约束对"人具有权利"具有明显的不一致。家庭和家庭观念成为中国社会结构和中国文化最为重要的核心和中轴，个人与社会团体生活从本质上说，服从于家庭本位的文化传统。而西方社会结构则在文化发展和制度变迁的漫长历史进程中尤其是基督教文化的传入，更使其发生某些根本性变异，形成个人本位为核心并注重团体生活的特定社会结构。[①]

[①] 林义. 方法论创新与中国经济学的构建[J]. 学术月刊,1999(11).

国际视角的教育收益率研究

刘文① 张璇②

（山东大学）

一、教育收益率测度方法研究

（一）教育收益率的基本测度方法

内部收益率和明瑟收益率是测度教育收率的两种常用方法。

1. 内部收益率

教育投资的内部收益率是一种贴现率，它使得人们投入的教育总成本的现值与教育总收益的现值相等。其公式如下：

$$R = \sum_{t=0}^{T} R_t (1+r)^{-t}$$

$$C = \sum_{t=0}^{T} C_t (1+r)^{-t}$$

$$R = C$$

其中，R 表示教育总收益的现值；C 表示教育总成本的现值；R_t 表示从开始接受教育起第 t 年的教育收益现值；C_t 表示从开始接受教育起第 t 年的教育成本现值；T 表示个体的生命长度与开始接受教育的年龄之差；r 为贴现率，当 $R=C$ 时的 r 即为教育的内部收益率。

2. 明瑟收益率

明瑟收益率是目前估算人力资本收益率最经典、最常用的一种方法，其公式如下：

$$LnWage = \beta_0 + \beta_1 S + \beta_2 EXP + \beta_3 EXP^2 + \epsilon$$

---

① 刘文，山东大学（威海）商学院教授，研究方向：西方经济学、公共经济学。
② 张璇，山东大学（威海）商学院硕士生，研究方向：西方经济学。

其中，被解释变量 LnWage 表示工资的自然对数；S 表示个体的受教育年数；EXP 表示个体的工作经验，一般用工作年数来代替，在计算时常用个体年龄减去受教育年数再减去入学年龄得到。用普通最小二乘法（OLS）对上式进行回归，在估计结果中，β_1 即为教育收益率的估计值，而 β_2 为工作经验收益率的估计值。

（二）国外对教育收益率的研究

近年来，研究更多关注不同性别、不同层次教育水平教育收益率的特点和差异（Staneva，2016；Himaz，2016），同时探索新的方法对教育收益率进行更加科学的估计（Garcia-Suaza, et al., 2014；Dolton，2017）（见表1）。

表1 国外对教育收益率的主要研究

作者	时间	国家	尝试解决的问题	研究方法	主要结论
Garcia-Suaza, et al.	2014	哥伦比亚	教育收益率估算中工资的决定因素	HLT（Heckman, et al. 2006 & 2008）；内部收益率	用HLT方法估计出教育的内部收益率低于明瑟收益率
Staneva Adbdel-Latif	2016	保加利亚	教育收益的分配问题	分位回归	在经济转型初期，低收入者的教育回报率高于高收入者，但工资溢价的增加主要出现在高收入劳动者当中
Himaz, Aturupane	2016	斯里兰卡	遗漏变量	伪面板	用伪面板估计出的男性教育收益率低于未考虑能力等变量的OLS方法估计出的教育收益率
Dolton, Sandi	2017	英国	内生性；异质性	非参数估计；工具变量法；贝叶斯后验分布	检验前人研究结论，改进了前人的研究方法

（三）国内对教育收益率的研究

近年来，国内学者在估计教育收益率时常根据研究侧重点的不同在标准明瑟模型中加入其他变量，用所有样本数据进行估计，在减少工作量的同时提高了估计结果的稳健性。常被加入模型中的变量有性别、职业、地区等，常用小学、中学、大学等表示受教育程度的虚拟变量，代替标准明瑟收入方程中的受教育年限变量（S），从而估算出不同教育程度的收益率（Heckman，Li，2004；罗楚亮，2007；王明进，岳昌君，2009）。高等教育扩张政策实施之后，高等教育收益率的变化成为人们关注的热点（Liu，Zhang，2013；孙志军，2014）。同时，针对明瑟模型的不足之处如遗漏变量（内生性）、异质性、样本选择偏差等问题尝试对传统模型进行改进（刘生龙、周邵杰、胡鞍钢，2016；刘泽云、王骏，

2017)(见表2)。

表 2 国内对教育收益率的主要研究

作者	年份	研究方法	尝试解决的问题	主要结论
Heckman, Li	2004	半参数模型	异质性；选择性偏差；内生性	异质性和选择性偏差和能力变量的遗漏会影响OLS和IV估计结果的一致性和准确性；OLS模型低估了中国教育收益率
罗楚亮	2007	分位回归	内生性	收入水平越高，教育收益率越低
王明进，岳昌君	2009	半参数模型	异质性（不同工龄人群教育收益率的差异）	20世纪80年代中后期参加工作的群体教育收益率高于其他时期参加工作的群体的教育收益率
Liu, Zhang	2013	元分析	不同研究估计结果差异的原因；长期趋势	不同研究估计结果的差异主要源自计量模型和估计方法的差异；中国居民教育收益率在长期呈现递增的态势
孙志军	2014	基于双胞胎数据的固定效应模型	异质性；内生性	在消除能力和家庭因素等的影响后教育收益率的估计值显著下降
刘生龙，周邵杰，胡鞍钢	2016	断点回归	政策因素对教育收益率的影响；内生性	义务教育法对个体受教育年限的提高作用显著；断点估计的教育收益率高于OLS的估计结果，一定程度上消除了内生性影响
刘泽云，王骏	2017	2SLS工具变量法（用配偶的受教育程度作为工具变量）	内生性	OLS估计方法会因模型的内生性低估教育收益率，对于女性数据的估计影响尤为显著

二、世界各国教育收益率

George Psacharopoulos 对世界各国的人力资本收益率研究情况进行了长期的追踪，并分别在1994年、2004年和2018年发表文章汇总最新的数据资料和研究结果。根据Psacharopoulos的研究结果，个人教育收益率的国际平均值长期稳定在10%左右；整个社会的教育收益率会随着国家经济发展程度的提高而下降，发展中国家的教育收益率从而高于发达国家；女性的教育收益率高于男性；高收入群体的教育收益率低于低收入群体。并且，Psacharopoulos（2018）在比较2000年前后的世界平均受教育年限和教育收益率后发现，随着时间推移，虽然受教育年限有所延长，即教育供给增加，但教育收益率并没有随之下降。表3汇总了用明瑟收益法计算的世界各国教育收益率的最新数据。

表3 世界各国教育收益率估计值

区域	国家	来源	样本时间	教育收益率（%）
欧洲	马耳他	Arbak（2012）	2001	25.7
	罗马尼亚	Ion Zgreaban（2013）	2009	11.3
	塞尔维亚	Popov（2013）	2013	10
	俄罗斯	Gorodnichenko, Klara（2005）	2002	9.2
	波黑	Peet et al.（2015）	2002	8.1
	阿尔巴尼亚	Miluka（2015）	2012	8
	摩尔多瓦	Flabbi et al.（2008）	2003	8
	拉脱维亚	Vilerts et al.（2015）	2012	7.7
	白俄罗斯	Yemtsov et al.（2006）	2002	6.9
	保加利亚	Flabbi et al.（2008）	2003	6.7
	乌克兰	Gorodnichenko, Klara（2005）	2002	4.5
北美	巴拿马	Psacharoupoulos（1994）	1990	13.7
	墨西哥	Metzger, Patrinos（2005）	2002	13.2
	尼加拉瓜	Belli, Ayadi（1998）	1996	12.1
	美国	Rouse（1999）	1991—1995	10
	洪都拉斯	Funkhouser（1996）	1991	9.3
	哥斯达黎加	Banerjee, Duflo（2005）	1994	8.5
亚洲	新加坡	Low et al.（2004）	2000	13.2
	菲律宾	Kaboski（2003）	2000	12.6
	泰国	Tangtipongkul（2015）	2010	12.6
	土耳其	Tansel, Daoud（2014）	2008	11.8
	印度	World Bank（2011）	2008	10.8
	印度尼西亚	Sohn（2013）	2007	10.7
	中国	Ding et al.（2013）	2009	10.3
	孟加拉国	Taposh, Lin（2009）	2006	10
	马来西亚	Ismail（2007）	2002	10
	斯里兰卡	World Bank（2011）	2008	8.9
	马尔代夫	World Bank（2011）	2004	8.1
	哈萨克斯坦	Arabsheibani, Mussurov（2006）	2001	8
	尼泊尔	World Bank（2011）	2008	7.9
	格鲁吉亚	Botchorishvili（2007）	2006	6.9
	柬埔寨	Lall, Sakellariou（2010）	2007	6.7
	约旦	Arbak（2012）	2001	6.7
	巴基斯坦	World Bank（2011）	2009	6.2
	越南	Doan et al.（2016）	2014	5.7

续表

区域	国家	来源	样本时间	教育收益率（%）
	巴勒斯坦	Rizk（2016）	2011	5.1
	科威特	Alqattan（2012）	2010	4.8
	东帝汶	Santos（2014）	2007	3.9
	伊拉克	Peet et al.（2015）	2006	0.7

资料来源：根据 Psacharopoulos（2018）整理。

三、中国教育收益率

（一）教育收益率的估计结果

由于对教育回报率的研究一般以微观的调查数据作为实证分析的基础，而中国在 1988 年以前缺乏系统全面的微观数据，所以在对中国 1988 年以前教育收益率研究的不多的文献中，大都以单独省份或地区的调查数据作为基础，样本的代表性不足。基于以上因素，本文主要收集了对 1988 年以来中国教育收益率的估计结果（见表4）。

表4 中国城镇居民教育收益率范围

作者	时间	样本范围（年份）	教育收益率（%）
李实，李文彬	1994	1988 年	3.8
赖德胜	1998	1995 年	5.73
李实，丁赛	2003	1990—1999 年	2.43~8.1
李春玲	2003	2001 年	11.4
陈晓宇，陈良焜，夏晨	2003	1991—2000 年	2.95~8.53
姚先国，张海峰	2004	2004 年	8
Zhang, et al.	2005	1988—2001 年	4~10.2
Appleton, et al.	2005	1988—2002 年	3.6~7.5
王明进，岳昌君	2009	1991—2004 年	2.81~10.46
Ge, Yang	2011	1988—2007 年	3.6~11.4
丁小浩，余秋梅，于洪霞	2012	2002—2009 年	6.29~7.89
邓峰，丁小浩	2013	1989—2009 年	5.34~11.5
陈纯槿，胡咏梅	2013	1988—2007 年	2.6~5.6
刘泽云，王骏	2017	1988—2013 年	3.28~11.34

（二）教育收益率变化趋势

图1将学界对中国1988年以来教育收益率的估计结果汇总起来，可以看出，中国城

镇居民教育收益率自20世纪80年代以来不断上升的趋势十分明显，直到2009年前后才有所减缓，Liu，Zhang（2013）使用元分析方法也得出了类似的结论，并解释2009年附近的下降趋势在一定程度上源自全球经济的萧条。

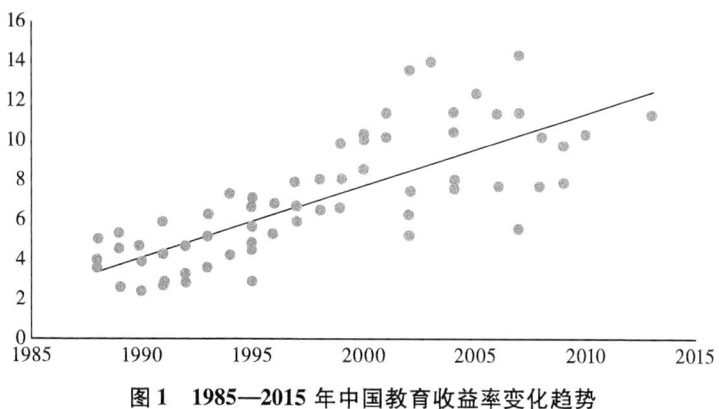

图1　1985—2015年中国教育收益率变化趋势

四、教育收益率研究的文献计量分析

（一）相关文献年度分布

国内对于教育收益率的研究兴起较晚，CNKI收录的相关文献最早发表于1992年。由于本文仅选取了在核心期刊发表的相关文献作为研究对象，发文要求较为严格，发文难度较大，故发文数量不及普通期刊，样本量较小，但刊登在核心期刊中的文献研究一般较为规范和深入，可以反映出该领域的研究前沿和热点，具有较强的代表性。

（二）关键词共现分析

从国内教育收益率关键词共现图谱中可以归纳出1992—2017年国内对教育收益率研究涉及的热门领域、研究方法、研究方向、研究对象等。表5中的内容不仅反映出与教育收益率相关的研究领域、方法、方向和对象之间的联系，也包含了一些较为独立的内容，对未来的研究思路提供了参考。

对于研究领域，可以看出国内目前对于教育收益率的研究主要涉及人力资本和财政管理两个领域，教育收益率最初是作为人力资本投资回报率的一部分提出的，所以"教育收益率"与"人力资本"的高度共现关系反映出国内人力资本理论研究的不断深入和发展，而"教育收益率"和"财政管理"领域的高度共现关系则体现出国内学者在研究教育收益时对政府财政行为的关注。

对于教育收益率的热门研究方向，可以看出教育收益率与收入分配不平等之间的关系是国内学者关注的焦点，另外，20世纪初高等教育扩张政策的实施使得"高等教育"和"教育扩张"成为国内学者在研究教育收益率时的另一个思路。

对于相关研究方法，可以看出"分位回归"和"明瑟方程"是国内教育收益率研究的两种主流方法。

对于研究对象，可以看出除了与收入分配和高等教育两个主要研究方向对应的"劳动力市场""教育水平"等热门研究对象，流动人口、不同性别人群也成为教育收益率研究针对的重要研究对象。

表5 国内教育收益率研究状况

研究领域	人力资本（60）、财政管理（12）
研究方向	收入差距（29）、收入分配（14）、人力资本投资（14）、高等教育（10）、收入不平等（10）、教育扩张（5）
研究方法	分位回归（27）、明瑟方程（16）、异质性（7）、基尼系数（6）、收入函数（6）、工具变量（5）、选择偏差（4）
研究对象	劳动力市场（20）、农民工（14）、性别差异（9）、流动人口（6）、教育水平（5）

（三）共词聚类分析

根据CiteSpace筛选出的199个[①]国外教育收益率研究高频关键词和57个国内教育收益率研究高频关键词，可以分别将国际和国内研究的关键词划分为19个和10个有效聚类[②]（见表6、表7）。聚类名称根据每个聚类中所含关键词的公共特征概括得出，反映该聚类的研究主题或方向。

表6 WOS数据库的聚类划分

序号	聚类名称	聚类成员
1	Migrant	Migrant；International Migration；Return；Immigration；Higher Education
2	Heterogeneity	Heterogeneity；Uncertainty；Endogeneity；Self-selection；Selection Bias；Regression；Choice；Earning；Education；Instrumental Variable
3	Developing Country	Developing Country；Openness；Vietnam；Policy；Expectation；Mexico；Labor Market；Transition；Twin；Wage Inequality
4	Regression Function	Nonparametric Estimation；Regression Function；Urban China；Marriage；Panel Data Model；Economic Transition

---

① 以3年为1个时间切片，设置阈值为(2,2,20)(4,3,20)(2,2,20)对WOS数据库中的991条数据运行CiteSpace软件，得到199个节点和779条连线。
② 仅包含2个成员的聚类因其代表性不足而被删除。

续表

序号	聚类名称	聚类成员
5	Employment	Labor Market Return; Employment; Individual; Mismatch; Over Education; Men; Rate of Return; India; Health; Educational Economics
6	Self-employment	Entrepreneurship; Self-employment; Instrument; Weak; Labor; Efficiency; Performance; Country; Instrumental Variables Approach; Human Capital
7	Germany	Germany; Propensity Score; Balance; Reentry; Ability
8	Lifelong-learning	Lifelong-learning; Adult Education; Australia
9	Economic Growth	Economic Growth; Productivity; Economic Growth; Externality; Growth; Cohort; Attainment; Brazil; Rate; Indonesia
10	Least Squares Estimation	Identification; Least Squares Estimation; Evolution; Average; College; Regression Discontinuity Design; Labor Market; Sample; Returns to Higher Education; Equation
11	Reform	Reform; China; Economic Return; Investment; State; Age; Impact; Inequality; Russia
12	Subjective Expectation	Subjective Expectation; Risk; Student; Student Expectation; Gap; Gender; Gender Difference
13	Return to Education	Under-education; Return to Education; Over-education; Family Background; Quality; Bias; Pay; Spain; Experience; Skill
14	Discrimination	Discrimination; Race; Returns to Schooling; South Africa; Distribution
15	Income	Schooling; Income; Teacher Quality; Life; Enrollment; Pakistan; Family; Economic Development
16	Children and Language	Children; Language; Emotion; Work; Mother; School; Intervention
17	Market	Market; Outcome; Private Sector
18	Comparative Advantage	College Major; Comparative Advantage; Human Capital Investment
19	Britain	Explanation; Britain; Demand; Trend; Selection; Matter; United States; Wage; Model

表7 CNKI数据库的聚类划分

序号	聚类名称	聚类成员
1	教育扩张	教育扩张 工具变量分位回归 流动人口 收入差距
2	不同部门工资差异	非国有部门 国有部门 工资差异
3	支付能力	支付能力 利益获得原则 财政管理
4	生产与配置	配置效应 生产效应 劳动力流动
5	人力资本	人力资本投资 人力投资 人力资本 投资收益率
6	明瑟收益率	明瑟方程 时间趋势 个人教育收益率 教育水平
7	劳动力市场	劳动力市场 工资性别歧视 教育回报 收入不平等
8	收入分配	收入分配 数据分析 影响因素
9	异质性	性别差异 农民工 异质性 城乡差异 分位回归

(四) 战略坐标分析

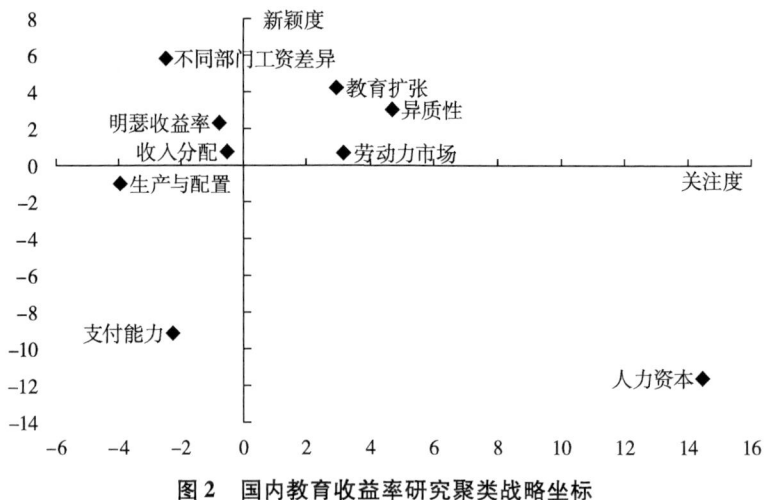

图 2　国内教育收益率研究聚类战略坐标

国内教育收益率研究的聚类主要分布于一、二象限（见图 2）。位于第一象限的聚类新颖度和关注度均为正值，是 1992—2017 年教育收益率研究的核心内容，这些聚类为"教育扩张""异质性"和"劳动力市场"；位于第二象限的聚类有"明瑟收益率""收入分配"和"不同部门的工资差异"，它们在未来有可能成为国内相关研究的热点；"生产与配置"和"支付能力"两个聚类位于第三象限，它们开始出现的年份较早，但近年来逐渐淡出人们的视线，属于被边缘化的内容；"人力资本"位于第四象限，是国内教育收益率研究的基础性概念。

五、结语

明瑟收益率和内部收益率是估算人力资本收益率最常用的两种方法，国内外学者关注其不足之处如内生性、异质性等，并尝试使用多种方法如工具变量法、分位回归法等对模型进行修正，同时，半参数估计、伪面板等新的估计方法也开始被国内外学者采用。利用 CiteSpace 对 WOS 和 CNKI 数据库进行分析，显示人力资本、收入、经济增长和劳动就业等关键词在国内外相关研究中均为热点词汇，同时国内的研究也体现出与国际相关研究不同的特点。

外国经济学说与新时代中国特色社会主义经济思想

——中华外国经济学说研究会第 26 届年会学术观点综述

徐则荣　牛晓燕　熊文

（首都经济贸易大学经济学院　北京工商大学经济学院）

由中华外国经济学说研究会主办、北京工商大学经济学院承办的"中华外国经济学说研究会第 26 届学术研讨会"于 2018 年 11 月 9—11 日在北京举行。程恩富、颜鹏飞、王振中、王志伟、华桂宏、白暴力、贾根良、曹和平、孟捷、胡乐明、张衔等来自全国高校、科研院所的 180 多位专家学者出席了会议。中华外国经济学说研究会会长程恩富学部委员致开幕辞。会议以改革开放 40 周年、马克思诞辰 200 周年和《共产党宣言》发表 170 周年为背景，围绕外国经济学说与新时代中国特色社会主义经济思想研究为主题，展开热烈讨论。现将会议研讨内容综述如下。

一、关注国际性经济学奖获得者学术思想

在德国柏林举行的世界政治经济学学会（WAPE）第 13 届论坛将"世界马克思经济学奖"授予英国经济学家艾伦·弗里曼（Alan Freeman）、法国经济学家让·克洛德·迪劳内（Jean Claude Delaunay）和中国经济学家陈征教授。泉州师范学院刘义圣教授评介了他们的思想。刘义圣指出，艾伦·弗里曼的主要贡献在于，在《马克思、李嘉图和斯拉法》《马克思与非均衡经济学》等著作中，坚持和发展了马克思的价值理论、利润率下降趋势理论和资本主义危机理论；澄清了历史上"周期"和"长波"的长期争论。让·克洛德·迪劳内在国民核算、法国工人剥削率的衡量、服务活动及其在现代社会中的作用、金融资本主义和全球化、中国特色社会主义的国际借鉴方面做出了理论创新。陈征教授近 70 年来孜孜不倦地研究马克思主义经济学，在其代表性的理论著作——《社会主义城市地租研究》（1996 年）和《劳动和劳动价值论的运用和发展》（2005 年）中，创建了城市地租理论体系和现代科学劳动价值新的理论体系，为马克思主义经济理论的当代发展做出了卓越的贡献。

2018 年 10 月，诺贝尔经济学奖委员会将本年度的诺贝尔经济学奖授予美国经济学家

保罗·罗默（Paul M. Romer）和威廉·诺德豪斯（William D. Nordhaus），以表彰他们把技术创新和气候变化纳入宏观经济学分析框架从而对经济增长理论发展所做出的杰出贡献。中国社会科学院的李仁贵研究员认为，此次获奖的两个主题共同指向经济的长期可持续发展；威廉·诺德豪斯将气候变化引入长期宏观经济分析，研究如何应对经济发展的环境污染问题，关注环境污染的负外部性，解决增长的限度在哪里的问题；保罗·罗默将技术创新引入长期宏观经济分析，提出并发展了内生经济增长理论，研究知识如何推动经济的长线发展，关注知识溢出的正外部性，解决增长从何而来、如何促进增长的问题；他们的理论对中国实现高质量发展有诸多启示。此外，还对新经济学研究浪潮，如新产业组织理论、新贸易理论、新增长理论和新经济地理理论等与诺贝尔经济学奖之间的联系进行了介绍。厦门大学郭其友教授指出，罗默对内生技术进步的研究奠定了内生经济增长理论的基石。诺德豪斯奠定了将索洛模型扩展用于刻画经济与气候变化长期相互作用的基础，极大地提高了人们对自然资源特别是气候变化对经济增长影响的理解。他们的研究对包括我国在内的发展中国家如何转换经济增长动能以及制定可持续发展的政策措施提供了参照。

二、马克思主义经济理论新发展

本次年会的一个特点是高度关注马克思著作的文本研究、习近平新时代中国特色社会主义经济思想和中国改革开放40周年取得的成就，提交论文72篇，表现了学会雄厚的马克思主义经济理论底蕴、马克思情节和时代责任感。

中国社会科学院学部委员程恩富教授指出，毛泽东思想指导中国取得的重大经济成就即"第一个奇迹"，中国特色社会主义理论指导中国取得更大的经济成就即"第二个奇迹"。但是，改革以来国内外有一些论著为了论证改革开放的必要性和伟大成就，对前30年发展采取历史虚无主义态度或者片面地只讲失误和不足，甚至用歪曲的手段进行基本否定，割裂、扭曲改革开放前后两个年代的继承和发展关系。这对于我们科学认识新中国逐步富强的历史发展，从而客观总结历史经验教训、把握科学发展规律，是非常有害的。当前，中国的经济实力、科教文卫体实力，以及倡导的"一带一路"国际合作、金砖国家、亚投行、上合组织等等，表明中国现阶段已处于世界经济"准中心"的重要地位。不过，面对来自西方，甚至包括拉美国家一些舆论的质疑，指责中国在拉丁美洲、非洲的投资和能源等合作，怀疑中国也是在发展一种新的"中心—外围"之间的依附关系，我们有必要声明，中国所迈向世界经济舞台的"中心"，不是重蹈西方中心国家新老帝国主义和殖民主义的覆辙，不走它们利用领先的经济技术优势来剥削其他国家的劳动力的老路。中国所追求的"中心"地位，实际上是在谋求自身发展基础上促进人类命运共同体和利益共同体的发展。

武汉大学颜鹏飞教授指出，马克思经济学逻辑体系构筑学说与西方范式理论在研究对象、规定性、方法论等方面有着本质区别，前者强调事物和系统的可知性、历史性、整体性和社会性，擅长对规模宏大的社会经济形态及其演变规律的分析以及对"生产力—经济制度关系—经济运行关系"框架的设计，辩证逻辑和规范分析方法是主要分析工具；后者强调事物和系统的开放性、变迁性、无序性、不确定性、多样性和非线性对经济活动的影响，擅长对局部中的整体或非整体性事物的实证分析和数理模型的构筑，对资源配置的市场经济分析是它的长处，是一种"短、平、快"的研究方式。在马克思经济学研究中，西方学界重视文本研究，有《马克思恩格斯全集》历史考证版，中国文本—文献学研究缺位，痛失《马克思恩格斯全集》历史考证版的编辑权。当前，我们应在研究上采用"四个分清"和 经典文本的方法阅读经典"原著本身"。《资本论》中的"大写逻辑"对于构建新时代中国特色政治经济学体系具有重大的现代价值，只有采用这样的逻辑方法才能解读新时代中国特色社会主义发展过程中出现的现实问题，才能在理论上破解经济思想史上著名的"四问"。国内的经济学研究逻辑体系应"回到马克思"，完整、全面地把握关于马克思经济学逻辑体系构筑的学说；同时要"发展马克思"，随着新情况、新条件尤其是新技术的突破，赋予其新的理论思维形式和内容。中国特色社会主义政治经济学体系的逻辑起点是社会主义条件下的"变形的商品"，研究对象是社会主义生产方式总体及其生产力和生产关系的运动规律，研究方法是马克思两条道路论和两种方法论，其精髓就是政治经济学逻辑体系总体构筑方法，同时必须坚持关于研究对象和研究方法的四大对立统一论。

北京师范大学白暴力教授以马克思的劳动生产率论为基础，构建了马克思宏观经济均衡模型，研究发现，宏观供给有内在的扩张趋势，在市场经济中，宏观消费需求受到约束，宏观投资需求呈周期增长；被约束的宏观需求曲线处于低位导致宏观经济均衡点低于充分就业，而周期性的宏观需求曲线则导致宏观经济周期性波动及其增长。新古典学派的错误之处在于将各因素的边际产品看作是各因素在生产中的"贡献"，并在此基础上构建边际生产力理论，由此来掩饰资本主义经济中的收入分配关系。

北京师范大学沈越教授基于马克思德文文本对市民经济社会与政治经济学对象的论述，认为马恩著作的中文译本中仍存在大量误译，把马克思市民经济社会理论搞得支离破碎。他深入研究了三种含义的市民社会、三个层次的政治经济学研究对象，认为市民社会也是马克思政治经济学的研究对象。按照马克思的市民经济社会理论，如果说西方的经济社会制度是资本主义的市民社会，那么，中国的经济社会制度则是社会主义的市民社会。它应该是中国特色政治经济学研究的重点。

四川大学张衔教授指出，森岛通夫运用非负矩阵理论对马克思经济学进行较为系统的数理发掘，使马克思经济学的一些基本原理有了数理形式和数理论证。森岛通夫的贡献在于使价值具有可计量性、给出了价值为正的充分必要条件以及维持资本主义经济的充分必要条件、构建了马克思静态一般均衡模型，对马克思论述就业的三个命题和利润率趋向下降规律进行了数理证明。森岛通夫形式化马克思经济学的目的在于使马克思经济学得到正统经济学家的认可，以便使马克思经济学能够在所谓科学的经济学即正统经济学中取得一席之地。为此，他甚至主张放弃马克思的劳动价值论、剥削理论、资本主义崩溃理论等马克思主义经济学的精髓。森岛通夫的这些主张是错误的，他误读了马克思关于价值的质和量的规定、两大部类划分依据、剩余价值与利润、剩余价值率与利润率之间关系和工资理论。森岛通夫提出的边际效用理论引入马克思经济学问题、固定资本折旧问题、统一量纲问题、静态转形问题、劳动的异质性问题值得商榷。

贵州财经大学鲁保林副教授指出，新帝国主义是资本主义在全球化金融化条件下的特殊历史发展阶段，它具有以下特征：生产和流通的国际化和资本集中的强化，形成富可敌国的巨型垄断跨国公司；金融垄断资本在全球经济生活中起决定性作用，形成畸形发展的经济金融化；美元霸权和知识产权垄断，形成不平等的国际分工和两极分化的全球经济和财富分配；"一霸数强"结成的国际资本主义寡头垄断同盟，形成内外剥削和压迫的金钱政治、庸俗文化和军事威胁的经济基础；全球化资本主义矛盾和各种危机时常激化，形成当代资本主义垄断性和掠夺性、腐朽性和寄生性、过渡性和垂危性的新态势。

中国社会科学院侯为民研究员指出，在社会主义市场经济条件下发挥市场决定性作用，要以中国特色社会主义基本经济制度为基础，以加强党的领导和政府的科学管控为条件，以金融服务于实体经济为前提，以开展平等的对外经济关系为导向。其与新自由主义的"市场万能论""市场决定论"有本质的区别。

中国社会科学院王中保研究员提出了马克思主义经济危机理论体系论，认为马克思主义经济危机理论是包裹着经济危机内核论的外围理论，与经济危机的资本主义生产资料私有制根源论的内核一起，构成了马克思主义经济危机理论体系的主体架构。

复旦大学高建昆副教授认为，建设现代化经济体系需要处理好一系列重要关系，即产业体系建设要处理好自主创新与引进发展、实体经济与金融发展的关系；市场体系建设要处理好有效竞争与适度垄断的关系；城乡区域体系建设要处理好协同发展与自身发展的关系；绿色发展体系建设要处理好经济发展中的人与自然的关系；开放体系建设要处理好对等高效开放与经济安全、人民福利之间的关系；经济调节体系要处理好市场决定作用与政府主导作用的关系；产权体系建设要处理好公有经济主体与非公经济辅体的关系；分配体系建设要处理好按劳分配主体与按资分配辅体的关系。

中南财经政法大学杨虎涛教授从演化经济学与政治经济学的角度分析了美国资本有机

构成从自动化到智能化的变动历史及趋势，指出资本价值构成必然随着资本技术构成的提高而提高。在一个完整的 GPT 时期，资本有机构成呈现先高后缓的走势。垂直一体化会通过预付资本的减少和流通速度的下降来降低资本有机构成，专业化会提高预付资本和加速资本流通速度，构成提高资本有机构成的力量。人工智能时期的技术特征会形成多重反制性力量制约资本有机构成上升。

北京工商大学郭毅教授从组织租金理论与马克思经济学的比较研究视角探讨企业社会责任，他指出，从组织租金的视角，企业履行社会责任是为了获得利益相关方黏性这种专有性很强的资源；从马克思经济学视角，企业组织形式发挥着社会功能的优越性，企业社会性内涵的核心贡献因素实现了从"资本"到"总体工人"的转化。两种视角的深层逻辑和企业社会功能的价值目标存在差异。

中国社会科学院张扬博士对程恩富教授和日本东京大学的伊藤诚教授关于新自由主义批判所达成的共识进行了介绍，包括国有企业私有化是新自由主义所带来的最大威胁；资本主义经济在发展的同时必然会出现停滞；要警惕"休克疗法""私有产权神话"等颠覆性做法。他们提倡继续全面超越新保守主义经济思想，发展与彰显马克思主义经济学的真理性与影响面，为构建人类命运共同体贡献智慧力量。

此外，与会学者阐述了马克思博士论文对哲学基本问题的探索、马克思劳动价值理论的科学性、马克思的社会再生产平衡增长、多重危机理论与马克思主义危机理论体系的构建、习近平以人民为中心发展思想促进经济建设的三重维度、习近平生态思想等等。

三、西方主流和非主流经济理论新进展

本次年会的又一个特点是不仅高度关注西方主流和非主流经济理论新进展，而且高度关注西方经济研究方法的改进。

云南大学张林教授从社会学视角考察经济学发展史，认为经济学的发展进程从来都受到国家、政治、文化等因素的影响，在经济学成为一个独立学科的过程中，对其影响最大的社会因素是国家结构和文化框架，因此经济学不可避免地带有明显的国家、民族特性，从来都不是"自然演进"的。如果说经济学的发展进程一定有一个"自然"规律的话，就是经济学从来都是受社会影响而建构起来的。新古典经济学的主导地位在很大程度上是建构的结果。中国也必须建构自己的适应中国现实需要的、能解决中国现实问题的中国特色社会主义政治经济学。那些呼吁让经济学自然演进、无须干预其进程的观点是一种无视历史和事实的谬论。

首都经济贸易大学杨春学教授指出，近现代欧美主流经济学家都是自由主义者，自由主义是他们支持市场经济的哲学基础，他们之间的差异仅仅是所秉持的自由主义类型不

同,但对政府在自由实现过程中的行为看法分歧严重。目前存在于欧美经济思想史中的自由主义有古典自由主义(classic liberalism)、新自由主义(New liberalism)和新古典自由主义(Neo - liberalism)三种类型。古典自由主义的核心是"消极的自由"观,即重视个人的"天赋人权",倡导"廉价政府""自由放任"。19世纪的英、法、美主流经济学家秉持之。新自由主义基于"积极的自由"观来宣传自由主义。其哲学基础是由托马斯·希尔·格林、霍布豪斯等奠定的。罗尔斯对这种经济哲学做出了影响广泛的重新表述。这种自由主义在"二战"后对英国政策有巨大影响,这在《贝弗里奇报告》中获得综合性的反映。各种类型的凯恩斯主义者都是这种自由主义的信奉者。新古典自由主义致力于恢复和发展古典自由主义,强调"有限政府""自发秩序"和自由市场,认为"积极的自由观"及其政策只会是"通向奴役之路"。米尔顿·弗里德曼、哈耶克、布坎南及他们的追随者都属于这一阵营。他们在凯恩斯主义者等经济学家所支持的各种政策中看到的是"政府失败"、个人自由的丧失。无论经济学家支持什么类型的自由主义,都与他们的理论结构存在着某种内在的关系。在研究中,要注意经济学家的政策建议与政府具体实施的政策之间的差距,即使我们不赞同他们的政策观,也不能否定他们对理解市场经济所做出的理论贡献。

中国社会科学院余斌研究员指出,计量经济学以西方微宏观经济学为其经济学基础,表明其缺乏科学的经济学基础;计量经济学远没有对所有的数据条件进行核查,就强行按合格数据进行处理,表明其使用数据不当;许多计量经济学模型的结果虽然是显著的,但R^2却不大,表明这个相关性虽然显著但还非常弱,没有什么解释能力,表明其缺乏正确的哲学指导;在进行计量经济学分析时,很多人常常反复修订模型,直到出现显著性结论,这种做法不仅表明其模型的设定缺乏理论依据,而且使其实际的显著性水平大大超过名义的显著性水平,其最终获得的模型也不足为据,表明其缺乏正确的数学基础。

武汉大学王今朝教授指出,现代西方微观经济学和宏观经济学充斥着规范判断,从经济学创立伊始,经济分析和政策建议就交织在一起,西方微观经济学和宏观经济学的实证主义并不是纯粹的实证主义。规范判断的价值是巨大而且无法被取代的,引导着实证研究的方向。在经济学理论的构建和验证中,实证主义必须与规范判断相结合。中国经济学的构建必须建立在社会主义的"应该是"的基础上,同时包含"应该是"和"是"两个方面的内容,以建构一种超越西方新古典经济学和宏观经济学的中国经济学。

安徽财经大学赵茂林教授认为,虽然新古典经济学之后分工思想淡化,但是在新兴古典经济学家以及众多经济学家的努力下,分工理论重新回归经济学。随着经济全球化的深入,国际贸易环境错综复杂,美国悍然挑起贸易争端,需要我们更加重视分工理论,为解决国际贸易争端、构建良好贸易环境提供理论依据。

西安交通大学刘儒教授指出，每一次大的经济危机往往会导致当时处于主流经济地位的经济学的危机，并引发经济理论的大讨论和大变革。西方经济学的未来发展，应首先处理好市场与政府的关系。各国都期待一次新的经济理论变革，在更加科学的理论指导下，引领世界经济进入新一轮复苏。

南开大学蒋雅文教授指出，经济停滞问题从本质上讲是经济危机问题。正确认识经济停滞问题是理解马克思主义经济危机理论的有效途径，也是各派学者交锋的焦点。当资本主义呈现出长久的经济萧条和不景气时，资本主义制度的合理性也面临前所未有的质疑，经济停滞再次敲响了资本主义最终走向灭亡的丧钟。

江西师范大学邓久根教授指出，经济"脱实向虚"表现为金融资本脱离产业资本，表象上是资金流向问题，但其根源是经济思想的偏离。经济学"脱实向虚"拟合了17—18世纪的启蒙运动和20世纪80年代以来的新自由主义两次哲学思潮的兴起，自此经济思想史成为主流经济学的家谱学，主流经济学成为唯一的经济学，其呈现出进一步庸俗化、虚拟化和霸权化趋势特征。而这些思想在经济学、经济史等所有经济学学科、其他社会科学乃至民众之中具有广泛市场。经济脱实向虚现象积重难返，要扭转这一现象，仍然需要经济思想史的重大变革和指引。

西南财经大学张志博士指出，新李斯特学派（new listian economics）是在批判吸收借鉴李斯特及其追随者的理论的基础上，结合当前经济发展以及经济学理论的新变化所提出的专门研究落后国家如何崛起的演化发展经济学的一个分支。相较于以不符合现实的假设条件为基础的西方主流经济学而言，新李斯特学派是以事物的本质、历史教训和国家的需要为根据。它是重商主义经济学在当代的复兴，是针对现实问题进行研究的重要学说，对于构建中国特色社会主义政治经济学体系具有重要的理论和现实意义。

中国人民大学李黎力副教授指出，经济思想史从20世纪上半叶成为经济理论的有机要素和经济学学科的核心部分，发挥了至关重要的作用，到下半叶开始逐渐转变为经济学当中无关紧要的部分，再到21世纪初被贴上"异端经济学"的标签，进一步被主流经济学边缘化。经济思想史的由盛转衰，在很大程度上制约着该学科未来的可持续发展。

此外，与会学者阐述了分工学说的历史演进、琼·罗宾逊经济哲学思想、纳尔逊的女性主义经济学、凡勃伦的隐秘遗产、新自由主义的民生困局、后金融危机时代西方经济理论的第三次危机、中日著名马克思主义经济学家对新自由主义的当代批判与共识、现代产业组织理论和斯蒂格利茨的可替代基准模型等等。

四、中国现实经济热点问题新探究

2018年是中国改革开放40周年，随着中国特色社会主义进入新时代，中国经济发展也进入了新时代，经济结构调整优化，新经济新业态涌现，高质量发展实现良好开端。但是也面临结构性去杠杆和中美贸易摩擦等挑战，国际环境仍存在不确定性。与会专家对中国经济发展中的热点问题积极发表看法，表现了学会扎实的经济学底蕴、时代责任感和历史担当。

中国社会科学院学部委员程恩富教授指出，中国改革开放40年来取得的重大成就，主要是马克思主义经济理论、中国特色社会主义经济理论指导实践的成果，而过去和现在存在的多数重要问题都与新自由主义影响有关。依据中国的经济实力和教科文卫实力，以及倡导的"一带一路"国际合作、金砖国家、亚洲投资银行和上合组织等，都表明中国现阶段已经处在世界经济体系"准中心"的重要地位。中国应重新研究和定义中心国家、现代化国家、发达国家和富裕国家的定义与标准。应该摒弃不要划分公有制与私有制的所谓"所有制中立"的新自由主义主张，遵守宪法与党章的规定，坚持公有制为主体、国有制为主导并与非公经济共同发展的基本经济制度，把做强做优做大国有企业与国有资本结合起来而非割裂开来，完善国务院向人大常委会的定期报告制度。应重视习近平总书记高度赞扬山东代村模式以及贵州塘约村的模式，这一模式均在"三权分置"之后，由集体统一经营搞股份制合作，走集体化的共同富裕道路。应高度关注美国把中国列为第一竞争对手的战略转变，并采取中美贸易摩擦的8项对策：一是谈判；二是反制，采取对等关税；三是纵横，就是合纵连横建立国际应对统一战线；四是扶持，扶持高端制造业；五是催发，加强人民币国际化建设，应对美国的金融霸权；六是快改，提高农产品的供给，推进供给侧改革；七是突破，加快突破高端产业链中的关键核心技术，如芯片；八是减少，减少具有挤出中资效应的简单加工用于出口和国内销售的美国资本，贯彻国际通行的对等开放原则，防止外资控股中国重要的金融企业。2018年是马克思诞辰200周年，习近平总书记在纪念大会上发表了重要讲话。对于学会来说，要将马克思主义基本原理与中国具体实际相结合进行深入研究，同时有扬有弃地借鉴外国经济学说，为社会主义强国的建设贡献智慧。

关于改革开放成就的取得，中国社会科学院王振中研究员和曲阜师范大学副教授吴庆军认为，中国改革开放创造的经济奇迹是马克思主义及其中国化理论指引的结果，而新自由主义往往导致问题的存在。我们既不能因为改革开放取得的辉煌成就而沾沾自喜，也不能忽视问题和漠视差距，尤其不能用新自由主义私有化（民营化）、唯市场化来解决中国问题，而必须用马克思主义经济理论和政策来指导，不断增强忧患意识和追赶措施。

关于政府与市场的关系，北京大学王志伟教授指出，关于市场和政府双重调节的问题，所谓市场调节在完全竞争的市场才能存在，在西方并不是真实存在的。市场调节机制本身也存在缺陷，当市场是一个非封闭的系统时，就必须依靠外来干预。在西方，国家作为大的垄断集团，以政府作为代理人对市场进行干预。在我国，依靠政府来弥补市场机制的缺陷，因此需要我们的政府是廉洁高效的、代表广大人民群众利益的。武汉大学颜鹏飞教授指出，应在有效调节生产力—生产关系的客观辩证法运动过程中，精确寻找市场机制和政府作用的合理边界，既能克服市场失灵，又能克服政府失灵，在诸多纷繁复杂的调节要素交叉作用过程中，寻找推动中国经济社会可持续健康发展的"合力"。武汉大学周绍东教授和中国人民大学的王松博士指出，西方有"斯密范式""凯恩斯范式""撒切尔—里根范式"三种政府与市场关系的范式。中国特色社会主义的政府与市场关系，其理论依据是中国特色社会主义政治经济学，本质特征是坚持中国共产党对经济工作的领导，经济基础是社会主义基本经济制度。

关于人工智能、共享经济等新业态的产生与发展，北京大学曹和平教授指出，中国经历了从20世纪80年代以电子计算机的出现为标志的第一代运营平台，到以卫星数据传递技术、智慧金融工程和区块链技术为标志的拟建设中的第六代运营平台。计算机与互联网技术的发展对数字时代的中国做出巨大贡献，同时也对经济学提出挑战，表现为平台企业的治理结构不再是传统形式，很多产品都成为公共品，催生并促进了共享经济的发展。

关于国有企业改革的成就、经验和方向，安徽工业大学洪功翔教授认为我国国有企业推动了中国经济的增长，提升了我国的国家竞争力，这一成就得益于坚持渐进式推动国有企业改革的市场化方向和社会主义方向改革。在未来的发展中，要以习近平新时代特色社会主义思想为指导，在完善公司法人治理结构、做强做优做大和引领共同富裕目标实现上下功夫。

关于金融业对外开放和金融风险防范，吉林大学张嘉昕教授指出，所谓我国应取消政府对金融机构和金融市场的一切管制和干预的主张本质上就是唯金融自由化。长期以来，发达国家自诩其金融领域高度自由，而实际上政府对金融领域进行严格规定，极大地限制他国金融机构的市场进入、业务发展和参股控股本国金融企业。如美国监管机构通过主观的评判方法，来裁决外资并购是否在美国金融安全的范围之内，某个外国资本一旦在美国企业持股超过10%，就会被外国投资委员会审查，而审查的结果基本上都是不通过。美国通过信用评级机构间接打压其他国家的金融市场。一国金融业一旦被外资操控，极有可能丧失经济发展主动权。

关于乡村振兴和城乡融合，复旦大学孟捷教授指出，我国农民工制度带来的经济后果表现为：农民工的大量供给带来了低廉的劳动成本，为中国经济的比较优势奠定了基础。这种廉价成本和农民工的半无产阶级化地位有关，而与所谓的人口红利无关；农民工是一种劳动力的蓄水池，适应于灵活的外向型积累体制的需要，当经济较高速增长时，这个蓄水池可以及时提供大量廉价劳动力，当经济面临危机时，又可以吸收闲置劳动力，成为资本积累的减压阀;农民工制度决定了中国经济发展的一些结构性特点,其中最为突出的便是导致中国工业化的程度高于城市化的程度,但这一结构性特点压低了消费在国民收入中的相对比重;农民工制度可以构成一种经济发展的"半无产阶级化陷阱",使中国经济被动地陷入不合理的国际分工和比较优势格局,阻碍经济的转型和进一步发展。同济大学的汪洪涛教授和上海对外经济贸易大学的王朝科教授指出,新时代以城乡融合来推动乡村振兴战略,就是要改变传统农业的生产组织方式,提高农业生产与经营的效率与效益,进而构建现代农业经济体系。华南师范大学的张凤超教授和厦门大学的张明博士从马克思空间正义视阈下分析了乡村振兴与城乡融合,指出城乡融合作为乡村振兴的内在要求,其实质是空间正义逻辑下的城乡关系重塑,城乡融合根植于整个社会生产力和生产关系的实际发展状况,并以城乡产业发展作为物质基础。

关于中国经济的高速增长,山西大学张波博士认为,改革开放以来中国经济的高速增长得益于大量国有资产和一个基本完备的工业体系的存在以及我国再生产活动中存在不追求价值增殖的计划部门。如果没有执行国家计划指令性生产的能源矿产开采部门以极其低廉的价格向社会提供充足的能源和原材料,以利润最大化为导向的非公有制经济部门就不可能快速地发展起来。因此,公有制经济对非公有制经济发展的支持,计划与市场作用的结合正是改革开放以来经济高速增长的奥秘所在。

关于以城市群推动区域经济高质量发展,武汉大学邹薇教授基于劳动投入、TFP 和工资差异分析超大城市对我国经济的影响,通过数据分析指出上海、北京、广州、深圳、天津 5 个超大城市对我国经济发展的实际贡献大于 GDP 增加值占比所反映出的贡献。它们对全国总产出的影响有三个方面的作用:一是使得总体的劳动投入增长更快,促进了经济增长;二是使得总体的 TFP 有明显的提升,促进了经济增长;三是使得总体的工资差异有小幅地扩大,阻碍了经济增长。总体来看,2002—2015 年,5 座超大城市使得全国总产出的增长提高了 25.33%,对全国总产出的增长有明显贡献。"反事实"分析结果表明,如果五个超大城市不对工资差异产生影响,那么我国的总产出将再提高 15.09%。从超大城市对区域经济发展的影响来看,北京对其周边城市表现出了典型的负向虹吸效应,导致整个京津冀地区的经济发展极为不协调;上海有效地带动了长三角地区的经济发展;广州和深圳也促进了整个珠三角地区的经济发展。总体来看,长三角和珠三角的发展更为均衡,而京津冀地区的整体发展更为不协调。今后要进一步缩小全国平均工资与超大城市平均工资的差异,推进京津冀地区协同发展。西北大学郭俊华教授基于城市群视阈,研究了关中平原城市群的产业协同发展问题并提出了政策建议。

关于 FDI 质量对中国经济高质量发展的影响,中南财经政法大学胡雪萍教授通过实证研究后发现,整体 FDI 质量和各单项 FDI 质量对中国经济高质量发展的影响不显著,但由于不同地区的异质性，东、中、西地区的整体 FDI 质量和单项 FDI 质量对各地区经济高质量发展的影响程度不同。东部地区，总的 FDI 质量并没有对经济高质量发展产生显著影响。从单项指标来看，FDI 的出口能力能显著促进经济高质量发展。中部地区，总的 FDI 质量并没有显著影响中部地区经济高质量发展，FDI 的技术水平显著促进了该地区的经济高质量发展，FDI 的实际规模显著抑制该地区经济高质量发展。西部地区，整体 FDI 质量能显著促进当地经济高质量发展。由此建议，总体上要制定吸引高质量 FDI 的引资政策，包括健全知识产权法律体系，保护外资企业的科技创新成果，给予一定的税收优惠；就东部地区而言，要增强 FDI 出口能力。包括加强人力资本的培养，开发新产品，给予适度出口补贴和税收减免；就中部地区而言，要加强 FDI 技术水平，注重 FDI 的质而非 FDI 的量；就西部地区而言，要提升整体 FDI 质量，提高环境规制水平，包括扩宽市场准入范围；培养高素质的创新型人才；设定较高的环境规制水平，防止大量污染型外资企业进入。

关于生态环境的改善，北京师范大学李娟副教授指出，生态环境问题归根结底是经济发展方式问题，习近平"保护生态环境就是保护生产力，改善生态环境就是发展生产力"的提出，为如何处理经济发展与环境保护的关系提供了正确的思路。这是对马克思主义生产力理论的发展；是对马克思主义人与自然关系理论的继承；是对经济与环境关系现状的反思；是对人类社会共同福祉的期盼。

关于营商环境的改善，北京工商大学周清杰教授分析了制度性交易成本视角下的营商环境便利改革，指出营商环境重在强调企业整个生命周期中所面临的制度环境，制度性交易成本是因为制度设定而导致企业在每个环节所消耗的时间成本和经济成本。营商便利度提升的关键点是制度性交易成本最小化，需要深化"放管服"改革，优化营商环境，厘清政府在微观经济领域的角色，专注市场失灵领域，关注市场监管体制变革。吉林财经大学的梁洪学研究员从创新精神、风险精神、敬业精神、合作精神、执着与坚守精神几个方面归纳企业家精神，并提出要促进公平竞争的市场环境，营造良好的营商环境和鼓励创新、创业的文化氛围。

此外，与会学者阐述了货币政策对收入分配的影响、FDI 质量对中国经济高质量发展的影响、融资结构与中国的经济周期性波动等等。

五、中美贸易摩擦与国际经济新格局新探索

本次年会的又一个特点是聚焦中美贸易摩擦和关注国际经济新格局。

中国社会科学院学部委员程恩富教授指出，本次中美"贸易摩擦"是全球政治经济格局转变的直接表现，其本质是美国霸权的衰落和中国国际地位的上升。本次"贸易摩擦"

的根本目的是减少美国对产品进口构建美国新工业体系，属于政治上与中国台湾地区加强官方交往和军事上在南海挑衅总体战略的经济部分，并不是表面的贸易逆差严重与知识产权冲突等问题。我国可以从谈判寻找双方利益平衡点、实施针对性的反制措施、合纵连横建立国际应对统一战线、扶持受"贸易摩擦"影响的高端制造业、催发已有的石油人民币影响力和人民币国际化、快速推进农业供给侧改革、加快突破高端产业链中的核心技术、减少引进和维护那些具有"挤出中资"或简单加工用于出口换汇的美国等外国资本和外国企业等九个方面进行应对。

中国现代国际关系研究院江涌研究员指出，美国对华挑起贸易争端的重要目的是旨在破坏"中国制造2025"计划，即旨在打掉中国高科技领域的"霸权"，消除中国利用产业政策、国有企业获得的国际竞争优势，切断改革开放以来中国在国际分工中形成的产业链和价值链，从而打造以"美国制造"或"美国控制世界制造"为中心的世界产业链、以美元为核心的世界价值链这一新的国际分工体系与国际经济秩序。当前，中美关系已发生实质性转变，美国对中国的战略由原来的接触加遏制转向全面遏制，对华政策重点也由"防"到"抗"，甚至就是"打"，打压中国。美国挑起贸易争端，绝对不会只停留在贸易领域，战火会蔓延至美国预设的任何一个领域，当然会集中到美国设想的自己的优势领域以及中国的薄弱环节，如金融与一些关键制造。在当前的中美博弈中，中国要坚决反对霸权主义以占据道义高地；认清美对华战略定位已发生实质性转变从而丢掉幻想。在指导思想上要合作时防右，斗争时防"左"；在战略选择上要以斗争求合作；在斗争策略上要你打你的，我打我的。

中国人民大学贾根良教授指出，打掉"中国制造2025"并不是美国对华挑起贸易争端的最终目的，美国战略家正在将贸易摩擦作为新自由主义在中国泛滥的强大推手，企图通过中国国内的买办主义势力打掉中国国有企业，将中国国内市场彻底演变为外资和美元霸权支配的天下，这才是其真正的最终目的。美国的保护主义本应是对中国新自由主义洋教条的沉重打击，但在中国反而成了其泛滥的温床，成为中国国内买办利益集团与美国反华势力里应外合的契机，造成这种状况的重要原因之一就是在中国长期流行的买办主义文化和买办主义经济学，外因通过内因起到了决定性作用。新自由主义和买办主义的合流已经对我国改革开放事业造成了巨大损害，目前中国买办主义势力掀起的这种新自由主义狂潮本质上就是企图诱使中国走上买办资本主义的发展道路，走上拉丁美洲的外围资本主义发展道路，这是中国人民和中国共产党决不答应的。我们应高举"民族、民主和科学"五四新文化运动的三面大旗，"中华民族"更是挽救民族危亡的一面大旗。

上海财经大学伍山林教授指出，2008年以来，世界格局发生了显著变化，资本主义在世界GDP总量中的占比减少，中美力量对比发生了很大的变化，中国的低端企业受到印度等发展中国家的挤压，高技术企业受到美国等发达国家的挤压。同时，美国又利用税收政策和金融优势来发展实体经济。美国对中国进行贸易制裁，其根本目的是让中国在力量上与美国保持必要的差距，其实施路径是让美元资本进入中国实体经济，从中国的巨大市场中获取经济利益。国家信息中心的程伟力副研究员分析了美国金融危机后近10年产业发展变化的特点，指出我国应抓住美国经济软肋，采取积极应对措施：一是加强货物贸易领域反制，做好其他领域反制预案；二是实施对等开放战略，增加我国谈判筹码；三是调动多方力量参战，加强统一协调；四是以贸易摩擦为契机，加快改革步伐；五是警惕贸易摩擦终极目的，高度重视金融和产业安全，注意对外开放策略。

国家信息中心程伟力副研究员认为，中国贸易摩擦不可能改变当前国际产业分工格局，美国也不具备持续作战能力。美国通过金融手段控制中国高科技企业才是美国挑起贸易争端的终极目标。我国应抓住美国经济软肋，保持定力，做好打持久战的准备，加强货物贸易领域反制，做好其他领域反制预案；实施对等开放战略，增加我国谈判筹码；调动多方力量，加强统一协调；以贸易摩擦为契机，加快改革步伐；警惕贸易摩擦终极目的，高度重视金融和产业安全，注意对外开放策略。

首都经济贸易大学徐则荣教授从减税、政府研发支出比例和结构的变化、STEM 教育、移民政策以及技术保护几个方面比较特朗普科技创新政策与奥巴马的异同的基础上，分析特朗普科技创新政策对美国的利弊影响，认为中国要取得较快的技术创新关键在于充分发挥社会主义集中力量办大事的优势，加快优化税制结构，完善吸引高技能人才的政策，充分发挥"一带一路"对国内科技产业的带动作用。

北京理工大学宋宪萍教授指出，初步嵌入全球价值链的发展中国家仅以满足跨国公司要求而实现的技术进步只是一种"幻象"。一旦代工企业有可能更进一步攀升到价值链高端，就会触及发达国家跨国公司的利益，形成"技术进步悖论"。在非对称的贸易模式下，全球价值链实质上仍然是一个有中心和外围、有主导和依附关系的国际劳动分工体系，技术创新的"锁定效应"和分工固化风险更加突出。多个行业的全球价值链嵌入程度与技术进步呈现倒 U 型关系，中国需要彻底转变对外经济增长模式。

福州大学方建国教授指出，在资本主义国家，金融自由化打开了资本隐秘剥削财富的通道，这种剥削方式不以生产和占有剩余价值为目的，而以金融衍生品隐秘地转移财富，虚拟资本实现剩余价值剥削国际化，抵押贷款使债务发生代际转移从而产生代际剥削实现。

中国社会科学院杨静研究员指出，美国遭遇的奥巴马医改失败所带来的民生困局，其根本原因在于生产社会化与生产资料私人占有之间的矛盾，这可以为我国建设"人民满意的服务型政府"提供启示：要旗帜鲜明地反对西方新自由主义民生思想，同时加快新时代中国特色社会主义民生理论的构建；要破除新自由主义公共物品"市场供给""有限保障"的观念，理顺政府与市场的关系，使市场在资源配置中起决定性作用的同时，更好地发挥政府作用；要打破公共物品供给依赖"私人企业"的观念，坚持和完善我国社会主义基本经济制度和分配制度，毫不动摇地巩固和发展公有制经济。

北京师范大学白瑞雪副教授认为，以英国脱欧为代表事件的反全球化趋势是资本主义经济制度内在矛盾尖锐化的体现，也是资本主义经济全球化达到边界的表现。在此阶段我国应推动全球化，强基固本，提高内需；加强我国企业对外竞争力；熟悉了解现有国际贸易规则，增加国际市场占有率。浙江工商大学的谢长安博士对后危机时代经济全球化新变局进行了分析，认为金融资本具有极强的流动性、逐利性和寄生性，其主导的全球化与商业资本和产业资本主导的全球化具有诸多不同的特点，由此给西方带来一系列严重的负面影响，这是经济全球化产生新变局的根源。当前中国正在积极推动的新型经济全球化，是试图超越资本逻辑的全球化。西方欲走出困境，必须要摒弃"丛林法则"和资本逻辑，与中国等发展中国家一起开辟合作共赢、共建共享的新的文明道路。

外交学院王卓博士指出，中国最重要的抉择是提出并全力推进"一带一路"倡议。在该倡议的大框架下，迄今取得的最大进展是亚洲基础设施投资银行的成功启动和平稳运转。未来应进一步推动投融资的多元化和开放性；加强风险研究，发挥专门机构作用；充分考虑对方需求，多层次多领域尊重对方。

此外，与会学者探讨了中美经济健康发展路径、国际视角的教育收益率、人民币国际化、经济全球化、中国全面开放新格局背景下国际贸易的发展机遇等等。